普通高等教育“十一五”国家级规划教材

普通高等院校新闻与传播学精品规划教材
教育部全国特色专业华中科技大学新闻学专业建设成果

新闻报道策划

第二版

赵振宇◎著

WUHAN UNIVERSITY PRESS
武汉大学出版社

图书在版编目(CIP)数据

新闻报道策划/赵振宇著.—2版.—武汉：武汉大学出版社，2015.11(2023.1重印)
普通高等院校新闻与传播学精品规划教材
ISBN 978-7-307-16068-2

Ⅰ.新…　Ⅱ.赵…　Ⅲ.新闻报道—策划—高等学校—教材　Ⅳ.G212

中国版本图书馆CIP数据核字(2015)第133739号

责任编辑:胡国民　　责任校对:李孟潇　　版式设计:马　佳

出版发行：武汉大学出版社　(430072　武昌　珞珈山)
(电子邮箱：cbs22@whu.edu.cn　网址：www.wdp.com.cn)
印刷:湖北金海印务有限公司
开本:720×1000　1/16　印张:26　字数:440千字　插页:6　插图:1
版次:2008年5月第1版　2015年11月第2版
2023年1月第2版第10次印刷
ISBN 978-7-307-16068-2　定价:44.00元

作者简介

赵振宇，华中科技大学新闻学院教授、博士生导师（曾任华中科技大学新闻评论研究中心主任、武汉市人民政府参事）。国务院政府特殊津贴专家、中央马克思主义理论研究和建设工程《新闻评论》首席专家。兼任中共湖北省委和武汉市委宣传部新闻阅评专家、湖北省新闻传播法学会副会长、武汉市社会学会副会长。

2001年以前，曾担任《长江日报》评论理论部主任、《文化报》总编辑，高级编辑职称。在报社工作期间，有多篇作品获全国好新闻一等奖，湖北省好新闻一等奖、特别奖。所组织的策划报道，曾三次受到中宣部的表扬，有的被总结后在全国推广。2001年调入华中科技大学后成立华中科技大学新闻评论团，开办新闻评论方向班，成立华中科技大学新闻评论研究中心，为媒体筹建新闻评论部，实施“评论记者”工作机制，均为全国首创。

撰写的《新闻报道策划》和《现代新闻评论》两书入选全国普通高等教育“十一五”国家级规划教材；讲授的“社会进程中的公民表达”入选教育部视频公开课；领衔主持的《新闻评论人才培养创新体系的构建与实践》获高等教育国家级教学成果二等奖。主持并完成多项国家重点、一般和省部级哲学社会科学基金课题。

从1984年开始研究奖励学，首次提出“建立中国特色奖励学”，出版《奖励的奥妙》《奖励的科学与艺术》和《神奇的杠杆——激励理论与方法》等6部专著。自20世纪90年代起开始关注程序理论，2008年出版国家课题结项成果《程序的监督与监督的程序》（社会科学文献出版社）；2017年出版国家重点课题结项成果《应对突发事件：舆论引导系统论》（中国社会科学出版社）。

教学之余，还应邀在国内外大学、媒体、企事业等单位演讲政治学、管理学和新闻传播学等专题。

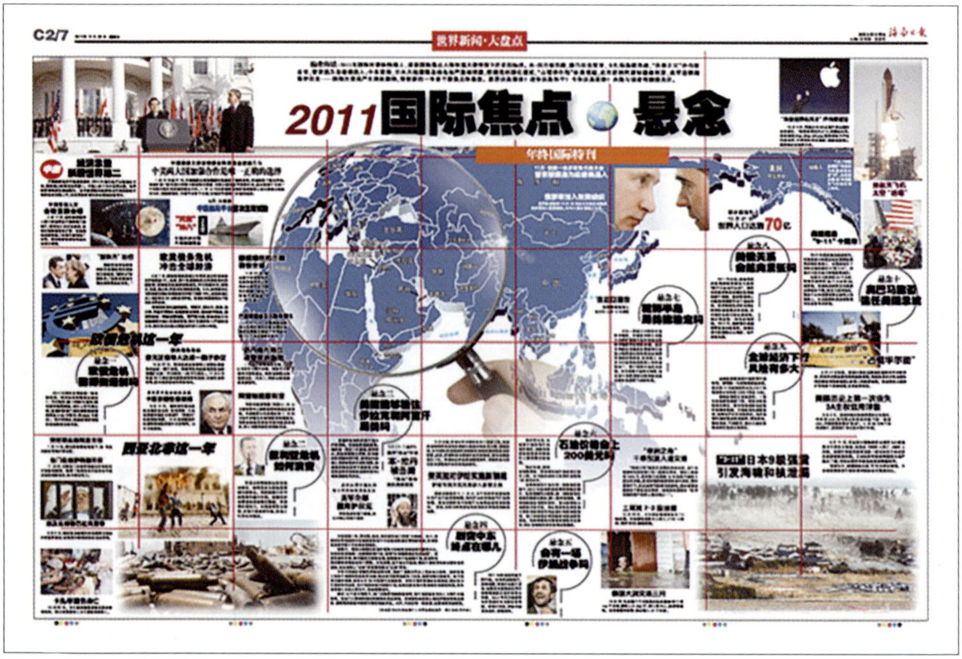
C2/7

世界新闻·大盘点

2011国际焦点·悬念

年终国际特刊

欧债危机这一年

西亚北非这一年

世界人口达到70亿

日本9级强震引发海啸和核泄漏

2011年12月30日《海南日报》连版版面

A32 一个城市的血脉

楚天都市报

市民尝鲜 30万人搭乘地铁

多赢车站 一分钟换乘公交

2号线 Line2 往光谷广场方向 To Optics Valley Square Station

你好，地铁

江汉路 Jianghan Road

A02~A12

2012年12月29日《楚天都市报》过江地铁通车连版版面

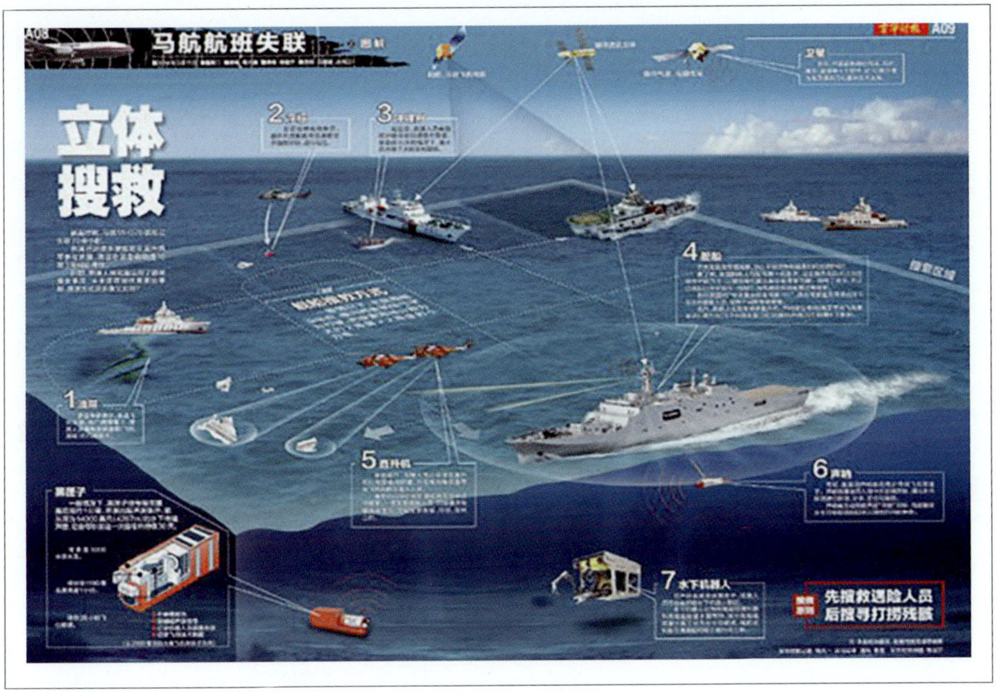

2014年3月11日《京华时报》连版版面

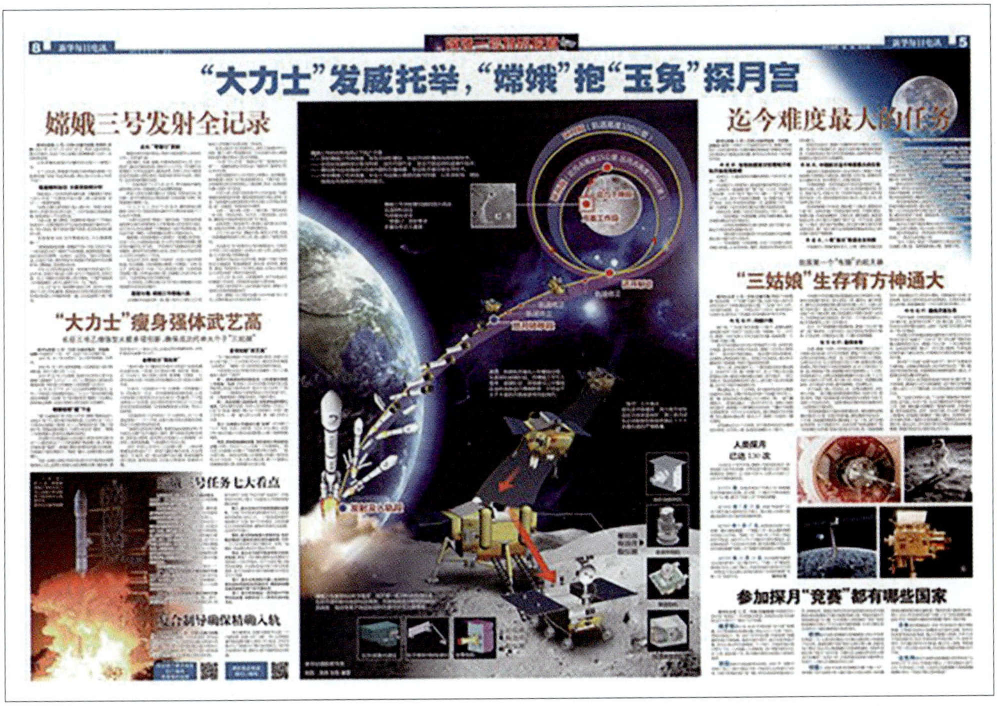

2013年12月2日《新华每日电讯》连版版面

引领新常态 共筑中国梦 广东发展新亮点 ●自贸区 A8A9

30多年前，敢闯敢试当仁不让成为改革开放先行者；如今，历史再次眷顾这片热土

广东，拥抱自贸区新机遇

最大自贸片区将承载广州未来

改革尖兵牵手前海新锐 1+1>2

第一要义是用心打好"港澳牌"

要积极推动上海、广东、天津、福建自贸试验区建设，在全国推广成熟经验，形成各具特色的改革开放高地。

今年广东最大的改革，是由广东自贸试验区的建设，要以只争朝夕的精神，马上动手，走在前头。

当年 当下 如今

南沙 前海 横琴

大胆引入创新准则
大力倒逼体制转型
大步催生改革高地

2015年3月6日《羊城晚报》连版版面

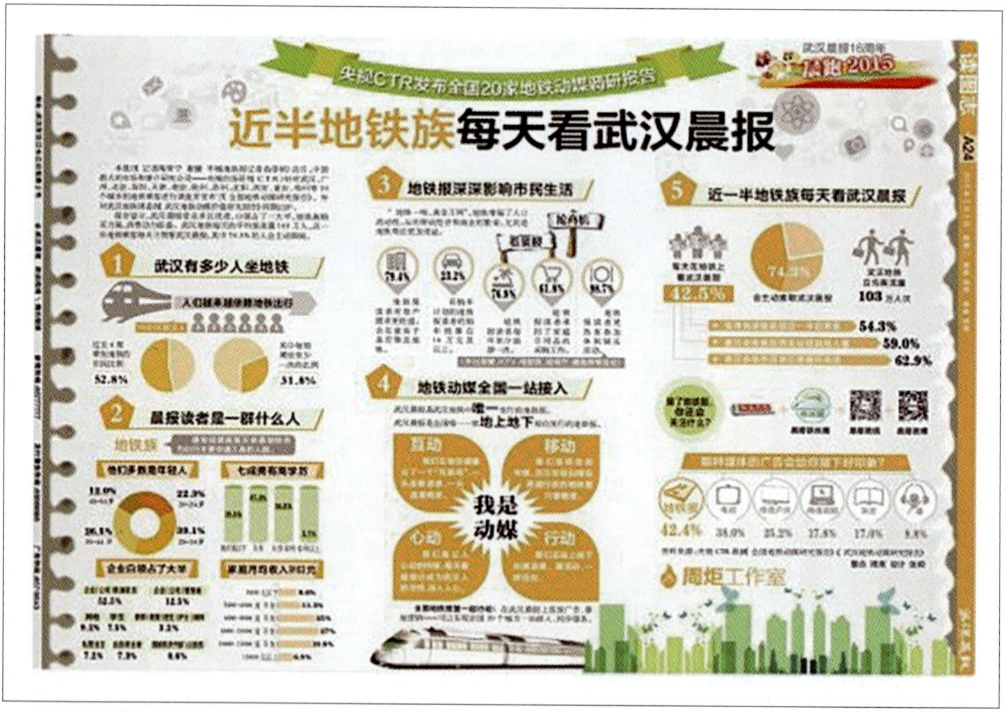

央视CTR发布全国20家地铁动媒调研报告

武汉晨报16周年 启程2015

近半地铁族每天看武汉晨报

1 武汉有多少人坐地铁

2 晨报读者是一群什么人

3 地铁报深深影响市民生活

4 地铁动媒全国一站接入

5 近一半地铁族每天看武汉晨报

我是动媒

互动 移动 心动 行动

42.5%　74.3%　54.3%　59.0%　62.9%

周炬工作室

2015年3月3日《武汉晨报》"地铁动媒调研报告"连版版面

武漢晚報

为百姓谋利益

82333333

习近平发表新年贺词

为我们伟大的人民点赞

2015，许个愿吧！

15位武汉市民的新年梦想

追梦的力量

两瓶白酒下肚引发急性心梗

武汉小伙欲当“六斤哥”险丢命

医生说酒精代谢最快15克/小时，拼酒大战纯属害人

美历奉献

房奴减负

工厂爆炸

客机失速

2015年1月1日《武汉晚报》新年版面

引领新常态 共筑中国梦 ·数图控

A3

政府工作报告给了哪些“力”

图解政府工作报告里的民生

压力

定力

创造力

潜力

活力

权力

总理报告里的新“引号词”

2015年3月6日《羊城晚报》全国“两会”政府工作报告版面

2014年11月13日荆楚网　漫画“新中装”在北京APEC会议上闪亮登场

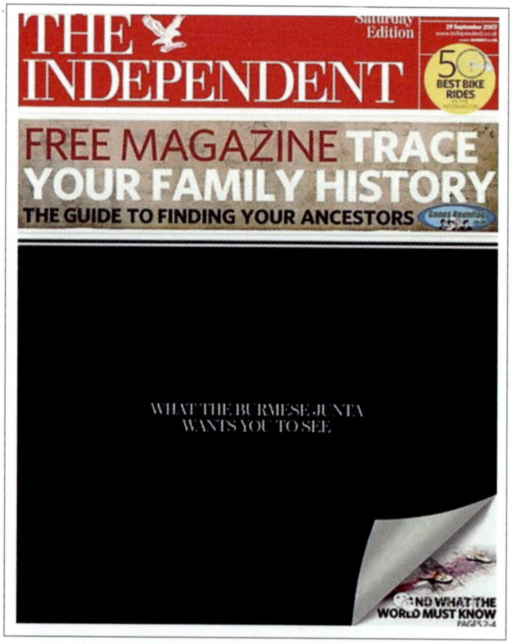

2006年5月16日，英国《独立报》头版红色底纹，大标题是“今日无新闻”，红色底纹上只有四个图案：和平鸽、针管药丸、祈祷的手掌和一个骷髅像。版面下方有一行小字：“不过是6500名非洲居民在今天死于一种既可以预防也可以治疗的疾病而已”，这句话与“今日无新闻”形成了强烈的反差，其用意在于用如此强迫性阅读的手段让人们展开对死亡的思考。

2007年9月29日，英国《独立报》报道缅甸发生政府军枪杀平民的事件。黑底头版，中间只有一句话：“缅甸政府军想让你看什么”。而版面右下角，做了一个卷边的处理，掀起的白色一隅，只有两只带血的拖鞋和一句话：“世界应该知道的真相”。

2015年9月3日英国《镜报》关于叙利亚3岁小男孩偷渡溺亡的报道。这一揪心画面让国际社会震惊，也引发了对难民的广泛关注。

2015年8月14日美国《纽约时报》一版，头条聚焦于恐怖组织横行之时伊斯兰女孩的不幸遭遇。

南方都市報
今天上午，要看大阅兵
勋章，致敬抗战英雄
中国人民抗日战争胜利70周年纪念章
纪念章图案说明

2015年9月3日《南方都市报》胜利阅兵日上午版面

南京日報
南京大屠杀死难者国家公祭仪式隆重举行，习近平发表重要讲话强调
记取战争惨痛教训　和平才有希望
国家公祭鼎
“能与总书记一起揭幕公祭鼎真的非常激动”
悠悠钟声　呼唤和平
77名南京中学生深情诵读240字《和平宣言》震撼人心
国家公祭鼎诞生全记录
一分钟定格　全城人悼念
“大手拉小手”共筑和平梦
咬定三项重点任务
加快南京发展转型

2014年12月14日《南京日报》首个国家公祭日版面

新民晚報
2015.9.3胜利日大阅兵
中国人民抗日战争暨世界反法西斯战争胜利70周年纪念大会上午举行
习近平发表重要讲话并宣布中国裁军30万

2015年9月3日《新民晚报》胜利阅兵日下午版面

晶報
罗浮山冲虚古观
东纵司令部旧址
“红歌作家”蒋开儒
草原上的追日马拉松
救人！救人！
天津爆炸现场已搜救出44人，死亡人数升至56人，其中消防人员21人
1.7万户居民房屋受损，现场明火已基本扑灭
国务院紧急通知，全国开展危险品专项整治
深圳组织检查危险品安全
4S店非法买卖假临时车牌
梧桐山实业股份公司两老总被捕
报料电话 83515151

2015年8月15日深圳《晶报》报道天津大爆炸版面

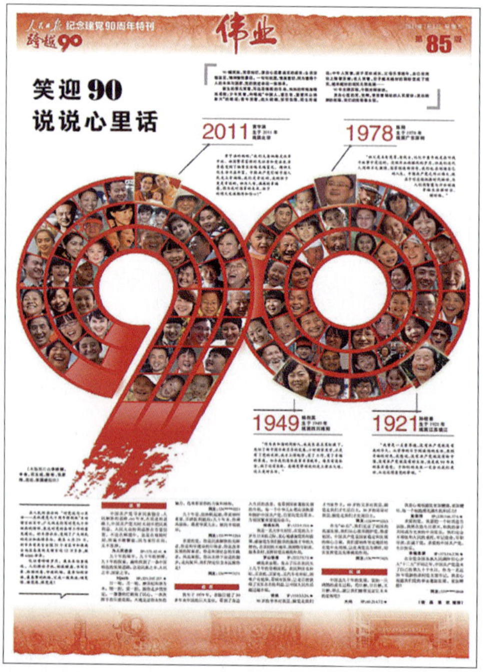

2011年7月1日《人民日报》第85版版面

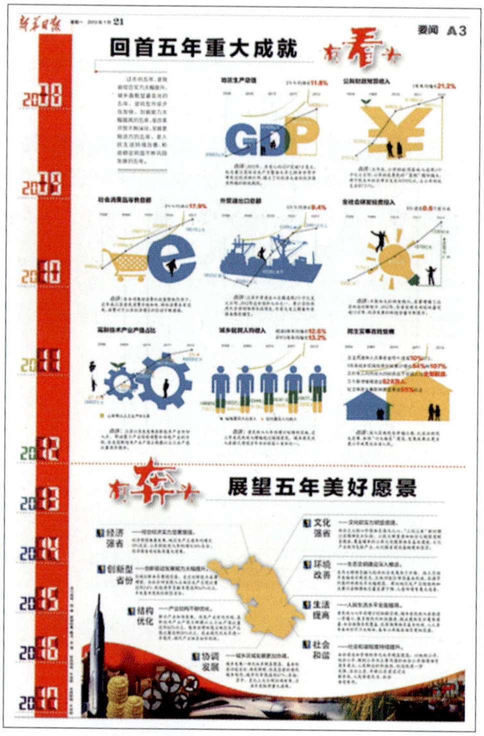

2013年1月21日《新华日报》版面

2008年8月26日《辽沈晚报》连版奥运闭幕特刊版面，获第30届世界新闻视觉设计大赛新闻版设计银奖

目　　录

第一章

新闻报道策划概述

新闻报道策划是新闻传播的主体运用信息传播的各种手段，为广大受众提供最佳新闻信息的一种创造性活动。随着受众需求的日益增多和丰富，随着媒体竞争的日趋激烈和市场化，新闻单位实施新闻报道策划将会越来越多。为此，回顾新闻界关于策划理论的争论及发展过程，把握新闻工作者在策划过程中的正确位置和作用是十分必要的。

案例 1

2012 年 12 月 14 日，首届中国报业新闻社会活动论坛暨新闻社会活动精品案例颁奖典礼在浙江宁波举行，国内 70 多家媒体和一批专家学者参加了这一盛大典礼。由羊城晚报报业集团旗下《新快报》发起、羊城晚报报业集团主办的大型新闻策划活动“羊城新八景”评选活动，入选中国报业新闻社会活动十佳精品案例。

2010 年 11 月 16 日，《新快报》发起“羊城新八景”海选活动，迅速引爆广州，引发全城市民关注。从 2010 年 11 月至 2011 年 5 月，《羊城晚报》、《新快报》各投入版面 300 多个，推出 12 位区（市）委常委、宣传部长系列专访，12 区（市）“八景”推荐，22 场“城市公众论坛”，15 场大学生辩论赛，专访 100 多位国内文化名流。活动辐射整个广东，同时吸引全国各地群众包括海外侨胞参与。公众投票超过 860 万张，海外 130 多家华文报纸报道，28 个国家的华侨参与评选。国内上百家媒体作了报道，创下自宋代以来“羊城八景”评选规模之最。中共中央政治局委员、时任广东省委书记汪洋 3 次作出批示。报社的这次活动成为一件有着重大影响的城市文化事件，大幅提升了《羊城晚报》品牌的公信力、影响力。①

---

① 周建平：《媒体如何运作“城市文化事件”——解读“羊城新八景”的策划与运营》，载《中国报业》2003 年第 1 期下。

羊城晚报 2011年5月 19

新广州 新八景

羊城新八景

都市新歌谣

羊城晚报报业集团主办的盛大评选昨晚揭晓，最美八景彰显新广州的城市精神

羊城新八景反响

18日出炉的"羊城新八景"引来各界关注，成为广州追寻"世界文化名城"梦想的缩影——

争说"新八景" 屡叹"广州美"

高校学子：让我们走向世界！

评审专家："就像自己孩子出生！"

网友街坊："广州城就像办喜事！"

"羊城新八景"评选活动还引发《广州日报》策划"百景"评选和《南方日报》发动"十景"评选。

2011年7月至12月，济南、武汉、汕头等城市纷纷前来"取经"，回去复制城市"新八景"。在2012年12月14日举行的首届中国报业新闻社会活动精品案例颁奖典礼上，"羊城新八景"获评"中国报业新闻社会活动十佳精品案例"。《"羊城"引爆新广州——"羊城新八景"策划与运营》作为南方日报出版社精品图书在南国书香节推出。中国报协对"羊城新八景"评选活动的颁奖词为："从民间海选起步，在深厚的民意基础之上，这是一次全媒体运作的盛宴，这是一次高调、盛大空前的寻美、选美活动。一场具有影响力的活动策划不仅成功地推动纸媒跨媒体融合的步伐，也成功地推动了社会的发展。"

【点评】

通过策划活动来进行议程设置，引领舆论焦点，《羊城晚报》"羊城新八景"活动策划超前、定位准确，将新闻报道策划与媒体运营有机结合，最终取得了非常好的传播效果。

"羊城新八景"策划与运营有特定的历史背景：亚运会即将在广州举行，在这个时刻大家普遍关注广州的景致、广州的城市形象，各大媒体都在寻找突破口，有的已经在策划相似的评选活动，各报也有广州城市变化的相关报道。早在1962年，《羊城晚报》就发起、主办过新中国成立后首次"羊城八景"评选。2009年以来，"羊城八景"的字眼在报纸和网络上陆续出现，在此基础上提炼出"羊城新八景"的口号，有群众基础，朗朗上口，易于传播。此外，"羊城新八景"的海选关乎市民对于城市生活环境的感受，代表了市民对景致的认可程度和满意程度，与广州市委、市政府建设幸福广州的决策相吻合，与"加快转型升级、建设幸福广东"的目标相呼应。因而，广东省委书记汪洋作出批示："羊城新八景"评选主题好，创意新，得民意，顺人心，增强了城市凝聚力，打造了广东的新形象，望善始善终，为"十二五"、"加快转型升级、建设幸福广东"开个好头。

"羊城新八景"案例显示出，媒体的策划非常重要。如何合理设置议程，引领潮流，使自己站在舆论的风口浪尖，使自己成为受众关注的焦点，是值得今天所有媒体深深思考的一个重要课题。

从20世纪90年代至今，我国的新闻学界和业界关于"新闻策划"的争论已经有20多年的时间了。争论的焦点就是"新闻"能否策划。由于"新闻"的含义十分丰富，不同的人对它有不同的理解，在不同的场合它有不同的表示，于是，由新闻定义引起的关于新闻从业人员所进行的策划的争论就会不停止地进行下去。回顾多年来关于"新闻策划"的争论，求大同存小异，共同促进我国新闻事业的发展，是争论双方或多方一致的目标。

一、"新闻策划"发展历史回顾

从20世纪90年代以来，中国新闻界就已经开始关注、研究和实施新闻策划了。但是，由于人们对"新闻"一词的理解不同，对"新闻策划"也产生了争论。因为"新闻"一词，可以从多种角度和层次上加以阐释，如

1993年出版的由甘惜分教授主编的《新闻学大辞典》对“新闻”的解释就分作六个方面，一是指“人类特有的信息交流活动”。二是指“新闻媒介向广大受众传播的最新重要信息”。对这种新闻的要求是：客观世界已经和正在发生的事实；对广大受众具有较为普遍的重要意义的事实；最新的事实；真实可靠的事实。三是指“消息”这种新闻体裁。四是“泛指消息、通讯、特写中的各种题材，如国内新闻、国际新闻、地方新闻、政治新闻、经济新闻、体育新闻等”。五是指“新闻媒介报道事实的全部体裁”。六是“关于新闻的定义”，对定义又具体介绍了十多种。① 查阅1996年由冯健主编的《中国新闻实用大辞典》和1998年由邱沛篁等主编的《新闻传播百科全书》，此两书中关于“新闻”的解释大多没有超过前书的范围。正因为对“新闻”的理解不一致，所以对“新闻策划”提法的认识也不尽统一。

1994年5月14日至18日，中国地市报研究会在河南省平顶山市召开了首届全国地市报“报纸策划”研讨会。来自中国地市报研究会及新华社、人民日报社等首都新闻界的50多位代表参加了这次研讨会。研讨会就地市党报的总体策划、编辑策划、采访策划、重点报道策划、专版专栏策划、版式片面策划以及地市党报走向市场的策划等进行了研讨。大会对报纸策划中的一些主要问题取得了共识：作为党报，策划时要把社会效益放在第一位；报纸策划必须处理好总体策划与局部策划的关系；报纸策划必须贴近实际、贴近群众、贴近生活，要融指导性、知识性、趣味性、可读性、服务性为一体，为经济建设服务，为人民服务；报纸策划必须增强整体策划意识和参与意识，发挥集体智慧，努力提高报纸质量，办出自己的特色，办出自己的风格。②

1996年8月下旬，中国人民大学新闻学院开办了“96新闻业务编辑策划高级研讨班”。研讨班邀请了部分中央级新闻单位的老总和专家学者介绍经验、阐释理论，全国省、地、市新闻单位的老总、部主任150多人参加了研讨。本次研讨会形成了以下一些意见——报纸策划：总编的任务之一；重点报道策划：报纸的有力武器；策划：编辑面临的挑战；策划：使评论充满个性；读者调查：新闻策划的基础，等等。

1996年和1997年，上海《新闻记者》和四川《新闻界》几乎同时对新闻策划这一课题展开了讨论，持续了一年多的时间，而且十分激烈。

---

① 甘惜芬：《新闻学大词典》，河南人民出版社1993年版，第1页。

② 参阅《中国地市报人》1994年第6期。

对"新闻策划"提反对意见的不少：他们认为新闻根本就不能策划。这部分人认为，新闻策划是在新闻事件发生之前，由记者参与规划设计促成事件发生并予以报道的一种行为，这是一种先有记者行为、后有新闻事实报道的模式，是与新闻传播观念背道而驰的。他们认为，新闻媒介不是慈善机构，不是点子公司，更不是商业机构。对新闻记者来说，他的本职工作应该是发现线索、采集新闻、组织报道等。记者的职业道德和社会使命要求他以严格的自律，树立良好的社会形象。如果一味地参加策划活动，难免为名利所左右，那么他本职工作中本应体现的客观性、公正性就难以保证。所以他们认为，新闻报道根本就不能策划，凡是策划出来的也不能称为新闻；广告是可以策划的，唯独新闻不允许策划。他们认为，"策划新闻"同"造假新闻"是同义语。事实在先，新闻在后，这是铁的法则，先后顺序不能颠倒。倘若事件没有发生或尚未发生，你就主观臆断地编造出一条新闻，这就是地地道道的假新闻；"新闻策划"是一个含混的概念，它究竟是指新闻报道工作的策划，还是指新闻事件的策划？此论者把新闻策划分为两类：一类是编辑部内对版面、栏目、专题、采访的设计、谋划；另一类是把新闻事件作为策划的对象和内容。对于第一类策划，并无不可；对于第二类策划，却有防止的必要，特别要防止新闻策划与商业策划联姻，因为这类策划混淆了商业活动和新闻活动的界线。新闻媒体不应该参与这一类策划；提倡新闻策划会导致有偿新闻的产生，会使部分新闻流于广告化。这又是一种意见。还有许多。

与此同时，对新闻策划持赞同意见的也不少：赞同新闻策划者认为，新闻策划不是"制造新闻"或"信息策划"；新闻策划也不是"大造舆论"或"宣传攻势"。新闻策划应具有多层面的含义：就某一重要事件或新闻热点组织专题报道或系列报道是新闻策划；确立某一时期的报道主题、报道思路也是新闻策划；组织各种形式的探讨和评论是新闻策划；设计媒体以何种特色来吸引受众的"形象包装"也是一种策划。甚至有时新闻媒介自身或与其他企业事业单位联手组织的一系列活动也可以列入新闻策划的范畴。在他们看来，新闻策划是提高新闻宣传的法宝。新闻策划是一种视角新、立意高、开拓深、介入及时的战役性、系列性、话题性并能形成新闻强势的新闻报道的谋划和组织过程。经过匠心独运的新闻策划，新闻的报道质量明显提高，新闻竞争力大大增强。当今的新闻竞争实质上是新闻策划力的较量。新闻策划的产生、发展为新闻业注入了生机和活力。同时，也向传统的重采轻编的观念、做法和机制发起了挑战。

争论没有结果，自然也不会有结果。但是，关于新闻策划的理论研究和实践仍在积极地进行着。

2001年6月，华中科技大学新闻学院举办了“新世纪首届新闻策划学术研讨会”。来自全国部分新闻院系、科研院所和新闻实务单位的代表相聚一起，又进行了深入的研讨。

“新闻报道离不开策划”，来自《楚天都市报》、《华西都市报》、《中国青年报》、《北京青年报》等实务单位的代表以自己的成功实践说明了这一观点；“关于新闻策划定义的界定”，是学者们议论较多的一个问题，大部分代表认为，“新闻策划”是个多义词，既可指报道策划，也可指新闻事件的策划，极易引起歧义和误解，应该摒弃这个不太科学的概念，还是提倡使用“报道策划”或“传播策划”为好；“关于新闻策划的层次”，来自中国人民大学、北京广播学院、中国新闻工作者协会和华中科技大学的教授们从不同的视角提出了自己的看法；“关于新闻策划的教学和实践”，来自中国社会科学院新闻传播研究所、中国人民大学、武汉大学、湖北大学、南昌大学、上海文新集团等单位的代表介绍各自的情况，提出新闻策划应有度，学校开课宜慎重。

中国人民大学新闻学院蔡雯教授于1997年至2000年，获新闻学博士学位，她的博士论文《新闻传播的策划与组织——宏观新闻编辑研究》2002年入选“全国百篇优秀博士论文”，这是我国新闻传播学界第一位“全国百篇优秀博士论文”获奖者。在此基础上，她出版了《新闻传播的策划与组织》(2001年，新华出版社)。

另外，本书《新闻报道策划》也被国家教育部列为“普通高等学校‘十一五’国家级规划教材”，这是国家教育部门对一门新课程的认可，虽然此前不少学校已经开设这门课程或讲授有关报道策划的内容，但是作为国家“十一五”规划教材向全国推荐还是第一次。

近年来其他关于新闻报道策划的理论、实践类书籍层出不穷。蔡雯于2004年7月由中国人民大学出版社出版了《新闻报道策划与新闻资源开发》；陈寅于2004年由海天出版社出版了《非常新闻：策划大道》，收集了50个经典报道案例；李建新于2006年由复旦大学出版社出版了《媒体战略策划：新闻传播学前沿教材》，以个案解剖的方式对不同类型的具有代表性的媒体进行条分缕析；2006年6月，沈阳人民广播电台主任记者礼桂华撰写、东北大学出版社出版的《广播新闻策划》一书，对广播新闻策划的历史、概念、原则、方法、过程等诸多内容进行了系统的论述。2013年11

月，湖北教育出版社出版了《三峡日报》李德明著《新闻策划实战宝典》，该书将全年的新闻策划细化到每个月、每个周，甚至每个重要节日，很适于新闻采编人员学习。

除了学术研讨，不少新闻院系已经将新闻策划这门课列入了大学本科和硕士研究生的教程。不仅如此，许多高等院校硕士、博士招生考试中也有了关于新闻策划方面的试题，如北京大学2006年硕士生入学考试中，操作题为“三家不同媒体作出对某重大交通事故的报道策划”，30分；四川大学2008年博士生入学考试的试题：“浅谈新闻策划与策划新闻”；上海财经大学2012年硕士生招考试题：“新闻报道策划的类型”……这反映出我国新闻院校特别是高层次学生培养中对此课题的重视。

二、对新闻报道策划的界定和认识

综观20年来我国新闻界对“新闻策划”这一论题的争论和实践，我们可以发现，学界和实务界的意见是比较分明的，即学界大多数学者不同意使用“新闻策划”的提法，认为如此提法有“造假新闻”之嫌，他们一般同意提“新闻传播策划”或“新闻报道策划”；而实务界的同志们却对此却不屑一顾，仍“我行我素”，不仅嘴上喊着“新闻策划”，在行动中干着“新闻策划”，而且在自己的规划和机构设置中，都大量地使用着“新闻策划”，有“新闻策划中心”、“新闻策划机制”和“新闻策划奖励”等——自然，他们的前提也是很明确的：我实施的“新闻策划”是新闻单位里面关于新闻报道的策划，而不是“造假新闻”！有的报社老总对此说得更明白：“新闻策划主要是指新闻活动的策划，更确切一点讲，是新闻报道宣传活动的策划。新闻策划不过是新闻界一种简明扼要的提法。”① 为了避免概念不清引起的麻烦，为了减少因概念宽泛而引起的争论，笔者采用“新闻报道策划”的提法，并给出了自己对这一提法的定义或文字表述——新闻报道策划是新闻传播的主体，遵循事物发展和新闻传播的基本规律，围绕一定的目标，对已占有的信息进行科学的分析和研究，着眼现实，发掘已知，预测未来，制定和实施相应的政策和策略，以求最佳效果的创造性的策划活动。

提出这个定义或表述基于以下考虑：

第一，新闻报道策划是整个策划属概念中的一种，在“策划”前面冠

① 秦绍德：《关于“新闻策划”的几点浅见》，载《新闻记者》1997年第9期。

以“新闻报道”，以有别于其他的如经济策划、军事策划、商业策划、文化策划、体育策划，等等。

第二，新闻报道策划既然属于策划活动中的一种，那么，关于策划的一般属性和要求，新闻报道策划都应具有和必须遵守。

第三，新闻报道策划的基本前提是必须遵循事物发展的基本规律和新闻传播的基本规律，这是新闻报道策划与其他策划活动的根本区别——新闻传播者步入社会，深入实践，一切所作所为必须符合客观事物发展的规律，不可越俎代庖或随意扭曲；策划者在进行新闻传播时必须遵循新闻传播的规律，遵纪守法，遵守新闻工作者的职业道德，讲究传播技巧。

第四，新闻报道策划是人们的主观意识作用于客观现实的一种行为表现——必须充分发挥人的主观能动性，创造性地搞好新闻报道策划；同时，必须防止由于人的主观意识违背客观事物发展的过程和结果，干预客观事实，造出假新闻或使新闻失实。

第五，新闻报道策划是着眼现实，面向未来的活动。在这个活动的过程中，必须大量收集和掌握各种信息材料（包括过去的和现在的，自己的和他人的，中国的和外国的，成功的和失败的）进行科学的分析和研究，提出大胆的预测和假想——这是一个有一定风险的创造性工作。增强人们的风险意识，建立科学的评价体制和宽松的思想环境是十分重要的。

第六，新闻报道策划是一个有目标并追求最佳效果的策划活动。以最小的投入去获取最大的社会效益和经济效益应是策划者的行动起点和最终检验标准，策划者的一切策划方案都不能违背这个大方向。

在上述“新闻报道策划”的定义中，关键词是：事物发展规律、新闻传播规律、最佳效果、创造性——这就是我们对新闻报道策划的一般的也是较为科学的认识，笔者以为，将“新闻策划”改为“新闻报道策划”，不仅仅是增加了两个字，而是这样表述更加科学严谨；同时，对于新闻实务单位的同志来说，他们在使用“新闻策划”一词时也不必受到指责。对于一种约定俗成的东西，我们也不一定强求将其更改过来，实际上强求也是无效的。只要我们都认真把握策划的实质，对于学界和实务界双方都是有好处的。

进行新闻报道策划一般来说有两种方式，一是新闻事件发生后，新闻工作者赶赴现场，进行报道策划，推出最受大众欢迎的报道来。这种组织报道，只要符合新闻报道的一般规律，人们是不会有多大意见的；现在出现问题和对此有颇多意见的是另一种报道，即新闻工作者参与正在发生或还没发生的事件之中，以自己的主观努力促其圆满和完善，尔后再予以报道。对此，笔者以为是可行的，只要实施时按“新闻报道策划”定义的要求办事。

人们为什么会对前一种策划持认同态度呢？因为，客观的事件发生在前，人们的主观报道在后，符合新闻报道的规律；而后一种策划，却是人们的主观策划在前，策划后产生事实，事实产生后再进行报道，这就是在“制造新闻”！对此，要做具体分析。

从广泛的意义上来说，人们的报道都是人们的一种主观意识活动。世界每时每刻都在发生着事件，问题是，我们能够发现的有多少，我们能够报道的有多少，我们能够报道好报道成功的有多少？我们为什么只能发现那么一些，还有更多的事实我们发现不了呢？我们为什么在发现的事实中，真正报道成功很有影响的只占很少一部分呢？说到底，还是客观事物发展过程中的环境问题、报道机制问题和我们报道者的主观水平、素质问题。传播者个人和群体的素质如何，主观能动性发挥得如何，对于传播效果的好坏关系极大。正是在这个意义上，我们需要加强对新闻报道策划的研究和实践。根据目前在策划理论和实践中存在的问题，我们有必要正确认识新闻报道策划中记者的参与作用。

（一）时代的发展对新闻工作者提出了新的要求

人们对新闻工作者参与事件后的报道策划有异议，关键在于对新闻工作者参与事件中的行为提出了质疑。所谓记者，他的职责在于记录、报道，其他的事则不属于记者的工作范畴。我国出版的各类新闻书籍都有对“记者”的解释——

《辞海》的解释是，记者即新闻记者。新闻事业机关中从事采访工作的专业人员。有时也是从事编辑、采访、评论工作的新闻工作者的统称。①

《新闻学大辞典》的解释是，新闻机构中专门从事采写新闻报道的专门人员。狭义的记者为外勤记者。19 世纪，中国随着近代报刊的产生，“记者”的概念才得以逐步确立，随之逐渐形成一种职业。在中国，记者曾被称作“访员”、“访事”、“通讯员”。②

《新闻采访学》教材指出，记者的主要职责有三项，一是采写新闻报

① 《辞海》，上海辞书出版社 1980 年版，第 380 页。
② 甘惜分：《新闻学大词典》，河南人民出版社 1993 年版，第 140 页。

道，二是反映情况，三是做群众工作。①

不论关于记者的解释有多少种，关于它的基本职责大体上是相同的，即进行采访和报道工作。作为一种专门的职业，这样的界定基本上是正确的，也是必要的——只有具备明确的职业特征才能有明确的角色意识，人们在从事这一工作时才有明确的工作指向；人们只有明确了自己的工作责任才能敬业爱岗，把自己的本职工作做好。对于一切正在从事和向往从事这项职业的人来说，都应加强这方面的业务学习和培训，提高新闻工作者的思想和业务等方面的素质。但是，由于记者工作的特殊性，记者在完成好记录报道的同时，在有可能的条件下，参与社会的各种活动之中，遵循事物发展的基本规律，促其完善和圆满，在此基础上再进行报道，是可行的，有时还是必需的，此举不仅在当代的中国新闻界，而且在国外很早以前就有了。

1846 年 4 月至 1847 年 9 月的美国对墨西哥的战争，是美国记者大量全面报道的第一场国外战争。这次报道“较此以前世界各处任何战争的报道远为丰富，现代战地通讯也滥觞于此”②。在这次战争中，不少美国记者深入战场，尤其是距前线最近的新奥尔良各报，最为活跃。新奥尔良《匹克融报》记者肯达尔，是一个冒险家，战争一开始即投入泰勒军团。他曾参加蒙特勒会战，亲夺一面墨西哥旗帜作战利品。他所写的战地急讯，对军事行动记述正确，并加进写实性描述与人生趣味。《三角洲报》记者弗利纳也是一位冒险家，曾充当公文信差，在蒙特勒战役中亲自杀死一名墨西哥军官。“在这里，早期记者参与新闻事件的特点表现得十分突出。”③ 在这里，新闻记者已经不单纯是在战场之外观察和记录历史，而是参与其中为了国家的利益贡献自己的人生。

1869 年，美国纽约先驱报社社长小贝尔内特派著名记者史坦利前往非洲，寻找失踪的传教士利文斯通。在非洲，史坦利穿越原始丛林，当过部落首领的俘虏，出生入死，经过两年的艰苦跋涉，终于在 1871 年 10 月找到了利文斯通，使这次探险采访成为传奇式的佳话。④

---

① 蓝鸿文：《新闻采访学》，中国人民大学出版社 1984 年版，第 38 页。

② ［美］弗兰克·路德穆特：《美国新闻事业史》，台湾“教育部”1979 年版，第 216 页。

③ 刘明华：《西方新闻采访与写作》，中国人民大学出版社 1993 年版，第 13、16 页。

④ 刘明华：《西方新闻采访与写作》，中国人民大学出版社 1993 年版，第 13、16 页。

记者的参与不仅表现在保卫国家利益和突发事件中，而且他们也根据读者的需要和自己的可能，一边制造新闻报道赖以存在的事实，一边予以报道，从而扩大本报在读者中的影响。如1889年，《纽约世界报》22岁的女记者布莱在普利策的指挥之下，从纽约出发，试与凡尔纳小说《八十天环游地球》的主人公福格比高低，坐车、乘船、骑马、骑骡，利用一切交通工具，用了72天6小时11分14秒的速度，绕地球一周，引起轰动。布莱被称为“奇技记者”。①

上述报道都是在报社主持人精心策划下进行的。虽然在报道的事件中都有记者的参与，但是，这些参与都是符合事物发展的一般规律，没有人为地去生造或扭曲、或夸大、或缩小；对事件发生后的报道也是符合新闻报道的规律，而且由于有了记者的参与，他们对报道对象有更深切的感知，所以写出的报道更生动更深刻，从而也更有效地吸引读者，打动读者，争取读者，由此扩大了该报在读者中的声誉和发行量。

当然，在中外新闻史上都有过这样的情况：新闻记者由于违背了事物发展和新闻报道的一般规律，在参与活动中，不恰当地夸大了人的主观能动性，按参与者的主观意志去改变既成的客观事实，从而造出虚假的新闻报道。比如，有一次外国人到我们的一家大工厂参观，发现工厂的污水处理池里面有一群鸭子在上面游戏，都说，这污水处理得太好了，VERY GOOD，VERY GOOD！我们的记者拍照，报道了外国人的称赞。这个消息发了以后，有人向总理告状，说这是假的，说这个水是有气味的，鸭子根本不能在里面存活，外国人来的时候抱进去，外国人走了捞出来，因为时间太长这鸭子就要被熏死。这显然是一个人为组织的虚假事件，据此报道的新闻自然也就成了假新闻了。如果我们的记者知道此事或参与其间进行了策划并予以报道，这样的行为是完全错误并要受到谴责的，因为这是在“制造假新闻”。

之所以我们反对这样的策划，是因为这种行为本身就违反了“新闻报道策划”的定义要求，即不符合事物发展的规律和新闻报道的规律，自然也就不算“新闻报道策划”，更谈不上成功的策划了。因为在策划实践中出现这样那样的问题就否定记者参与的新闻报道策划是没有道理的，但是，对新闻报道策划中存在的问题加强研究，不断提高参与者的自身素质，这是十分必要的。丁柏铨教授认为：“在多数情况下，新闻事实是媒介之外的一种

---

① 刘明华：《西方新闻采访与写作》，中国人民大学出版社1993年版，第13、16页。

存在，它循着自身的规律发展。这时，对新闻事实进行干预是不恰当的；在一定条件下应当允许媒体为新闻事实的发生创造条件。历史上和现实中，确实也有这样的情况：对于某些新闻事件，在它尚未发生之前，新闻媒介参与过谋划，并为它的发生发展努力创造过条件，新闻事实可以说是经过新闻媒介的策划而最终成为事实的。事实的存在是货真价实的，新闻是根据货真价实的事实所作的报道，它并没有违背新闻规律。这种新闻策划是可取的。"①这种认识和评价是符合我国新闻界的实际情况的，同时也是对新闻记者在某些特定的情况下参与新闻事件中并对其予以策划报道持赞成意见的。

我们的时代是一个瞬息万变、突飞猛进的时代。在这个时代，政治、经济、文化的发展对新闻媒体提出了越来越多的要求，媒体之间的竞争使传媒的负责人担负着越来越多的责任，受众需求的多样性和广泛性对新闻工作者提出了越来越多的希望。所有这一切都对我们的新闻传播单位和新闻从业人员提出了新的任务，即在完成传统意义上的本职工作外，在有可能的条件下，有选择地、适时地参与一些社会活动或事件之中，在此基础上搞好我们的新闻报道。

（二）记者以不同的方式创造历史

我们常说，人民创造历史。在创造历史的人群和进程中，就包括广大的新闻工作者在内（在中国约有70万人）。新闻工作者创造历史是以两种不同的方式来实现的。一种是记者职业所需要的最基本要求，即用自己的笔、镜头、话筒、摄像机、网络等手段来真实地记录历史、反映历史，以满足受众知识、思想、情趣、休闲等方面的需要。在中外新闻史上，记载着许许多多叱咤风云的精英人物。人们永远不会忘记他们在记录和传播中国及世界的文明历史中作出的杰出贡献；另一种则是新闻工作者以职业者的形象公开地参与或以特殊身份隐蔽地深入某一事件和活动中，遵循客观事物发生发展的基本规律要求，与事件和活动的参与者一起促使事物向着策划者的旨意行进。由于有了记者的参与，该项活动得以圆满和完善；在事件发生发展的过程中，由于记者的努力，使记者的旨意和事件者的意愿基本相符；由于有了新闻工作者的参与策划，可以更多地发现新闻，可以更好地报道新闻，从而使传媒自身水平不断提高，声誉不断扩大。

---

① 刘明华：《西方新闻采访与写作》，中国人民大学出版社1993年版，第13、16页。

新闻工作者不仅仅是一个文字工作者，担负着“访员”、“访事”的角色，由于职业的特性，从某种意义上来说他们还是社会工作者。他们每天要在社会中生活，要与不同的社会成员接触。特殊的知识结构和工作方式，使他们发挥着智囊团的作用——他们参与政府的决策咨询；他们参与企业的规划发展；他们参与社区的文明建设；他们参与整个人群素质提高的活动之中。他们有选择地在那些适于做，可以做，又能够做得好的事业中发挥着他们的聪明才智；同时，他们没有忘记自己的职责，将其参与的事件有选择地予以报道策划，使其为更多的受众所感知，从而更好地发挥新闻传播的作用。新闻工作者以自己特有的工作方式参与历史活动之中，创造着历史。历史在记录这些重大事件时，同样不能忘记新闻工作者的功劳！在经济建设中，有因记者的牵线搭桥促使当地经济发展繁荣，而以参与记者的名字命名某某地名的；在捐资助学中，有因新闻扶贫建立希望小学，而以新闻单位的名字命名学校的；在特大抗洪救灾活动中，在各种惩治犯罪见义勇为等突发事件中，都可以看到当代新闻工作者的身影，他们与广大人民群众一起谱写着一曲曲新时代的颂歌。

新闻工作者在参与事件中策划报道，是新的时代新的形势对新闻传媒提出的新任务。为完成好这一重任，必须加强对参与者各方面素质的培养和训练，这是一项长期而艰巨的任务。

综上所述，新闻报道策划是包括两方面内容的，既包括新闻事件发生后的报道策划，也包括符合事物发展规律的新闻事件的策划。当然，在新闻报道策划中，大量的还是在新闻事件发生后对于如何报道的策划，搞好报道策划仍是新闻单位的一项经常性的重要的任务。

三、新闻报道策划的几种类型

新闻报道策划的成果是面向广大受众，他们是否需要，是否接受，是否喜爱是决定我们策划报道成功与否的关键；不同类型、不同层次和不同地域的媒体面对广大受众的选择，谁比谁做得更快一点，更新一点，更好一点，这是媒体竞争对策划者提出的要求；各媒体由于传统和现实的发展大都形成了自己的特点或特长，如何在竞争中展现自己特有的风采，这是策划者克敌制胜的一大法宝。新闻报道策划就是围绕满足受众需求，战胜竞争对手，展现自家所长这样三个既有联系又有侧重的方面展开的。

（一）满足受众需求的策划

受众的需求是多种多样的，而且，随着时代的发展，这种需求也越来越高，越来越苛刻。对于受众日益增长的接受信息传播的要求，新闻工作者只有经过精心的策划才能拿出满足广大受众口味的新闻佳作来。

《中国消费者报》从2006年开始，每年在3·15前后推出《中国3·15年度报告》。其中2012年3月15日，该报推出的3·15年度报告“曝光篇”中有6个版的深度报道：《“洁百利”餐具消毒不靠谱》、《质监站人员咋有俩身份》、《支付黑洞堪比江洋大盗》、《自动扶梯危险三角区隐患依旧》、《三无“美瞳”上演最后疯狂》、《干细胞移植泛滥的真相》。这一系列报道就消费者普遍关心的餐具卫生、网络购物支付平台安全性、自动扶梯质量等事关消费者切身利益的问题进行了披露，极大地满足了受众的知情需要。此外，2012年度报告还在“揭谎篇”中刊登了《破解六大典型消费谎言》，提醒消费者要善于识别消费骗局，保护好自己的钱袋子。这些稿件一出，新浪、腾讯等各大知名网站纷纷转载，提升了媒体知名度和美誉度。

中国消费者报

CHINA CONSUMER NEWS

3·15

年度报告

诚信

关注安全 共筑诚信

破解6大典型消费谎言

2012年3月15日《中国消费者报》

受众的要求是多方面的，不同的受众有不同的要求。策划者既要满足广大受众大致相同的要求，有时还必须满足特殊受众或小众的特殊要求。对不同受众要求的满足，从总体上说也就满足了广大受众的要求。只讲大众，不讲小众，只讲一般，不讲特殊，我们的策划就可能停留在一般的水平上，要想争取更多的受众，要想在竞争中取胜也是不可能的。

1995年世界各国首脑会议《哥本哈根宣言》中称“当今世界以人为中心，人民是可持续发展的中心课题”，它不仅是社会发展的终极目标，同时也应该是新闻传播事业中一项重要内容。纵览时下的新闻媒体，每时每刻都可以看到新闻人关注、尊重、爱护和帮助人们的行动和报道，正是这种编辑定位拉近了同受众的距离。《南方周末》明确声称：“你的希望就是我的希望，你的苦难就是我的苦难。”正是这种深层次的平民意识和人文关怀，使其在众多的报刊中独树一帜。① 随着时代的发展与进步，新闻媒体将会越来越多地参与一些策划活动，搞好报道，以体现本媒体的人文关怀。这将是新闻媒体传播策划的一个重要方面。

（二）战胜竞争对手的策划

新闻传媒的服务对象是广大受众，广大受众也是最后决定新闻传媒生存和发展的关键力量。这些都是新闻报道策划者时刻不可忘却的根本所在。但是，在新闻报道策划的实践中有好多时候是在与对手的竞争、比较中来展现自己，来比较谁比谁更好更强。于是，新闻报道策划者在面向广大受众服务的基点上，又不得不考虑此时此刻自己的朋友和对手是如何策划的。在服务基点不变的前提下，有些策划就是针对对手而实施和调整的。

在与对手竞争中，策划方案的产生和调整主要表现在时间、内容和表现形式三个方面。

第一是时间。我们进行的是新闻传播的策划，所谓“新”是题中应有之义。而“新”首先表现在时效性上，一条别人早就报道了的新闻，你再去报道，无论怎样去施展技巧，其新奇感都是大大不如别人的。这种报道推出去，一般来说是很难超过对手的。所以，对于新闻从业人员来说，“时间就是生命”更是策划的重中之重。

第二是内容。新闻不仅仅表现在时效性上，还表现在一篇报道给受众的

---

① 秦志新、司景新：《论人文关怀视野中的新闻传播》，武汉大学《人文论丛》2000年卷。

信息量上。一条消息虽然发得很早，但是，文中空空如也，干瘪无味，这也是无法得到受众肯定的。新闻的“新”还必须表现在内容的新奇有趣上。新闻工作者不仅要比对手早一点抢到新闻，而且在新闻的表现上要超过对手，使自己的报道内容更丰富、更有趣、更吸引人。要达此目的，记者和编辑人员要在发现新闻和认识新闻上比对手计高一筹。要在一般人们不易发现新闻处发现新闻，要在发现新闻后发掘新闻中含金量高的“富矿”。

第三就是表现技巧的较量了。一桌美味佳肴除了质高量足、材料有特色外，还需要厨师有高超的手艺，新闻报道策划也是如此。在与对手的竞争中，不可能事事都是自己抢先，在落后于人的情况下，如何后发制人，这是策划者需要认真和艰苦研究的。在新闻报道中，一般来说“后”总是要打败仗的；而“后”发制人，“后”来者居上，是需要很多条件的。比如说，自己落后了，能否在报道的深度上超过对手？而深度是什么？它是对一个事件材料比较全面的掌握，对事物发展规律和本质的比较深刻的认识，以及在这个基础上自己能够运用比较熟练的表现手法（因报纸、广播、电视和网络的不同而有不同的要求）来完成报道。在这里用了三个“比较”，一个是资料的比较，一个是认识的比较，一个是手法的比较，这说明要超过对手是十分困难的，但如果我们比对手多这么一点或那么一点就有可能取胜。当然，如果策划时能有较多的胜出，那自然是大好事了。比如说，受众喜欢生动活泼的报道，我们在对事物深刻认识的基础上能否用大众熟悉的语言、画面和声音等形式表现出来，让其容易接受？再比如，网络媒体的出现使更多的人愿意在大众传播媒体上发表意见、展示自己，那么，对于传统媒体来说，我们如何拓展更广泛的空间、利用更多的形式满足受众的需求，让更多的人参与我们的报道中来？诸如此类的问题，都是我们的策划者在与对手的较量中需要认真思考的，从自己的实际出发，作出最佳的选择。

（三）展现自家所长的策划

媒体都是在相互比较、相互借鉴中成长壮大的，于是，不同媒体之间的相互学习是少不了的，所谓取人之长补己之短；但是，与此同时，也不要忘了自己的所长，扬己之长有时也是策划取胜的一个高招。

案例 2

1957 年 10 月 1 日创刊的《羊城晚报》，是我国第一份地方性的大型晚报。《羊城晚报》策划了许多成功的报道，其中就包括利用自身的人才优势所进行的新闻报道策划。比如2009年12月26日武广高铁开通，《羊城晚报》当天推出了七个版的专题策划。A1版刊登了消息《广州—武汉今起迈入高速新时代》和通栏特大幅图片；A2—A7版刊登了系列专题《飞驰武广》。摄影记者陈秋明拍摄的剪彩仪式的新闻照片作为头版照片报道非常精彩，囊括了所有新闻元素，头版通栏大图大气；A2版《高铁网络四纵四横》介绍了全国高铁网络情况；A5版《飞驰武广》是选乘篇，对选乘武广高铁的舒适度、算成本、便捷性、怎样买票等方面作了详细介绍；A6版《飞驰武广》是娱乐篇，介绍了武广高铁沿途黄鹤楼、岳麓书院、洞庭湖、岳阳楼、丹霞山等旅游景点以及沿途多种美食。这一系列报道策划充分发挥了身处广州、资源丰富、信息灵通的优势，整体上大气而详尽。

《羊城晚报》报道武广高铁开通画面

新闻报道策划是一种高智力的运动。策划者的眼睛不仅要看到受众，看到对手，同时也要看到自己。要从自己媒体发展的历史、报道的经历、所在的位置、队伍的结构和素质以及资金、信息、情报等多方面考虑，选择一项或几项作为自己的特色和强项，并找好使其特色和强项充分展示的报道结合点，做好策划。在一个新闻单位，有的优势是比较明显的，有的是一般化的，对此，策划者也有一个正确认识和精心培养的问题。明显的优势不常用也会退化，带有发展趋势的新鲜萌芽，用心呵护也会成长壮大。事在人为，策划者心里要有一本明白账；优势也是有时间和空间性的。此时此地你有优势，到了彼时彼地，优势可能就是别人的了；此报道，你有优势，彼报道，可能别人比你强。有了优势，孤芳自赏，不去很好地发挥，没有优势，自暴自弃，不去用心发掘，到头来都是做不出好的可持续发展的策划报道的。在为受众服务、在与同行竞争、在展现自身优势的新闻报道策划实践中，新闻从业者的素质得到提高，新闻报道的水平得到提高，这就是我们重视新闻报道策划的原因所在。

四、新闻报道策划的积极作用

（一）有利于开发人力资源

新闻单位是传播新闻信息的地方，同时它也是培养人才的地方。新闻本身就是一项挑战性很强的工作，它要求新闻工作者有广泛的生活阅历、深厚的理论功底、渊博的文史知识、熟练的社交能力等。在新闻报道策划中，对这种素质的要求就更高了，而且，在策划的实践中，它能使记者编辑们更快地适应和提高。新闻报道策划是一项综合性的全方位的智力活动，它要求参与者多方配合，它要求参与者的创造性思维，它要求参与者掌握多种传播手段和表现技巧。一般来说策划对人们的时间要求是很苛刻的，在这种情况下，策划方案的制定者和实施者在考虑方案时就应该了解自己的部属，他们各自的特点和特长，何时需要鼓励，何时需要帮助，何时需要提醒，何时需要鞭策。可以这么说，一次成功的报道策划，就是一次人才培养和训练的过程。多次这样成功的策划实践，对于一个新闻单位来说就形成了可持续发展的人才梯队的培养基地。

在实战中锻炼人才、培养人才，引导年轻记者提高新闻采写水平。新闻工作重在实践，要成为一名优秀的记者，就必须在实践中不断地探索和积累，不断地总结和提高。其中，如果有领导、资深新闻工作者的指点和帮助，将大大加快这一进程，取得事半功倍的效果。《新华日报》新闻策划会目的之一，就是要成为编辑记者提高水平的强化训练班，在实践中锻炼人才、培养人才。事实证明，这方面的努力取得了明显的成效，不少年轻记者脱颖而出，业务素质和思想素质大大提高，出了一大批好稿。在出好稿的基础上，不少记者也写出了总结性的新闻论文。事实证明，新闻策划会培养的是富有敬业精神和良好道德风尚的记者，而不是赶场子的“拎包”记者。《新华日报》记者的工作作风得到社会各界的普遍好评。

（二）有利于获得最大效益

投入和产出是经济学的概念，以最小的投入获得最大的产出这就叫高效益。搞新闻报道策划也是这样。新闻报道策划的一个直接目的就是要多出精品，多出佳作，这已经成为新闻界的一个共识。有的报社作出了具体规定，采取了具体措施，有的报社已经结出了硕果。南京《现代快报》实行了策划项目责任制，这是他们在策划机制上的一大创新。在碰到重大采访时，他们会成立一个项目小组，由战线记者、首席记者、版面主编等组成，小组有时由一个副总牵头，有的是部门主任或首席记者、主编；项目小组可跨部门运作，由小组负责人调度各部记者；采访结束后，向老总提交方案，确定版面；项目完成得好，会有不菲的奖励，月度评好稿时也会有体现。这是一种先进的机制，有利于打破条块分割，极大地推动生产力，值得相关媒体去完善它，并形成一种固定的制度。① 在 2013 年和 2014 年交接之时，《现代快报》策划了“送你百年一遇的跨年祝福”，受到读者喜爱。

图为 2014 年 1 月 1 日《现代快报》一版版面

---

① 管恩武：《报纸策划机制亟待创新》，载《青年记者》2006 年第 14 期。

为了获得最大效益，在突发性事件报道中，要关注社会各界迫切需要了解详情的心理，策划要首先考虑报道的时效性。编辑部要根据自身的能力和覆盖面，选取观察的制高点。如新华社，他们站在世界和全国的高度对社会热点和焦点问题进行梳理，合理调整人力布局和采访重点，力争先发制人。当然由于突发性事件的不可预测性，也需要考虑后发制人的策略。一般而言，能称得上突发性事件的，往往会因为“突如其来”格外引人注目，因此一定会有重大的影响。比如新华社在报道以美国为首的北约轰炸南联盟的新闻时，从始至终把握事态的发展，首发新闻和后续报道一气呵成，不仅取得了报道的主动，更扩大了新华社的影响。以 2001 年 5 月创刊的《京华时报》为例，该报从创刊到收支平衡，仅仅用了 1 年半的时间，2003 年 6 月被评为中国最具有竞争力的新兴媒体，2005 年 4 月，报纸扩至日出 72 版，周四周五 100 版。该报将本地新闻视为都市报生存的命脉，把事件性新闻作为新闻体裁的主打品种，进行常规新闻策划和重点新闻策划。在《京华时报》，多数采访部门已没有与其相对的编辑部门，记者只是供稿，并可向多个版组发稿，编辑对稿件的质量负责。其基本操作模式如下：以中心为单位联动操作——这样便于整体协调，集团作战。具体操作上，打破固定部门的封闭操作，实行项目责任制——招标成立项目小组，权责到人。在秦京输油管泄漏事件的突发性新闻报道中，该报当天早上 9 点 40 分接到热线电话，10 点派出第一批记者到现场，10 点到下午 1 点记者部主任和记者沟通。在确定需采访公安等部门后，由于现场人手不够，又派出第二拨记者；下午 1 点钟，值班主任确定稿件原则，向中石化派出第三拨记者；晚上 7 点钟，编前协调版面，制作版头、制图；第二天进行评价和表彰，这就获得了最大效益。①

在重大战役性报道中，要关注社会各界了解全局影响的需要，策划时首先考虑报道的深度。一般而言，能称得上重大战役性报道的，往往是全社会公认的新闻事件，各种媒体要抽调精兵强将全力以赴，竞争的实质是报道深度的竞争。所谓深度报道的竞争，说到底就是思想观念的竞争，是理论素质的竞争。谁能透过现象看本质，谁能把别人没看清或看清了说不清的东西说清楚了说明白了，说得广大受众都理解了信服了，谁的报道就最受欢迎。

在日常报道中，要关注社会各界对新鲜事物的态度，研究报道的创新问题。日常报道的策划往往被忽视。其实，能否在“平淡”中出奇制胜，策

① 管恩武：《报纸策划机制亟待创新》，载《青年记者》2006 年第 14 期。

划的作用十分关键。获得第十三届中国新闻奖消息一等奖《看个“咳嗽”要掏1065元》，取材于生活海洋中的“一滴水”，看似平淡无奇，实则暗流涌动，反映了医德医风、行风建设等重大问题。这篇600多字的短文用白描的手法记述了杨先生带女儿看病的过程，使人不仅有如临其境、如见其人、如睹其状的现场感；又小中见大、平中见奇地在这件生活小事中寄托了深沉的社会意义：尖锐地反映了老百姓的呼声，医院的医德医风越来越不得人心了。①

（三）有利于挖掘新闻资源

人们常说“新闻是易碎品”。为什么呢，就是因为新闻赖以生存的客观事实是千变万化、稍纵即逝的，新闻要求又新又不能重复，一个新闻事实或由头用完了也就算完了，不允许保存或复制。这是对一般新闻报道而言的。新闻报道策划则不然。一般来说，新闻报道策划是多人的集体创作，它集中了集体的智慧，能够在不引人注目的新闻线索群中发掘“价值昂贵的珍宝”和“带着露珠的鲜花”。新闻报道策划能够极大地开拓和有效地利用新闻资源，不仅可以使人敏锐地看到眼前发生的事实，而且可以使人敏锐地回忆过去发生的历史，科学地预测未来，找到过去、现在和未来之间的发展趋势。

（四）有利于提高管理水平

随着市场经济的发展，随着我国加入WTO，步入世界大家庭的共同体中，对媒体自身的组织建设管理水平要求也越来越高了。新闻报道策划是一个全方位的系统工程，它既包括一篇稿件的策划，也包括一组报道的策划，同时，它也包括整个媒体的形象宣传、队伍建设、机构设置、经济发展、对外交往等等方面的问题。这是一个十分复杂的管理系统。市场的竞争、同行的挑战，已经不允许我们仍然按照过去的老传统、按计划经济的行政管理方式来组织运作了。

首先，它要求我们学习和掌握国际规则，按照国际惯例来思考和处理问题。如国外一些大媒体十分重视编辑部的指挥作用，有很多报道不署名。我们在提倡培养名记者、名编辑、名评论员的同时，也要学习外国同行的经验

---

① 石坚：《观一叶而知秋——评中国新闻奖消息一等奖〈看个“咳嗽”要掏1065元〉》，载《中国记者》2004年第8期。

来更好地发挥整体的作用。

其次，它要求我们按照市场经济运行的规律办事。很长一段时间以来，我们的新闻媒体都是按照行政机关的模式来设置和运行的。新闻单位的各个部门与政府机关的各部门相对应，新闻单位的报道向政府负责任，新闻媒体的发行量或收视收看率靠行政命令来提高，新闻单位的财政收入靠政府来补贴，等等。在这种模式下，新闻报道和整个新闻单位的运行必然没有活力，也不会受到大众的欢迎。新闻报道策划，首先突破了行政计划的控制，它完全从传媒自身的个性和特长出发，能够调动参与者的积极性；一些大的报道还要求整个单位的诸多方面予以配合，形成合力；有些涉及全局性的策划，还要求与新闻单位以外的诸多部门协调和争取他们的支持，等等。所有这一切都能够提高媒体管理者的管理水平，提高他们认识形势的能力，提高他们组织队伍的能力，提高他们协调关系的能力，提高他们随机应变的能力。从实践中学习，在策划中锻炼，这是提高媒体管理水平的一个重要途径。

《解放军报》在《策划出精品，策划出重头》的回顾文章中指出，如今，新闻策划在军报已经成为一种时尚、一种风气。“策划”二字不仅成为挂在采编人员嘴边的口头禅，更成为整个编辑部组织宣传战役时的自觉行动，使策划成为新闻改革的内在动力。由于报社领导重视，上下齐心策划，该报在重大任务宣传、重要活动宣传、重大典型宣传和突发事件宣传的策划上都出了精品，有的获中国新闻奖，有的受到中宣部表扬。军报先后有四名记者获“范长江新闻奖”，有一名编辑获“韬奋新闻奖”，还有一名编辑和一名记者分别被授予专业技术少将军衔。他们在回顾文章中指出，策划给报纸宣传带来五个“有利于”：有利于提高宣传质量；有利于找准上面重视、下面关注的结合点；有利于集中大家的智慧、统一大家的认识；有利于形成“采编合一”的高效运行机制；有利于锻炼提高队伍素质。①

五、当前新闻报道策划存在的主要问题

新闻报道策划由于能够满足受众的需求，能够提升媒体自己的竞争力，所以越来越受到大家的重视。但是，在执行中也存在着许多问题，影响着策划者和媒体的声誉，给受众和社会的安定团结带来不少负面影响。媒体在策

① 解放军报总编室：《策划出精品，策划出重头》，载《军事记者》2001 年第 11 期。

划中存在的以下主要问题需要我们认真研究并予以解决。

（一）凭空造假，违背新闻报道规律

新闻事实是第一性的，新闻报道是第二性的，没有发生的事实或该事实完全是凭空生造出来而且又是实际生活中没有或不可能发生的，这就是源头造假，为害最烈。

这一类的“策划”为什么能够通过和欺骗大众呢？从媒体来说，他们总希望出一些新奇事，给社会一些惊奇和震撼，而这些新奇事又有一些可能产生的“合理因素”——如我们社会上确有一些不法分子已经和正在从事着害人的勾当，正是这些社会的蛀虫激发了新闻工作者的社会责任心，促使新闻工作者用自己手中的工具去揭露他们。正是这种社会的存在和新闻工作者的良好心愿使得訾某的“策划”得以施行；从受众的角度来说，他们对于那些司空见惯的形式主义报道、评功摆好的报道讨厌了，生烦了，需要媒体对社会的丑恶和腐败予以揭露。在激烈的媒体竞争市场中，谁能策划出这样的报道，谁就能获得大众的欢迎，从而也就能提高媒体的竞争力。受众的需求为这种假新闻的出笼提供了可滋生的土壤。但是，所有这一切都不是任何人凭空造假的理由。对于媒体从业人员特别是把关者，更要有一个清醒的认识：社会形势日益复杂多变，受众需求日益多样提高，媒体市场日益竞争激烈，现代技术日益发达多变，造假时刻在检验和考验着我们每一个人。

（二）谋取私利，与当事人合伙制造“事实”

案例 3

《上海法制报》曾刊发报道《全国首例损害商品声誉案侦破　老板串通记者策划“街头砸空调”》。文章说，当年3月和5月，某闹市街头曾出现过一名壮汉，他手持铁锤砸向一台双菱牌壁挂式空调机。一旁，空调的主人手持“双菱空调，质量低劣，投诉无门，砸毁有理”的标语，不断嚷道：“照着双菱牌子给我砸！”不一会儿，这台空调机已经被砸得面目全非。空调的主人是江苏连云港市黄海度假村的老板，叫陈恩。陈恩说，他去年3月承租了这个度假村的客房部，并于4月在该市一电器公司购买了上海生产的双菱牌空调机共84台。6月中旬正式启用时，当天就烧坏了6台，而且噪音很大，并出示了连云港市环保部门的噪音超标检测和南京质量监督中心的检验单。但双菱公司的回答是，双菱空调不存在他所说的问题。陈恩购买 84 台空调的总价是 269206 元，他当时只付了 10 万元，后来非但不再付款，还要索赔 500 万元。他还多次威胁说：不给钱就联系新闻单位召开新闻发布会，抡锤砸毁空调，第一站是南京，第二站是上海，第三站是北京，要搞臭生产企业。于是，双菱公司向公安部门报了案。经侦察，原来是陈恩经营不善，付不出剩余的 10 万元余款，遂以空调存在质量问题为由向双菱公司索要钱财。为了给公司施加压力，他们给鉴定人塞了 2000 元，得出了“噪音超标”的结论。接着，他们又和南京某报的一位记者钱某串通，来了一个“砸空调，泄民愤”的“新闻策划”。为此，他们先后向钱某支付 1.2 万元的酬劳。随后，陈恩等人被依法逮捕。

信息时代，媒体的功能越来越强大，不少单位不怕领导和群众批评，就怕媒体曝光，特别是那些自身确实有些不干净的单位。于是，有人就动了这方面的脑子，于是，也有新闻媒体的人士与其沆瀣一气，串通起来以“策划”发起了不义之财。

新闻媒体的责任是坚守正义，揭露黑暗。但是，这一切都是以确有的事实为前提，而且是以与人为善、不取报酬为前提的。以为自己手中有了权，以为新闻报道策划可以搞有偿新闻或有偿不新闻，毕竟不是正道，也必将使自己身败名裂，前几年出现的山西繁峙矿难中有 11 位记者因收受金元宝而隐瞒事实受到处分就是一个典例。

（三）违反道德准则，丧失社会良知

案例 4

2007 年 3 月，无疑是兰州女孩杨丽娟事件在媒体报道的鼎盛期。其实在早一年，杨丽娟追星刘德华的“策划”已经开始了。2006 年 3 月 23 日，《兰州晨报》一篇名为《兰州女孩杨丽娟苦追刘德华 12 年》的报道在全国引起巨大反响。事件见报的第二天，全国一些知名媒体就抵达兰州开始跟踪采访。同时，不少城市的强势媒体刊发杨丽娟父母给刘德华的“请愿书”，希望刘德华得知此事后能够安排时间和杨丽娟见面。北京某电视台看到杨家所具有的创造收视率的“潜力”，以自己有实力能够帮助杨丽娟见到刘德华为幌子三次拜访杨家，分别带去了同情、心理医生和一个假刘德华。后来电视台邀请杨家三口赴京，结果是

杨家大闹电视台，认为是被贬低了人格。

报道一直持续到 2007 年 3 月，杨丽娟到香港与刘德华见上一面。但是，杨家对此并不满足，要求再见，未果。3 月 26 日，杨家父亲因刘德华不能满足女儿要求投海身亡。在这种情况下，众媒体对此仍不罢休。三天后，某网站花钱把杨丽娟母女接到广州；之后又有媒体把母女接到深圳；母女俩返回兰州时随行记者多达 10 余人，杨家的一切食宿费用均由媒体全包，并对下榻酒店严格保密，一副誓做“独家新闻”的架势。经过一轮“爆炒”之后，一些媒体看清了真相也不再继续关注此事了。当围在杨家母女身边的记者减少时，杨丽娟哭了：“你们就是为了完成任务，来掐你们的钱，利用完我们就一个一个不见了……”① 这是媒体道德良心丧失的一次集中表现。

我们的一切报道都是为大众服务的，不允许有个人或小团体的私利。虽然也有媒体在报道后说自己是为了“公共利益”，但这绝不能只由新闻工作者说了算，而是由全社会来监督来评价。当今社会缤纷多彩也变幻莫测，很吸引人有时也使人很无奈。媒介的社会责任要求记者摆正自己的位置，承担起新闻工作者应尽的职责，同时，又不滥用手中的权力。这就要求新闻记者要具有较高的道德水准和社会责任感，努力避免我们的报道策划在道德层面上产生负面效应。

（四）违反法律准则，参与共同犯罪

案例 5

在参与式报道策划中，还有媒体派员违反国家法律的现象。

据《报刊文摘》报道，一日，某报女记者钟某经人介绍打入一盗窃自行车团伙内部，了解偷车情况。钟某将此事向发稿总监汇报，总监让其注意安全，钟某说有便衣警察保护。当晚，钟某与团伙成员在南京夫子庙牌楼处见面。钟某自称是介绍人的女友，姓白。3 名偷车人同意钟某加入。次日凌晨，钟某及一成员望风，其他二人实施撬锁，共偷车 5 辆。销赃后，团伙给钟某 15 元作为伙食费，并为其购买球鞋一双。第二天凌晨，钟某一人继续望风，团伙偷车 10 辆。第三天，钟某认为

① 赵金等：《媒体的有所为与有所不为》，载《青年记者》2007 年第 5 期（上）。

需要了解的材料有了，于是向公安机关报案。第三天当盗窃团伙再次行窃时，公安人员根据钟某提供的信息将该团伙抓获。但是在审理此案时，办案检察官郑炜说：“这名女记者的行为已经触犯了刑法，这一点毫无疑问。”尽管钟某在行动前已向报社领导汇报，并且有便衣警察的保护，但是，钟某实际上是帮助并共同完成了两次偷车行动计划，这已不是行政领导能够解决的问题了。

在法律允许的范围内从事采访和报道工作，这是做好新闻工作的一个重要前提，隐性采访也不例外。从事隐性采访的新闻工作者必须严守国家法律，严格执行有关规定。但是在实际操作中，一些记者、编辑没有形成依法报道的观念，片面强调受众的认可程度，认为隐性采访是实行舆论监督的最佳手段，只要受众欢迎，就是合理的，也必然是合法的。这种观念不利于隐性采访的正确运用。

与公开采访相比，隐性采访除了必须遵守一般性法律、法规外，还有一些容易与公民或法人的权利发生冲突的情况值得特别注意，其中最常见的几种侵权行为是：

①侵害公民的人身权利，如名誉权、隐私权、肖像权等，这是隐性采访最容易发生侵权行为之所在；

②泄露国家秘密；

③侵犯商业秘密；

④侵害未成年人和妇女的合法权益；

⑤使用不法手段获取信息，包括使用录音、录像、照相器材，从而违背《中华人民共和国国家安全法》的有关规定。

妇女和儿童作为有专项法律保护的特定人群，享有特殊法律保障，因此在以这些特定人群为采访对象时，要慎用隐性采访，以避免发生侵权行为。比如，中小学校园是未成年人集中的场所，在此进行偷拍或偷录，极有可能违反《中华人民共和国未成年人保护法》的有关规定，从而导致侵权。

（五）哗众取宠，违背事物发展规律

案例6

南方一家报纸前几年曾“策划”了在某公路上“抓鬼”的一整版报道。据这家媒体的记者调查发现，该公路上有一处40多平方米下陷

30余厘米的水泥路面，汽车高速开过此处，车轮正好被下陷路面划破，所以屡屡出现事故，有司机打来电话报料。这个本来在大白天到现场就可以完全弄清楚的问题，媒体却安排在晚上进行，“熬一夜，又一夜，终得事实真相”——一位司机在黑夜中路过此地轮胎划破被撞伤后送到医院抢救。版面上有这位伤员接受治疗时的痛苦照片。版面的下方刊发一篇《市政公司闻风而动，挑灯夜战烂板路》的报道，说的是市政公司昨天抢修，明天就可以修好此路。由此看来，这个道路的破损情况并不十分严重，只要媒体与市政公司通通气，他们是可以很快修好的。但是，我们的媒体却精心“策划”了这样一个报道。看看他们的编者按，就可以看到他们的用心良苦——

公路坦荡荡，为何人仰车翻？一声巨响，双轮齐爆，是否有人设伏？动辄数千，利也太厚；区区数百，罚也太轻。难怪一些车主怀疑有人以险求财，频频投书本报，要求“抓鬼”。

本报同仁亦为之激愤，过去亦曾抓获诸如此类害民之“鬼”。虽曾成功，虽然激愤，仍不敢违背新闻规律，轻率报道以哗众取宠，宁愿不辞劳苦，实地取证。任草莽餐蚊，吸我心头血；随六月骄阳，烤我身上肉。午时设哨，目不交睫；夜半收队，其倦可知。各方查探考察，熬一夜，又一夜，终得事实真相，提请有关部门消除祸根。

真相恐非轰动，付出则是真情。倦收行囊，寄语天下读者，便有风刀霜剑，来报一声，愿再驱驰。

编者按道出了策划者的心声，不是为了哗众取宠，而是要遵循新闻规律。但是，他们的行动却让我们看到了他们的真实动机。熬一夜又一夜，就是为了等待那位摔伤的司机朋友！完全可以在白天公路破损处立一提示牌告知过往司机，同时通知市政公司赶紧修路，一切问题都可迎刃而解，但是，我们的记者们却不这样想，也不这样做。

新闻报道策划的一个重要关键词就是遵循事物发展的基本规律，它是我们从事和做好报道策划的首要前提。但是，上述“策划”却是违背客观事物发展规律的行动。媒体的策划离开了事物正常发生发展的运行轨道，在不该报道的时间进行了报道，以黑夜“抓鬼”的神秘感来吸引人们的眼球，虽然记者们吃了苦头，但是吃力不讨好。

（六）审查程序缺失，致使策划失败

案例 7

2005 年 5 月 11 日，台湾亲民党主席宋楚瑜访问清华大学，该校校长将黄遵宪的书法作品送给了客人。但是，当他念到条幅时，却因不认识其中的小篆字而卡了壳，引起众多网民和国人的嘲笑和指责。人们指责最多的是：一个著名大学校长，怎么能连送给贵宾的礼品都念不出来呢，说他的人文和礼仪素质需要提高。这些都不错。但是，从新闻报道策划的角度来看，我以为还是欢迎仪式上的审查程序出了问题。如果有了这样的程序：办公室或宣传部负责人知道要送出的礼品，须先行检查上面的文字和图案，弄懂上面的含义；要通过合适和可以让人接受的方式检查送礼嘉宾对礼品上各种含义的认知能力，如有缺欠可事先补课；如果确有难度，可在赠送现场准备可提示的文字或其他工具。宋楚瑜在回赠礼品解释其含义时，就是照着一张小纸片念的。在正式场合，这样做也不为过，有时还能表示主人对此事的重视。

案例 8

1999 年 12 月 20 日，中国政府宣布对澳门恢复行使主权，交接仪式在刚刚兴建的澳门文化中心花园馆举行。中国领导人和来自世界 53 个国家和 29 个国际组织的代表及国际友人，还有来自世界各地 300 家媒体的 3500 多名新闻记者对交接仪式进行报道。应该说，这是一个庄严的大会，是一次高规格的大会。按常理，对于大会的一切报道和发言稿均需经过严格的审查，不许有半点差错。但是，令人十分尴尬的事情却出现了，当中国领导人在交接仪式上读到“今夜月明风清，波平如镜……”时，会场内出现了低低的喧哗声。为何？因为在交接仪式的当刻，澳门狂风大作，雨点阵阵，珠海市气象局的预报是：多云、天气寒冷，气温 9℃-15℃，东北风陆地 3-4 级，海面 6-7 级。在这样的气候下，是不可能出现“月明风清，波平如镜”的场景的。如此重要的会议，大会的所有文件都是事先写好经过审查的。问题在于，对于气候一类的变化因素，审稿人未能注意，致使出现差错。此事也提醒从事新闻宣传管理者，对于与气候等变化因素相关的词语尽量少用，如需使用，届时一定要再审，看是否与当时场景吻合。

所谓程序，讲的是事物运动的某种次序或过程或环节，含有某种次序或顺序的意思。这种过程包括按时间的先后（如先来后到）或按某种要求（如尊老爱幼）或按某种层次（如轻重缓急）或按某种量度（如大小多少）等依次排列的工作或运动步骤。在大千世界里，不论是自然的运动，社会的运动，还是人类的思维运动，无处不存在着程序。人们的一切努力和奋斗都在寻求一种程序，一种适应自然、社会和人的思维运动的程序。看来，有关方面的人士加强一些新闻报道策划和程序理论等方面的学习也是很有必要的。

（七）将文学创作与新闻报道混为一谈

文学创作与新闻报道是两个完全不同的范畴。它们之间最根本的一个区别就是，文学创作可以虚构，可以想象，可以再造；而新闻报道必须是对发生的事实的报道，这个事实必须是真实的，已经或正在发生，不可能有半点虚假的成分。但是，现在有不少的新闻报道策划却用起了文学创作的手法，特别是电视新闻的报道策划。

案例 9

2012 年 11 月 17 日，《今日早报》在头版刊登一幅“哨所女兵学习十八大精神”的照片，在微博上被广为传播，有网友揶揄该照片很假。随后经过网友查证，证实了女兵们看的 14 日《人民日报》封底是第 4 版、15 日《台州日报》封底是第 12 版，事实上，这两版内容与报纸宣称的“学习十八大精神”毫无关系。摆拍事件在微博曝光后，《今日早报》所属的浙江日报报业集团很快有了回应，浙报集团下属图片新闻中心在官网上发布启事致歉。在功利意识盛行的今天，摆拍也时时发生。很少有人去和它们较真，或许是说懒得去较

今日早报
MORNING EXPRESS
中共中央政治局召开会议
研究部署学习宣传贯彻十八大精神
中共中央总书记习近平主持会议
哨所女兵学习十八大精神

真。但就在十八大刚刚闭幕、强调学习求真务实精神的背景下，此事向被浮躁、虚假习气包围的媒体同仁敲响了警钟。

案例 10

中央电视台曾在《实话实说》栏目里介绍了南方一家电视台组织三位年轻人用 4000 元从我国南部到北部体验生活的追踪报道节目。南方这家电视台的创意是不错的，看看三位年轻人用 4000 元能否完成我国由南到北的无人援助的数千公里的大旅行，由此来反映和锻炼现代年轻人交际能力、工作能力、求助能力和适应社会各种艰难复杂困境的生存能力。为了防止发生意外，电视台在出发前还为每个志愿者购买了人身意外保险。节目播出后受到人们的议论。这样的追踪报道具有严重导演做戏的痕迹，不是也不可能真实地反映青年志愿者的一路艰行。想想看，有了摄像机时时在自己的面前或背后晃动（即使很隐蔽，对行动者也有一种心理的暗示），人们的行动和心理还正常么？在途中就有因拍摄者的需要而要求青年人坚持的镜头！这样的报道虽然也有纪实的成分，但从整体上来说摆布、做假的成分更多。虽说主办单位为志愿者买了人身意外保险，但是，如果途中真有哪位志愿者发生了险情，电视台的同志们救还是不救？如果不救，是否把青年人的生命当儿戏？如果援救，青年人的旅行还有什么艰险可遇？这样的追踪报道我以为是不值得提倡的。如果把它作为文学创作，那另当别论。

电视台的“现场直播”一类的纪实报道越来越受到观众们的欢迎，为什么？就是因为电视能够在新闻事件发生的同时，将现场发生的一切转变为电子信号，通过转播装置直接发射出去，让受众有身临其境的现场感和参与感，这是其他媒体所不具备的。但是，既然是新闻报道，就必须遵循新闻报道的规律，是先有事实，而后有报道，报道的事实是正在发生或已经发生的事实，这种事实是按照该事物自然发生和发展的规律运动着的，而不允许有半点的“创造”的痕迹。而现在不少的“纪实报道”却是后期制作加上去的，是一种文学再创作的成果。电视新闻要报道过去很难，但是，再难也不能违背新闻规律。现在社会科学技术手段十分发达，可以用动漫，可以用图片，可以用文字来说明，就是不能用导演们请人“再生产”。关于电视新闻的报道策划是一个大问题，需要专门研究和解决。

◎ **思考题**

1. 新闻报道策划的定义中有哪些关键词？
2. 什么是新闻报道策划的可行性原则？其内容是什么？
3. 新闻报道策划在新闻资源挖掘方面有什么作用？
4. 新闻策划与新闻炒作有什么区别？
5. 当前新闻报道策划存在哪些主要问题？谈谈你的思考。

◎ **实践题**

1. 作为都市报的编辑，如何策划“两会”系列报道？
2. 如何建立更加有效的新闻报道策划机制？

第二章

新闻报道策划的前提与原则

新闻报道策划是一个复杂的系统工程。在实施这个工程前必须弄清楚我们进行报道策划的基本前提是什么，即为什么要策划这个报道或活动，其目的和意义何在；在策划这个报道或活动时，我们有哪些可供选择的基本条件，这些条件能否保证我们顺利有效地实施这次策划。一切策划的组织者和实施者只有搞清楚了这两个问题，才可能把策划进行到底，取得预期的良好的策划效果。

策划原则是策划活动过程中所必须遵循的客观规律的理性表现，它是策划实践经验的概括和总结。新闻报道策划作为策划的一种，经过近些年的实践摸索，也逐渐形成它自身特有的策划规律，科学地认识和把握这些行动准则，对于提升策划水平，提高报道效果是大有好处的。这些行动准则大致包括时效原则、机变原则、整体原则、审美原则等基本原则。

案例 1

2012 年 5 月 29 日中午，杭州长运客运二公司司机吴斌驾驶从无锡开往杭州的大客车，在途经沪宜高速公路时，一块数公斤重的铁片击碎正在高速路上以每小时 90 公里行驶的大巴车的挡风玻璃，直接刺入他的腹部。吴斌在肝脏破裂、多根肋骨折断的情况下，忍着身体的极大痛苦，用 1 分 16 秒的标准停车动作，完成了靠边停车、拉手刹、打开双闪灯等保障安全的动作，让行驶在高速上的大巴稳稳停下，并挣扎着站起来，疏导 24 名乘客安全离开，保全了车上 20 多名乘客的性命。吴斌随后被送往无锡解放军 101 医院救治。期间，杭州长运集团考虑到吴斌还在抢救，暂时未向媒体通报消息。……6 月 1 日凌晨，吴斌经抢救无效去世，杭州长运才将他的事迹以及 76 秒视频通过媒体向社会公开。

2012 年 6 月 1 日下午，杭州电视台跑线记者得知吴斌的事迹之后，立即联系频道领导开始策划报道。6 月 1 日 18 点播出第一篇报道《76 秒 8 个动作司机吴斌临危保护 24 名乘客》，当晚就派出两组记者蹲守

车载摄像头拍到吴斌被飞来铁片砸中、强忍剧痛安全停车的全过程

杭州日报

我市授予吴斌杭州市道德模范荣誉称号

平凡之中见伟大 危难时刻见真情

今天，整个杭州只有一位司机

这座城市的道德风景线

商帮再造 价值重塑 责任共担

千方百计支持企业做大做强做优

01：要闻　下一版

DUSHIKUAIBAO 都市快报

平民英雄 伟大司机

杭州市委书记黄坤明批示：向平民英雄吴斌致敬

做到了别人能做的事是尽职

做到了别人做不到的事是英雄

01：都市快报　下一版

杭州媒体纷纷报道吴斌的感人事迹

吴斌家，第二天立即以大篇幅报道跟进，接连8天时间，杭州电视台综合频道共播出“最美司机”吴斌系列报道40余篇。连续的高强度的“最美司机”系列报道，让吴斌成为了杭州全城百姓争相讨论、赞美、学习的人物。该台多篇报道被其他电视媒体采用，数百家网络媒体转载，单条稿件的点击率高达10万次。该系列报道荣获第23届中国新闻奖一等奖。①

【点评】

杭州电视台对“最美司机”吴斌所做的系列报道，其成功之处在于反应快速和策划得力。电视台记者下午才得知消息，迅速作出新闻价值判断，当晚随即播出，反应迅捷。而系列报道就不能只靠反应迅捷了，更需要有组织有计划的谋划。杭州电视台在前期策划中仔细梳理事件经过，提炼出“最美司机”这个关键词，在策划中重点突出“平民吴斌成英雄，全城自发送英雄”的主题，策划的价值前提定位准确，导向清楚，抓住了社会和时代所需。连续8天40余篇的系列报道“轰炸”受众眼球，将传播效应不断扩大，有效引领了社会舆论。

新闻报道策划是一个复杂的过程，它有一个从起点到终点的运行轨迹。为了更深刻地理解和认识这一过程，策划者作判断时所依据的前提是非常重要的。这种前提就是策划者在许多可能的行动中，选择某一特定行动的判断准则或评价依据。从最高的理性境界来说，策划者的判断可以理解为是从策划前提引申出来的结论。为了搞好新闻报道策划活动，认识和掌握策划的基本前提是很有必要的。

一、新闻报道策划的价值前提

所谓新闻报道策划，它是新闻报道主体运用新闻传播的各种手段，以求获得最佳传播效果的创造性活动。为达此目的，策划者要做许多准备工作。但是，有一条是必须首先搞清楚的，即这次策划活动，这次策划报道该不该进行，能不能进行，进行这次策划活动和报道的意义是什么，能否达到，等

① 参见中国新闻奖评奖推荐表，http://news.xinhuanet.com/zgjx/2013-06/26/c_132488126.htm

等，所有这一切都是策划者事先应该弄明白的。这就是我们进行新闻报道策划所要求的价值前提或者说是理论根据。尽管我们的策划者大多是经验丰富的行家里手，但是，在我们行动前，对它的活动意义还是要作一番价值判断的，正如管理大师西蒙博士所说，价值前提是不能以客观的事实证明是或非，也不能以经验或推理证明其正确性。① 价值前提大致包括以下几方面内容：

（一）目标价值

1. 目标的作用

恩格斯讲过这样的话："……在社会史上起作用的是具有意识、意图或热情驱使其行动并给自己提出一定目标的人。如果没有意识到的意愿，没有所斯望的目标的人，那这里就会一无所成。"目标是一个矢量，具有方向性，如果方向错了，人们干劲越大，效率越高，损失越大；反之，方向正确，工作效率越高，工作成效就越大。盲目的行动是不可能取得良好效果的，所以，在新闻报道策划前问一问"为什么"、"干什么"、"达到什么目的"是十分重要的。

目标可以给人们行动的协调——群体的行动常常带有分散性，而分散的行动是不可能形成合力的；目标可以给人们行动的鼓舞——人们要做成一项事业常常要经历千辛万苦，此间出现泄气、埋怨、发牢骚在所难免。只要大家明确了行动的目标，就可以化消极为积极，一鼓作气，到达胜利的彼岸。

目标是行动的方向，又是检验策划成功与否的标尺。确立目标的过程也是新闻报道策划的过程。

2. 目标的分类

目标有总目标和分目标两类。

总目标是任何新闻报道策划都必须考虑的，它的制定决定各个分目标的实现好坏。一般来说，总目标应包括以下几方面内容：

（1）符合新闻规律，具有良好宣传效果。

（2）具有良好的导向性，给人们和社会以正确的舆论导向。

（3）给人们以美的享受，给受众以新的震撼。成功的新闻报道策划必须给人们更多的美的享受——以它有效的内容和形式组合；给受众以新的震

① 贾建国、崔建平：《决策的艺术与科学》，改革出版社 1992 年版，第 22、23 页。

撼——以前所未见的内容和形式展示。这里除了内容的选择外，更多的是强调策划报道的形式美和形式新。

当我们确定了“符合新闻规律，注重宣传效果；坚持良好的导向性，给人们和社会以正确的舆论导向；给人们以美的享受，给受众以新的震撼”这个新闻报道策划的总目标后，还必须制定各个分目标，在这些分目标里体现总目标的精神，通过分目标的实现达到总目标的最后实现。

从时间上看总目标是长期目标，此外还有中期目标和短期目标。长期目标是带战略性的，在比较长的时期里面起作用；中期和短期目标是长期目标的具体化，两者都具有策略性的特点。长期目标是中期目标和短期目标实现的依据，正是由于长期目标的确立，才使人们在从事中期目标和短期目标工作时有了明确的方向；而中期目标和短期目标则是实现长期目标的阶梯和手段。只有一个个中期和短期目标的实现，长期目标才可能最终实现；中期和短期目标的确立，必须符合、服从于长期目标的要求；同时，长期目标的确立，又必须从阶段和局部所可能提供的条件出发，考虑中期和短期的实际情况。

3. 目标的把握

在确立策划方案的目标时有两点是需要注意的：

(1) 目标必须明确具体、有约束性。目标是人们努力的方向，在用文字表述时务必准确清楚，如时间、地点、数量、效果等都应该加以确定。同时，为使目标可以衡量，必须规定目标的约束条件或边界条件。美国学者杜拉克认为：“边界条件说明得越简明、清楚，决策的有效性和达到目的的可能性也就越大。相反，如果在边界条件的判断上有任何严重欠缺之处，则所作的决策不论看起来如何高明，几乎可以肯定是无效的。”① 所谓“边界条件”就是要弄清楚“解决这个问题的最低要求是什么?”对新闻报道策划来说也是这样，在制定策划方案时，不仅要求用语明确具体，还要指出本方案的最低要求是什么。只要达到了最低要求，我们就可以说这次策划基本成功了，否则，就是失败的。

(2) 目标要确立必须完成的和希望完成的两部分。只有确立了“必须完成”的内容，才符合上面强调的“边界条件”的要求，人们才有拼死奋斗的方向；确立了“希望完成”的内容，人们才不会在成绩面前沾沾自喜，固步自封，而是不停止地前进。

① [美] 杜拉克著：《有效的管理者》，求实出版社 1985 年版，第 139 页。

区分这两类目标的作用在于：一是一开始就有助于人们认识和淘汰那些不可能采纳的方案；二是不至于在决策时忘记某些基本要求；三是可能会发现已有的各种备选方案，没有一种是满意的，从而广开思路，想出更好的方案来。

在确定方案时，“必须完成”的目标是最重要的，凡是不能满足这种目标要求的方案，不管它的文字多么动听，都不在考虑之列；“希望完成”的目标是鼓舞人心的，但是，这毕竟是人们的一种良好愿望，它是人们努力的方向，绝不是人们确定方案的基础。在确定方案时，将不同的要素按轻重缓急排列，突出“必须完成”的目标并配以切实可行的措施，确保这一目标的实现；同时列出“希望完成”的目标内容，在有可能的情况下，尽可能多地实现“希望完成”目标的内容。这样进行区别，可以使人们在完成自己任务时有一个明确的层次目标。

（二）导向价值

新闻报道是一种舆论引导，它总要表明报道者对某一人物、某一事件、某一现象、某一活动的意见和态度，一经刊播它就产生对社会对人们的舆论导向作用。在新闻报道中坚持正确的舆论导向，是我们每一个新闻工作者在进行任何一项新闻报道策划时必须时刻记住的。所谓正确的舆论导向，就是要造成有利于进一步改革开放，建立社会主义市场经济体制，发展社会生产力的舆论；有利于加强社会主义精神文明建设和民主法制建设的舆论；有利于鼓舞和激励人们为国家富强、人民幸福和社会进步而艰苦创业、开拓创新的舆论；有利于人们分清是非，坚持真善美，抵制假恶丑的舆论；有利于国家统一、民族团结、人民心情舒畅、社会政治稳定的舆论。

在舆论引导中要特别注意人们最关心最不解的热点难点疑点问题，一般来说，这些也是改革的难点和政府工作的重点。做好这方面的引导工作，对于针砭时弊、弘扬正气，对于排除人们的疑虑、提高认识，对于化解政府与老百姓之间的矛盾、增强团结，对于解决工作中的难题、出谋划策都是有好处的。

舆论引导是一项政策性、原则性、艺术性都很强的新闻宣传，需要策划者审时度势，认真对待。

导向价值是我们进行新闻报道策划时首要考虑的基本前提。导向错了，尽管参与者都吃了苦，报道也很有艺术性，但这样的策划也是失败的。

新闻报道策划的导向价值包含两个方面的内容，一是新闻价值，二是宣传价值。

所谓新闻价值，是指新闻报道赖以存在的新闻事实中可能给人们带来的新的信息的分量。这种信息量表现在它的新奇性、时效性、重要性、启迪性等方面。一篇报道，它的新闻价值越大，它的导向价值也越大。所以，我们在考虑新闻报道策划时，必须遵循新闻规律，按新闻规律办事，只有这样才可能取得新闻报道策划的最大效益。

宣传即传播者阐述某种观点和思想、意见和建议，以说服、引导和鼓舞受众，以期达到传者目的或目标的活动方式。衡量这种活动效果优劣大小的尺度即宣传价值。宣传可以对社会起着服务、控制、协调等作用。尽管社会宣传的方式和途径有多种，但是在目前的形势下，新闻仍是一种强有力的宣传工具和手段。这也正是各方面都十分重视新闻报道的原因所在。在新闻报道策划时，必须考虑它的社会宣传效果，效果好了，导向就正确了；反之，导向就出现偏差。

新闻价值与宣传价值既有联系又有区别。有的新闻报道从新闻价值上来说是完全可以发表的，但从社会宣传效果来说又是不宜发表的，那么，这样的报道就不能发表；有的报道从宣传效果上来说是很好的，但从新闻价值上来说，它的“含金量”太小，这样的报道发表了效果也不会好。选择既有新闻价值又有宣传价值的报道予以发表就能最好地体现导向价值；如果新闻价值与宣传价值发生矛盾，必须以宣传价值为主来决定报道的发表与否和如何发表，这是不能动摇的。

（三）服务价值

新闻信息是一种特殊的精神产品，它的有用性是决定人们是否购买它的重要因素。人们只有喜爱它，买了它，媒介的导向功能才能发挥出来。所以，在新闻报道策划时，在注重导向价值的同时，千万不要忽视服务价值。而衡量服务价值大小的唯一标准就是人民满意不满意，高兴不高兴。只有人民满意了高兴了，媒介的服务价值才能最大地体现出来，同时媒介的导向价值也才能最终地表现出来。

新闻报道策划的服务价值表现在以下几个方面：

1. 方针政策服务

社会主义市场经济体制的建立和发展，是在党和政府的科学领导组织下进行的，党和政府的各项方针政策对于各个地区、企业、单位和团体、个人的影响至关重大。因为这些方针政策的出台或变化会直接、间接地影响人们的政治、经济、文化、家庭生活。

2. 思想观念服务

解放思想是一项伴随着社会自然和人类发展的长期艰巨的历史任务。从党的十一届三中全会以来的30多年时间里，我们的每一项成果，每一步胜利，都是解放思想、实事求是的结果。社会主义市场经济体制的建立是一场革命，它是"从根本上改变束缚生产力发展的经济体制"。为了保证这场变革顺利进行，必须以解放思想为前提。只有人们的思想观念转变了，心理承受力提高了，一切改革的措施才能到位，改革才能取得预期的效果。

3. 科学知识服务

当今时代，国家与国家、地区与地区、单位与单位之间的竞争，一个重要因素就是科学技术力量的对比。随着经济的发展，学知识、学技术、考文凭之风在经过一阵曲折的低潮之后又呈现出勃勃向上的生机。与此相应，新闻报道策划推出一些有关科学技术方面的报道很受广大读者的欢迎。

4. 生活消费服务

经济的发展促使人们的生活消费随之发生变化，不仅是物质生活上的变化，也有精神生活上的变化。服饰文化、饮食文化、居室文化、旅游文化随着人们生活水平的提高越来越成为人们议论的话题。双休日作息时间制度的实施，人们对休闲方面的需求也越来越多。这一切都要求新闻报道的策划者把它们纳入自己的议事日程。我们的策划只有为读者考虑得越广泛、越仔细、越体贴，它的价值才越高，这样的策划才会受到读者欢迎。

在考虑新闻报道策划的服务价值时须处理好以下几方面的关系：

第一，广泛性与特殊性。新闻报道策划首先要着眼于广大读者，从最广泛读者的利益和需要出发，策划选题，组织稿件，安排版面，这就是群众观点。策划者如果仅从自己的兴趣或需要出发，采编稿件，自以为得意，却恰恰是读者不需要或不喜欢看的东西，这就脱离了群众。现在不少报纸经常在报上开展"读者调查"、"读者来信"等活动，征求读者的意见，根据大多数读者的要求不断改进和调整内容及版面。同时，报纸也有必要提供为特殊读者服务的内容。如老年婚姻问题，两地分居问题，大龄高级知识分子婚恋问题，残疾人的读书、就业问题，癌症病人的治疗和护理问题，等等。这类问题在群众中可能是少数，但是，他们的亲戚朋友关心，不少读者也爱看，而且，解决好了他们这一部分人的问题，有利于整个社会的安定。

第二，权威性与多样性。随着社会信息量骤增，作为个体的人已经很难独立地对一切信息提出自己的鲜明观点并在实践中运用这些观点。他们需要有权威的信息来源，借此来了解和帮助自己判断各种复杂的情况。策划者应该很好地担负起这一职责，认真地采编有权威性的服务信息，为广大读者服务。这是问题的一方面。另一方面，随着人们读报观念的更新，不少读者对信息有自己的选择和理解，他们已经不满足于一家之言，还需要相似或相反的信息比较。“百花齐放，百家争鸣”是繁荣社会科学文化事业的基本方针，也是策划者应掌握的一条基本原则。特别是在人们的衣食住行、吃喝玩乐、卫生保健等生活服务上，更不应搞“一言堂”，在坚持主旋律的前提下，提倡多样化，以满足不同人群、不同层次、不同方面的需要，获取服务功能的最佳效应。

第三，通俗性与高雅性。这里讲的是普及与提高的关系。现在媒体存在一个普遍问题，知识渊博的专家们习惯从理性出发，从宏观着眼，运用抽象逻辑思维的方式看问题，他们对报纸上刊登的事件性、动态性的消息报道不大感兴趣；文化水准较低的工人群众则往往从现实出发，从感性出发，从身边耳闻目睹的事件出发，他们多是运用形象思维的方式、简单的二元评价的方式来考虑问题。用一句办报人的行话来概括，现在报纸上不少文章是“专家们嫌太浅，工人们又看不懂”。既如此，如何谈办报效果，如何谈服务质量？策划者寻找专家和工人的共同点、结合部，处理好“情”和“理”的关系便取得了普及与提高的统一。将“情”融于“理”，把“理”寓于“情”，“情”“理”融于一体，办报人就争取到了最广泛的读者群。

第四，现实性与超前性。现实是人们生存和发展的基础，离开了活生生的社会现实和人们的生活实际，服务也就是一句空话。现实的改革开放、现代化建设和市场经济，给人们提供了无限广阔的表现舞台，同时，也涌现出了数不清的以前未曾遇到过的新情况、新问题。策划报道必须关心群众现实的衣食住行，生老病死，柴米油盐，喜怒哀乐。新闻报道只有深入社会，深入群众，接近现实，反映现实，才可能发挥报纸的服务功能和指导功能。现实与未来紧密相连，明天即将成为今天，为了使未来的今天更美好，在现实的今天里规划明天、展望明天，做点超前研究、超前服务是很有必要的。

第五，批评性与建设性。新闻媒体具有舆论监督功能，这种功能表现在两个方面，一是批评，一是建设。对坏的事件、坏的现象需要揭露和批评，但同时需要对在进行中存在的问题持积极建设性的态度，帮助、改进和完善新生事物。开辟批评专栏是一个办法，但是，有的问题一味批评可能越说“火”越大，不利于问题的解决，此刻，可以用提建议的方式达到批评的目的。最近几年武汉电视台开展“电视问政”活动，将武汉市各部门的一把手请到演播室，接受市民代表的提问和质询，有些部门负责人在现场汗如雨下如坐针毡，不得不就一些棘手的问题和行业痼疾作出答复。这档节目的策划就充分体现出了批评建设的价值。

图为2012年武汉电视问政现场

图为武汉市副市长在电视问政现场鞠躬感谢护湖志愿者

（四）艺术价值

所谓艺术价值，就是报道刊播的形式所体现的和谐之美给受众带来的震撼和美的享受。一篇报道、一个栏目、一幅版面，没有好的传播形式，结果会事倍功半或前功尽弃。

所谓美化形式从总体上来说就是要追求一种和谐之美。这种和谐之美表现在形式和内容的协调，主题和表述的协调，观点和事例的协调，报道或节目前后呼应协调，标题和文章的协调，文章和版面的协调，声音和画面的协调，等等。新闻作为对客体的一种反映，它不仅要反映美，而且反映的形式要体现美。

新闻的美包括真实美、朴素美、色彩美、语言美等。

真实美，是新闻美的旋律的基调。真实是新闻的生命，如果新闻不真实，就改变了新闻的规律性，就失去了新闻美的旋律的基调。

朴素美，是新闻美的本色。只有朴素才能准确反映事物的本质特征。新闻不需要“浓妆艳抹”，它更希望“清水出芙蓉，天然去雕饰”。

色彩美，是新闻美的壮色。新闻强调本色以求朴素美，但这并不意味着不需要敷彩着色，加以烘托。但新闻不能像小说那样摹情状物，铺陈张扬，而应该是“浓绿万枝红一点，动人春色不宜多”。

语言美，是新闻美的旋律中的音符。语言运用如何，是文章成败的关键一环。它不仅影响一篇报道的社会效果，而且影响整个社会生活。①

新闻的美还可分为两类，一是形式美，一是本质美。形式美，主要指新闻的结构、体裁、文字以及标题、版面或节目等形态；本质美，主要指新闻所反映诸事物的规律性和所揭示的社会精神面貌以及所产生的社会效果，等等。上面讲的真实美、朴素美、色彩美和语言美都属于形式美的范畴。形式美和本质美是辩证统一的，两者缺一不可。如果只追求形式美，而忽视本质美，就不能反映事物的真相，不能揭示事物的规律性，丢掉了最本质的东西，不能让受众获得真谛；如果只追求本质美，而忘记了它的形式，枯燥干瘪的东西是不能吸引人的，不能吸引人的东西怎么能让人读下去看下去听下去并从中把握规律呢？在新闻报道策划时，这是我们必须考虑的一个问题。

综上所述，在价值前提里，目标决定策划的方向，导向是基础，服务是根本，而艺术是实现上述目标的途径。四位一体，相互联系，各负其责，各有侧重，这是我们在进行策划时应把握的基本原则。

---

① 何光先:《现代新闻学》，云南教育出版社 1989 年版，第 455 页。

二、新闻报道策划的事实前提

美国管理学家西蒙教授认为，事实前提包括两方面的内容：第一，有助于处理各种情况的熟练技术和知识；第二，有关在特定场合应用熟练技术的情报。为了说明这两种事实前提在决策中的作用，西蒙通过森林看守员的工作进行了扼要说明。森林看守员是受过处理森林火灾的技术（包括技能与知识）训练的，但在他能够防止真正的火灾之前，他必须获知：何处发生火灾，火灾有多大，风向及气候情况如何，以及其他有关情况。

新闻报道策划的事实前提大致可分为这么两类，一类是可以报道和需要报道策划的基本事实，包括人物、事件、时间、地点、原因等因素，就是我们通常所说的新闻五要素、六要素或七要素；一类是要进行这些报道的基本方式和方法，包括采访传播工具等。

（一）新鲜新奇是首要的事实前提

何谓新闻之新？它要求在时间和空间两个方面新闻反映的事实是最新的，一是事实发生与新闻报道之间的时间距离最短，也就是报道的时效性最强，最新鲜；二是从事实所反映的信息量来说它最大，受众接触到它的可能性最小，最新奇。

作为一个新闻媒介，它必须以最快的速度把人们想知道的事实报道出来，否则它就成了杂志或书籍，失去了它快速报道的优势；从人们的接受心理来看，人们比较容易接受最新的信息。在一系列的论点中，那些对听众来说比较新的论点会对他们产生较强的说服影响，这个规律叫做“新奇律”。这就是人们在新闻报道策划中常常追求新的一个理论根据。

新闻报道策划关注的“新”大致上有以下几类：

1. 新近产生的事物

自然界和社会界每时每刻都在发生着变化，有的有规律，有的无规律。做新闻工作的，要研究这种变化，从中选择有可读性的时差最小的事实予以报道。

一方面，新闻报道要反映新近可能产生或已经产生了的苗头或经验。

另一方面，新闻报道还要反映实践中产生的问题。随着改革开放的进程加快，一系列的问题都将扑面而来，如下岗再就业的老问题在新形势下有了新的表现，政府机构精简对广大机关干部的考验，大学的合并和扩招带来教学质量问题，法规法律制度建立和完善问题，市场经济条件下的社会诚信等问题，党的建设中的腐败、监督、惩治问题等。试图用一部法律和一个文件把所有的问题都解决了，那是不可能的；新闻舆论在促使问题的解决上将发挥越来越大的作用。新闻工作者有这种责任，应该担负起这种责任。

2. 新近消亡的事物

新陈代谢是大自然的普遍规律。新事物的产生可以反映时代的发展，旧事物的消亡也可以从另一方面展示时代的风采。比如，号称“火炉”的江城武汉，随着人们生活水平的提高，多年来露宿街头的竹床阵不见了；还比如，深受市民欢迎的挑担理发、修脚、倒马桶等行业现在少见或没有了……对于这些事实，只要编辑记者们用心关注和思考，就可能会策划出一些好的报道来。

3. 新近发现的事物

事物每时每刻都在发生，即使新近发生的事物不少，但是，大多数事物未被我们所发现。我们要报道的只能是被我们发现了的读者需要的我们可以报道的事物。这类事物既可是最近发生的，也可是以前发生的，但必须是新近发现的。

4. 新近变动的事物

除了许多新近发现的事物外，有不少事物虽已发生，但还在不断地运动和变化着，而且有报道的价值。对于这一类事物应予关注。变动着的事物大致有两类情况，一类是突发式的，如地震、火山、洪水、火灾、车祸、病疫等。因为它是突然发生的，作了及时报道，人们感到新鲜，有可读性。另一类是渐进性的，它可以是上一类事件发生后的连续，也可以是一些非突发事件的连续。如森林大火的报道就不是一日可以报道完毕的，需要作跟踪式的连续报道。

不论是新近发生的事实还是新近发现的事实，我们在确定策划选题时都要从受众市场的需求来判断。一般来说，有以下几个方面的因素可予考虑：

（1）受到这一事件影响的人数。不论是自然事件还是社会事件，都会或多或少地影响一部分人或大多数人。那么，我们在选择报道事件时，涉及的人越多，越是策划者首先考虑的选题。如火灾、水灾在一个城市来说，都会涉及不少人，选择这样的话题做文章，就会受到读者的欢迎。

（2）关心这一事件的人数。有些事件影响的人数可能并不多，但由于事件的恶劣或特殊，关心的人们很多，这样的事件也应予考虑报道。如恶性车祸事故，如多胞胎平安降临人间等。

(3) 和大众利害关系的密切程度。生死存亡是这种关系的最高表现，其他涉及人们生活、享受和发展的事件也是人们普遍关心的。如环境污染问题、售假打假问题、社会治安问题等。现在不少报纸推出了“与读者同行”、“为你打听”、“疑点探访”等栏目，之所以受到读者的欢迎，就在于这些报道反映的内容与人民群众的生活、利益关系密切，能够满足人们一定程度的需要。

(4) 促进社会进步的作用。新闻报道作为一种社会舆论，它总要对社会的发展和进步起到一定的积极作用。这种作用越大，它的价值就越大，这种报道的策划就越有意义。有些报道今天看来作用不大，但它预示了一种方向，它代表着一种趋势，这样的事物也必须关注。

最后，在决定某一事实是否予以报道时，还必须考虑它的宣传效果。这是由我们的新闻传媒性质所决定的。

社会现象纷繁复杂，有的报道宣传效果很好，有的报道利弊参半，有的则影响很坏。对于宣传效果好的事实，当然要精心策划，把它报道好；对于宣传效果把握不定的事实，一定要慎之又慎，或放一段时间，或请示有关部门，千万不要草率行事；对于有可读性有卖点但是宣传效果不好的报道，坚决不能发表。如要宣传这方面的内容，就要避开这些不利因素，找一些有效事例进行报道。这样，既配合了中心工作，又没有违背真实性原则。

(二) 真实可信是基本的事实前提

新闻报道策划以事实为前提，如果事实是虚假的或有失实的地方，由此而形成的报道必定立不起来。

新闻事实真实可信要求构成新闻的要素如时间、地点、人物、事件、因果等都必须真实可信。这里说的是全部要素，而不是一个或一部分，也就是说，凡是新闻涉及的每个事实都必须是完全真实可信的。

新闻所反映的事实的环境、条件和过程等都要求真实。任何事物都是在一定的外部环境中进行的，不同的外部环境烘托不同的新闻主题，不同条件下的新闻事实可以说明不同的道理，环境、条件和过程如果不真实，报道的主题和结论也不相同，这是必须注意的。

新闻报道中所用的背景材料、数字等要绝对准确。历史是最好的说明，数字是无声的语言，这些素材在新闻报道中常常起着举足轻重或画龙点睛的作用。如果这些材料弄错了，就会闹笑话。而要保证其真实性，一要材料的出处必须具有权威性，二要材料的出时最新。

新闻报道的事实必须是本质真实。在新闻采访中常常会遇到这样的情况，记者笔下的每一具体事件可能都是真实的，但是领导或群众会认为是虚假的。这是怎么回事呢？一般情况下，可能是没有从整体上、从本质上把握事物的真谛。任何事物都是相互联系的，有历史上的（纵向）有全局上的（横向），如果在一定的时间和空间上没有反映其本质，哪怕具体事件再真实，这篇报道也是失败的。

新闻的诸多要素可以分成两部分，一部分称为显性要素，它包括时间、地点、人物和事件，这些是大家都可以看到的；另一部分称为隐性要素，它包括原因、结果和意义，它是隐藏在事物后面的决定性因素。

作为一个新闻报道策划者，对这些基本要素要有一个清晰的认识：

1. 显性要素正确是基本前提

显性要素都是直白可见的，任何一个要素都不能有差错，一个因素出了问题，可能会影响整个报道的成败。这个问题看似很简单，以为只要记者到了现场就不会有差错，其实不然。心理学教材上有这样一个例子：某日，在德国举行一次心理学大会，突然有一名男子闯入会场，后面紧跟着一位持枪者，两人在会场中央打了起来，一人放了一枪后两人又跑出会场，前后二十秒钟。这是事先安排的一场把戏。事后主持人要求与会者把刚刚发生的情节如实地写下来。这些当事人都到了现场，但记叙的却不一样。当时写好的材料有 40 份，重要之处出现差错在二成以下的只有 1 份；二成以上四成以下的有 14 份；四成以上五成以下的有 12 份；五成以上的有 13 份；另外，在 40 份材料中，捏造细节占一成的有 24 份，一成以上的有 10 份，一成以下的仅有 6 份。这些都是训练有素的心理学家，结果不是在重要情节上发生差错，就是无中生有增加了一些细节。所以对于我们记者来说，即便是到了现场，如果不作细心认真的采访，也会出现闪失。除此，策划者还要把几个要素之间的关系弄清楚，即为什么在这个时间这个地点会出现这个人和这个事，好多报道如果离开了那一时刻那一空间就不成其为新闻或不成其为可读性很强的新闻。如一次大地震之后不久，如果气候有些异常就可能出现近日又要发生地震的谣传。此时如果能够组织有关专家说明气候异常的原因，分析地震发生的趋势，说明近期不可能发生强烈地震的根据，这样，就能消除人们的疑虑，保证整个社会的安定。如果报道能够达到这样的目的，我们说，这样的策划就是一个成功的策划。

2. 隐性要素正确与否决定能否抓住事物的本质

隐性要素说的是原因、结果和意义，它是隐藏在显性要素后面的需要我们去研究、分析和探索的不明确因素，而这些因素又常常是我们新闻报道策划的出发点和落脚点。20世纪70年代，《解放军报》一位记者去采访某海岛部队，发现那里的干部同“硬骨头六连”等先进连队的做法不一样：在“硬骨头六连”，干部家属到连队，一律不开小灶，和战士们吃一样的饭；而这里的干部却自已开小灶，和战士分开吃。一经了解，发现原来海岛每月的生活费是18元，一个排级干部每月的薪金是50多元。家属一探亲，干部本人再加上家属三四个都在部队食堂吃，就要花费几个18元，每月的伙食费就要超过他一个月的工资了。干部自己开伙是为了吃得简单点。这样的例子所表现的显性要素是相同的，但隐藏在事实背后的原因却不一样，“硬骨头六连”分灶吃体现了干部同战士的平等，而海岛部队分灶吃却是反映了干部要求节约。如果我们不了解这个原因，仅凭显性要素写文章，就一定会闹笑话。有些事实，由于我们认识不清或有偏见或看问题的角度不同或看问题的立场各异，等等，都会对相同的“明白事实”作出不同的结论。

随着报道的深化，不论是受众还是传者都想探究事物背后的深层次原因和意义。对于一个记者和编辑来说，他能够胜任本职工作或优于他人的一个重要条件，就在于他能够比别人更好地认识和把握事实的本质，或者说他的理性认识比别人更胜一筹。这不仅有利于搞好深度报道，也有利于进行一般的纪实报道。新闻报道策划是一个高智力投入的劳动，策划是否成功，是否比别人更高一筹，不仅仅表现在记者是否比别人多吃苦多跑路，更重要的是记者是否多动了一些脑筋，对新闻事实背后的东西是否比别人认识得更多一些更深一些。

3. 要把握好显性要素与隐性要素的关系

列宁曾经讲过这样的话：“在社会现象方面，没有比胡乱抽出一些个别事实和玩弄实例更普遍更站不住脚的方法了……如果不是从全部总和、不是从联系中去掌握事实，而是片面的和随便挑出来的，那么事实就只能是一种儿戏，甚至连儿戏也不如。”① 如何理解列宁的话，用以指导我们的新闻报道策划呢？

要进行策划性的报道，必须以事实为根据，而要根据充足，最好是掌握其“全部总和”，而这在一般情况下又是不可能或不必要的；根据掌握的几件事实，要作出正确的判断，又容易产生像“儿戏”一样的“没有任何意义或者完全起相反的作用”。于是，策划者处在两难的境地。如何才能“左

① 《列宁全集》第23卷，人民出版社1963年版，第279页。

右逢源”，实现“柳暗花明又一村”呢？关键在于从现象中把握事实的本质，从联系中揭示真谛。

在美伊战争中，阿拉伯世界的电台、电视台总是播放关于美国士兵战死和被俘的录像带，伊拉克军队成功炸毁美军战机等。而美国所有主要的电视台，包括哥伦比亚广播电视，都实行自我约束，从不播放美国战俘的画面，而一再强调萨达姆的暴政，伊拉克军队已经纷纷溃逃等场景。这些场景可能都是真实的，但是需要指出的是，如果单独看某一方面的报道，得出来的结论一定是虚假的。因为他们所代表的都是自己的利益，所宣扬的也是自己的政治态度和观念。

我们在分析显性要素与隐性要素之间的关系时，首先要核实事实的真实性。只有事实本身是真实的，而且在反映隐性要素时它也是真实的，这样的事实才能为策划者所用。对于那些第二手、第三手的材料，一定要严格甄别，没有把握的材料宁可相信无，也不要侥幸有；对于自己采访掌握的材料也不要过于自信，特别不要带着框框去找事实。一旦在尔后的写作中发现所用材料与本主题相悖，就一定要删除。

其次，根据隐性要素的需要，选择能够表现和说明隐性要素的真实事实。记者在采访中常常会接触许多事实，有些还很有趣味。但是，有些材料仅仅只能充当趣闻的角色，根本不能反映隐性要素，有时有的素材还可能冲淡主题或与主题相悖。这样的事实就不能选用。我们一定要选择那些既能反映主题，又有可读性的素材。

再次，对显性要素和隐性要素两者之间的内在联系作独立的深入的符合真实事实的科学判断，揭示其内在的真正意义。我们说策划是一种思维活动，就在于它是人的主体对已掌握的客体作一种主观的思考、分析和判断。

正确的策划来源于正确的决心，正确的决心来源于正确的判断，正确的判断来源于详尽的采访调查和对已经掌握材料的去粗取精、去伪存真、由此及彼、由表及里的思考。面对事实和判断，不凭主观的想象，不凭一时的热情，不凭死的书本，而需要正确的理论，需要热烈而镇定的情绪、紧张而有秩序的工作，等等。这些都是马克思主义的基本原理，也是新闻报道策划的理论武器。如果说，隐性要素是新闻报道策划的出发点和落脚点的话，那么，处理好显性要素与隐性要素之间的关系，就是我们达到此目的的桥梁和纽带，如有不慎就可能功亏一篑，策划者对此必须审慎从事。

（三）新奇角度是有效的事实前提

新闻界常有人说：你无我有，你有我新，你新我快，你快我奇。总之，要写人所未写的文章，要干人所未干的事业。说到新闻报道策划，策划者总是想技高一筹，出奇制胜，这里除了报道事实的新奇和报道意义的新奇外，还要追求报道角度和报道方式的新奇。

1. 观察角度

对新闻事实从不同的角度去观察，得到的结果不一样：有的可能生动，有的可能平淡；有的可能细腻，有的可能粗犷；有的可能真实，有的可能虚假；有的可能丰富多彩，有的可能简单划一。观察角度不同，得出的主题和表现的效果也可能不一样。而要获得最佳的策划效果，必须追寻最佳的观察角度。

一般来说，观察角度有以下几种：

（1）正向角度方法。对于反映人间真情和社会正气的典型报道，一般常用这种方法。它要求报道者按照事物发生发展的方向，揭示该事物所蕴藏的积极上进的精神风貌。这种方法因为常用，所以用起来特别顺手，但同时也容易落入俗套。策划者在选用正面材料时，要避开人们常爱用的角度和素材，只要有心和用心，在正面观察中也能看到别人不容易看出的问题，选择别人不容易选择的方面。在正向观察中出奇制胜从某种意义上来说或许更难。

（2）逆向角度方法。逆向与正向是相反而动的。采取逆向角度来观察、报道事物，可以避免大家都在正向道上拥挤的状况，同时，这种报道也能给受众以神奇之感。只要策划到位，会有较大的活动空间。

（3）侧向角度方法。事物是一个多面体，选择某一个侧面展示其为人们所不知但又是想知的事物，是很受读者欢迎的。如写科学家，大多要写他们的科研工作、学术业绩、艰难履历，这些都是很好的素材，写得好也是很感动人的。但是，如果能够掌握他们业余生活的兴趣和爱好，选其精彩处予以报道，写得好可能是一篇好文章。

（4）纵向角度方法。这是我们通常说的历史方法，也就是从时间的角度，从古到今，从旧到新，穿越历史的隧道，沿着昨天、今天、明天的时间顺序描述某一事物的发展方向和行动轨迹。这种观察方法大多用在纪念日、工程竣工日、某一事件发生日等报道上，给人以历史的重任感。

（5）横向角度方法。主要从空间的角度来看问题。这种观察要求策划者眼界要开朗一点，胸怀要开阔一点，思想要开放一点，掌握全局，掌握整体，写出有气势有联系的文章来。

2. 写作角度

观察的目的在于报道，在于反映，写作角度讲的是如何切入新闻事件，如何表现新闻事件，选择最佳角度对于策划一篇好报道是十分重要的。

从写作的切入角度来说，可以从七要素中的某一要素入手，如可以先交代时间、地点，也可以先介绍人物、事件，同样还可以从该事件的意义入手；可以按照事件发生的时间顺序来写，也可以从事件发生的结果或中途来写，同样可以从事件的原因、结果或意义上来写。如何选择切入点，应考虑以下几点：一是记者对某一切入点最熟悉，最容易发挥他的写作才能；二是从这一角度入手，最能有效地表现该报道事件；三是从这一角度入手，最能吸引读者；四是别人很少用和没想到用的切入角度。

当然，要创新也可能引起人们的议论，对此，原《经济日报》总编辑艾丰认为："在新闻采访和写作上，我喜欢做一些探索。这些新的尝试，本身就是不完善的，而且人家又是没有见过的，当然意见就不会是一样的了。"当我们有了好的切入事件的角度，还要有好的表现手法和艺术。

表现的角度也是多种多样的：正面写，侧面写；虚写，实写；用第一人称写，用第三人称写；写单篇，写系列；写通讯，写消息；用照片来反映，用文字来叙述，用评论、加编者按等等。除了文字、照片、评论，还有文章的标题、刊发的版面位置，都要有一个全新的考虑。这些都是策划者事先应该考虑的。

参考

有人在介绍欧美记者写作技巧时谈到他们的长处——

选择最能切中要害的角度。最能切中要害的角度，也就是最能说明问题的角度。因为这个角度是矛盾的焦点，它最能表现问题的实质，从这个角度报道，往往能收到事半功倍的效果；

选择最能引起人们兴趣的角度。新闻能引起人们的关注，兴趣点是一个量度。有些新闻事实可能本身很严肃，但是如果把严肃的新闻事实中的趣味性因素突出出来，引起人们的兴趣，就能受到读者的欢迎；

选择读者知识水平最容易接受的角度。有些报道，特别是工业和科技题材，往往技术性很强、专业词汇多。选择读者最能接受的角度进行报道，就容易缩短传媒与受众之间的距离。不同的传媒有不同的读者群，不同的读者群有不同的知识水平，这是策划者需要掌握的。

选择读者最关心的角度。读者最关心的事情自然是与读者利益密切相关的事情。从这个角度出发，就能轻而易举地把读者的注意力吸引过来。

选择时空距离最接近读者的角度。时空距离距读者越近，新闻同读者的关系越密切，越能影响读者的生活、行为、思想和工作等，策划这样的报道，就会受到读者的欢迎。

选择最富有人情味的角度。读者都喜欢有情节、有人情味和生动感人的报道。设法挖掘和运用那些戏剧性的、个性化的材料，以满足读者的要求，西方记者很注意这一点。①

虽然中西方新闻工作者的立场、观点和世界观不尽相同，但他们在新闻实践中的技巧却是可以值得我们学习借鉴的。

（四）准备充分是必备的事实前提

军书上常说，不打无准备之仗；知己知彼，百战不殆；军马未动，粮草先行。这些都是讲的战前准备工作的重要性。对于一个成功的报道，特别是一个重大报道的新闻报道策划，准备工作也是十分重要的。

1. 信息准备

信息准备包括两方面的内容，一是采访线索的来源，二是表现方式的资料收集，二者缺一不可。

先说信息渠道。一个开放的社会，特别是做新闻工作的，如果信息通道不畅，要想在竞争中取得胜利，要想策划出好的报道是十分困难的。为了建立畅通的信息渠道，除了记者个人的努力外，不少媒体都大动脑筋，几乎所有的媒体都开通了新闻热线，甚至有的媒体有偿征集线索。湖北日报集团旗下的《楚天都市报》不仅给报料人50~100元不等的报酬，还在大楚网上开设“报料台”，宣称“人人都有麦克风”，想尽办法设立与人民群众密切相连的信息渠道。

再说表现方式的资料收集。新闻报道策划要求不打无准备之仗，除了要有畅通的信息渠道以外，还必须掌握其他媒体的报道手法。常常使策划者伤

---

① 李湛军：《当代记者论稿》，中国科学技术大学出版社1987年版，第266-270页。

脑筋的就是如何选择一个既符合主题，又使读者感觉新奇的表现方式。新闻报道的形式大体上有消息、通讯、评论、摄影、漫画等，再加上版面的处理，总起来说也就那么一些，要想点子高人一筹，必须在表现形式上出“奇”。

不同的媒介要掌握不同范围的资料信息。比如说，一张地方报纸，就要掌握本报和本地区其他兄弟单位报纸现在和以前有哪些报道形式，以前用过了的，一般来说不宜再用了。“别人嚼过的馍不香”，学着别人的模式，自己无创造，读者也感到乏味；对于外地的报纸所用过的策划形式，如果没有全国性的影响，有选择地学习和借鉴一下还是可以的。但是，一定要结合本媒体的特点，学到好处，学到实处。对于中央大报来说，要善于发现地方报纸的特点和长处，只要是有特点有新意的东西，不必顾虑，大可向地方学习，把他们成功的东西学过来，向全国推广，产生更广泛的影响。中央电视台的《焦点访谈》里的好多节目都是地方已经反映过的，但是，中央台稍作加工，再次播放，效果同样不错。

为了有效地掌握已往和他人信息，资料的收集和储备是十分重要的。如果不掌握已往和他人的信息，苦费心思，采访报道公布于众，结果是“别人嚼过的馍”，吃力不讨好。作为后来者，要想出新，要想超过前人，要想越过同辈，对前人和同辈的所作所为所书所言都不甚了了，恐怕难负此任。这里说的出新出彩，并不是大学问家的专利，我们每个人都可以有所作为；但是，要出新出彩，不掌握反映前人和他人成果的资料是万万不行的。这是我们在策划前应该首先考虑的。

2. 人员准备

不打无准备之仗的重要一环就是人员的准备，一个策划选题考虑得再好，如果实施的队伍素质太差，恐怕也难出成果。一个报道队伍一般来说可分为两部分，一是策划的领导者，二是策划的实施者。

对于策划的领导者来说，不仅要了解整个报道的内容和报道方式，还要对参与策划者的情况有所了解，到时候用起来得心应手；一个重大选题的报道，往往要涉及很多方面，会有许多变化，最后形成什么样的模式，都要给参与者说清楚，以便让他们“胸怀全局”地进行某一方面的工作；根据报道涉及的不同方面的轻重缓急难易程度，调配不同的人员，并随时掌握他们的情况，以便补充和加强。对于报道中容易忽视或容易出毛病的地方，要提前打招呼，提醒参与者注意，以减少损失。总之，新闻报道策划的领导者既是指挥员又是战斗员，既管事，更管人。

对于参与者来说，要明了自己参加此次策划活动的意义，思想先行，行动才能有效。对于不懂的问题，不清楚的问题，要主动地问大胆地问；要明确自己参与的一部分工作在整个报道中的位置，守土有责，不可“越位”；要发挥自己的主观能动性，遇到突变情况，除了积极向领导反映外，要有自主性，要认识到在整体的策划报道中，任何一个部分都是不可少的，任何一个参与者都是主角同时也是配角，既要努力完成好自己的工作，同时也要为其他参与者提供方便，一个报道组始终是一个战斗集体；要有奉献和牺牲精神。总之，作为参与者每个人都是新闻报道策划这个大系统中的一部分，既要分工明确，又要积极主动，既要有效地表现自己，发挥自己的作用，更要服从和服务于策划主题和整体。

3. 设备准备

新闻报道的设备这里主要指报道和传播的工具，如文字记者的笔、采访本，摄影记者的摄影器材，广播记者的录音器材，电视记者的摄像器材以及报社、电台和电视台的印刷、发射、转播和交通工具等设备。马克思说过：“劳动资料不仅是人类劳动力发展的测量器，而且是劳动借以进行的社会关系的指示器。”① 生产工具延长了劳动者的器官，是人们认识和改造自然的武器，同时，新的工具的使用也促使人们的素质不断提高。这是人类社会发展的基本规律，新闻工作也不例外。

最早的新闻工作只有一支笔和一张纸，随着时代的发展，记者们开始使用电脑写作、网上截稿、数码相机、微型摄像机、录音机等，印刷和播放设备也有了新的变化，交通工具和通信联络装备有了新的发展。这一切都为新闻报道的策划和新闻事业的发展提供了良好的基础。2003 年 10 月 16 日北京时间 6 时 34 分，中国首位航天员杨利伟乘坐神舟五号飞船在内蒙古中部地区成功着陆，中国首次载人航天飞行任务获得圆满成功。各大媒体为了真实地记下人与大自然搏斗的历史境况，运用了各种新型的采访工具、传播工具和交通工具。试想一下，如果没有这些现代化的设备，我们将会留下多少遗憾？

一个成功的新闻报道策划，除了策划者的智慧因素外，策划者所在的新闻单位能够提供什么样的传播工具是十分重要的事实前提。我们必须从实际出发，从已有的和可能争取到的设备入手，制定自己的策划选题和表现方式。

① 《马克思恩格斯全集》第 23 卷，人民出版社 1972 年版，第 204 页。

人民日报 号外

2003年10月16日 星期四

航天员杨利伟安全着陆

我国首次载人航天飞行圆满成功

中国成为第三个有能力将航天员送上太空的国家

热烈祝贺中国首次载人航天飞行圆满成功

2003年10月16日《人民日报》号外

上面我们分别介绍和说明了价值前提和事实前提在新闻传播策划中的作用和运用。实际上，在新闻传播策划的操作中，很多情况下价值与事实是相互牵连与交错在一起的，因此，要想明确区分两者，就必须在观念上建立一些模式来作为分析的工具。正如美国学者西蒙教授在《管理行为》一书中所说：“笼统地讲，价值因素和事实因素的区分相当于目的和手段的区分。”① 一个人在几种可能的办法中选择一种时，一定要问目的是什么和哪一种途径最能达到目的。目的是价值前提问题，哪一种途径（手段）最能达到目的则是事实前提问题。

西蒙认为，某一手段既可达到某一目的，而这一目的又可能是达到另一

① 贾建国、崔建平：《决策的艺术与科学》，改革出版社1992年版，第22、23页。

目的的一种手段，以此类推，即可形成为一个目的与手段的连锁，或称为目的阶层或目的金字塔。其中某一阶层的目的是对下一阶层而言，对于上一阶层来说则可视为手段。因此，手段与目的之间的关系是相对的，而非绝对的，在手段与目的的连锁中，所谓价值前提是指最终目的，而不是达到另一目的之手段。此最终目的的选择是"价值判断"，至于手段的选择则是"事实判断"。① 这些理论对于新闻传播策划来说大都是可行的。

当然，说新闻传播策划的价值前提相当于目的，事实前提相当于选择手段，在理论上说，这是完全正确的。但在实际操作中，两者又是不可能完全分开的，因为在目的与手段连锁关系中，大部分是过渡性的。过渡性的目的对最终目的来说是手段，过渡性的目的既包括价值前提，也包括事实前提；另外，手段的选择是事实前提问题，但为实现一定的目的而采取的手段所产生的效果有可能同价值前提有关系。

综上所述，新闻传播策划必须注重价值前提和事实前提；价值前提和事实前提都有各自的内涵，不可混淆；价值前提和事实前提是相互联系不可分割的一个整体，两者有着辩证关系，在新闻传播策划中要把握好。

三、新闻报道策划的时效原则

所谓时效，就是指时机和效果两者的关系。在策划中，决策方案的价值随着时间的推移与条件的改变而变化。时效性原则要求在策划过程中把握好时机，重视整体效果，尤其要处理好时机和效果之间的关系。

时机问题历来是策划者或战略家所考虑的要事。能否把握时机，如何把握时机，是策划者在策划前必须首先考虑的前提。

及时性是把握时机的首要内容。要及时必须做到：新闻根据一旦成立，就应立即报道。新闻是新近发生的事实的报道，但新近发生或变动的事实并不全是新闻，这要看它能否构成新闻的本体（回答这件事为什么成为新闻）和新闻的根据（回答这件事什么时候成为新闻）；而新闻根据的成立又要因事而异，也可能在事实变动时成立，也可能在事实变动后若干时间成立，还可能在事实变动的过程中成立。掌握后者比掌握前两种情况的难度更大。因为要准确、及时地把握事实在变动过程中新闻根据是否成立的情况，以便及

① 贾建国、崔建平：《决策的艺术与科学》，改革出版社 1992 年版，第 22、23 页。

时报道，作者就必须熟悉变动着的事物，了解变动着的事物的进程和方向，并及时作出正确的判断。① 在新闻报道中，决不能无中生有，也不能作“合理想象”，但是，可以而且必须根据已经掌握的事实进行科学的预测。预则快，这是对新闻从业人员的一种更高的要求。

新闻除了要“快”，还要注意“适时”。

适时，是一个综合指标，它涉及新闻报道和报道后的诸多因素，如报道所反映的事实是否全面展开，此刻表现的是否为最佳状态，记者掌握的情况是否完全真实；又如，报道后受众能否接受，领导是否满意，是否有利于稳定，是否有利于问题解决，等等。只有对这些综合因素进行整体研究，权衡利弊，才能作出是否发表、如何发表的决定。贸然抢先是不可取的，但是，一味求稳也不是新闻工作者的品格。该出手时就出手，问题就在于如何把握好这个“该”字，这是要动一番脑筋的。

在信息高速发展的现代社会，信息更替更加频繁，媒体的竞争也日趋激烈，失去时机必然严重影响效果，甚至完全没有效果。因此，在策划过程中，要尽可能地缩短策划到实施的周期，力图使策划发挥效用的寿命更长一些，效果更好一些。

当然，重时机也不是说策划活动越快越好。一方面，策划效果的好坏与时间的长短有关；另一方面，实施效果还与策划时机是否成熟有关，只有当时机成熟时，策划方案的实施才能取得最佳效益。

可见，对于时机，不仅要抢，还在于把握。策划者要善于因地制宜，因时制宜，高瞻远瞩地全面分析利弊得失，适时而动。对时机的把握直接关系到战果的大小。在新闻报道策划中，应当充分考虑政策、社会环境、文化心理、自身能力大小及事情发展的阶段等因素的影响，在全面衡量分析的基础上相时而动。

四、新闻报道策划的机变原则

事物都是在不断运动发展变化的，一成不变的事是没有的，一切都按计划完全实现的事也是不多的。所谓机变性，就是随机应变。它是指在策划进程中及时准确地掌握对象及其环境变化的信息，以其发展的调研预测为依据，调整策划目标并修正策划方案。实践表明，策划不能一成不变，要有调

① 何光先：《十年新闻写作变革》，中国新闻出版社 1989 年版，第 345 页。

适性。古人讲，时移则势异，势异则情变，情变则法不同，就是这个道理。新闻是对不断运动中的事件进行反映，主观随着客观的变化而变化，这是新闻报道策划者应当时刻牢记在心的一条基本原则。

案例 2

2009 年 3 月，安徽电视台做过一条新闻，追踪行凶者施暴事件：《小区数人围观竟无一人报警》。从现场的采访来看，一组居民以“不知道”，“我不在”来回应记者的采访，记者觉得很棘手。回栏目组大家一讨论，反过来一想，“为什么不愿意说呢？”这倒提供了一个思路。这些采访不恰恰说明居民的冷漠和看客的心理吗？这些采访中再穿插当事人对当时情况的介绍，不更是衬托出这种冷漠吗？正是围观居民的冷漠、小区保安的冷漠致使报案时机延误，致使行凶者光天化日之下施暴后可以扬长而去。这篇报道播出后反响很大，是一篇典型的逆向思维找角度的作品。①

策划者要增强策划的动态意识和随机应变观念。已定的策划方案，周密性固然重要，但这并不意味着一成不变。策划是一个动态过程，是有弹性的、灵活的和可调适的。美国哈佛企业管理丛书编纂委员会曾把“策划”表述为：“一种连续不断的循环。”任何策划都是处于高度的机动状态。所以，策划者应从思想深处建立起自觉的机变策划的观念。

随机应变的“机”是多种多样的：有天时，有地利，有人物，有事件，有情况，有态势……策划者要力求全面地掌握被报道对象的各种变化；应变者的“变”也是千姿百态的：可以迎难而上，可以另找新路，可以寻求支援，可以等待时机，可以顺水推舟，可以推倒重来……策划者需要在短时间内急中生智，做出快速反应。一般来说要注意以下几点：

（一）应变要讲究科学

当策划在短时间里发生变化后，最紧迫的是时间问题。如何在短时间里做出科学的决策来，这是一对矛盾。为了科学性而贻误时机是得不偿失；为了抢时间而不顾科学性，后患无穷。正确的原则是，根据所处理问题的性质，确定必须采取行动的时间界限，然后在不失时机的前提下，尽量使决策

① 开闽霞：《如何选择最佳的报道角度》，载《新闻世界》2011 年第 1 期。

符合科学性的要求。

为此，策划者要注意了解和掌握对象的变化信息，策划的基础和依据变了，策划也应相应变化；否则，策划就失去了准确性、科学性、有效性。只有在广泛了解、全面搜集信息的基础上，坚持唯物辩证法，从事物间的因与果、必然性与偶然性、可能性与现实性、现象与本质等基本范畴入手，才能拟定出最佳的应变方案。

（二）应变要与长远目标一致

新闻报道策划是由多个系统组成的，某一个或几个组成部分发生变化时，采取应急措施必须和长远目标相一致。这也是一对矛盾。正确的做法是，在应付事变做出必要的权宜措施时要考虑到原策划目标的要求，尽可能做到与战略目标的方向一致，如有偏离时，也要尽量减少对今后实现原目标的障碍。

对一些反映社会问题的选题，必须首先考虑这一选题是否为政策所允许，文章提出的问题政府部门能否较快较好地解决。作为一名新闻工作者，体察民情，为人民分忧，为群众排难，是十分应该的，但要有一个度。在很多情况下往往“欲速则不达”，为什么？就是因为我们考虑处理问题超越了一定的时间和空间。根据新闻工作“只能帮忙，不能添乱”的原则，选题必须符合现行的有关政策，必须适宜政府现行的工作范围、工作能力、工作水平和工作效率。只凭一时的激情，只求一时的快活，只想一时的轰轰烈烈，这种策划报道是不可取的。

案例 3

《西安晚报》曾收到这么一个新闻线索，夏季某天，西安一家企业有位女工打电话说，该厂发给职工的防暑降温品是过期产品，记者前往调查，欲做批评报道。耗时一天，从锅炉工、中层干部到厂级领导，一一了解，的确如女工所说，发到手的都是过期产品。记者进行到最后一个环节，与厂长交谈时，才得知这些产品是另外一家企业作为抵押（欠这个企业的三角债）送来的。当时正值经济滑坡、不少国有企业步履维艰之际，而这家国企刚刚走出困境，工人的日子尚过得去。记者立即联想这篇批评报道一旦登出，也许会伤及领导班子的元气，影响全厂大局。工人可能会连现有的 400 元工资也拿不上。出于对该厂工人及工厂的全局考虑，最后记者没有予以报道。①

（三）应变要以当前利益为主

利益是每一个人，每一个社会集团，乃至阶级、阶层、地区和国家追求的目标，它是人们行为活动的动力。正如马克思所说："人们奋斗所争取的一切，都同他们的利益相关。"②

可见，利益是激励人们为发现客观世界而自觉活动的客观动因。在市场竞争日趋白热化的今天，利益则更是如高悬在媒体头上的达摩克利斯之剑，时刻彰显着它巨大的威力。说到底，新闻报道策划的最终目标和实质就是谋求利益。

兼顾当前与长远的利益关系，是一切新闻报道策划都应把握的基本原则。但是，不同的策划侧重点不同。对于战略策划要注重长远利益，而对于应变措施要侧重于当前利益。当两者发生矛盾时，首先要保证当前的利益，必要时可以有限制地牺牲长远利益。如不这样，当前的工作就无法进行，长远的利益也就无法得到保证。但是，应变绝不是无限制地牺牲长远利益，那样，即使把当前的危机解决了，长远的利益也损光了，那又有什么意义呢？

放眼当今的新闻界，持续不断的媒体大战可谓轰轰烈烈、如火如荼，实现利益的最大化是新闻报道策划的落脚点和归宿。新闻报道策划必须要正确认识和处理社会效益和经济效益的关系。策划者要站在战略的高度，以理性的思考和智慧的眼光从更高的层次和更深远的意义上看待和衡量策划活动的社会效益和经济效益，使二者合理地衔接，相互促成，相得益彰。只注重经济效益而忽略社会效益，无视媒体对人们思想行为方式及价值追求方面潜移默化的影响，而一味追求轰动效应，把发行量（收视率）和广告额看作策划成功与否的唯一尺度，其结果只能是降低自身的品位而沦于庸俗。当然，只强调社会效益，就会失去开展策划活动的经济动力，也是不行的。因此，必须是立足长远，注重发展后劲，恰到好处地把社会效益和经济效益结合起来，统筹兼顾，相互照应。

---

① 符红霞：《"报道"还是"放弃"》，载《今传媒》2007年第2期。

② 《马克思恩格斯全集》第1卷，人民出版社1956年版，第82页。

（四）应变要先“治标”后“治本”

应变的问题一般来说都是紧迫的、无序的和突发的。由于时间紧迫，所以应变的第一要义只能是“治标”，即采取一些临时措施解决危机，使工作恢复到一种正常状态。当危机解除后，就要考虑制定相应稳定的制度来解决“治本”的问题。如果不从根本上解决突然出现的问题，让“治标”成为一种常态，那就是我们的策划出了大错，需要重新反思策划方案了。

新闻报道策划是一项十分重要而又慎重的事，应尽量减少差错或失误，为达此目的，特别要建立和强化反馈机制。作为信息传播的整个过程来说，传播和反馈是一个整体，建立反馈机制，重视反馈信息，对于搞好策划同样是十分重要的。我们不仅要重视正反馈，还要重视收集负反馈的信息；不仅要有一般意义的反馈，而且要有前馈，即通过各种社会调查，了解社会发展趋势，获得必要的预测信息；除了从新闻的范围来考察选题策划外，还需从整个社会的大环境来审视，只有这样，我们的评价才最科学、最全面，得出的结论才最有效。为了防患于未然，应变突发事件，策划者在制订计划时，一般来说都要留有余地，收放自如；多准备几策，即使改变计划也不惊慌；在企盼最佳效益时，要有最差结果出现的心理准备；在整个新闻报道策划体系里，要有充足的信息储备和信息反馈；随时分析形势，准备一定的应变措施；要储备一定的后备力量包括人力、物力和财力等。应变是一种闪烁着才能、机智、胆略之光的高超艺术，它需要一个人的广博的知识、卓越的见识、乐观的性格，这一切都需要人们在从事新闻报道策划的实践中不断地学习和锻炼，对于领导者来说，尤为重要。

五、新闻报道策划的整体性原则

整体性原则应包括以下三方面内容：

第一，在整个策划活动中，要注意参与其间的各个部分的有序性和科学性，即讲求策划活动的程序性，以求产生最佳的整体效益。如北宋时期的丁渭工程就是进行整体优化的优秀范例。北宋真宗时期（998-1022 年），由于皇城失火，整个宫殿被化为灰烬。皇帝委托一个叫丁渭的大臣负责皇城的修复工程。丁渭为了完成这项工程，他先在旧址前面挖了一条沟渠，把挖出的土方作为烧砖的原料，然后再把开封的汴水引入渠内，形成一条运送木材沙石的航道，当新的皇宫竣工之后，他再把通往渠内的汴水切断，用剩下的土方废物填入沟渠中。丁渭在这里把挖渠和修宫殿两个不同的工程作为一个整体来考虑，有效地安排了不同工程的先后次序，收到了最佳效益。新闻报道策划也该如此，即根据选题的轻重缓急，根据人员的素质情况，在组织报道中做到心中有数，有条不紊地展开。

为了保证策划方案的合理性和高成功率，现代策划不可避免地趋向程序化。程序化的策划并不排除策划者个人因素的重要作用，但这种策划不是完全地或主要地依赖个人的能力和经验，而是在科学理论指导下，依照严格的逻辑推理程序进行的。尽管这种程序有时要耗费更多的时间和更多的精力，但却能有效地减少策划的失误，保障策划的合理性和高成功率。

第二，注意发挥参与其间各子系统相互配合的最佳整体效益。一个系统总是由许多单元或子系统组成的。一般地说，如果每个单元或子系统的性能都是好的，那么整体的性能也较理想。但是，如果各个单元或子系统都力争自身的最佳效益，却不一定能保证系统整体的最佳效益。古代希腊哲学家亚里士多德曾说过："整体大于部分之和。"要达此目的，关键在于要运用系统论的观点组织好各单元或子系统，调节好各单元或子系统之间的关系。在新闻报道策划中，除了参与报道各要素的有序性外，还必须注意相互间的配合与协作。比如，奖励分配中，当人们相互依赖性高的时候，宜采取奖励差距较小的分配方法；当人们相互依赖性低的时候，宜采取奖励差距较大的分配方法。这样就能促使系统内各个单元或子系统的团结和调动其积极性，新闻的策划才能收到最佳效益。①

第三，充分调动大家的积极性，集思广益，产生最佳策划方案。最常用的是群体决策法，大家畅所欲言，在无拘无束的自由气氛下碰撞出灵感的火花。一般来说，群体策划这种针对目标和问题的群体行为方式，要求策划者具有跨学科、跨部门协同作战的现代意识，并在思想砥砺中发挥其创造性，在相互激励中集思广益。事实表明，群体策划在实践中往往更具有科学性、合理性、可行性和操作性，策划方案的实施也能取得更大的成果和更高的效率。

群体策划包括两方面的内容，一是媒体本身的智力资源，即充分挖掘

---

① 赵振宇：《神奇的杠杆——激励理论与方法》，湖北人民出版社 2001 年版，第 262 页。

“内脑”；二是社会上的智力资源，即“外脑”。特别是在某些领域没有自己独立的“内脑”的情况下，更应充分尊重“外脑”。一般来说，需要“二脑”的紧密配合，优势互补，但有时也可根据需要侧重某一方面。

六、新闻报道策划的审美原则

马克思曾说过：“动物只生产动物，而人却在生产整个自然界；动物的产品直接联系到它的肉体，而人却自由地对待他的产品；动物只按照它所属的那个物种的标准和需要去制造，而人却知道按照每个物种的标准来生产，而且知道怎样把本身固有的（内在的）标准运用到对象上来制造，因此，人还按美的规律来制造。”①

马克思的话深刻地揭示了具有社会属性的人并不是机械地、盲目地应对自然界，而是在长期的社会实践中培养出了人特有的属性：审美性。可以说，这种审美属性始终伴随着人类社会的发展而发展，新闻报道也是这样。新闻报道的实践告诉我们，凡是能够经受得住时间考验，历久而弥新的新闻作品，无不具有很高的审美价值，无论是从单篇作品，还是从整个版面来看，都是这样。如果仅仅注重新闻价值，那新闻作品不过是简单地作为“信息传声筒”而存在，其结果必然是随着时间的流逝时代的更替而销声匿迹。只有那些既依据于事实，又能够超越现实，向纵深挖掘出人类共有的、永恒的价值期盼，观照出人的本质力量的作品才具有超时空的穿透力，常读常新，耐人寻味。

在新闻报道策划的诸原则中，审美性原则实际上是一种“渗透性原则”，它渗透于新闻报道策划活动的方方面面，大到主题的选择，小到标题的设计、词语的斟酌，都应折射出“审美”的光辉。

具体说来，新闻报道策划的审美原则应从以下几方面考虑：

（一）内容美

新闻的首要因素是真实性，真实是新闻的生命。但是否可以这样认为，只要是真实的、新的就可以成为新闻呢？显然不是，作为“把关人”，媒体少不了对大量新闻事实进行筛选、过滤。在这里，审美性原则必不可少。在市场经济条件下，媒介作为一种文化产业，应该而且需要适应受众需求，生

① 《马克思恩格斯全集》第42卷，人民出版社1972年版，第155页。

产出群众喜闻乐见的新闻产品；但同时又不能背弃媒介应承担的社会责任。媒体既要宣传贯彻党的路线、方针、政策，也要反映群众的呼声、愿望、社会生活的热点，贴近群众，贴近社会，为群众所喜闻乐见。但这并不等于对社会潮流、时尚一味迎合，随波逐流，特别是盲目迎合和追随群众中某些不健康的情趣，这会使新闻走向庸俗和低级趣味，破坏美感和道德感。捷克著名作家米兰·昆德拉对此深恶痛绝，他说："为了讨好大众，引人注目，大众传播的美学必然要跟媚俗同流，在大众传播无所不在的影响下，我们的美感和道德感也媚俗起来。"①

因此，在策划新闻选题及具体内容时，要注意维护道德准则，传播自身审美观念，不能满足于为读者提供几份文化快餐，而应着眼于长远，要以文化含量的作品对读者进行审美能力、审美情趣的引导，呼唤时代新风，维护社会正义，坚持用优秀的作品鼓舞人，用高尚的情操感染人。通过对真善美的歌颂、对假恶丑的批判，使读者从真人真事真情真景中体悟到一种精神，一种生命观照。唯有如此，才能真正取得长期的经济效益和社会效益。

（二）情感美

好的新闻作品往往是读者与作者心与心的交流。优秀的新闻作品常常使读者的心灵受到震撼，这种震撼包含着一种审美快感。作者找到了一个与读者心灵共鸣的契合点，这个契合点就是人类共同的情感。

近来对一些时代楷模如任长霞、郑培民等的感人事迹的报道，让人读完后热血沸腾、心潮澎湃，产生了广泛的社会影响。如《湖南日报》发表的通讯《情切切意绵绵》一文对郑培民的描写中，有一句让读者对这位省委副书记的印象深刻——"我好想家"。这个细节的情感描写，并没有损坏郑培民的形象，相反增加了感人的力量，触动了读者的神经。

这里所说的"情感"，是人类的真情实感，是作品与受众产生的共鸣，是一种自然而然的流露，而绝非我们所常见的"煽情"。"煽情"是一种以内容、编排等手段来"煽"起受众一时的激情的报道手法，它实质上是一种不健康的新闻走向，是我们在新闻报道策划时要坚决杜绝的。在策划报道中，情感的投入与理性的思索，是新闻报道策划必须协调好的关系。

---

① ［捷克］米兰·昆德拉：《生命不能承受之轻·序》，时代文艺出版社 2001 年版。

（三）语言美

语言是人类交流沟通的工具。不可否认的是媒介话语在当今已成为我们时代最主要的叙事形式，它已成为我们生活的符号环境的主流。传播学中含义结构论认为，大众传播媒介在表现和描述现实的情况时，赋予词语、符号一定的含义，从而影响受众对现实的思考，进而影响受众的行为方式。① 最常见的现象是某个“新词”往往只有在经过大众传媒使用后才会迅速传播开来，成为一时的“流行”话语。所以，作为用语言来传播事实及思想的媒体来说，语言的选择尤其重要。一些媒体经常会使用一些“煽情”性的字眼和画面来招徕受众，它满足的只是一些庸俗受众的猎奇心理。而且，这些详尽的色情、暴力场景的描述，也为社会安定埋下了隐患。

媒介语言是多维度的，它既可以是报纸的文字符号，也可以是广播的声音符号，还可以是电视常用的画面语言符号。策划者在组织语言表现思想时要注意选用清新的格调、适当的语言。可以说，语言搭建起来的大山充满着无限的诱惑，作为“守山人”的媒体要懂得欣赏，然后要懂得建造，让偶然路过或者常居此山的人感到一丝美意，唯此，才能保证新闻作品持久的魅力。

（四）形式美

任何好的美的内容如果没有好的美的形式去表现，是很难达到目的的。对于报纸来说就是报纸的版面。老报人徐铸成先生在他的《新闻艺术》一书中说过：“一个版面好比一桌酒席，要搭配得当，不要像蹩脚的厨师，端上来的菜都是一个味。”范敬宜同志在《人民日报版面备要·序》中指出：“版面是一门学问，也是一种艺术，当然更是一种政治。”

版面，可以说是报纸整个新闻过程的最后“大盘点”。所以有人说，版面是报纸的形象，是报纸的整体语言。不管新闻内容策划得如何精彩，读者接触到报纸的第一感受就是版面是否精美。《北京青年报》通过调查发现，大多数读者会在报摊前的五秒内决定买哪份报纸。那么他们的依据是什么？答曰：“版面。”在版式设计中既要注意图文并茂，多姿多彩，错落有致；又要注意标题、字号、图片、空白的相得益彰；还要发挥饰题、字型、花边、网底等的装饰作用，创造出或者有阳刚之美、或者有柔雅之风的版面，

---

① 申凡、戚海龙：《当代传播学》，华中理工大学出版社 2000 年版，第 155 页。

使版面整体形成视觉冲击力，以增强传播效果。

案例 4

2012 年 6 月 24 日，我国在载人航天和深海潜水方面双双获得突破性成就。一方面，神舟九号飞船与天宫一号在太空成功对接，我三名航天员开始多人多天太空实验；另一方面，蛟龙号载人潜水器下潜至 7020 米，创下世界同类型潜水器最大下潜深度纪录。两项伟大成就，同一天取得，如何能将这两个新闻事件通过版面结合呈现为一个整体，成为编辑设计当天版面的首要考量。《河南日报》别出心裁，在版面上由传统的横连版变为竖连版，将神舟对接放在版面上半部分，将蛟龙入

"龙·舟"特刊 4~5版
太空驾神舟 九霄云外揽天宫
神舟八号
神舟七号
神舟六号
神舟五号
神舟一号
"神天"对接手控成功
我国已具备建设空间站的基本能力
中国载人航天载人深潜
双双实现历史性突破
穿越海天的祝福
大海斩巨浪 五洋深处腾蛟龙
"蛟龙"探海实现中国深蓝梦想
世界各国载人深潜纪录
"蛟龙"深潜突破 7000 米
1000 米
3000 米
5000 米
7000 米

2012 年 6 月 25 日《河南日报》"龙·舟特刊"版面

海放在下半部分，实现了编排的“不寻常”。具体版面设计上，以S形轨道将上下半个版串联起来，并将版面激活成为4个部分，灵动而不突兀。版面正中以6位英雄的组合照片铺头，大标题打造视觉焦点。腰线部分是3位航天员与3位深潜员的飒爽英姿，配以当天双方海天通讯互致祝福的新闻，与《中国载人航天载人深潜双双实现历史性突破》的大标题共同成为版面的点睛之笔。这个版面获得第23届中国新闻奖一等奖。①

除了报纸，广播、电视和网站在媒体竞争的市场中都在想着法子变换手段以新的形式美来争取受众。有时，同一个题材由于表现形式的不同，表达的效果完全不一样。在这种情况下，美的形式倒成了策划者首要考虑的问题了。

总之，审美性原则可以说是渗透于新闻报道策划的各个环节，起着潜移默化的作用。我们新闻工作者应是美的使者，要向人民传播美、展示美。黑格尔说：“美的形象是丰富多彩的，而美也是到处出现的。”②

我们处于一个伟大的改革时代，这是一个波澜壮阔、改天换地的时代，也是一个姹紫嫣红、气象万千的时代，在这样的时代里，美的事物纷至沓来，美的观念日新月异，美的理想催人奋进，美的情感惊天动地，我们的新闻从业人员应该主动地细心地有效地去发现美，捕捉美，表现美。

◎ 思考题

1. 新闻报道策划的两个基本前提是什么？
2. 如何把握好新闻报道策划中的显性要素与隐性要素的关系？
3. 新闻报道策划应关注哪几类新闻事实？
4. 在确立策划方案目标之前应注意什么？
5. 新闻价值与宣传价值两者的关系如何？

◎ 实践题

请就新学期开学为报社设计一个系列报道策划预案。

---

① 参见第23届中国新闻奖一等奖参评作品推荐表，http：//news. xinhuanet. com/zgjx/2013-06/21/c_ 124892578. htm。

② 转引自张健：《新闻审美·序》，新华出版社1999年版。

第三章
典型人物的报道策划

典型人物报道一直是主流媒体新闻报道的重要内容，记录着以人为核心的事件，以深刻地、集中地、鲜明地反映事物本质为特征。典型人物报道策划旨在突出典型人物的标杆意义和示范作用，引导社会的主流价值观念。随着新闻事业发展和改革的不断深入，传统的宣传报道方式在新形势下发生了改变，典型人物报道要用正确的理念和科学的方法进行策划。

案例 1

2013 年元月 2 日，《武汉晚报》头版以一篇《千万富婆扫大街，余友珍两种身份一种本色》的报道，拉开了新年报道的序幕。环卫工与千万富婆，不同社会角色的强烈反差，构成了强烈的新闻冲击力。

这则新闻的发现源于《武汉晚报》一次走基层的大型策划。2012 年，《武汉晚报》强力推进“走基层、转作风、改文风”，引导记者到一线去，抓取鲜活的群众中的生活故事。在这种导向指引下，《武汉晚报》锁定环卫工这个特殊群体。在联系采访环卫工时，武汉市武昌区城管局的一位负责人推荐了余友珍所在班组。在和余友珍的交谈中，记者发现余友珍和普通环卫工相比，有着不一样的从容和淡定。穿着上，她干干净净，做事麻利。比较显眼的是，她戴了一对金耳环。凭着职业敏感，记者追问了一句：“您的条件好像还可以？”余友珍说：“环卫工是蛮苦，但我不觉得苦。我的条件是还行，因为拆迁，还了有十几套房子。”余友珍不经意的一句话，触动了记者敏感的新闻神经。

在发现这一重大典型后，记者先后 4 次深入基层，陪环卫工余友珍一起扫马路。2013 年 1 月 2 日，《武汉晚报》拿出重要版面，整版刊发了余友珍的典型事迹，运用消息、通讯等多种体裁，立体展现一位特殊劳动者的精神风貌。在《武汉晚报》刊发首篇报道后，在短短一周内，千万富婆环卫工成为传遍国内、国外的热词。《人民日报》、中央电视台、《光明日报》等多家中央级媒体，相继聚焦新闻主角余友珍；《新华每日电讯报》转载编发了《武汉晚报》报道，引起中央领导高度重视。中共中央政治局常委刘云山批示："像这样的故事可广为传播，媒体就要积极倡导积极健康的价值观。"中共中央政治局委员、书记处书记、中宣部部长刘奇葆批示："关于价值观的宣传要广泛渗透在人们的日常生活之中，传播这样一些典型故事，可收到很好效果。"

深度　深度·关注 03

家拥住房17套，她是千万富婆
起早贪黑扫大街，她是环卫工

余友珍两个身份一种本色

她告诫子女："你们不做事，我就把房子捐给国家"

工作中被人辱骂 有同事替她出气

"她的钱拿出来可以砸死你"

02 深度·关注　深度

余友珍说，我就是个普通人，又没做么事，为什么那么多人谈论我？

"富婆环卫工"的生活本色

武汉晚报　深度·关注 07

富婆环卫工余友珍昨天对话本报记者吐露心声

"人不能被钱砸倒，更不能被钱压倒"

14年没看过一次完整春晚，想去现场看一次从2013年元月2日始，至1月15日，在持续近两周的报道时间内，《武汉晚报》推出消息、通讯共15篇，述评4篇。报道过程中，《武汉晚报》还持续加大报道力度，拿出近4个整版全方位宣传余友珍典型事迹，在读者心中引起强烈反响。

【点评】

第一，好的新闻线索对于一次成功的新闻策划起着关键性的作用。在本案例中，我们可以深刻地感受到，好的新闻线索是要靠记者自己去挖掘的，记者不仅要身在基层，更重要的是心要融入到群众中去，要深入实际、深入生活、深入群众。同时，记者要保持敏锐的新闻敏感，这对于产生采访动机、确立采访方向、挖掘新闻价值等活动有着重要作用，为之后的新闻策划活动提供决策性依据。

第二，拒绝猎奇心态，深度挖掘新闻背后的时代价值。在发现新闻线索后，如果把千万富婆扫大街当做一个奇闻来看待，不深刻挖掘它的现实意义，这则新闻仅仅是大家茶余饭后的一剂佐料。拆迁致富是中国当下特殊现象，一些人因此放弃劳动，追求享乐，甚至赌博、吸毒，迷失了人生方向。富裕乃至巨富之后该作怎样选择？这则新闻提供了一个极具示范价值的样本，在新时期有力地诠释了劳动最美的社会主义核心价值观。回顾这则新闻报道，正因为它找准了新闻价值核心，才产生了深刻的反响和共鸣。

第三，在报道呈现方式上，《武汉晚报》运用了多种手段。每天大版面推送，保持舆论强势；新闻体裁丰富，消息、通讯、特写、评论齐上；网络配合报道；与此同时，《武汉晚报》还借助短信、微博等多种方式，与读者展开互动，跟踪报道社会各界反响。这种立体、多面的报道，产生了预期中的效果。

第四，好的新闻要“养”，静待最佳报道时机。其实早在2012年10月，《武汉晚报》便已取得该新闻线索，但并没有立即报道出来，而是选择在2013年元月2日，放在头版刊发，这个绝佳报道时机对于后来新闻取得轰动效应也起到了巨大的作用。元月2日是新年的第二天，受众普遍沉浸在新年的轻松心情中，这时该新闻策划很容易引起社会关注与热议，产生轰动效应。

一、正确认识典型人物报道

（一）典型人物报道的定义与特点

典型人物报道指对那些具有鲜明个性特点的，揭示出社会关系发展的某些规律性和本质方面的人物进行的重点而集中的新闻报道，通过对典型人物事迹的剖析，发挥榜样的作用，带动全局。

典型人物报道具有以下几个特点：第一，先进性。先进性是典型人物报道最显著的特点。典型人物的先进性与时俱进，反映了这个时代的需求。第二，教育性。典型人物报道是一定历史条件的产物，典型人物之所以可以成为典型，是为了迎合党的某项理论、方针、政策、伦理道德和立场态度，满足党的政治宣传的需要。所以，它有强烈的教育指导作用。这里的教育是指典型人物报道的创作者希望用其笔下的人物和事件来打动读者，发挥典型人物的标杆意义和示范作用，促进人们追随效仿，引导社会的主流价值观念。第三，新闻性。典型人物报道本质上作为新闻报道，必须遵循新闻规律，它必须是现实中真实的、新鲜的、突出的人与事件。这是典型人物报道与文学典型相区分的根本属性。

（二）典型人物报道的意义

1. 典型人物报道是政府宣传的重要武器

作为正面报道最高表现形式的典型报道是我们时代的产物，也是我们国家新闻的重要特征。在中国革命的各个历史过程中，这种特殊的报道形式起到了独特的发动群众、打击敌人、解放祖国、建设祖国、规范社会道德的巨大作用。特别是进入新时期以来，先进典型人物的报道越来越多，作用越来越大。近年来，《人民日报》等主流媒体发表了许多先进人物报道，孔繁森、张鸣岐、李国安、徐虎、李素丽、王廷江、李向群、郑培民、许振超、任长霞等时代楷模的感人事迹因此而在社会广泛传播，广大干部群众以他们为榜样，把他们的优秀品质和高尚精神视为最宝贵的精神财富而传承。典型人物报道作为新闻报道的一种重要形式，在促进社会和谐发展中发挥着重要的作用。

2. 典型人物报道有助于社会精神文明建设

当下社会处于转型的重要阶段，价值观念多元化，人们需要积极向上的主流意识的引领，需要用先进的观念排除落后意识的干扰，需要一个正确而理性的价值体系帮助分清是非，冲破价值判断的迷惘，走出价值选择的误区。2013 年 12 月 23 日，新华社播发中央办公厅印发的《关于培育和践行社会主义核心价值观的意见》，将 24 字核心价值观分成 3 个层面：富强、民主、文明、和谐，是国家层面的价值目标；自由、平等、公正、法治，是社会层面的价值取向；爱国、敬业、诚信、友善，是公民个人层面的价值准则。

新闻报道是推动社会文明进步的重要力量，肩负着传播先进文化的使命与责任，对社会价值体系的构建和人们思想观念的形成、改变具有非常重要的作用。其中，典型人物报道在传播现代意识、先进观念和核心价值观方面的强势作用尤为明显，它对人们的思想、工作和生活所产生的影响广泛而深远。

先进典型人物，是时代的楷模，是学习的榜样。他们的事迹，深深地影响着人们的行为取向；他们的精神品格，潜移默化地融入到传统文化的血脉中，成为一个民族、一个国家最值得珍视的宝贵精神财富，为中华民族的伟大复兴、国家的繁荣富强，提供了取之不尽、用之不竭的精神力量。先进典型人物报道是时代精神的产物，更是时代精神真实、鲜活、生动的写照。典型人物报道的重要价值就在于为社会发展确立航标、为先进思想提供先导、为社会群体树立榜样、为人生道路明确坐标、为行为举止塑造道德楷模的功能作用上。典型报道的目的是让先进人物产生示范效应，形成崇尚先进、学习先进、争当先进的良好社会氛围。

3. 典型人物报道契合政府与受众双重需要

随着时代的不断变化发展，在市场经济快速发展的过程中，诚信缺失、道德滑坡、社会责任感缺乏等社会问题层出不穷，影响了社会的和谐稳定。一方面，政府作为公共社会的管理者，希望媒体所报道的典型人物能促使社会问题、社会矛盾的解决；另一方面，广大民众期望从媒体的报道中获得有益于自身问题解决的信息，满足自身需求。

新闻工作者和媒体要试图用问题意识挖掘典型，在政府与受众之间找到一个契合点，既要满足政府工作的需要，又要符合受众需求。一方面，典型人物报道将典型人物所体现的主流价值渗透到公众心中，这些典型人物形成广泛的示范效应和引领作用，成为传播社会主义核心价值观的有效载体。将公众典型提升为政府典型，可以为政府工作服务。另一方面，通过典型人物报道策划产生的广泛而显著的社会效果，社会的爱心与关怀往往可以帮助报道对象解决部分现实困境。

（三）典型人物报道易陷入的误区

在过去的60多年中，我国的典型人物报道曾发挥了巨大的鼓舞、激励作用，以至于今天人们仍然非常重视典型人物报道。但不可否认的是，传统典型人物报道的一些弊端和缺陷，也日渐暴露出来。新华社“舆论引导有效性和影响力研究”课题组的问卷调查显示：“68%的被调查者认为典型报道的主要问题是‘都是优点，没有缺点’；61%的被调查者认为存在‘模式化、概念化’；50%的被调查者认为‘空话、套话多’；39%的被调查者认为‘对典型人物的个性特点挖掘不够’；32%的被调查者认为‘对典型人物的时代特色挖掘不够’。”①

长期以来，我国的典型人物宣传报道是在行政命令下的程式化运作，已经形成了一套固定模式。传统的典型人物报道是配合政治，对受众进行自上而下的单面灌输的传播方式，违背了新闻报道和受众之间的互动规律。斯图亚特·霍尔曾提出一种有关编码/译码的理论，认为受众对媒介文化产品的解释，与他们在社会结构中的地位和立场相对应，有三种基本方式，即：以接受占统治地位的意识形态为特征的“占统治地位”的解释；以与占统治地位的意识形态反其道而行之为特征的“对抗式”解释；以及大体上按照占统治地位的意识形态进行解释，但却加以一定修正以使之有利于反映自身立场和利益的“协商而定”的解释。② 当新闻报道与受众的既有经验系统或心理需求不相符时，受众便倾向于采取“对抗式”解读方式，进而影响报道效果的实现。如果不能回避典型人物报道自身缺陷与误区，容易使受众产生厌烦甚至排斥心理。

那么典型人物报道容易陷入哪些误区呢？

1. 政治功利色彩过于浓厚

由于强烈的政治宣传色彩与教化意图，传统的典型人物报道呈现出极强的政治功利性与泛政治化及泛意识形态化倾向，媒体习惯为典型人物戴高帽，突出人物对集体、社会和国家无私付出、任劳任怨的奉献精神。宏大的

---

① 《主流媒体如何增强舆论引导有效性和影响力之三：重视对几类重要报道领域的改革与创新》，载《中国记者》2004年第1期。

② 张国良：《20世纪传播学经典文本》，复旦大学出版社2003年版，第421~422页。

政治话语、闪光的思想境界，有时甚至根据宣传的需要进行人为的拔高，把典型人物打造成“雕像”，高高在上、空洞说教，没有亲切感。例如在《生命的支柱——张海迪之歌》中，作者描写张海迪求职动机时写道：“我不是为了饭碗，我要的是工作的权利，是为社会作贡献的机会啊！”类似的还有：“医生，你们快治好我的病吧，我还年轻，我还能为建设社会主义出力！”这些话语缺乏人为关怀，一味突出政治文化心理与意识形态。这种现象在具有全国性影响的重大典型人物报道中屡见不鲜。

2. 细节报道常有失实

“中国杂交水稻之父”袁隆平曾应邀到武汉市与中学生面对面交流。一个中学生说，他看过一篇报道，说袁院士累倒在稻田里还不放弃研究，非常感动。袁隆平连忙澄清：“别受误导，人累倒了还工作是不值得提倡的，身体才是最重要的。另外，我也从来没有累倒在田里，那是耍笔杆子的人杜撰。”① 程度不同的细节报道失实在典型人物报道中俯拾即是，“如赵春娥的生活补助问题，蒋筑英的调工资问题（都是把有说成无）；陈燕飞顺着扶梯走下河救人，被说成‘跳下河救人’；杜芸芸贡献‘部分遗产’，被说成‘全部遗产’；孙冶方的观点、张海迪的考分、朱伯儒的履历等等，也都存在有不实之处”。②

典型人物报道经常为了增强典型人物的光辉形象，在许多细节上过度溢美，夸张处理，报道给人感觉言过其实甚至“人为拔高”，使读者对真实性产生怀疑。细节夸张渲染不仅使受众对新闻真实性产生怀疑，也给典型人物本身带来困扰，朱伯儒就是一例：“有人说我毫无保留地帮助他人，这有些过头，我帮助别人都是在我自己力所能及的范围之内的。”③ 实践已经表明，倚靠弄虚作假来扩大报道的效果与影响力，其结果适得其反。失实报道很容易让受众产生疑心与戒心，对新闻报道的真实性产生怀疑甚至抵触心理，从而影响媒体的公信力与权威性。

3. 模式化多，缺少个性

典型人物报道容易陷入模式化误区，主要表现为典型形象千人一面、毫

① 朱金平：《新闻典型论》，长征出版社 2003 年版，第 213 页。

② 孙冰川：《关于新闻失实问题的几点分析》，中宣部新闻局、社科院新闻所编：《真实——新闻的生命》，中国新闻出版社 1986 年版，第 249 页。

③ 胡诚：《朱伯儒：一级英模的“高山理论”》，荆楚网：http://www.cnhubei.com/200605/ca1089874.htm。

无特色，没有吸引力。多年来，典型人物报道已经形成一套公式：先进＝“奉献、牺牲”＋“亏待家人”＋“几十年如一日”＋“最后累倒在自己的工作岗位上”。说到如何奉献，就是“忍着身上巨大的疼痛也要把公事办完”；说到如何“亏待家人”，就是“妻子、孩子皆抛于脑后”；说到对典型的评价，也总会有一位群众“潸然泪下”地说：“他是我们的好××……”这种人物模式化的报道在今天还是随处可见。在这样的程序化框架内，媒体推出的先进人物形象十分相似。心理学研究认为，在生理上，大脑在接收、处理旧信息时，大脑皮层的神经元在受到旧信息的重复刺激与受到新信息的初次刺激比起来不易兴奋，久了反而会产生抑制、疲倦。这一生理机制引起心理上的反应就是平淡、无趣，久了还会生厌。① 典型人物报道长期以来模式化的操作，容易使受众心生厌倦，从而影响其报道的传播效果。

4. 回避缺点，营造光环

有时媒体为了使典型人物更加高大，感召力更加强大，经常故意回避人物缺点，营造光环效应，把人物塑造成十全十美的圣人。正如有学者指出的那样：“用单纯的批评或单纯的表扬来表现一个人、一项工作或一件事物，往往显得太简单化，容易出现片面化、绝对化的错误。”② 这种“神像式”的扁平人物同样是不可取的。“金无足赤，人无完人”，完美无缺的人根本不可能存在。典型人物报道应该在报道中尽可能多侧面、多层次地展现立体式的“典型”形象，要避免绝对化的报道。典型人物报道中是否需要写人物的缺点、弱点、失误，这要服从于报道的主题和报道的实际需要，不能人为淡化甚至掩盖缺点。

二、典型人物报道的策划原则

（一）坚持客观性原则，保证典型人物的生命力

新闻报道策划必须以新闻事实为依据，绝不能凭空想象，捕风捉影。所以典型人物报道必须坚持“用事实说话”。有的典型人物报道之所以给人以虚假、空洞、夸大的印象，大都是因为报道的话语主体突出了“说话”，却把“事实”放在了一边所导致的。事实上，赞美式、歌颂式、评价式的话

---

① 林之达：《传播心理学新探》，北京大学出版社2004年版，第91页。

② 孙旭培：《试论新闻写作模式的改革》，载《新闻通讯》1988年第3期。

语越多，与新闻内在精神的要求就背离得越远，受众对典型报道就越是不买账。记者应该用生动鲜活的事实来展现报道人物的精神境界，让受众在接受事实信息中感悟、体验、认同典型人物报道的思想内涵。典型人物报道应该用事实说话，让受众自己去体味并得出结论，这样才能使思想性和真实性相统一，生命力、感染力和影响力同在。

一组优秀的典型人物策划，之所以能蕴含强烈的教育意义和感染力量，重要原因之一就在于它表现的是真人真事，是人们看得见、摸得着、学得到的榜样。如果哪怕只有很微小的一点虚构，其后果也将是灾难性的。因为读者一旦知道有假便会对整组策划产生怀疑，这将是一种可怕的“信任危机”。坚持客观性原则，是典型人物报道策划的生命力所在。列宁曾经指出：“我们需要的是完整的和真实的情报。而真实性不应当依它该为谁服务而变化。”①

案例 2

《楚天都市报》2009 年 10 月 27 日在 A18 版推出“特别报道”《一心割肝救子 母亲半年日行 10 公里》，首次报道了“暴走妈妈”的感人事迹。记者跟踪采访陈玉蓉整整一周，才写出了这篇首发报道。记者始终坚持客观性原则，尊重客观规律，以“旁观者”的角色给自己定位，第一篇报道见报的第 6 日，正逢陈玉蓉过生日，医院和媒体商量，准备为她过，但陈玉蓉拒绝。记者没有勉强，但也没有放弃，打算写一个题为“没有过的生日”的报道。结果，家人还是给陈玉蓉过了这个生日。过生日的当天，摄影记者原本希望能拍到小孙女喂奶奶吃蛋糕这一感人场景，哪知道从没吃过奶油蛋糕的小孙女一次次把奶油舀起来，放到自己的嘴里。于是，记者们就各自用镜头和文字记录下了这一令人心酸的场景。正因为时时牢记新闻客观性原则，记者王煜晔自豪地宣称：“暴走妈妈的报道共有 30 余篇。每一篇、每个细节都经得起推敲。”②

（二）坚持群众性原则，增强典型人物的亲和力

“群众办报”是党的新闻事业的优良传统。坚持群众性原则，是党的新

① 《列宁全集》第 10 卷，人民出版社 1979 年版，第 457~458 页。

② 王煜晔：《亲历“暴走妈妈”报道全程》，载《新闻与写作》2010 年第 4 期。

闻事业的本质要求。典型人物报道要树立“以人为本”的新闻理念，实施人性化报道策略，更加深入地认识和理解典型报道的报道对象和受众。社会主义新闻事业的本质特征是为群众服务。典型人物报道要从群众中来，到群众中去，让受众与报道产生互动效应，这样才能更好地发挥典型人物报道应有的功效。

新时期，我国典型人物报道的最显著变化，就是普通百姓中的优秀人物越来越成为媒体关注的焦点。2008 年 11 月 13 日，一篇小人物的典型报道登上了《兵团日报》的头版头条。报道对象吴兰玉是原新疆生产建设兵团第二钢铁厂的职工家属，她用 9 年时间捡废品卖钱来偿还 5.5 万元借款。“吴兰玉老人还不能完全称得上一个楷模式的人物，她只是恪守诚信这一传统道德的普通群众，她的感人之处在于此，突出特点也在于此，所以，我写她不能求全，不能求完美，只能展现她最有意义、最有价值的一面。”这篇报道一举夺得中国新闻奖一等奖。自立自强的贫困学生、爱心助学的山村教师、做人厚道的农民工等“小人物”，在中国新闻奖获奖作品中不断涌现，极大地拓展了新时期人物典型报道的领域。①

关注“小人物”命运，从普通人身上发掘核心价值观。新时代的典型人物报道，与传统的先进人物报道相比，主题更显宽泛，更加关注平凡人物身上的时代精神，报道内涵上更加凸显人文关怀。典型人物报道要善于从平凡岗位的普通人身上，从“小人物”的命运中敏锐捕捉人性的光辉。平凡之中见伟岸，垅亩之间树丰碑。

典型人物报道要以平民化的视角报道典型，要多报道平民化典型，增强典型人物的亲和力，使受众感觉典型人物可亲、可信、可近。应该做到在报道中不粉饰不拔高，用群众喜闻乐见的形式，真实地反映平民典型的各种侧面，质朴而客观，让时代楷模可敬可亲，可信可学。平民视角的优势正在于，不仅说服力强，感化力强，更可以让受众感受到，原来英雄原本跟他们一样的普通，大家经过努力也是可以成为模范的。

案例 3

武汉电视台 2008 年 2 月 5 日播出的《“天使奶奶”熊小全》报道，讲述了武汉一位靠骑三轮车送货为生的老奶奶如何成为感动几十万网友，并被称为“天使奶奶”的故事。记者是从网络上获得“天使奶奶”

① 吴林红：《试论人物典型报道转型路径》，载《新闻世界》2012 年第 9 期。

这一人物典型的，一位70多岁的老人面对困难时所表现出的乐观、自立、感恩、知足的生活态度，让记者敏感地发觉这一人物对当下一些人抱怨生活、惧怕困难、回避现实具有相当的启示意义。记者历时两个月，深入“天使奶奶”熊小全的工作和生活，真实记录了这一人物典型。节目播出后，许多观众致电武汉电视台，热议“天使奶奶”的“天使精神”。在网络上，更多的网友在看到本片中奶奶的真实生活后深受触动。2008年年底，“天使奶奶”被评为“武汉十大新闻人物”。正如北京师范大学教授于丹的评论，“天使奶奶”正帮助越来越多的人成为“天使”。

对于策划者来说，贴近生活、贴近实际是必须坚持的原则。所谓贴近生活，就是时刻关注民生和社会生活；所谓贴近实际，就是要在复杂多变的社会进程中抓住主要矛盾，反映社会的发展变化以及变化中存在的问题。武汉电视台的“天使奶奶”策划报道，正是抓准了贴近生活、贴近实际的原则，不哗众取宠，为了促进问题的解决、取得良好的社会效果而制作该节目，自然能令观众感到亲切。

（三）坚持先进性原则，发挥典型人物的感染力

先进性是典型人物的前提条件，也是报道策划的精神内核。典型人物报道的先进性，代表先进的生产力，代表社会的前进方向。进行典型人物报道策划，要增强大局意识，把握时代特点，反映时代精神，增强现实针对性和感染力。这样的典型才更具现实意义和历史意义。没有先进性，不反映时代精神，不体现时代特征，不具有时代高度，就不能真正发挥典型的表率、示范和引导作用。

在典型人物报道策划过程中，媒体应该及时发现、充分挖掘思想进步、符合社会认同、体现现实需要、反映群众意愿的先进典型，社会需要与时代精神相适应的典型人物来弘扬时代精神，发挥鼓励示范作用。

案例4

2009年11月中旬，南方报业传媒集团报料平台接到线索，贵州有一位代课教师自办学校，坚守10年，却不幸患上白血病。曾经到该学校支教的几名大学生准备亲赴贵州，自费“接鞭”。在初步核实事件原委后，报社决定派记者随大学生进驻贵州大方县深山，发掘事件背后的

人性真善美。记者采访得知，贵州油杉小学28岁教师赵鹏大山中自办学校坚守10年，却不幸罹患白血病，114名学生面临辍学；广东大学生穿越悬崖，传递了希望的火把。记者冒雨徒步3座大山，2处断崖，与病床上的赵鹏对话，推出报道《代课教师还了我一个心愿》，赵鹏质朴而平和的叙述让读者感到真情与温暖。《南方日报》独家连续追踪报道这一群“80后”的事迹，引起全国媒体与全社会广泛关注。

该组系列报道背后有两个坚守——有一群“80后”大学生，对两个“80后”山村代课教师及114个孩子的坚守；《南方日报》对社会真善美的坚守——对于前一个，广东老书记吴南生评价：“他们是真正的时代青年”；对于另外一个，社会评价是“这体现了《南方日报》改版后的人文情怀”。该系列报道取得了完美的社会效果和较大的报道影响力，这足以说明，只有坚持先进性和时代性的典型人物报道策划才是符合受众与时代需求的，才能发扬典型人物的感染力，具有震撼人心的力量。对丑恶的穷追不舍，是媒体的责任，而对真善美的挖掘则是媒体的坚守和能力。

总之，生动、鲜活的典型人物报道，来源于生活，同时也离不开记者的专业精神。那些优秀新闻作品的出现，再次证明这样一个道理：只有“三贴近”，才能出好新闻，出精品。

三、典型人物报道策划技巧

（一）典型人物报道策划角度选择

在当今媒体的激烈竞争中，有的媒体的报道策划能够事半功倍，取得良好的报道效果；而有的却事倍功半，效果平平。面对同一事件，不同媒体的报道策划产生的效果也是不同的。之所以会产生如此大的差别，角度的选择在其中起到重要的作用。

在“盲人摸象”的故事中，摸到象尾的人说大象像一根绳子；摸到象身的人说大象像一面墙；摸到象腿的人说大象像一根柱子；摸到象的耳朵的人则说大象像一把大蒲扇。他们都是从不同的侧面说大象的一个方面，从不同的角度也就得出了不同的结论。角度，指观察、分析事物的着眼点，它是立意、构思的出发点。知名记者艾丰把选取新闻角度比喻为“探矿”，“新闻价值在事实内的蕴藏是不均匀的，有各种不同的‘矿藏’，选择好的角度，就是为了便于记者更迅速、更顺利地开采这些价值。如果说美术、摄影的角度是为了美的价值，那么，新闻角度的选择，在于追求新闻价值。”①因此，在典型人物报道策划中，新闻传播者要积极全面搜索新闻素材，进行合理分析与深度挖掘，找准最佳视点，把握新闻价值。

1. 审时度势，提炼主题

典型人物往往是在一定时代背景下，具有独特的时代意义的、标杆式的人物，挖掘典型人物，首先要从当时的时代、国家、社会背景入手，审时度势，挖掘人物最能体现时代精神和社会意义的一面。

案例 5

2009 年国庆长假期间，《今晚报》要闻部记者蒋娟获悉，9 月 28 日晚，南开大学哈萨克族女生阿依努尔突患急性 B 型淋巴细胞白血病住进了中国医学科学院血液病医院，巨额的医疗费没有着落，生命垂危。同学们正准备在学校、天津市区以及网络上募捐。《今晚报》记者被同学之间不离不弃、守望相助的手足深情深深打动，马上进行采访，并连夜赶写了一篇稿件，报道南开大学师生的爱心行动。值班副总编要求记者继续进行跟踪采访和报道，并提出不要做成一般扶危济困的社会新闻，而是要以民族团结友爱的主旋律来精心策划和报道。

随后，《今晚报》又连续在显著位置刊登多篇关于阿依努尔的稿件。很快，新疆“月光女孩”重病住院、急需救助的消息，随着《今晚报》走进津城的千家万户，迅速引起了市民的关注。很多市民纷纷赶往银行，一笔笔凝聚爱心和祝福的捐款，迅速汇集到慈善协会。这笔钱，让陷入绝望、濒临崩溃的阿依努尔父母在异乡感受到亲人般的温暖，帮助他们重新点燃了生命的希望。

《今晚报》的这组报道历时两个月，先后刊登稿件近百篇，达 7 万余字，将这场跨越民族、地域的生命大营救从天津扩展到新疆乃至全国。《今晚报》以“民族团结与互助”精神为升华点，刊载了一系列的振奋人心的宣传报道，为增强民族团结和友谊作出了突出贡献。

该组策划中一个重要的令人称道之处在于，同年新疆“7·5 事件”带来的重大影响当时尚未平息，民族团结在当时的大背景下是一个敏感且沉重

① 刘辉:《浅谈新闻写作的角度》，载《新闻传播》2012 年第 5 期。

的社会话题。《今晚报》记者在策划本组报道时，具备充足的政治敏感性，将稿件的精神定格在人性关怀与大爱大善层面，有效地在天津地区乃至全国树立民族团结氛围，值得肯定。

每个时代都需要典型，发现并推广这样的典型是新闻人的责任。记者应该以新闻的敏锐和智慧发现故事，以新闻的手段和视角评述事实，让事件在有利于社会和大众的轨道上完善和发展。记者首先应具备两项基本素质：第一，现代社会需要腿长的记者，所谓腿长就是能跑新闻。在国外，对新闻敏感性有这样的说法："敏感来自勤奋"、"懒人当不了记者"。二是需要有成熟思想的记者，技能当然很重要，但更重要的是思想，只有具备较高的思想意识，才能发掘出感人的、彰显主流价值的典型人物。

2. 见微知著，以小见大

现实生活中的人和事虽然都是社会现象和本质的统一。但一些不显眼的形式和现象，往往被人们忽视，殊不知其中可能包含"大新闻"。记者的功力就是要见微知著，从平凡之中看出不平凡，从寻常之中看出不寻常。生活中常常有这样的情况，有些小事往往不为人注意，但只要你经过一番细心观察，把它同周围的客观事实联系起来，往往就会发现隐藏在小事之后的重大内容，揭示其深刻的社会意义。

在媒体竞争日趋激烈的今天，人们不难发现，不少新闻似曾相识，但就同一新闻事件的报道，不同的报纸又各有所长。这种新闻报道的"无声竞争"，实际上考验的就是记者对新闻价值的挖掘，体现的是媒体创新思维并反映了从业人员的综合素质，它是最富挑战性的工作。能否迅速推断某一新闻事实在观众中可能引起的反响程度，既决定于记者对正在变动的客观事物新闻价值判断能力，也决定于记者对这一新闻事实的预见能力。

案例6

2008年8月18日晚，有读者给《三湘都市报》打来电话，称炎陵县教育局职工刘朝华因车祸遇难，刘可能是个义工。记者马上意识到，这不仅仅是一起简单的车祸，背后应该有更多的故事。经连夜采访获知：网名为"鱼片"的刘朝华是个长期默默奉献的义工，在走访贫困生路上遭遇车祸。在报社采访中心、编辑中心的策划指导下，记者重走"鱼片"生前的救助路，沿途收集各方信息，当天传回第一篇报道《孩子，他停在了救助你们的路上》。连续3天，采写系列报道，均以半版规模刊发。9月持续报道，10月14日、15日，又以半版规模采写、刊发。《三湘都市报》记者重走"鱼片"的救助路，历时两个多月，持续刊发消息、通讯、评论等主题作品，将刘朝华默默奉献的精神淋漓尽致地展现给读者，展现给社会，为当下社会的道德建设注入了一针强心剂。

《三湘都市报》率先推出"鱼片"大型系列报道后，引起省内外、中央媒体的高度关注和跟进，"鱼片"的事迹得以广泛传播。李长春、刘云山等中央领导多次批示、褒扬，数百万网友以各种方式表达敬仰与惋惜。共青团中央追授刘朝华"中国杰出青年志愿者"荣誉称号并发文号召学习，他还被追授为"湖南省道德模范"、"湖南省杰出青年志愿者"、"湖南青年五四奖章"、"湖南杰出金牌义工"等荣誉称号。刘朝华还是2008年"感动湖南"、"感动株洲"新闻人物。

3. 头脑风暴，深度挖掘

涉深水者捕大鱼。要想写出价值较高、不同凡响的新闻作品，除记者自身必须具备较强的新闻敏感和高超的写作技巧外，关键还在于必须深入挖掘，捕捉新闻点。只有对时代精神高度把握，对主流价值准确判断，才能透过纷繁复杂的事实表面探视到最有价值的新闻落脚点。

案例7

2009年10月24日，为救两名落水少年，长江大学十多名大学生手拉手扑进江中营救，最终，两名少年获救，而3名大学生不幸被江水吞没，英勇献身。事件发生后第一时间，《楚天都市报》便接到读者报料，遂迅即指派驻荆州记者核实，并派出5名记者增援荆州。10月25日在一版以《大学生结梯救人3人英勇献身》为题，在全国率先报道，并配发评论《舍己救人的"梯子"精神永远值得敬仰》，提炼出"10·24"英雄群体和"人梯精神"。报道和评论站在时代的高度，第一时间肯定了大学生们的壮举，积极引领了社会舆论。

《楚天都市报》的该组报道首发并产生了全国影响，是平面媒体引发多媒体关注的成功案例，报道先后得到李长春、刘云山等中央领导和湖北省委主要领导的批示肯定。报道从一起复杂的突发事件中准确把握了事件蕴含的精神实质，提炼出"人梯精神"的主题，热情讴歌了"90后"大学生身上的精神传承，产生了良好的社会效果。报道事实客观准确，情理交融，多种体裁并用；报道英雄群体事迹与提炼精神内核、时代意义并行，立体展示了具有标杆意义的“90后”一代的新形象，体现了主流媒体的责任担当和弘扬社会主义核心价值观的自觉意识，在全国产生了广泛影响。在纷繁复杂的事件中，思路清晰，不为枝蔓遮眼，以“大学生结梯救人”为主线，提炼出“人梯精神”，《楚天都市报》完成了一次成功的典型人物报道策划。

（二）典型人物报道策划写作方法

写作就是将之前头脑中的灵感，按照研讨确定的策划思路，将采访到的素材加工打磨的过程。好的写作方法就像是高超的加工工艺，可以使得报道内容更为流畅、具有可读性以及更具深刻性，意蕴悠长。这种写作是很奇妙的，有时依靠对规律的把握、对经验的总结；有时甚至是采访中情感的碰撞，或者对某一个细节的捕捉。

1. 细节描写，画龙点睛

细节，常被称作“新闻的细胞”、“通讯的血肉”。细节描写是指对作品中的人物、环境或事件的某一局部、某一特征、某一细微事实所做的具体、深入的描写。西方写作经典《风格的要素》一书认为最能唤起读者兴趣、引发读者关注的就是那些明确、具体和特定的细节。要想形象、真实、可信地表现人物，就要让细节说话。好的细节能够传神地刻画出人物的性格特征、有力地表达人物的内心世界，起到画龙点睛的作用。

优秀的典型人物报道正是对人物的一言一行、矛盾发展的具体环节进行细致的描摹，注重细节的刻画和渲染，才生动地刻画出了人物的个性特点，丰满了人物的神韵，增强了感染力。因此，典型人物报道要着力捕捉那些易被忽略却又能反映“典型”根本特征的细节、片断。

案例 8

在大众网所做的《孟祥斌：英雄从兹去，全城泪满巾》系列报道策划中，大众网记者对新闻写作的基本技巧运用娴熟且充分，有几处特别感人的细节抓取比较到位：一是孟祥斌妻子、女儿在桥上目睹亲人救人后，眼睁睁地看着他沉入江中，女儿拎着爸爸的鞋子，妻女哭喊着与亲人生死离别。二是采访到了现场目击者，目击者之一的施惠华讲述孟祥斌跳江救人过程，她拼命想抓住孟祥斌，而他却选择了“奋力一跳”。以及孟祥斌沉入江中之前留下的最后一句话是：“快来救人，我不行了。”报道真实生动，还原了英雄见义勇为、舍己救人的壮烈一幕，体现了英雄的崇高品格，十分震撼人心。比较生动的细节还有：孟祥斌三岁女儿拿着父亲的照片说“爸爸在河里睡觉，他救人”；叶庆华趴着灵柩呼喊“孟祥斌你醒醒啊，你不要丢下我，我和诗妍以后怎么办”；当被救女子前来道歉时，英雄妻子叶庆华却选择了宽容：“只要你好好活着，珍惜生命，就是对我丈夫最好的回报。”在追悼会当天和英雄魂归故里等多个场合，记者均抓取到了众多十分感人的细节。正是这些细节的捕捉与运用，增强了整组策划的宣传效果。

可见，典型人物报道策划应该注意挖掘典型人物的语言、行为等细节，以小见大，见微知著，使报道内容“可闻、可见、可触、可感”，从中彰显“典型”的意义与价值。

个性化是典型人物的魅力所在，“细节是金”，好的细节往往能够设置报道的阅读“兴奋点”，吸引受众的注意力，为深度刻画人物性格服务。细节，尽管看来似乎是细枝末节，却可小中见大，正是人物生活中最真实、最具特色的精华部分，是新闻的活力所在。典型人物报道，得有几个富有个性的细节作支撑，才会使全文活跃。

通过细节发掘和呈现，使人物报道故事化、特稿化，已成为实现人物报道微创新的有效路径。

2014年11月，来京治疗的“拆弹英雄”于尚清不幸去世。在对英雄故事的报道中，北京几家媒体的记者都注意挖掘细节，塑造人物故事。正面典型人物的宣传价值和新闻价值都很明显，很难做成独家报道。但是，独家细节可以提升报道辨识度。因而独家细节正成为各媒体报道的必争高地。相比之下，《新京报》的相关报道挖掘到了更多的独家细节，力求避免报道同质化带来的审美疲劳。

在《新京报》的报道《妻子：只要他能活，植物人我也愿照顾》中，记者对病中的于尚清进行了再现：

南边是病床上的蓝色床单，北边是一盆海棠花。

裹在蓝色被单里的于尚清没能感受到阳光，他的双眼蒙着纱布，嘴里插着呼吸机，正在接受透析，能听到呼噜噜的声音。

那盆海棠花被放在最醒目的位置——它的身下，依次是微波炉、冰箱。

花是今年8月于尚清刚来北京时，他的同事买的，每天这个时候，阳光照进来，“这么大的花火红火红，他看着可乐了。”妻子杜长君双手比画着，花朵像一个苹果大小。

海棠花正对着病床，于尚清睁开眼就能看到。

“人不行了，花也蔫了。”杜长君的声音又变成了哭腔。

医生坐在病床前，填写透析的各项指标、情况与昨天相比没有好转，于尚清仍未恢复意识。

记者敏锐地发掘出“海棠花”这个符号，“火红”的海棠与“蓝色”的被单相映，调动了读者的视觉，营造出浓厚的情感氛围。独家的细节为记者展开叙事提供了可能性：于尚清看到海棠花很开心；于尚清病危，海棠花蔫了。“海棠花”与英雄的生命、火红与蓝色形成的对比和联系，细节叙事表达出对生命逝去的不舍。

在这篇报道中，还呈现了“拆弹英雄”日常生活中的一个典型细节：

有时从外面回家，刚坐下就发现腿上突然鼓出个小包。用东西拨几下，一个玻璃碴掉出来，然后在肉皮上抹点药。

这个细节再现了痛片始终伴随着于尚清的日常生活，一连串的动作细节，让读者体会到无声的痛感。

《新京报》在报道中独家呈现的这些细节，充分体现了对细节价值的判断、对独家细节的追求。一个典型人物、新闻人物常常会引发众多媒体集中报道，也因此会造成报道相似度较高、信息重复，导致读者审美疲劳。这就要求记者努力发掘独家细节，力争讲一个不同的故事，使报道有较高的辨识度。

独家细节的挖掘，不能靠合理想象，要靠记者深入现场和人物生活环境，充分运用现场观察和体验式采访技巧，充分感受和捕捉细节。①

2. 受众意识，平民视角

带着强烈的受众意识进入采写状态，深入探究人物典型的内心世界，是许多人物典型报道获得成功的不二法门。上海《文汇报》首席记者江胜信在中国新闻奖一等奖获奖作品《方永刚：真情传播真理》一文采写体会中

① 翁昌寿等：《典型人物报道的细节挖掘和叙事》，载《新闻与写作》2015年第1期。

说道：“写凡人英雄说难其实也不难，只要动笔的时候把自己当作读者而非记者就行，说服自己才能说服读者，感动自己才能感动读者。在表达主观情绪和进行评价议论的时候，要先往后退一退，用读者的视角，让自己的心理循序渐进，情感逐渐累积。”将心比心，以心换心，才能心灵相通，才能打动读者。①

传统的典型人物报道中，描绘多采用仰视的角度，当下典型人物报道策划应该还原典型普通人的本色，改仰视为平视。典型人物不是不食人间烟火的神仙，也不是某种抽象意义的符号，而是生活和工作在我们周围做出了某种成绩的普通人，在报道写作时应该对其进行普通人的判断与描述，让典型人物走下神坛。一位老记者曾经说过：“我们要想获得真正的人的形象，就必须对他保持热心。我们不可能创造形象，我们只能看到形象，然后给予表现。这是记者的本分。”②真实是新闻的支点和生命。实践反复证明，新闻报道只有真实可信才能赢得受众的信赖，任何弄虚作假、合理想象、添枝加叶、臆造拔高的“加工”，只会使受众反感，导致传播负效应的产生。

典型人物报道不仅要改变对典型的传统视角，变仰视为平视，也要改变对受众的传统视角，变俯视为平视，淡化说教气息。从心理学的角度说，人一般总有自尊，不大喜欢经常受别人的教训和开导，而喜欢朋友式的平等的促膝谈心。文章若摆出政论的架势，哪怕内容再精彩，受众也会退避三舍。大量的新闻实践证明，凡是用平等、规劝、服务等方式写出来的新闻，或充满人文关怀的新闻，受众都是比较喜欢的。相反，采用说教训斥、居高临下的态度和语气，受众就会持以排斥的心理。因此，对典型人物的新闻评论要避免空洞生硬的政治说教和耳提面命式的号召学习，要着力于揭示典型的行为动机，阐述典型的社会意义，挖掘典型背后的社会问题，引导受众对典型认知的深化和对社会问题的积极思考，从而使受众对典型的认同和仿效遵循自愿自觉的过程。

在报道过程中，要学会用事实说话，把传播的目的和意图隐藏于对事实的陈述之中。“实际的情况常常是，越是带有宣传色彩的传播，其事实信息的可信性，并不因宣传而增强，反会在一定程度上受到削弱和质疑。这是因

① 吴林红：《试论人物典型报道转型路径》，载《新闻世界》2012年第9期。
② 梁建增、陈虻：《感动中国》，中国社会科学出版社2004年版，第202页。

为，传播对象喜欢面对的是事实的本身，而不是信息以外的灌输和说教。”① 随着受众的自我意识的增强，“面对一个重要事件或变化，人们越来越趋向于通过对各个方面、各种渠道获得的信息进行分析后，自己做出判断，而不是简单地接受传媒提供的理论”②。因此，我们不能再像传统典型人物报道那样，对典型做出定性的评价，灌输抽象的概念，重复“我们要学习×××的××精神”之类的政治套话，要学会把事实和意见分开，“用事实说话”，让受众通过对事实的组织与选择，自我思考，自我评判。

3. 形式多元，立体生动

现代社会是一个求新尚变的时代，媒体要想吸引受众的注意力，就需要在报道过程中综合运用多种报道形式，以鲜活的内容、新颖的版式带给受众阅读的新鲜感。譬如运用消息、通讯、评论、图片、摄影、网友留言或读者来信选登等形式，以多元化吸引读者的注意力。

在报道中将新闻评论与报道相结合，可以充分发掘典型人物身上所包含的时代价值和内涵，二者的有机结合能使先进人物报道有影响、有深度，使典型人物从平面化走向立体化，凸显出典型人物的精神世界和精神内涵。在“暴走妈妈”的报道中，《楚天都市报》2009 年 10 月 28 日在 A18 版刊发评论《双脚是丈量母爱的工具》，29 日又发表评论《一位小人物母亲的力量》，对“暴走妈妈”陈玉蓉的母爱精神进行了高度提炼，提升了人物的内在精神。在“大学生阶梯救人”的报道中，《楚天都市报》刊发了多篇评论。《你们湿润了无数人的眼睛》、《那些年轻的身影不会消失》、《真与爱的不灭火焰》等多篇评论展现了大学生们甘当“人梯”的精神，不仅引发了有关生命价值的大思考，还展示出人们原本以为在年轻一代中已经“稀缺”的品质——勇敢、无私、信仰、责任。

此外，在典型人物报道中，图片的作用和地位也越来越突出，所占据的版面位置也越来越大。大图片、大标题的运用，可以迅速抓住读者的注意力，使读者在最短时间内得到最直观、最丰富的信息资源。2009 年 10 月 31 日，《楚天都市报》通过 A16、A17 两个版呈现“大学生结梯救人”的多张图片，配发文字“这一刻在荆楚记忆中永存”。大图片与大标题的有机结合能够吸引读者，通过利用人的视觉生理和视觉心理，产生强大的视觉冲击波，牢牢勾住读者的眼球。

---

① 姚里军：《中西新闻写作比较》，中国广播电视出版社 2002 年版，第 29~30 页。
② 陆小华：《激活传媒》，中信出版社 2004 年版，第 23 页。

在电视与网络媒体中，则可以运用文字、图片、视频、Flash 等更多样的报道手段。生动感人的文字描写，细腻传神的图片、视频，都有助于增强典型人物报道的表现力和感染力。要有精品意识，在照片配发、标题设置和组稿上都可向更精湛、更深度探究。

（三）典型人物报道策划传播策略

1. 连续性报道打造报道强势

新时期，典型人物报道借鉴和采用了深度报道的采写经验。连续性报道是新闻传媒在某一时间段内，围绕受众关注的某一重大新闻或重要人物所采写的分段持续报道，通过多层次、综合性地把握和解释新闻事件的过程及新闻事件与社会现实的联系，描述隐藏在新闻事件背后的深层含义。在做好连续报道的同时，巧妙地运用整合报道，将新闻事件、背景及各种主观性要素整合成一个有机整体，使报道呈现出新的意义。连续报道与整合报道二者相得益彰，扩大了报道的深度和广度。

传统的典型人物报道，往往是一种静态的灌输、追记方式。即在一个新闻事件发生多日后，通过事后全面搜集的材料作"追忆"式的推介，这时，往往因时过境迁，群众关注的热度已减弱甚至冷却，报道很难激发受众的心理共鸣。新时期下的典型人物报道，采取的则是一种与事件同步的动态化互动模式，对新闻事件在第一时间主动介入，缘事而发，报道随着事件的进展而步步深入，波连浪接，一环扣一环，每天都能叩动读者的心弦。如在报道"信义兄弟"时，虽然事情已过去近十天，但《楚天都市报》的报道在背景式地追记车祸经过后，立即转入"现在时"的新闻处理模式，从各方的悼念、慰问、学习热潮，到孙东林兰考祭兄、善后，再到孙水林骨灰的回归故里，一直都以动态为报道主体。这种报道方式的优点可以在新闻事件中发现人物的闪光点，随着新闻的推进去展现人物的精神，一切缘事而发，不硬做，不强做，故能直击人心，形成强烈的震撼力。

此外，利用规模优势形成报道强势。通过连续跟踪事件，运用大版面、大篇幅报道典型人物事迹，将零散的新闻信息进行整合，形成具有一定报道规模和报道效果的新闻整体，不仅有助于受众全面地了解人物精神，同时有利于扩大典型人物的影响力。在对"信义兄弟"的报道中，2010 年 2 月 21 日《楚天都市报》利用头版、第二版、第三版对"信义兄弟"的事迹做了集中报道。2 月 22 日做了 4 整版《信义兄弟，接力送薪》的报道，23 日 3 个整版、24 日 3 个整版、25 日 5 个整版……这些报道详细地介绍了孙氏兄

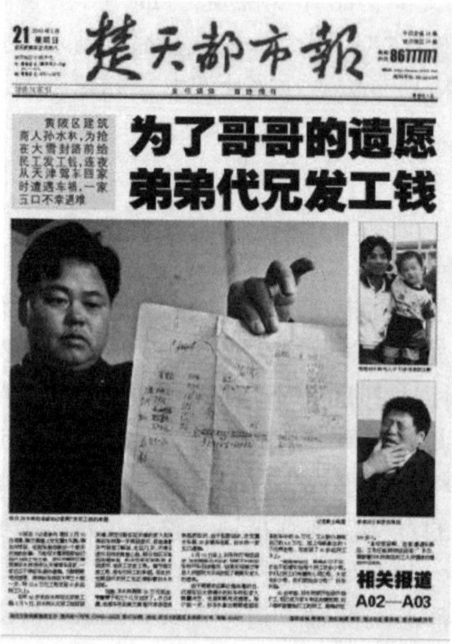

楚天都市报

黄陂区建筑商人孙水林，为抢在大雪封路前给民工发工钱，连夜从天津驾车回家时遭遇车祸，一家五口不幸遇难

为了哥哥的遗愿 弟弟代兄发工钱

相关报道 A02—A03

楚天都市报

央视《新闻联播》昨晚聚焦“接力送薪”

信义兄弟 道德标杆

>>>A02-A04

动态

省总工会号召学习信义兄弟

黄陂专班赴豫协助善后事宜

揭秘

两兄弟靠信义挖得第一桶金

热评

都像他们这样哪有讨薪的事

世界因为他们变得更加灿烂

九成招聘单位月薪突破千元

本报“四送”楚天行 >>>A10-A14

空瓶打“吊针”制作假茅台

我省捣毁最大假酒网络，涉案金额1700万 >>>A01

期指开户第一天寒风扑面

偌大武汉仅3人成功开户 >>>A08

A12

信义兄弟 接力送薪 楚天都市报

大义燃情 道德光辉耀神州

——弘扬信义兄弟崇高精神座谈会发言摘要（下）

物欲横流际 惊雷诚莽愆

信义精神可穿透历史

弟弟孙东林境界超越诚信

信义兄弟代表了武汉人新形象

以诚信造就国企公信力

建立农民工权益保障机制

大家都诚信，社会才和谐

楚天都市报 信义兄弟 接力送薪 A13

信义兄弟彰显时代风范

信义兄弟是一面道德镜子

大爱满荆楚

信义兄弟何以感动中国

千秋万代 信义为本

图为《楚天都市报》对“信义兄弟”的报道版面

弟接力送薪的来龙去脉，不仅详细介绍了事情的发展过程，还报道了亲人现状，刊登了记者手记，从多个方面为读者呈现了“信义兄弟”的感人事迹。在3月3日，更是利用头版和9个版面对“信义兄弟”的事迹进行集中报道，通过规模报道，层层深入，延续了影响时间，扩大了影响范围。

2. 多媒体联动报道

有学者指出，我国传媒业进入了“竞合时代”，即彼此之间通过资源共享、整合配置、价值链接的合作来共同参与更大规模的竞争。随着科技的发展、社会的转型和人们思维方式的转变，平面媒体、电子媒体、网络媒体、通讯媒体等对受众市场的竞争日益激烈，受众获取信息的渠道日趋多元化、对信息的关注点渐趋多样化，单一媒体的影响力相对弱化。信息源的多样、信息内容的丰富、信息价值的易碎，迫使典型人物报道策划要想取得良好的传播效果，就必须在注重媒体资源整合，加强各级媒体合作，扩大报道覆盖面，形成强大的宣传冲击波。

媒介联动式，指新闻媒介互相合作，联手展开某一报道。在联动式报道中，各个媒介从自身的特点和优势出发，选择恰当的角度和表现手法，使报道主题在各个媒介上各具特色地展示，所有联动媒介的报道形成合力，造成声势浩大的报道效果。在各种媒体中，报刊偏于说理，广播电视易于抒情，网络则兼而有之。日报较为正统，晚报轻松活泼。新闻类电视节目也由于栏目定位不同而各具特色。例如，安徽卫视新闻联播做了两期《耕耘三十载玫香溢满园——记安徽师范大学优秀教师房玫》以及多条领导会见房玫同志的稿子，时效性强，政治性强；而同是新闻类栏目的安徽电视台《夜线60分》栏目则做了三条稿件，分别是《安师大有个“房妈妈”：看韩剧说韩语“马列老太”很时尚》、《安师大有个“房妈妈”：“爱”上马克思源于她的课》、《安师大有个“房妈妈”：罕见的马列之家》，这些内容抓取房玫老师身上有趣、亲切的一面，与栏目定位一致，起到了很好的传播效果。① 新闻传媒全方位、立体化的“联动”，从不同维度反映了典型人物真实、全面的特征，既促进了异质媒体间的合作，也拓展了典型报道的影响力。多媒体联合作战，不仅可以形成强大的报道规模，而且可以实现各种媒体的优势互补，丰富新闻报道的表现方式，满足受众多样性的心理需求。

3. 打造读者互动平台

在市场传播环境中，媒体愈发重视“受众本位”的观念。这不仅表现

---

① 余子瑛：《浅析当代典型人物报道策划》，载《今传媒》2011年第4期。

为传媒在市场中的传播行为要面向受众、满足受众、服务受众，同时也强调与受众间的互动和反馈。媒体在进行典型人物传播策划时，可以充分利用多元化的传播环境。与过去宣传典型主要是党报党刊、通讯社、电台电视台等传统媒体相比，现在典型宣传还包括新闻网站、都市类报纸、手机等新兴媒体，受众群覆盖的范围更广泛。从任长霞典型报道开始，中宣部首次在组织中央新闻采访团时吸纳了人民网、新华网、光明网、央视国际网、中国网、中青网六家中央重点新闻网站，网民反响热烈，形成了网上新的舆论热点。网络和手机具有互动性强的特点，网上访谈、手机短信逐渐被引入典型报道，吸引了大量受众参与，中央人民广播电台在集中进行典型报道时一天可以收到上千条短信。典型报道不仅在网络上与网民形成互动，而且通过报网互动，将网民对典型的热爱崇敬之情刊登出来，形成了更深刻的影响。在许振超报道中，读者反应、网民评论还上了《人民日报》头版头条。中宣部在典型报道中还在开发手机首屏、移动电视等新传播形式，宋鱼水、张云泉等典型报道就通过北京移动电视公司的公交移动电视每天覆盖350万乘客。

如今，媒体由单向传播转变为双向传播，在互动和反馈中对典型人物的精神进行新的提炼。在与受众的互动反馈中，受众的多方言论得以表达，这种反馈也使典型人物的精神深入到广大民众心中，给受众一个全面公正的认识视角。

新闻作品的价值靠它的影响力体现，可以把事件当活动来开展，如举行座谈会等。当今世界已经进入了一个需要对话、沟通和相互理解的时代，西方学者提出“声音”这一概念，主要指一种立场或一个说话的位置。在典型人物的报道中，要引入多样的声音，选取来自社会各界不同的话语，不仅要通过表达各种主张来达成相互参与，同时要跨越不同领域、阶层等来理解声音的变换。报道在融合各种“声音”的过程中，要在各种话语之间建立内在的联系，对其进行新的“赋义”过程。通过开展座谈会，将典型人物事迹放在社会化大背景下考察，通过各界学者专家的不同领域的解答，提升人物的文化内涵和时代价值，挖掘出其深刻的时代意义。

回望历史进程，尽管在过去的几十年中典型人物报道充满着功过是非，但不可否认它仍旧是一种具有中国特色的重要报道样式，一直发挥着不可磨灭的重要作用。它的存在，始终彰显着时代背景色彩，并随着时代变迁逐步发生着质的嬗化。社会的转型和时代的变迁给当下的典型人物报道策划提出了挑战，但更多的则是创造了革新的机遇。因而，它会朝着典型选择的多元化、报道方式的本质回归以及动作机制的市场化而发展。现代化的典型人物报道策划只有与时俱进，不断适应时代潮流，构建符合当代社会发展状况及大众消费文化观念需要的新闻事迹，它才能永葆青春，恒足发展。

◎ **思考题**

1. 新闻策划人如何捕捉典型人物？
2. 典型人物报道策划有哪些技巧？
3. 典型人物报道策划要防止哪些误区？

◎ **实践题**

请运用本章所学知识，试评析近期发生在本地媒体的典型人物的报道策划。

第四章

建设成就报道策划

新中国成立以后，尤其是改革开放以来，中国经济取得了飞速发展，人民生活水平显著提高，建设成就报道也越来越多。这就需要进行建设成就报道策划，来展示中国各方面取得的进步，这不仅是记录时代的要求，更能够增强广大民众对国家实力和社会发展进步的认知，这也是“三个自信”的具体体现。但是，建设成就报道不是为了展示而展示，还应该在遵循新闻规律的前提下，讲求深度和思想性，让群众能够从中受益，也让决策机关、领导干部能够吸取经验，从而在下一步的经济建设当中更好地结合具体实际，最终让广大群众受益。基于此，如何做好建设成就报道策划，是当前必须面对且要做好的课题。

案例 1

2013 年初，国务院批复同意了郑州国内首个航空港经济综合实验区的建设规划。河南日报社高度重视这一事件，认为郑州要建航空港是前所未有的事情，也是河南日报社从来没有涉猎的报道领域，要拿出“前所未有的战略眼光和国际视野”，作为 2013 年的重大事件对待。郑州航空港报道要做到连天接地、铺天盖地，所有的环节都努力创新，争取做到有颠覆性的突破。在多次研讨、会商、碰撞的基础上，编委会明确此次大型策划的主题为《奋飞·郑州要建航空港》。

“奋飞”特刊策划方案的形成历经四个阶段，从意向方案到草案，再到方案，直至启动方案，每一个阶段方案定位的明晰、完善和创意设置，都凝聚了报社上上下下参与者的集体智慧和精英骨干的心血。该策划主要突出“五个意识”，即全球意识、观点意识、示范意识、问题意识、民生意识。与之相应的设计是推出五大系列：

一是航空港新闻追踪系列，主要用于发布权威消息，展开高端访谈，追踪事件的动态演进；

二是航空港观点系列，以长篇通讯和本报编辑部文章为主，坚持观点引领，重在诠释中原梦的历史方位和时代内涵；

三是航空港权威解读系列，对郑州航空港经济综合实验区规划的基础、定位乃至大枢纽、大产业、大都市的概念、功能、作用等给予规划速读、热词点击、专家解析和延伸阅读，以简明的提示、准确的诠释、权威的评点，让规划跳出文件走向读者；

四是航空港深读系列，包括国际视野、中国视野和中原视野，以空前开阔的3D视野，为郑州航空港提供世界标高、中国参数和中原可能；

五是航空港民生系列，立足河南，着眼落地，通过“这一个”和枢纽、产业、都市互为因果带来的变化和变迁，用一滴水折射出机遇的光芒。

河南日报
国际视野
郑州要建航空港
奋飞
围绕航空业打造经济核心竞争力
法兰克福：航空枢纽造就特色城市
有形翅膀
无形翅膀
翅膀之下
会展业：经济发展火车头

图为《河南日报》2013年4月22日的《奋飞·郑州要建航空港》特刊

从2013年4月3日启动至6月4日结束，报道郑州航空港的“奋飞”特刊在两个月时间内前后推出了5大系列、20万字的报道，其中包括40多条权威发布、40余个主题专版和两大重磅文章，各类图片使用多达190多张。这5大系列，每个系列既可以独立成章，又彼此有机统一，相辅相成。在报道形式上，采用了统一的专版模板、统一的栏题标识、统一的航空蓝色调、统一倡导的“华尔街日报体”，并第一次在一版头题位置使用“顶天立地”的特色导读，分五次给予强势导读；第一次“订制”使用新华社驻外记者对世界各大机场、空港的解析专稿，形成“第一信源传播”。5大系列还特别注重图片、图表、图标、图示等图解新闻手段的运用，增强了视觉效果。

其中，国际视野和中国视野是此次策划方案设计的着力点和突破点，意在通过新闻源头创新，传播“第一信源”，突破省级党报的站位局限。实践证明，航空港报道来自第一信源的全球眼光，这个策划点子在《河南日报》办报史上堪称神来之笔。仅就视野而言，它是《河南日报》60多年新闻报道史上，眼界最宏大、最开阔的一次成功尝试。

河南日報
HENAN DAILY
2013年4月16日
时代高度 中原向导
宝丰·国色清香
千年清雅 陈坛典藏
三门峡打造五大“千亿元产业集群”
转型路径的现实选择
五大产业风头正劲
建设中原经济区 努力实现中原梦
“奋飞”特刊今日推出——
智慧城市 通向理想生活
绿色畅想 点亮飞翔之都
新闻快递
一季度 我省三个机场 货邮吞吐量激增34.7%
Index 今日导读
我的中原梦
放飞我们的中原梦
郑州航空经济发展拥有战略先机
——专访省人大常委会副主任张大卫
平顶山等6个省辖市市委领导职务调整

图为2013年4月16日《河南日报》头版对《奋飞·郑州要建航空港》特刊所做的导读和相关报道

报道出来后，业界称赞它是鸿篇巨制，它气势恢宏，有撼动人心的力量；是大手笔反映重大主题，大视野整合新闻资源，大策划形成超强传播，堪称主流媒体“领跑”重大主题报道的扛鼎之作。①

【点评】

《河南日报》这一系列成就报道详细、高端、大气的策划，为“郑州要建航空港”这件大事起到了强大的正面传播效应，也对河南人起到了难以估量的激励作用，更起到了党报引领舆论、凝聚人心的作用。

《河南日报》这组报道的成功和可借鉴之处在于：第一，是要有准确的判断力，正因为报社领导认准了这件事情值得“做大”，并且决心“大做”，才有了后来的持续两个月的报道；第二，策划者有独到的眼光，引用国外经验、访谈业内精英，以资借鉴，赋予报道以国际视野和开阔的思路；第三，策划精心细致，甚至细致到从形式上统一标识：用冲天的飞机和“奋飞”字样等组成的图案，作为这一系列报道的一个标识；第四，报社全体人员的精诚合作，最终得以将这样一个大规模的报道策划实施完成。

《河南日报》并不是郑州航空港的首发新闻媒体，但它却以系列报道的宏大声势和独到眼光，成为报道这一事件当之无愧的佼佼者。《河南日报》的实践证明，对于建设成就报道，仍有无限创意的空间，就看媒体怎样去策划、怎样将策划实施到位。

中国已成为世界第二大经济体。随着社会经济的发展，我们的民主政治制度不断完善，人民生活水平不断提高，教育、医疗、住房、环境保障等问题也在有条不紊地解决。不可否认，当前中国面临着较之于此前更为纷繁复杂的社会问题，但是中国在各方面所取得的成就是全世界都可以看到的，基于此，做好建设成就报道策划有着非凡的意义。

鉴于中国独具特色的媒介生态环境，建设成就报道策划一度走过弯路，但随着社会的发展，取得不断进步。也应看到，中国经济社会发展伟大成就的取得，离不开以经济建设为中心的发展战略，这在一定程度上离不开成功的建设成就报道策划。中共十八大召开以来，我们面临着更加复杂的国际国内环境，在这样一种大背景下，如何做好建设成就报道策划，关乎经济社会

① 高李丽：《大主题引导 大视野“领跑”———关于国内首个航空港经济综合实验区报道策划的思考》，载《新闻爱好者》2013 年第 8 期。

发展的大局。

一、建设成就报道的演变与发展

1. 建设成就报道的定义

所谓“成就”，就是取得成绩的意思。建设成就报道是指对新近产生的有关社会发展建设的新思想、新举措、新成就进行报道的一种报道形式。这种报道形式是我国主流媒体中的主流新闻。由于它旨在报道我国在社会主义现代化建设进程中取得的成就，因而在鼓舞受众建立信心、增强战胜困难的斗志，创造正面鼓劲的舆论氛围，增强民众自豪感、成就感、满足感等方面，具有其他报道形式无法替代的功能和作用。①

建设成就报道是中国媒体所具有的一种独特的报道形式，经过不同时期的变化，越来越注重报道的新闻价值和社会价值，更加注重挖掘事件背后深层次的因素，注重深度报道的综合运用。

2. 建设成就报道的演变

(1) 从重政府宣传到重新闻价值。

在新中国成立初期，由于特殊的政治环境，新闻报道从某种意义上基本上都是为了宣传，面对“大跃进”和人民公社化运动所造成的灾难，依旧背离客观事实进行夸张式的建设成就报道，浮夸风之下，媒体报道的内容已基本上毫无新闻价值可言，此时所关注的完全是政治目的，即宣传价值。

20 世纪六七十年代缺乏新闻价值、违背新闻规律的建设成就报道，不仅没有好处，反而对经济建设和社会发展起到副作用。

进入全面建设社会主义的新时期，建设成就报道的内容得到了很大的改观，越来越注重报道对象的新闻价值。对于建设成就方面的新闻事件，越来越注重内在的新闻价值也就是根据成就报道的重要性、民生性、时效性、新鲜性和接近性等要素，进行判断取舍。媒体开始注重前期做大量的调研和策划，在尊重新闻客观性的基础上，结合时代背景，做出高质量的策划和报道。

2013 年 10 月 25 日，第二十三届中国新闻奖评选揭晓。来自全国报社、通讯社、电台、电视台和新闻网站的 299 件作品获奖。其中，来自武汉广播

① 刘保全：《就报道如何才能出精品——兼评“中国新闻奖”部分作品》，载《新闻写作》2011 年第 7 期。

福建英湖社再夺高产冠軍
花生亩产13241斤
人民日報
RENMIN RIBAO
麻城建国一社出现天下第一田
早稻亩产三万六千九百多斤
福建海星社创花生亩产一万零五百多斤纪录
人民日報
RENMIN RIBAO
衛星农业社發出第二颗"衛星"
二亩九分小麦亩产3530斤
湖北幸福社十一亩亩产3215斤
"人有多大胆 地有多大产"
谷子跃过万斤
向日葵异軍突起
各地纷纷以虚假的高指标、高纪录相夺耀。

图为当时《人民日报》的部分建设成就报道

电视总台的广播消息《万里长江第一条过江地铁今天运营》荣获一等奖。一个城市的地铁开通，在我国大大小小各种工程建设中，并不是那么起眼那么重大，何以能获中国新闻奖的一等奖呢？

案例 2

2012 年 12 月 28 日上午 10 点，长江第一条过江地铁——武汉轨道交通 2 号线一期工程开始运营。这条过江地铁对于武汉来说、对于全国来说，都具有非同一般的意义：武汉人民在万里长江上创造出第一座大桥，第一条隧道，现在又建成了第一条过江地铁。武汉广播电视总台记者因此提炼出“万里长江第一条过江地铁今天运营”的标题，将武汉这条地铁的通车放到全国的高度来看待。

记者认为，过江地铁投入运营，不但标志着武汉跨越式发展过程中的辉煌成就，更体现出中华民族伟大复兴过程中千百万劳动者智慧与汗水创造出的人间奇迹。记者站在这个高度，在地铁通车前做了充分的案头准备，提前构思出多个报道文案。开通当日，记者紧紧抓住“激情、自豪、挑战、尖端、便民”几个关键词，有针对性地进行了充分的采访，获得了大量独家音响。因为策划得当、准备充分，所以采访结束后记者仅用了两个多小时就制作出这篇录音新闻，并在当天下午18:03《全市新闻联播节目》播出，是武汉市最早全面报道地铁运营当天盛况的媒体。短短3分45秒内，既有通车仪式现场介绍，又有对长江第一条过江地铁的工程建设成就、安全防范措施的介绍；还有地铁过江现场体验；更有四位市民乘客对此不同的反应评价；最后用武汉市市长阮成发的话展望了武汉地铁未来五年发展前景。

稿件播出后，在社会上引起很大反响，不少老听众、老市民纷纷通过电话、网上留言等形式，对这篇稿件的立意、文字表达、音响安排等给予充分肯定。特别是稿件中涌动的自豪激昂、敢为人先的情绪更是得到听众的高度肯定。①

近些年来，像这样不谈领导的政绩、重视新闻价值的建设成就报道还有很多，这类报道立足客观事实，结合时代背景，注重挖掘建设成就报道的新闻价值，一改之前浮夸的报道风格，不再为堆砌字数而写，为做建设成就报道而报道，而是恪守新闻规律，在新闻特性的框架内做出了大量的出色报道，这样的改观也让党报给人的印象不再那么死板，而是新闻性更强，具有了较高的可读性，面貌焕然一新。

（2）从重领导政绩到重社会效应。

社会价值强调的是个人或者社会组织通过自身的实践活动，发现或者创造社会或他人物质和精神的发展规律及其内在的矛盾。从国内情况看，改革开放30多年来，价值问题已经成为理论界、文化界乃至人们日常生活中共同关注的话题，就建设成就报道来讲，更是需要注重报道的社会价值，从规律、精神等层面来报道。

梳理近年的建设成就报道不难发现，报道更多的是基于在中国共产党的领导下，全国各族人民进行经济和社会建设所取得成就的社会价值，而不是停留在狭隘的个人或者单位层面上的经验总结，更不是政绩价值。

建设成就报道对记者自身的素养要求也非常高，因为报道的着力点需要记者有广阔的视野，对经济社会发展和社会主义核心价值体系能有很深刻的认知。较之于现在的建设成就报道，之前的报道在很大程度上只是一些个人或者单位经济发展的经验分享，而不是放置于整个社会大环境之下深刻地思

① 中华传媒网，中国新闻奖参评作品推荐，http://news.xinhuanet.com/zgjx/2013-06/19/c_124879304.htm,2014-05-26。

考和经验总结。比如在报道一个地区经济发展所取得的成就时，就容易深入这样一个怪圈，即就事论事，而不是从上层建筑的层面来打量，这种建设成就报道的问题尤为严重。近些年来，建设成就报道非常注重挖掘报道对象的社会价值，出了不少的好作品。不妨来看 2008 年 10 月 27 日《南方日报》做的关于改革开放 30 周年的建设成就报道——《每个脚印都在开创先河》：

案例 3

……

1992 年春天，邓小平又一次来到顺德，在科龙集团的前身广东珠江冰箱厂，他发出振聋发聩的声音："发展才是硬道理"，还鼓励顺德"思想要更解放一点，胆子要更大一点，步子要更快一点"。正是这句鼓励，让顺德人有了"可怕"的底气。

A06
激流岁月·闻者顺德
每一个脚印都在开创先河
三次试点涉入改革"深水区"

图为 2008 年 10 月 27 日《南方日报》报道版面

正是在1992年，乘着小平讲话的东风，以“行政体制改革、产权制度改革、社会保障体制改革和农村体制改革”为核心的综合配套改革在顺德起步。尽管险阻重重，但顺德顶住了，顺德也因此脱胎换骨。这次改革也被誉为中国基层“最全面、最深刻、最彻底”的一次改革。

……

一个具有雄心的区域，必然会有远大的抱负、强烈的责任感和硬朗的自我期待。除了这些，顺德还有着强烈的危机感，日趋白热化的区域竞争逼着顺德必须有新的突破。

……

这种建设成就报道固然带有政治宣传的色彩，但是却讴歌了改革开放以来一个地区社会在各方面的变化，并写出了当时领导决策者的人格魅力，以及当地取得成就的具体做法。最后更是全面升华，直接运用印证式和政论式的报道手法，将地方经济的发展提升到上层建筑层面，具有极强的社会价值。

而不管是当地的促进经济发展和社会进步的手段，还是国家层面上的政策支持，毫无疑问都具有标杆性的意义，作为改革开放前沿的广东省，选取顺德作为案例来介绍也具有很强的代表性。

毋庸置疑，在中国的媒介生态环境下，完全剥离建设成就报道的宣传色彩是不可能的。但是，如今我们很少再看到那种纯粹宣传性质的建设成就报道，更多的是以原因探究型的政论形式，挖掘其本身所蕴含的社会价值，这应该是一个可喜的变化。

（3）从重表象呈现到重深度挖掘。

我们强调建设成就报道的演变向着深度方向发展，强调报道不再仅仅停留在表面上，而是透过现象看本质，报道形式也不是仅仅停留在消息那种短小的内容呈现，而是注重报道的长度和深度，连续性和全面性。

传统的政绩报道为了实现说服目的，往往用“务虚”代替了“纪实”，如此一来，建设成就报道的内容也就脱离了人们的经验世界，很难引起人们的共鸣。比如部分建设成就报道，喜欢罗列一些空洞无味的数字，不仅没有对比的变化，对大多数普通人来讲，透过一大堆数字也不能得到所传递出来的信息，这样的报道是肤浅的，更是没有意义的。

而在近些年来的建设成就报道中，有价值的信息含量得到很大提升，如《人民日报》和中央电视台新闻频道在改革开放30周年、中华人民共和国成立60周年以及中国共产党建党90周年的特别报道中，都从不同角度深层次回顾了不同事件的历史变迁。不妨来看《人民日报》在共和国成立60周年庆典前夕做的一篇建设成就报道——《从护照上读出“国门渐开”》：

案例4

2008年，我国出入境人员已达3.5亿人次；全国对外开放市（县）从改革开放初期的29个增加到目前的2706个，占市（县）总数的95%；137个国家和地区为我国公民组团出境旅游目的地；截至2009年3月，共办理内地居民“个人游”6978万人次。

“十一”长假临近，出境游异常火爆。“想出就出”已成为现实，“为玩而出”就是目的。如今，在出国人员中，因私出国占80%左右，且多为旅游休闲者。60年来，因私护照的申办，经历了极其严格到自由开放的历史性变化。

申办简单了……

检查容易了……①

人民日报 国庆特刊

公民有序参与
推动“中国式民主”

从护照上读出
“国门渐开”

祝福祖国 越来越好
热烈庆祝新中国成立60周年

图为2009年9月28日《人民日报》国庆报道版面

① 摘自2009年9月28日《人民日报》。

这篇建设成就报道是在国庆前夕发表的。在新中国成立60周年之际，我国与世界已经成为了一个紧密联系的整体，反映出改革开放以后，我国融入世界、参与国际交流频繁的社会现象。然而，这篇建设成就报道的高明之处还在于，整篇文章没有出现一句与前后事实无关的议论性文字，而是从一个边检人员的回忆写起，描绘了当年办证难的现实状况，再对比如今人们出国旅游的便利自由，很有说服力地描绘了改革开放以后中国国际交流的巨大变化。整篇报道不足千字，却掷地有声，事实的呈现比起简单的数字堆砌更具有说服力，更具有深度。

其实深度报道之“深”，还需要体现在思维方式的立体性上，让建设成就报道能够从调查走向研究，从知性走向理性。《人民日报》的这篇报道仅仅通过事实呈现，就能够让人们运用自己的理性，去感知数字变化背后的深层次含义，实属不易。当然了，这种报道的内容于公众来讲较易理解，倘若是涉及经济学专业知识的时候，对记者的要求就更高了，需要记者透过现象，引导人们去理解背后的原因。

总之，运用深度报道的形式来进行建设成就报道，应当说是建设成就报道的一种进步，而随着人们知识文化水平的提高和公民意识的增强，客观上要求建设成就报道能够在此基础上有更大的进步，让报道更深刻，内容更全面，摒弃政绩报道的思维，用较高的专业素养做出更有质量的深度报道。

二、建设成就报道的作用

建设成就报道作为具有中国特色的新闻报道，在中国的新闻传播中有着举足轻重的地位。建设成就报道不同于舆论监督报道，后者可以针砭时弊，促进社会进步，而前者则更注重正面报道，具有很强的政治性和浓厚的宣传色彩。当然，这种类型的报道的目的更侧重于树立政府的形象，引导公众舆论，记录时代变化，服务社会建设发展大局，最终让广大人民群众共享社会经济发展的成果。

1. 记录时代，展望未来

前面已经论述到，建设成就报道依旧是新闻报道，那么新闻性就是其应该具备的特性。所以，建设成就报道的作用，即记录时代变迁，见证历史发展，从而更好地展望未来。

建设成就报道正是以新闻的记叙方法，讲述我国在不同历史时期所取得的不俗成就，不管是文字、图片还是视频，都是时代发展的记录。这种报道，于当代人来讲，让人们了解社会的发展变化；于后人来讲，可作为一本教材，学习借鉴。

回顾中国近现代史，其实也正是中国人民的一部苦难斗争史，从中国共产党的成立，到中共十八大的召开，承前启后，继往开来，所取得的成就是显著的，也是值得肯定的。失误需要我们去记录并铭记，但成就更需要我们去报道和传播。孤立地看一个个案，就仅仅是一个普通的案例，但是把个案连起来就是一个现象，把现象连起来就是一个时代的特征，所以，建设成就报道足以反映一个时代的面貌。

就拿改革开放以来我国取得的成就来看，不管是 GDP 的增长，还是人民生活水平的提高，这些都是显而易见的。在国家改革开放的形势下，中国共产党带领全国各族人民齐心协力搞建设，一心一意谋发展，从深圳由小渔村到国际大都市的变迁，从温饱问题还没解决到社会基本小康，从工业基础薄弱到中国制造，这一切都离不开一代又一代中国人的辛苦付出，而记录这一个个建设成就的取得，足以描绘出整个改革开放的宏伟蓝图。所以，时代需要建设成就报道，因为这不仅是对历史的负责，更是对人民的尊重。

因此，建设成就报道需要对各个阶段、行业和领域进行记录，通过对成就的记录，见证人民群众的点滴变化；见证党和国家取得的伟大成就；见证历史的变迁、技术的更新和时代的变迁。①

2. 服务群众，鼓舞士气

新闻能够传递信息，具体到建设成就报道，则可以给广大受众介绍国家的大政方针政策，也可以具体地服务于人们的日常生活。当然，建设成就报道通过议程设置，具有很强的宣传效应，可以营造一个良好的舆论氛围，而其本身也是对社会公众的一种鼓舞，更需以某一个阶段或行业的成就为出发点，再度到达新的彼岸，鼓舞人心，争取取得更大的成就。

众所周知，建设成就报道就是通过对建设成就的介绍，来窥探社会未来的发展方向，给人们的日常生活提供一些指导性的意见。比如对行业的成就报道，可以给人们投资提供参考；对人才培养的成就报道，可以让人们更注重结合实际来增强自己的能力；对经济建设成就的报道，可以让人们根据商机，更好地谋划自己的发展方向……

所以，建设成就报道其实也是经验的分享，这可以让人们少走弯路，人们根据对党和国家方针政策的把握，来更加精确地服务自己的生活，避免做

---

① 王晓芳：《成就报道的特性与功能》，载《新西部》2012 年 12 月。

出错误的决定，从中受益。

还需看到，建设成就报道本身也是一种形象构建的方式，具有很强的舆论引导功能。通过建设成就的报道，可以弘扬社会主义核心价值观，宣扬时代精神，提高人们建设社会主义的热情。

三、建设成就报道策划的原则

根据不同的划分标准，建设成就报道按照地域划分，可分为国家建设成就报道和地方建设成就报道；按照行业划分，可分为工业建设成就报道和农业建设成就报道等类型，具体到每一个行业，则还可以再进行具体的划分。但无论是哪一种类型的建设成就报道策划，都应该把握以下三个原则：

1. 把握新闻性

毋庸置疑，建设成就报道还是新闻报道的一种，仍旧需要以报纸、广播、电视、网络等载体来将信息传递给受众，那么作为新闻报道，新闻性应该是建设成就报道策划的题中应有之义。

新闻性包括建立在真实性基础上的时效性，真实是新闻的生命，为了增加新闻本身的价值，更需具备时效性。对于建设成就报道来讲，真实性很重要，因为报道的目的是让国内外的人们了解到我国经济建设和社会发展所取得的真实成绩，弄虚作假肯定是不被允许的。

其实，在通常情况下，包括媒体人在内的很多人都存在一个误区，认为建设成就报道的时效性不强，因为建设成就往往是长时间缓慢积累的过程，一般以长篇通讯的形式呈现。然而，一个真正优秀的记者，就懂得在建设成就报道的时效性上做文章。因为，尽管是成就报道，对广大群众来讲，较之于其他类型的报道趣味性不是特别强，但却违背不了新闻的传播规律，即谁采写的报道最先与公众见面，谁就是当之无愧的赢家。如 2009 年国庆节在天安门广场的阅兵仪式，就是通过电视直播的形式，在第一时间让国内外了解到中华人民共和国成立 60 周年的建设成就，所以，时效性对建设成就报道来讲是很重要的，电视广播等形式的直播就是尊重新闻报道时效性最为直接的手段。

2. 注重政策性

政策性指的是指为保障实现国家的大政方针而制定的行动准则，这一点在我国的新闻报道中非常重要。在我国独具特色的媒介体系中，媒体的性质是不同的，它不能仅仅以盈利为目的，它是党和人民群众的喉舌。新闻报道的立足点必须是服务于党和国家的需要，服务于社会发展大局，建设成就报道尤须要注意报道的政策性。

建设成就报道必须将建设成就的取得与党和政府的大政方针政策相结合，要透过成就表象，透视深层次的政治因素。因为经济基础和上层建筑关系紧密，没有政治制度的保证和政策的支持，经济发展和社会进步也是空谈。

另外，建设成就报道的政策性还体现在内容上，即以褒扬和正面报道为主，在态度上对建设成就的取得及其背后的政策支持加以肯定。我们党在新闻报道上一贯坚持“以正面报道为主”的原则，而建设成就报道就是最好的体现。

3. 增强可读性

可读性可谓建设成就报道的“软肋”，因为稍有不慎，建设成就报道都会被做成政绩报道，数字和例子堆砌，空洞乏味而不接地气，不易吸引读者。需看到，建设成就的取得是不易的，其背后肯定有独特的经验方法和规律，这些都是蕴藏在建设成就报道这座大山里的“富矿”，挖掘的程度如何，直接关系到报道内容的可读性。为此，要求记者具有高超的能力和慧眼，能够透过现象看本质，最终总结出建设成就取得的经验，让广大人民群众了解到成就取得的同时，也给其他地区的发展提供学习的范本。

增强可读性，还应杜绝数字罗列堆砌，如“据统计，××市年初实施‘十个一’工程以来，95%的乡镇修订编制了整体规划，已完成整治自然村1091个，占全市自然村总数的38%，共打通主次干道3812条1205公里，整治坑塘218个，新建改革文化茶馆600个……”一组无法记住的枯燥数字抛给读者，乏味不堪。建设成就报道同样是新闻报道，应该讲究易读性，更何况即便是讲清楚一个项目，也比出一张统计报表细目更让人印象深刻。现如今，我们面临着更多的建设成就报道任务，如何将这些报道深入人心，不落俗套，在数据的使用上还真需要花点工夫。

四、建设成就报道策划存在的问题

经过长时间的演变与发展，建设成就报道策划不管是手法还是内容，都有了很大的进步，在这种报道策划理念之下出现了很多高水平的作品。但不可否认的是，目前的建设成就报道仍旧存在很多问题，主要表现为脱离了新闻报道最基本的要求，将建设成就报道完全异化成为了政绩宣传报道，成为了应景之作。这样的报道内容可谓单调乏味，空洞冗长，且完全不注重公众的感受，与公众的互动性极差，更甚者完全脱离了人民群众，缺乏最基本的人文关怀。

1. 变相政绩宣传，多为应景之作

由于建设成就报道本身具有很强的政治性，这就决定了其具备一定的政治宣传功能，但这并不是说就可以为了宣传而宣传。回顾我国以往的建设成就报道，受欢迎程度不高的一个重要原因就是不少媒体把建设成就报道硬生生地做成了政绩宣传和成果展示，报道只见成就不见人物，文章通篇都是成就数据和概括性词语的堆砌。

将建设成就报道做成政绩宣传报道，很明显的缺点是内容空洞，不见人不见事，不从小处着手，专门搞一些老百姓看不懂的名词，最终让报道成了应景之作。

政绩宣传报道极易把复杂问题简单化，把不确定的问题确定化，不利于读者深刻地理解问题，进而把建设成就报道搞得非常浮夸。比如面对现今通货膨胀的现状，政府采取措施稳定物价确实可以作为建设成就报道的内容，但如果一再强调这是社会主义的优越性，就把实际问题简单化了，容易让公众陷入到一种固化的认识当中。面对物价的再次波动，自然也就放松了警惕，那么必然会反过来为政府改革带来很大的麻烦。

再者，建设成就报道固然要宣传成就，但是正所谓居安思危，在对本地区、本行业的建设成就进行报道的同时，还需要进行必要的反思和横向的比较，比如倘若哪一环节再改进一些，建设成就的取得会不会更大呢？这样一来就规避了将建设成就报道做成政绩宣传报的风险，在鼓舞人心的同时，也防止人们过于沾沾自喜，进而迷失了前进的方向。

2. 内容单调乏味，受众互动性差

就目前来讲，不管是电视、广播还是报纸，都有大量的建设成就报道，即便是在重要的时段播报，也无人问津，原因就在于这样的报道内容单调、空洞乏味。为什么会出现这种局面呢？从受众的角度来讲，基本上是信息的线性传播和单向传递，对受众进行说教式的报道，与受众的互动性极差。

众所周知，在当下中国，公众接受最多的还是都市报和都市频道，因为这类媒体的报道内容接近他们的生活，而这类媒体的建设成就报道也较注重从一个普通老百姓的角度来报道。不同的媒体会有自己的报道侧重点，但是，都应考虑到大众的感受。随着现今中国媒介大环境的变化，与传统的纸质媒体相比，互联网对媒体的格局产生了颠覆性的变化。微博、微信等手机客户端的出现，不仅增加了包括建设成就报道的时效性和速度，更重要的是增强了新闻报道与公众之间的互动性，这一点对传统媒体来说尤为重要。新媒体的出现，突破了传统发行方式的限制，可以将普通百姓吸纳进来，成为建设成就报道的受众，以扩大影响力。

微博、微信等新媒体对建设成就报道的呈现，不仅可以扩大影响群体，增加收入，还有一个很大的优势，就是可以增强报道内容与公众之间的互动性。基于此，对重大建设成就的报道，就需要各种媒体进行全方位多层次立体性的联合策划，在强调内容为王的同时，还需要结合不同媒体的特点，增强与公众的互动性。

当今利用新媒体对包括建设成就报道进行信息推动，《人民日报》的微博和央视的微信运营，是当下传统媒体利用新媒体转型的一个成功范例。其成功在很大程度上是依托新媒体自身的优势，依靠增强与公众的互动来提高公众的参与度。当然，内容如何还是需要记者来撰写，要写得生动有趣，有实质性的内容，在新媒体的作用下，影响力成裂变式的传播，加上粉丝的转发，不同群体之间的互动，公众与媒体的互动，就突破了纸质媒体自身的传播限制，让建设成就报道的影响力得到了最大限度的发挥。

新媒体作用下的新闻内容互动，一般情况下是通过评论来实现的。传统媒体的互动性差是因为渠道不畅通，其时效性较差，比如报纸评论版的《读者热议》栏目，就是专门开辟专栏，与社会公众进行互动，它一般是通过打电话的形式，除此之外，还可以通过网络来进行互动，但是呈现在报纸上总会有一个时间，传统媒体能够做的确实有限。但须看到，随着新媒体的发展，很多报纸都有自己的官方微博，微博内容下面也都有自己网友的评论，所以，完全可以将新媒体的互动内容呈现在纸质媒体上，但由于不同受众群体喜欢的方式不一样，还需畅通各种渠道，加强与受众的沟通，提高公众的参与度。

建设成就报道尤其需要与公众互动鼓舞士气，中间有一个很重要的环节就是让广大群众知道到底取得了什么样的建设成就，并在此基础上进行互动。所以，建设成就报道策划首先要做的就是如何将报道出彩，贴近普通群众的生活，吸引他们去阅读，在此基础上进行互动，才是成功的建设成就报道。倘若报道内容本身做得不好，单调乏味而不接地气，即便是通过多种传播渠道也不能让公众感兴趣，那就更谈不上与公众进行互动鼓舞士气了。

3. 基调脱离群众，缺乏人文关怀

人文关怀的核心在于肯定人和人的价值，其强调的是无论推动社会发

展，还是实现自身发展方面，人都处于核心和支配地位，基于此，就必须尊重人的主体性。

建设成就是劳动人民在党和政府的领导下，靠劳动创造而来的，成就报道既要体现成就，又要体现成就后面的人。① 建设成就报道策划常常忽略了这一点，即报道建设成就基调过高，总是过于强调个别领导人的魄力，却忽视了建设成就取得的主体——普通劳动群众，殊不知群众是社会实践的主体，不管是理论突破还是经济发展社会进步，都离不开群众实践。

不妨来看 2014 年 6 月 22 日《人民日报》位于报眼的报道——《广东紫金县联光村：一亩地上奔小康》：

案例 5

夏日岭南，骄阳似火。地处大山深入的广东省紫金县义容镇联光村，村民温杏立高兴地告诉记者，他刚拿到 4000 元“工资”，这样的收入水平比外面打工强多了。

人民日报
RENMIN RIBAO
22
广东紫金县联光村
一亩地上奔小康
好收成 好收入 好心情
丰收写在脸上
加强中希文明互鉴和文化交流
促进双方合作绽放更加灿烂光彩
“金海”与“金荒”
只留丹心照汗青
不能让老百姓失望
48位回族老人的“孝子”

图为 2014 年 6 月 22 日《人民日报》一版版面

---

① 王晓芳：《成就报道存在的问题与提升路径》，载《新闻世界》2013 年第 5 期。

……

肖学首先想到的是要改变分散的小农经济经营模式，通过引进市场机制推动农村土地经营方式创新，走“村企合作、开发扶贫、创新机制、市场运作、多赢发展”的新路，将贫困村农户“绑”上市场经济“快车”。

……

这样的建设成就报道的亮点就在于，不仅肯定国家政府在群众生活水平提高当中的作用，而且还具体到每一个人的每一件事，肯定他们对建设成就取得的作用，细腻描写人的思想创新和具体做法，这样的报道就接地气，具有人文关怀，容易引起读者的共鸣。

其实我们讲建设成就报道策划要注重人文关怀，不仅体现在报道内容要体现人的价值，还应该体现在报道策划的选题要贴近普通百姓的生活，从百姓的视角，选取百姓最关心、最感兴趣的内容来报道建设成就。在报道形式上，由于建设成就会来自各行各业、各个方面，这就要求记者在采写时要注意化繁为简，规避一些生涩的词语，强调报道内容的指导性和实用性，从而贴近群众，尤其是在取得重大科技成就和体育成就时，更要突出科技人物和体育健儿的奋斗过程，而不是一味地报道国家政策的扶持和该成就的地位是如何之高。只有这样，才能拉近与读者之间的距离，展现人文关怀。

在近些年的类似报道中，我们不难发现对科技和体育建设成就报道的基调偏离和人文关怀的缺失，比如大型运动会，我们很重视金牌，但却忽视了给第二名鼓掌，更甚少为其他参赛的人喝彩。在报道重大科技成就时，我们的报道过于强调成就的地位，接着是中国在某些方面已经步入了国际领先领域，却往往忽视了那些为此默默付出的科研人员。这些都是把基调定得过高而不接地气，最终因缺乏人文关怀而得不到普通受众的认同。

对普通百姓来讲，需要建设成就报道来向他们传递党和国家的大政方针政策，同时告知他们上层建筑对经济发展的作用，可是这些不是报道内容的全部，贴近百姓的日常生活才能将建设成就报道策划的作用发挥到极致。同样是2014年6月22日《光明日报》头版头条的人物通讯《嘉禾有个李队长》，就是通过讲述一个普通人的故事，来反映在李队长的带领下，当地取得的经济建设成就。对于已逝的李队长来说，经济建设成就的取得离不开他，而建设成就报道以人物通讯为依托，可说是对逝者最大的尊重。这样的人文关怀势必会激起包括当地人在内的全国人民的感动，如此也就将报道升华到了社会主义核心价值观层面，树立榜样，让广大党员干部学习，鼓舞士气，争取取得更高的成就。

所以，找准建设成就报道策划的基调，重视人文关怀是对当事者的尊重，更是尽最大努力对更大范围内的受众负责，在正确引导党员干部价值取向的同时，也让普通群众在小人小事中读出感动，激发热情，投身于社会建设当中。

光明日报

中国电影：
创作、市场、产业齐头并进

全面深化改革进行时

嘉禾有个李队长
——追记湖南省嘉禾县党的群众路线教育实践活动督导组组长李勇雄

《红楼梦》特种邮票发行

“方罍之王”完罍归湘

《海上丝绸之路文化遗产保护共同宣言》发布

41所高校倡议弘扬中华优秀传统文化

图为2014年6月22日《光明日报》一版版面

五、建设成就报道策划的技巧

提升建设成就报道的质量，不是仅凭某一项措施就能够实现的，这是一项系统的工程，不仅要求记者找到合适的报道内容，具备正确的报道意识，还需要记者不断加强自身的修养，提升自己的能力，能够透过建设成就的现象，挖掘出内容的深度，再运用接地气的写法，将报道写活，最终引起读者的共鸣。

（一）强化策划意识，做好前期准备

要做好建设成就报道，理念很重要，需要记者能够总揽全局，懂得读者需求，学会舆论引导，还要向其他媒体学习，争取让自己的建设成就报道更加完善。

首先，要树立全局意识。这就要求记者站在宏观的立场上来审视报道内容，不能只见树木不见森林，只看局部不管全局。前面我们提到，建设成就报道要从小人物和小事情切入，但这种报道的落脚点是在国家政策抑或是社会主义核心价值观的层面上，从局部切入还需回归到全局，因为这是建设成就报道进行升华的要求。所以，从小处切入的前提也是树立全局意识，这样才能做出可读性强、有价值的报道。

其次，要强调策划意识。要进行建设成就报道，往往需要腾出专门的版面，对于记者的采访方式和采访内容，都需要进行前期的策划。主题的确定，采访对象的选择同样需要在前期都做好准备，是做单篇报道还是做系列报道，都需要在做报道之前弄明白。

再次，要明确导向意识。所谓导向，就是要引导舆论，这与建设成就报道本身所具有的政策性特征是分不开的，毕竟宣传也是建设成就报道的客观要求之一。毋庸置疑，做一篇建设成就报道，需要在报道过程当中给群众解疑释惑，传递党和国家的方针政策，而这些内容不是每一个普通百姓都能够看得懂的，这就需要建设成就报道在进行宣传的同时，给群众解释相关政策，给群众以明确的导向，从而鼓舞士气，再创佳绩。

最后，要树立学习借鉴意识。对于同一个建设成就内容的报道，中央媒体和地方媒体的报道方式肯定是不一样的，党报和都市报的报道方式也是不一样的，因为级别不同，受众相异，那么不管是报道的角度，还是叙述的高度，都有明显的不同，但是却并不是说相互之间就没有共同之处。

例如，新农村建设有层出不穷的优秀典范，媒体每年都有这方面的报道，同一题材的报道策划，完全可以学习借鉴。2013 年 1 月 11 日，《银川日报》刊发了《新胜村的 1120 张照片》，报道了贺兰县习岗镇新胜村村委会在每月民主议政日，创新性地用 1120 张照片向村民汇报工作。这些照片

讲述了村委会为村民办实事、提升村集体经济收入的历程。① 2013 年 2 月 15 日，《经济日报》刊发了《幸福乡村看林城》的通讯，三位记者在农历正月初二驱车来到河北省固安县牛驼镇林城村，寒风中，他们一条街一条街地找——找开着门的工厂。采访了几家开着门的工厂后，他们又走访农家，与村民聊家常、谈风俗。通过几家村民的故事，报道了林城滤清器材厂成堆，八成人家有自己的产业，建成幸福小康乡村的典型事迹。②

經濟日報
ECONOMIC DAILY
今日4版 2013年2月15日 星期五 农历癸巳年正月初六 经济日报社出版
新春走基层
幸福乡村看林城

图为《经济日报》2013 年 2 月 15 日对农村建设成就的报道

这两篇聚焦新农村建设的报道，角度巧妙，善于选取生动细节，值得借鉴。

（二）贴近群众，确立正确定位

建设成就报道必须找准正确的定位，不能将报道做成单一政绩宣传报

---

① 中华新闻传媒网，第 24 届中国新闻奖参评作品公示，http://news.xinhuanet.com/zgjx/2014-06/17/c_133413263.htm,2014-10-25。

② 中华新闻传媒网，第 24 届中国新闻奖参评作品公示，http://news.xinhuanet.com/zgjx/2014-06/16/c_133410188.htm,2014-10-25。

道，否则就混淆了新闻规律和宣传教育规律。众所周知，之前的一些建设成就报道，之所以不受欢迎，就是因为脱离了群众，根本上还是因为违背了新闻规律。也就是说，在重大成就报道的过程当中，不注重报道作品新闻性和宣传手段的艺术性，而是将报道简单化、概念化和公式化，不去了解群众想知道什么，而是只顾现象不重结果，不管效果如何。今天，我们倡导建设成就报道应该离群众近一些，再近一些。

基于此，为了兼顾建设成就报道的宣传性和可读性，记者就必须从普通百姓的视角，精心选取群众关心的话题来进行报道，把抽象的概念具体化，把复杂的思想配以解释性图表简单化，必要时还需要配发评论，给群众以正确的解释和引导，报道不止于让公众看，还要让公众看得懂。

首先，要选取很小的切入点，从小人物小事情当中窥探大道理。众所周知，任何建设成就的取得，不管其再大再宏观，都离不开普通人物的付出和小成就的积累，倘若讲得太大太笼统，势必脱离群众。而从小处切入，转换成平民的视角，则容易拉近与读者的距离，也更容易激发读者的阅读兴趣，引起读者的共鸣。

案例 6

2012 年 12 月 3 日《河南日报》刊发的《火车站见证兰考经济变迁》，就很巧妙地运用以小见大的新闻视角，以火车站为切入点，以 2012 年兰考最后一批采棉工返乡的日子为时间节点，通过火车站进出人数，反映了兰考劳务输出减少、本地就业增加的情况，报道了兰考已从劳务输出进入到回乡创业和带动就业的经济建设变迁。这篇报道穿越 50 年时空，突出变迁主题，举重若轻地展现了农村经济发展过程中“产（业）城（镇）互动”这一宏大主题。报道获得第 23 届中国新闻奖一等奖。①

其次，文章叙事要接地气，让普通群众都能看得懂。以往的建设成就报道确实存在这样的问题，即一旦写类似报道，就“开足马力”，全面拉开，文章调门高、篇幅长，内容却空泛，可谓“言之无物”，一点也激不起人们的阅读欲望。必须明白，建设成就报道不是写官样文章，只让党政干部看

① 中华新闻传媒网，中国新闻奖评奖，http://news.xinhuanet.com/zgjx/2013-06/17/c_132461328.htm,2014-10-27。

的，更是让普通老百姓看的，那么老百姓看得懂的程度，直接决定了建设成就报道的价值。如果在报道中直接引用基层百姓的一句发自内心的对经济社会发展进步体悟的话，绝对比长篇大论打官腔的文章更有说服力。

案例 7

《山西日报》2013 年 11 月 8 日刊发的《垣曲人苦战 8 年凿出一条引水渠》，报道了山西垣曲县历时 8 年建成引水渠的工程建设成就。报道着力突出施工队一铁耙一铁耙掘、一簸箕一簸箕扒，在没膝深的水中捞渣搬石的艰难施工过程，最后终于克服了施工难度大、资金困难、领导换班等重重困难，建成了从历山后河水库引入县城的供水工程隧洞和水站。记者深入施工现场，亲眼看到由于施工面窄无法用大型机械，只能用铁锹和铁耙近乎手工作业。记者深深为他们敢啃硬骨头的精神所打动，因而在报道中突出的不是领导政绩，而是垣曲人的坚韧实干精神。记者自述："我们感受到，没有深入采访，就不会被艰苦奋斗的精神所打动，不会写出接地气的好作品。"①

最后，报道发出后懂得与群众互动，了解群众之所想，并争取在下一步的报道中呈现群众所想。互动往往被建设成就报道忽视，在报道者看来，好像报道做完就完成了，其实不然，因为群众的反应是很重要的，一些年龄大的读者或许会采用寄信的方式来与报社进行互动，而随着新媒体的发展，用微博微信等客户端将建设成就报道推送出来之后，内容下面的回复往往就是很好很直接的互动，而了解群众的反响，也可以进一步在反响报道的基础上再次挖掘建设成就的深度，这不仅是建设成就报道规律的要求，也是对读者的回馈。

（三）透过现象，挖掘报道深度

建设成就报道不是应景之作，其目的不仅仅是为了宣传。所以，行文过程当中就不能是记流水账，必须透过现象看本质，挖掘报道的深度，在描写现象的过程当中强调说理性，使报道更加深刻，不落俗套。

之前论述建设成就报道要从小人物小事情入手，从小处切入，但必须警

① 中华新闻传媒网，中国新闻奖评奖，http://news.xinhuanet.com/zgjx/2014-06/19/c_133420361_2.htm,2014-10-27。

惕的是把握不好这个度就容易流于浅薄。成就报道除了选出来一个精细的切口外，还需要将报道向纵深方向推进，要求深刻剖析所选择的“点”，并以此为依托，将相关建设成就报道的道理说通说透，最终将建设成就取得的深层次原因展现给公众。

应当说当下中国是一个公民权利意识觉醒的时代，而随着社会公众知识文化水平的提高，那些肤浅的阅读内容难以满足人们对深阅读的需求，而在传统媒体的转型过程当中，刊消息，注重深度报道也是传统媒体发展的一个趋势。

所以，深度报道仍旧是媒体需要挖掘的一个点。尽管建设成就报道具备一定的宣传性，且呈现方式可能为消息，但是消息也可以做出深度，宏观层面的建设成就报道更可以做出水平。这不仅是为了满足受众的阅读需求，同时它也是传统媒体转变的题中之意，包括建设成就报道在内的任何一种报道方式都不例外。

（四）开拓创新，提高报道技巧

不管做任何事情，创新精神都是很重要的，对建设成就报道来讲，也不例外。其实对于建设成就的报道，很容易陷入一种程式化的套路当中，这样的报道空洞无味，毫不顾及报道对象的阅读感受，仅仅是“发现采访对象——进行采访策划——完成采访——进行写作编辑”，最终和读者见面。

其实，我们将建设成就报道开拓创新，不只是针对某一个对象或者某一个环节，而是贯穿整个采访过程始终。不管是策划还是写作，都需要突破程式化的限制，尽量避免雷同，靠着同中求异的理念，提高报道技巧，最终让报道能够与众不同。

一是走出命题的怪圈，善于发掘报道点。不得不承认的是，现今不少记者和编辑把建设成就报道当做了一个固定的命题来写，即编辑部制订报道计划，记者便被动地去完成，结果完成的作品可谓千篇一律。不敢突破原有的程式化思维，最终做出来的建设成就报道也就很普通。更甚者是不少媒体人本身就对建设成就报道怀着一种偏见，不注意挖掘报道点，而认为其就是一种宣传报道，如此一来，记者自身的主观能动性就不能得到有效的发挥。因此，要做好建设成就报道，就必须端正对建设成就报道的认识，充分发挥自己的主观能动性，把建设成就报道做出新意，做出水平。

二是讲究采访技巧，多种采访手法综合运用。建设成就报道最好要见人见事，找到建设成就的见证人，所以，采访人物就很重要。如何挖掘人物自身的故事，增强建设成就报道的趣味性，确实考验着记者的采访技巧。

三是创新写作方式，增强报道的阅读附加值。建设成就报道需要运用数字和材料，但是，在报道中如果注重对比，或者从一个小点切入后再慢慢铺开，创新写作的思路和方式，就可以把报道对象立体地展现给读者。比如可采用图片或者图标的方式，讲究图文并茂，让受众直观地感受建设成就的取得，这样的报道势必会产生一种亲和力，让普通百姓看着感觉就是为自己而做的，一下子就拉近了与读者之间的距离。

最后，创新与受众的互动方式。与受众互动的方式很受时空的限制以及技术条件的制约，但这并不等于说建设成就报道就可以省去这一环节，恰恰是因为其在多数情况下被忽视了，才更需要去牢记并创新。

总之，创新作为建设成就报道的一种理念，必须被重视，并在实际的采写过程当中进行落实，只有与众不同，才能够吸引受众眼球，获得出众的效果。

下面，以《湖北日报》“汉水北上”系列报道为例，看如何做好重大成就建设报道中的策划创新。

案例 8

汉水北上，世纪梦圆；半个世纪的谋划，十余年的建设，南水北调中线一期工程终于在 2014 年汉江秋汛后迎来通水。全国各大新闻媒体聚焦中线通水这一大事件，掀起新闻大战，《湖北日报》按中宣部与湖北省委宣传部的要求，于 2014 年 7 月初启动通水预热报道，10 月份，随着正式通水时间临近，《湖北日报》推出“汉水北上”大型系列特别报道，把南水北调通水报道推向高潮。“汉水北上”从 10 月 20 日开始整版推出，至 12 月中旬中线正式通水结束，共计刊发 23 期、36 个版面。这组气势磅礴的报道，引起强烈社会反响，读者、专家好评如潮，也得到宣传主管部门的肯定。中宣部新闻局 2014 年 12 月 29 日第 370 期《新闻阅评》以《湖北日报系列报道为“汉水北上”激情放歌》为题，专题推介“汉水北上”，称《湖北日报》这一重大主题宣传又一次说明，只有深入基层一线，才能写出带有泥土气息、生动具体、深刻感人的好报道。

汉水北上

南水北调中线一期工程通水 特刊

汉水北上惠中华

《湖北日报》2014 年 10 月 21 日特刊封面

汉水北上

寻水的源头 观云的步履

——老照片、新照片里的库区沧桑

向记忆致敬

《湖北日报》2014 年 10 月 21 日 6~7 版

总结“汉水北上”组织实施、采编呈现，有不少可圈可点之处：

一是大事大策划，大事大作为。“汉水北上”系列报道首先体现了《湖北日报》的政治自觉与新闻敏感。集团党委以高度的政治责任感和历史使命感来组织部署这个战役报道。集团社长邹贤启、总编辑蔡华东，先后深入到水源区十堰和丹江库区现场调研、策划通水报道。《湖北日报》编辑部跨部门整合力量，抽调骨干记者编辑组成报道团队，在版面安排上，给足版面，每期整版，期期套彩，报道规模空前，立体化、全方位、全景式反映了南水北调工程的重大意义、决策过程、建设成就、移民工作、水质保护等方方面面。

千里调水，牵涉各方利益。网络时代，众声喧哗，南水北调也成为网络舆论场的热点话题。调水利弊、生态影响、水质水价、水源地之争等，都存在不同声音。《湖北日报》“汉水北上”报道策划，牢牢把握正确舆论导向，发挥好党报的权威性优势，回应社会关切，引领舆论场。

二是大创新，贴近读者，增强报道吸引力。在信息来源多元、新闻竞争日渐激烈的新媒体时代，党报报道必须在内容与形式上创新求变，才能吸引读者关注并感染读者。

“汉水北上”系列报道着力创新，追求新闻的可读性与必读性。

（1）内容创新。在选题策划上，强调读者本位，突出问题导向与新闻性。“汉水北上”虽然刊发了上百篇稿件，但没有一条是以市县为主体、直接宣传工作的经验报道。报道的切口是写故事、事件、问题，虽然有的报道起到了宣传地方工作的作用，但也是通过新颖的角度、鲜活的人与事来呈现的。

（2）专栏创新。“汉水北上”每期一个重点，每篇主稿均配有“记者感言”。这个言论专栏起到了升华报道主题的作用。这个专栏因短小精悍、紧扣热点、文笔清新而受到读者好评，网上转载率高，读者关注度高。

（3）语言创新。“汉水北上”报道改变写作方式，求得表现手法创新。新闻语言力求优美、生动，戒平淡，增强报道感染力。读者评价，“汉水北上”的一些导读与引题，像散文诗一样，文字优美，令人回味。

（4）版面创新。版面编辑上力求出新出彩，注意标题制作，运用好新闻图片、图表、示意图。头条主稿超常规运用大字号标题，配压题大图片，使整个版面活起来，形成强烈的视觉冲击力。版面期期套彩，图文并茂，大气呈现。美图、美题、美文、美术元素，组合成赏心悦目的彩色版面，给读者以美的享受。

(5) 图片创新。一图胜千言。“汉水北上”报道力量配备注重新闻摄影，报道组除有两名常规摄影记者外，另吸收了新媒体集团所属的楚天云图航拍中心3名航拍记者加入。系列报道在平常的版面编排中，注意多选用图片稿，还特别推出了两个通版新闻摄影专题。航拍的现场图片气势恢弘，美不胜收，给这次“汉水北上”报道增色不少。①

◎ **思考题**

1. 建设成就报道的积极作用表现在哪些方面？
2. 搞好建设成就报道要把握好哪些基本原则？
3. 建设成就报道存在哪些问题，如何克服？
4. 如何开拓创新，提高建设成就报道技巧？

◎ **实践题**

就近期媒体建设成就报道实例进行点评。

---

① 赵洪松、胡祥修：《重大事件报道的策划与创新》，载《新闻前哨》2015年第2期。

第五章

节假纪念日的报道策划

节日、假日、纪念日等一些特定日是人们生活中不可缺少的组成部分。随着经济的发展，社会的进步，人们精神生活水平的不断提高，这些日子越来越受到人们的重视；同时，特定日的报道也是新闻媒体报道的一个重要组成部分，它是体现媒体报道策划水平的一个重要方面。特定日报道策划的最大难点就在于这些日子很多是周期性重复的，如何不断出新是媒体策划者要时时思考的问题。

案例 1

每年四月的最后一个周日，是清华大学的校庆日，2011 年 4 月 24 日是清华百年校庆日。校庆前夕，《新京报》与清华大学合作，从 4 月 18 日到 23 日，连续 6 天推出共计 100 版的清华百年特刊报道《水木清华》。

4 月 18 日（周一）推出《世纪风物》，作为整个清华百年特刊的开篇，选取清华校训校歌校花、清华学堂、荷塘月色、四大建筑、东区主楼、西南联大、新竹梅园等文化地理符号作为报道对象。通过历经百年风雨的古迹实物，为读者勾勒出情感上、记忆中、印象里的清华大学。

4 月 19 日（周二）推出特刊之二《百年史图》，讲述清华百年历史发展过程、重大事件及名校长，让读者从中触摸清华百年兼济天下的历史自觉，其发展路径也是中国百年文化、教育的一个侧影。

4 月 20 日（周三）推出特刊之三《自强不息》，百年清华大学培育出的天之骄子逐一亮相，他们汇中西之鸿儒，集四方之俊秀，为母校添彩，为国家增光。

4 月 21 日（周四）推出特刊之四《厚德载物》，介绍清华的名师名流，四大导师徜徉于国学研究院，陈岱孙教经济，潘光旦讲社会，金岳霖、梁思成走马河山，他们各自精彩，又传承着严谨、务实、爱国的精神，为学为师春风化雨，不计辛劳。

4月22日（周五）推出特刊之五《行胜于言》，从两弹一星到大亚湾核电站，从修建密云水库到改造菊儿胡同，清华大学的学术成就始终与国家人民利益息息相关。

4月23日（周六）推出特刊之六《人文日新》，在体现清华“人文”传承的同时，重点突出对“日新”的追求，并将探讨一流大学的“治学之道”。

2011年4月《新京报》推出“百年清华”特刊版面

【点评】

节假纪念日的报道最适合策划却又最难策划，因为可以在节假纪念日来临之前早作准备、精心安排，所以最适合进行报道策划；而节假纪念日有重复性，如何不断推陈出新是最大的难点。

在纪念日报道中，校庆活动属于常规新闻，见诸报端的形式往往较单一，多为简短消息或概括综述性通讯，而《新京报》推出的这组校庆报道，则以连续6天的系列专刊共一百个版面重磅出击，凸显了百年清华磅礴大气的形象，也可见出策划者的良苦用心。

首先，特刊《水木清华》构思清晰、主题明确。整个百版特刊的核心主题，是凸显清华大学的精神“厚德载物，自强不息”，这一主题在连续6天的特刊中不断得到强化。6期特刊共分为6个主题：“世纪风物”、“百年史图”、“自强不息”、“厚德载物”、“行胜于言”、“人文日新”，每个主题单独成叠，每日随报发行，从不同的侧面彰显清华精神。从主题的确定到栏目的设置，再到内容的搭配和报道对象的选取，均经过了反复细致的权衡与考量。

其次，注重系列特刊的内在连续性。清华百年特刊每期都设有《我的大学》栏目，采访摘录清华历届毕业生对母校的寄语感怀，既扣住了“校庆”的特定日性质，又加强了每期特刊之间的联系，还提升了特刊内容的亲和力。

再次，注重图文搭配，可读性强。特刊中还设有专门的图片版，直观展现一所大学在百年中的点滴细节。在每叠最后一版，设有“清华开考”，以试卷形式，考验读者对清华的了解与认知。这也使更多的读者有兴趣、有意愿阅读特刊。一张张“考卷”，妙趣横生，成为了与受众互动的有效载体。

最后，注重细节安排。如百版的开篇，选用的是清华大学百年校庆的标志，并对这一标志的组成（以清华代表性建筑大礼堂的造型结合阿拉伯数字“100”同构而成，并辅以阿拉伯数字“1911—2011”）及其内涵（标志中间三角形的拱檐呈金字塔形，象征清华大学雄踞学术之巅，肩负培养拔尖创新人才的历史使命）作了说明。

在人们的生活中，由于种种原因而产生了许许多多不同于日常的特殊时间，由此也产生了一种特殊的报道，即节假纪念日的报道，包括各种纪念日报道、节假日的报道和其他一些特殊日期的报道，如每年一度的国庆节的报道，元旦、春节的报道；母亲节、儿童节、老人节的报道；植树节、环保日、无烟日、戒毒日、防艾滋病日的报道；四年一度的亚运会和奥运会的报道；纪念世界反法西斯战争胜利和中国抗日战争胜利的报道，建党纪念日的报道，奥斯卡奖周年纪念的报道；纪念各种法律、法规、著作、作品问世出版的报道；纪念各种英雄人物、知名人物诞生、逝世的报道；还有各个地区各个城市的重大节日活动和各种特定日子的报道，等等，这些都可以纳入这类报道策划之中。

节假纪念日的报道策划，大体可分为两类，一类是从历史的深度，一类是从地域的广度，也就是从时间和空间两个量度来策划的，也有的报道是时间和空间交叠进行的。下面以几种常见的节日、假日、纪念日等特殊日的报道为例，说明报道策划中的技巧和应注意的问题。

一、追寻历史　展望未来

时间的一维性告诉我们，历史的发展都是由过去到现在至将来的。从历史的角度来策划特定日的报道，就是遵循时间运动的轨迹，来反映一个过程，描述一种现象，揭示一个规律，讲清一个道理。这种报道，让人们从历史的回顾中，看到未来发展的方向和前景，坚定信念，鼓舞士气，找到自己奋斗的目标。这一类的策划以国庆日、建党日、解放日等为多。

（一）国庆节报道

国庆报道是全国所有的新闻传媒年年都要做，年年都争取出新的报道，了解和总结其间的情况和经验，对于我们搞好以后的国庆报道和其他方面的报道都是大有好处的。从历年来的国庆报道中，可以总结出以下几方面做法和经验，以供参考：

1. 让枯燥的数字活起来

数字是国庆报道的一个必不可少的要件，因为数字最能充分而客观地反映共和国的进步。而数字的运用又是新闻报道中的“痼疾”，因为数字是枯燥的，新闻报道则要求鲜活、生动。在国庆报道中处理大量的数据时，《人民日报》、《经济日报》、《光明日报》都注意运用编辑手段，让数字在版面上活起来、美起来，达到“化枯燥为神奇”的效果。

2004年10月2日，正值中华人民共和国成立55周年大庆，《人民日报》在这天的第五版《国民经济》栏配发了一则长篇报道：《钢铁强国梦今圆（经典中国·辉煌的55年（48））》，以时间为轴，用数字报道了我国现代工业的基石——钢铁工业的成就，向读者系统全面地展现了祖国巨变的成就。

2005年国庆，《经济日报》对统计数字的处理则注意归类整理。10月1日，该报刊登了一篇名为《让百姓过个舒心“黄金周”　交通运输系统广大党员坚守岗位满足“黄金周”出行需求》的报道，从公路、水路、铁路、民航三个方面来报道黄金周随着旅客人数的猛涨，交通部门相应的应对措施。由于报道的内容与百姓的生活息息相关，因此尽管用到了不少统计数据，但却不显得沉闷、枯燥。

2006年10月1日，《光明日报》在2版刊发了一条极贴近民生，但却能反映出祖国几十年来巨变的文章——《谭老师的“恩格尔系数”账本》，从一个普通居民的账本的开销记载着手，以小见大地反映出居民生活水平的普遍提高。除去文字外，还配发了文章主人公谭老师和我国著名经济学家袁钢明的照片，这样使版面更加生动活泼，并增强了文章的可信度。由于账本是每家每户必备的工具，因此账本上小小的数字能让人理性地感受到祖国的进步。

2009年，中华人民共和国成立60周年，各大媒体都隆重推出专题、系列报道等来反映新中国60年来的巨大进步，涌现出不少精彩报道策划。如《第一财经日报》国庆前夕就开始从各个不同侧面反映共和国成立60年来的变化，其中8月28日的《小岗村30年：土地的分与合》，聚焦于曾经备受瞩目的小岗村，报道了中国农业改革的进程。9月23日的《成都60年：从三线建设到城乡一体化》，在报道中巧妙带出成都60年来产业发展的大数据。

近30多年的国庆报道中，不少报纸在报道数字事实方面创造了许多有效的新经验、新办法，但是，如何报道好数字仍然是搞好国庆报道的一个问题。其中最大的困难也许是弄清楚哪些数字该报道，哪些数字可以不报道。专业统计数据与传媒受众的要求毕竟不是一致的，所以，国庆报道如果能抓住那些受众可以感知的数字，充分运用编辑手段进行形象化的宣传，也许效果会更好一些。

2. 选择受众看得见的事实

建设成就宣传形成近30多年国庆报道中的一个特色。纵观30多年的国庆报道，各报的建设成就宣传在反映重点工程建设、城市发展等“硬”内容上做了许多文章，在制度建设、观念更新、生活习惯的变化这样一些“软”内容上略显不足，整个报道多少有些“软硬”不均，重“硬”轻“软”的倾向，但也有一些成功经验。

《焦点访谈》2012年国庆期间推出“国庆记忆”系列报道，选取了六个与国庆相关的主题，分别是“红旗飘飘”、“国之盛宴”、“歌唱祖国”、“火树银花不夜天”、“鲜花盛开的广场”、“在天安门前留个影”。这六个方面看似跟传统国庆报道思路差不多，但实质上完全不同：“红旗飘飘”报道的是升旗仪式的演变和发展，“国之盛宴”报道的是国宴的发展历程以及国宴观念的转变，“歌唱祖国”报道的是该首歌的创作经历，“火树银花不夜天”报道的是天安门国庆焰火的发展和变化，“鲜花盛开的广场”报道的是历年国庆节天安门花坛的变化，“在天安门前留个影”是以对比的手法报道不同时代在天安门前留影的故事。在这一系列报道中，《焦点访谈》一改宏大叙事策略，从平实的细节出发，用全新的视角发掘新闻亮点，从中展现了新中国发生的巨大变化和可喜面貌。

从“硬”成就中报出“软”内容，使读者既看到建设成就的巨大，也感受到生活所发生的变化。这一点值得在改进国庆报道中加以借鉴。

3. *以独特视角折射祖国巨变*

与报道宏观成绩、宣传建设成就互为补充，表达个人感受在国庆报道中从另一个角度表现了祖国前进的微观变化。举办个人征文是近30多年来国庆报道表达个人感受的一个“常项”。

《人民日报》、《光明日报》和《经济日报》在国庆报道中都举办过个

武汉晨报 2009年8月24日 星期一
与共和国同行·我的名字叫“人民” A03

人民法院，书写当家作主辉煌

武汉市中级人民法院向晨报独家披露：1949年接管旧法院前后的传奇故事

破除“有理无钱莫进来” / “人民”二字区别新旧法院

▲1983年7月28日，市法院在新华路体育场开展第一次“严打”宣判会。

▲1992年12月28日，判决张明高死刑。

【接管】

“我把旧法院交给新时代”

【审案】

第一案针对黑市买卖金银

离婚案直指“三妻四妾”

为“二七惨案”讨回血债

【成就】

市法院屡创全国之最

“谭政、陶铸派我接管法院”

图为《武汉晨报》2009年8月24日推出《与共和国同行 我的名字叫“人民”》版面

人征文。这些征文往往是从个人（或亲人、家庭）的角度入手，从微观从侧面反映我国人民在精神面貌和生活状况上发生的深刻变化，一般都具有可亲、可信、贴近性强的特点。

有时候，转变一个角度，换一种思维，就能让报道出新意。以《武汉晨报》为例，新中国成立60周年报道策划中，在针对市民个体策划了“我的名字叫国庆”的报道之后，又针对城市行业策划了“我的名字叫人民”的报道——“人民银行”“、人民邮政”“、人民轮渡”、“人民医院”、“人民照相”、“人民警察”……一个行业一个板块进行系列报道。看似是枯燥的“行业成就”，但从第一人称入手，挖掘背后的“新闻”，彰显中华人民共和国“人民政权”的特质，大主题、小切口，形成新的看点。如“人民银行”从新中国成立之初币制混乱到新版人民币问世，展示了稳定金融秩序的艰辛。“人民公汽”从过去“万国长鼻子公交车”起笔，到今天地上、地下轨道交通的立体新布局，呈现出新中国的进步与繁荣。总之，该系列报道从平民视角切入，摒弃了生硬说教，注重形象化，具有可读性。①

（二）城市解放日纪念报道

人的生日、国家的生日都有值得庆祝的意义。对于一座城市来说它也有生日，除了古老城市的建城日外，选择它在共产党的领导下获得新生的解放日是有意义的。于是就有了城市解放日报道策划这一主题。这是一种特殊的报道策划，但是各座城市的报纸都会遇到，所以这也是一种较为普遍的新闻策划。

1949年5月27日上海解放了，第二天，作为中共华东局和上海市委机关报的《解放日报》诞生了。55年后，《解放日报》把上海的解放和报纸的创刊两件大事合在一起进行纪念，当天的头版头条是《本报隆重纪念创刊五十五周年》，所配发的图片是“市民在参观上海解放55周年图片展”。相应的报道包括《牢固树立和全面落实科学发展观　热烈庆祝上海解放55周年》和《是纪念，更是起航　纪念〈解放日报〉创刊55周年大会侧记》，当天的报纸把这两件大事天衣无缝地融合在一起，颇具启发意义。

2009年是纪念武汉解放60周年，如果从历史尘埃中找几个故事应景，是很容易的事情，但《武汉晨报》别出心裁，选择“地下工作者”这一带

① 罗建华：《激发当下公众的兴奋点——以〈武汉晨报〉为例简析纪念性报道的策划》，载《新闻记者》2012年第5期。

有神秘色彩的特殊群体，策划了“迎接武汉之晨——寻访黎明前的地下工作者”主题报道。因为，武汉解放一无夺城血战，二无阵前起义，权力出现真空且又险象环生，江城面临大溃败前的大破坏，正是党领导的地下工作者出生入死，进行艰苦卓绝的斗争，配合“四野”才让这座华中重镇回到人民手中。然而，由于长期在隐蔽战线工作，又由于在历次政治运动中遭受不公正待遇，地下工作者可歌可泣的事迹鲜为人知。那么，在一个特定的时机，报道一个特定的群体，既有代表性，又有传奇性，报道资源也十分丰富。加上近几年《暗算》等“谍战剧”热播，营造一个“红色特工”的氛围正逢其时。报道于 2009 年 3 月 2 日一经推出，便受到读者追捧和网络、电视追踪。同年 4 月中旬，又碰上电视剧《潜伏》开播，使之更具关注度、传播度。

2014 年 5 月 16 日为武汉市解放 65 周年纪念日，《长江日报》推出 20 个专版的《将星闪耀大武汉特刊》，介绍 20 位开国将帅在武汉产生的光荣历史。

武汉解放65周年纪念特刊
中国革命的武汉时间
将星闪耀大武汉
87 年前
20 位开国将帅
齐聚大武汉

将星闪耀大武汉
朱德：
在水塔街提出
“上山打游击去”
1938 年在汉留下唯一传世白话诗

用报纸的版面数与纪念日的年数相吻合，是近些年来不少报纸的一种策划方式。进行此类报道，有几个问题需要注意：

一是报纸的费用问题。出版这样的纪念专刊，报纸需要大量加张，而报价又不变，报社需要从全局考虑，自己的经济状况是否允许。一般来说大多是靠多拉广告来解决的。这里又有两个问题，一是当地的广告总量有多少，加张所需要的补贴能否通过征集广告来解决；二是有多少广告客户愿意在这个时刻做广告。广告的流量与时间季节是有关系的。有的城市解放日或报庆日是在广告的旺季，此刻多加几张广告就比较容易；否则就比较困难。这是策划人不得不慎重考虑的问题。

二是广告版面在整个专刊中的位置问题。加张出版需要广告支撑，而广告多了就会冲淡宣传效果，给人以滥竽充数之感，吃力不讨好；广告少了，经济上又吃不消。不少报纸在反映城市巨变时拿出十多个版面给各地区，既反映了当地的发展，又有了经济的补贴，一举两得，是值得借鉴的。

三是内容的安排和版式的设计。纪念专刊的内容一般来说都是很多的，不论是一百年还是五十年二十年，需要回忆需要展望的东西都是很多的。按照历史、现实和将来的时间顺序来安排内容是一种常见的方法。问题是这三者的比例该各占多少，需要研究。一般来说，如果采访中发掘的历史珍闻较多，不妨多用些版面反映那些能够引起老年人回忆、给青年人新奇的文字和图片；对于现实是不能轻视的，问题在于要用新的视角新的表现方式给人以新的感觉；展望未来是美好的，在此要把宏观规划用图表、数字和照片等具象的东西反映出来，要有理念，要有诗意，要有美感。

四是正常报道与纪念专刊的关系。新闻是时时刻刻发生的，它不能因为出专刊而停止。报纸不同于杂志，不能让读者有因专刊而失去知道当日新闻的遗憾。有的报纸拿出 16 个版面来反映纪念活动和当日新闻，这样处理较好。对于面向全国的大报来说，还要内外有别，在版面内容的安排上动脑筋。纪念专版在本市出版 50 个版，而在外地仍然出 16 个版。对于外地读者来说，在 16 个版面中已经看到了纪念专刊中的精华，对于本地读者来说又详细了解了本市的情况，而且便于发行，经济上也划算。

（三）建党纪念日报道

每逢建党周年纪念日，特别是整十周年之际，党报党刊都会将其作为新闻宣传的重头戏。打开“七一”前后的报纸，闪烁着智慧光芒的独家策划、独特的编排、别具一格的版面，扑面而来，这些精彩纷呈的亮点，让读者喜闻乐见。建党纪念日的报道策划有如下成功的思路：

1. 纵览辉煌党史，写活革命英杰——连续报道大气磅礴，令人回味无穷

2011 年 7 月 1 日是中国共产党成立 90 周年纪念日。《广州日报》通过

精心策划，在“七一”前夕隆重推出《红色足迹在广东》、《领袖在广州》、《纪念西藏和平解放60周年》三个大型新闻报道，发表系列报道二十多篇，这些报道既有政治高度，又突出了广东和广州的地域特色；既有历史的纵深感，又有鲜明的时代气息。

其中，《红色足迹在广东》大型系列报道从6月初开始推出，以记者实地重寻红色足迹的形式回顾历史，挖掘了不少鲜为人知的辉煌党史，如《周恩来大佛寺开高级培训班》、《广州最早“党校”藏身素波巷》、《〈新青年〉南迁广州昌兴街　陈独秀在这里吹响革命号角》、《广州市委第一任机关走出两对真假夫妻》，生动呈现了建党以来在广东大地上的红色往事和今昔变化，彰显了广东在民主革命斗争时期独特的历史地位和作用。

《领袖在广州》挖掘历任国家领导人在广州的活动，如1954年毛泽东第一次视察广州，是为修改和审定“一五”计划；1979年，邓小平复出后第一次到广州，首提不再以“阶级斗争为纲”；1991年，江泽民第一次到广州，提出“两个文明一起抓”；2003年，胡锦涛第一次到广州，首提“科学发展观”，等等。这些报道展示了广东在新中国建设中的独特地位和作用。

领袖在广州
建国后外出视察 首飞来广州
1956年毛泽东抵穗 首次提出"利用外资"的问题 首次畅游珠江高呼"我自由了"
放眼世界揽风云

图为2011年6月23日《广州日报》开始刊发纪念中国共产党成立90周年的《领袖在广州》系列报道

而《纪念西藏和平解放60周年》系列报道则通过报道西藏60年的巨变，从一个侧面反映出中国共产党的伟大业绩。

这三个系列的连续报道大气磅礴，紧扣主题，从不同侧面报道了我党的辉煌历史和在党的领导下所取得的历史成就。①

2. 着眼普通党员，表露群众深情——策划贴近百姓，亲切生动

2011年6月1日开始，《新疆都市报》推出建党90周年特别策划《勇立潮头——那些充满朝气的新生代党员》，并发起"推荐您身边优秀的年轻党员"活动。报社的想法是：近年来年轻党员特别是80后、90后党员日益增多，这些洋溢着时代精神的新生代党员，也是一个国家、一个民族的未来希望所在。因而策划以动态报道的形式，展示奋战在新疆各行各业的优秀年轻党员的动人故事。整组报道分为趋势篇、人物篇、事件篇、理念篇四大部分，力图从不同角度诠释在新疆跨越式发展过程中新生代党员的时代风采和历史担当。报道策划将目光聚焦在基层普通的年轻党员的身上，通过他们的所作所为展现了新疆新生代党员的动人风采。如2013年6月9日刊登的《"新生代"党员成农村致富带头人》，报道了塔城地区沙湾县柳毛湾镇一群年轻党员勤奋、负责，积极为群众排忧解难的事迹。报道中善于用普通群众的视角来观察、审视、评价这些优秀共产党员，拉近了党员与普通群众的关系。

3. 寻访报道，纪念历史的另一种方式

《南方日报》在建党85周年整体报道中，推出《纪念长征胜利70周年》系列报道，很有特点、很有创意。《南方日报》把系列报道的主题定在"人"上，这些"人"既可以是亲历的老红军战士，也可以是老红军的后代，还可以是长征的目击者，从不同侧面反映了老一辈共产党人的高尚情操和革命本色。选择这个主题是因为：第一，"人"这个主题带有浓厚的人文关怀色彩；第二，这些老红军、老党员参加革命时间早，中华人民共和国成立后担任较高职务，德高望重，具有信息传播的典型性；第三，系列报道的老红军大多数已经去世，文章落脚于他们的后代，给人以事业继承、精神永驻的激励。文章把报道重点放在了老红军和他们的亲属的交往上，通过将军与其亲属的关系反映了老一辈共产党人的精神境界，对今天在任的领导干部及其亲属都是有教育意义的。另外这个系列报道的标题设计做得很好，醒目

① 文远竹：《突出地域特色，以红色足迹和伟大业绩激励读者——〈广州日报〉建党90周年大型新闻报道的做法和体会》，载《中国编辑》2011年第4期。

又新奇，引人入胜，报道的内容朴实、厚重、深邃，将主旋律融入人们常见的亲情之中，耐人寻味。整个报道持续一个多月，有创新意识，图、文和资料相配合，增强了阅读效果，是寻访报道的代表之作。①

4. 激情歌颂党，尽显独家特色——版面设计庄重热烈，富有新意

在建党 85 周年宣传中，新闻报道内容策划的匠心独运，与版面设计的突出处理——形式上的创新策划，交相辉映，相得益彰，使“七一”期间的报纸光彩夺目。《光明日报》在“七一纪念特刊”的头版上，采用了胡锦涛与各族青年在一起的大幅横构图新闻照片，通栏半版。翻过来，二三版打通，用 18 张大幅图片“话说”《党史上的“七一”》。整个版面设计简洁明快，打破常规，气势恢宏。同样精彩的还有当天的《中国教育报》头版，编者把报头放在了下方，在标题下面是一幅竖构彩色新闻图片，画面上是中华女子学院合唱团的同学在八达岭长城下参加“唱支山歌给党听”演唱会的情景。整个版面色彩和构图绚烂而热烈，让人热血沸腾。

（四）不同人物的节日报道

选择一个特定的日子对有关人物进行寻访报道或对其工作及生活状态予以介绍，是常用的一种报道策划。

1. 特殊人物寻访报道

每年的 10 月 26 日是武汉市的环卫工人节，这本来是个很“小众化”的节日，但《武汉晚报》却打破常规，自 2012 年 10 月 14 日起，连续两周刊发系列报道，通过记者调查、征集市民代表体验、发动爱心捐赠等形式，将一个再普通不过的“小节日”闹出了“大动静”，在湖北乃至全国都产生了影响，为节庆新闻报道找到了一个新的切入角度和报道思路。事情缘于 2012 年 10 月 10 日，《武汉晚报》记者采访武汉市城管局时，双方商议围绕即将到来的环卫工人节，打破常规，合作做一些新闻策划。2012 年 10 月 12、13 日，《武汉晚报》4 名记者放弃周末休息，上街体验武汉环卫工的“四怕”。2012 年 10 月 13 日当晚的编前会上，与会的部主任、老总被环卫工的真实生存状态所震撼、所感动。14 日隆重推出首篇报道《武汉每年十几名环卫工倒在车轮下》，配上充满视觉冲击力的头版图片和大幅标题。15 日刊发专版《四大恶习最伤环卫工人心》。16 日，按照原有策划，《武汉晚

---

① 宋志标：《长征报道的历史观与模式创新——评〈南方日报〉长征胜利 70 年大型报道》，载《青年记者》2006 年第 22 期。

报》联合武汉市城管局发出邀请，公开征集 7 名市民代表上街体验环卫工的辛苦；18 日，市城管局联合市交管局、文明办、交委等部门召开发布会，回应报道，出台了武汉车窗抛物举报奖励细则，并独家联合《武汉晚报》向社会征集爱心企业捐赠垃圾桶或环保垃圾袋，免费发放给私家车主。22 日，《武汉晚报》在第四、五版推出大型体验式报道，记者兵分 7 路走上街头体验环卫工的辛苦，和环卫工一起吃顿午餐，刊发《干过 6 年农活的人直喊累》、《环卫工吃冷饭已成习惯》两篇重头报道，在社会上引发新一轮热议。

2012 年 10 月 23 日，报道进入第二阶段，也是这次报道的最终目标：发动全社会行动起来，给武汉 2.4 万环卫工送上一份有温度的节日礼物。报纸发出三大爱心倡议：沿街门店、机关、企事业单位和居民，就近为沿线的环卫工热一碗饭、倒一杯热水；向社会征集 200 台微波炉和饮水机；为环卫

武漢晚報
为百姓谋利益
史上最大规模"国考"职位公布
涉鄂职位409个 计划招录超500人
在二战人工岛上"建国称王"
世界最小国传奇"元首"逝世
82333333
武汉每年十几名环卫工倒在车轮下
醉驾飙车 滥用远光 抢道逆行 车窗垃圾
马路天使的"四怕"，你占了几项？
拎着垃圾袋边"拾荒"边旅游
本报新青年体验营昨天体验木兰天池环保一日行
烟花窜入看台
白沙洲火灾
钻机凿穿隧道
还有18天
买晚报 送纸巾

图为《武汉晚报》为“环卫工人节”策划的系列报道之一
《武汉每年十几名环卫工倒在车轮下》（2012 年 10 月 14 日）

工捐一些保温杯、保温瓶。这个倡议迅速引起强烈的社会反响。

这一系列报道引发人们广泛关注，被新华网、人民网、新浪、腾讯、雅虎、搜狐、网易等近百家全国知名网站纷纷转载，网友留言上千条，不少网友感慨：看完真的好心酸，以后不会乱扔了。

这起节庆报道创新了报道策划的思路：聚焦小人物挖出大新闻、主打“体验式报道”、主张人情味和人文关怀。在策划中该报还注重报网互动，不仅发微博消息，还将网上留言和评议有选择性地在报纸上刊登。①

借节庆之机，除了能策划报道特定人群的生存状态和行业状态，还能借机对特定人物进行专访。如《北京青年报》于2004年8月1日在“天天副刊”的专版中开辟了“口述史实”栏目，专门刊登大型系列报道《我的长征——寻访健在老红军》，这次活动是该报社与新华社解放军分社联合推出的。记者历经千辛万苦寻访到了如今尚在人世的不多的经历过长征的老红军，在国庆55周年大庆前夕推出这一系列的报道，就是告诉读者们要不忘历史。几十篇报道记者都用鲜活的历史资料和人物专访的形式表现了出来，这种策划是成功的。

第一，长征本身就是一件足以留传人类历史的丰功伟绩，由于长征已经过去了多年，所以要找到现在仍健在的老红军并不是件简单的事情，记者为了这个专题跋山涉水地去采访，这本身也是一种精神的奉献。

第二，既然长征是足以让每个中国人铭记一生的事迹，那么访问这些红军战士，既可以帮助大众重新唤起对那段峥嵘岁月的记忆，又可以表达出整个民族对这群特殊的人的关心和慰问。为祖国的解放事业作出了巨大贡献的人，祖国是不会忘记他们的。

2. 中国记者节报道

记者节早在新中国成立前就有。因当时没有确定记者节的具体日期，因此长期以来我国新闻从业人员一直未过记者节。2000年国务院正式批复中国记协，同意将11月8日确定为中国“记者节”。从此，新中国的新闻工作者有了自己的节日。记者节像护士节、教师节一样，是我国仅有的三个行业性节日之一。按照国务院的规定，记者节是一个不放假的工作节日。因此，“记者节”毫无疑问被广大新闻工作者们所记取，但又最容易在忙碌的工作中被遗忘。“中国记者节”其实是一个展示行业风采、提升公众认可度

① 王悦生：《“小节日”报道闹出“大动静”——解析〈武汉晚报〉“帮环卫工热碗饭倒杯热水”系列报道》，载《中国记者》2013年第2期。

的好时机。

2013 年 11 月 8 日是第 14 个记者节，很多媒体就抓住了这样的时机进行报道策划。《东方今报》不仅在头版正中刊登足有半个版大小的记者采访照片，配以《请为这些记者鼓掌》的粗大标题；还在第 14 版推出《体验换位 12 名“今粉”今天当“记者”》的报道，原来，报社事先确定了 12 名报纸读者，邀请他们在记者节当天体验当记者，并刊登了他们的采访稿与采访感受，有的体验者感慨：“原来，记者并不是我原来想象的全是光鲜，他们的付出超过一般人。以前我羡慕这个职业，现在还开始感叹敬重他们了。”有的体验者说：“这次体验让我看到，记者要做多种角色，除了采访写稿，有时还是搬运工、协调方和志愿者……一个新闻事件背后，我看到了辛苦。”这样的报道策划，既让读者增进了对记者的理解，又唤起了读者的亲近感。

今日二叠56版
总第2788期
2013年11月8日 星期五
农历癸巳年十月初六
主管主办：河南电视台
国内统一刊号：CN41-0092
邮发代号：35-46
新闻热线：0371-65830000

东方今报

全国广电系统唯一都市报 中国十大传播力都市报 中国品牌创新力十强都市报

周润发欲捐99%的财产价值约10亿港元
31条航线取消机票打折下限

中国第十四个记者节

请为这些记者鼓掌

今天我们仍奔走采访一线，为百姓发声，为百姓代言

致中央驻豫新闻单位和全省新闻工作者的慰问信

图为《东方今报》2013 年 1 月 8 日头版，为纪念第 14 个记者节而策划的报道

与此同时，不少媒体通过组织公益活动来纪念记者节，并通过活动报道来传递新闻界“正能量”。河北日报报业集团举行“善行河北·爱传百城·圆梦中华——媒体在行动”记者节无偿献血特别活动；闽东日报社组织采编人员前往古田县大甲工业集中区开展“下基层、接地气”采风活动；厦门新闻界举行“美丽厦门 共同缔造”记者节特别行动——环海沧湖骑行活动，等等。

与展示新闻工作者正面形象相比，2006年《中国青年报》记者节的报道策划就显得“另类”了，他们在这一天推出特别报道，向读者曝光了目前新闻界种种不合法的现象，借此来呼吁完善新闻立法，呼吁提升新闻工作者的职业道德水平。整个特别报道的文章题目分别为：《中国投诉网记者涉嫌敲诈案开审》、《“我需要钱，就要了”》、《新闻出版总署通报的4名记者现状追踪》、《新闻伦理底线为何失守》、《不良记者应终身出局》、《严禁记者索取钱财》，总共六篇，从题目中就可以看出这组新闻策划的核心之所在：聚焦记者的职业道德。与之相辅相成的是一张违法记者在监狱里掩面痛哭的照片，这些共同构成了一组内涵丰富、蕴意深刻、震撼人心的专题报道。

二、贴近生活 服务大众

服务性报道，不仅表现在节假日，有时也可利用某些条文法规的发布纪念日来进行。这样既宣传了法规的意义，又确实为读者了解和掌握法规起到了很好的服务作用。

为读者服务、为市民服务是我们媒体的一个重要任务，时刻都不可忘记。但是，借助于一定的节假日或纪念日来进行这样的报道，效果可能会更好一些。因为，这里的时间是特定的，它给人们以特定的意义，人们对媒体宣传的东西记得牢；有的服务性报道本身就是为读者节假日服务的，所以更受读者欢迎。

每年的6月5日是世界环境日。自1972年6月5日联合国创立环境规划署起，联合国便把环境日作为主要载体之一，激发世界环境意识，鼓励政治关注和行动。联合国环境规划署确定2013年世界环境日主题为“思前，食后，厉行节约”，倡导反对粮食浪费，使人们意识到粮食消耗对环境的影响。而中国主题则确定为“同呼吸 共奋斗”，旨在传递建设美丽中国人人共享、人人有责的信息，倡导在同一片蓝天下生活、呼吸的每一个公民都应牢固树立保护生态环境的理念。江苏公共频道为此推出了长达 8 个小时的“6. 5”世界环境日特别节目；《新京报》推出四个版的专题报道，其中《全国地下水水质监测 57. 3%为差》报道了我国地下水污染严重的可悲现状，《村内垃圾如山 清运车遇翻盖房“阻路”》则聚焦北京城乡结合部，报道了周边几个村垃圾乱堆乱放、治污清污艰难的情况。可以说这四个版的报道抓住了我国环境问题的“七寸”，这一天发表的社论《莫让环境污染挑战民众承受极限》呼吁政府部门从重从快解决环境污染问题。《新京报》的报道策划思路，都暗合了“同呼吸 · 共奋斗”的主题，但却是以非常具体的事实报道来呈现的，使读者感受到了环境污染给所有人带来的压力。

图为 2013 年世界环境保护日中国环境保护部官网专题截图

像这样类似的法规日、纪念日的报道，一要注意紧扣当年报道主题，二要有创新。如五一劳动节前后，几乎所有的媒体都会策划节日特别报道。2013 年 5 月 1 日，《羊城晚报》主打“劳动光荣”的旗帜，在封面中间部位大篇幅刊发新华社图片，打出“致敬！劳动者，今天是你的节日”的大号标题，图片说明为：“五一”小长假，在连霍高速公路定西至天水段，甘肃高速公路定西清障救援大队一中队工作人员为故障车辆更换轮胎。除了头版旗帜鲜明向劳动者致敬，还在 A3 版推出《劳动成就梦想　五一国际劳动节特别报道》，报道了催乳师、艺术品经纪人、管家、网商这些新行当里劳动者的新面孔。配发了编者按，以“劳动最精彩”为题集纳了习近平总书记关于劳动的三句话：人世间的美好梦想，只有通过诚实劳动才能实现；发展中的各种难题，只有通过诚实劳动才能破解；生命里的一切辉煌，只有通过诚实劳动才能铸就。本次策划通过报道新行业劳动者的鲜为人知的故事，不仅扣住“五一劳动节”挖掘节日内涵，而且弘扬了国家领导人倡导诚实劳动的精神，可谓一举两得。

劳动成就梦想　五一国际劳动节特别报道　A3

产妇母乳少　催乳师走俏

不少年轻妈妈因工作压力大、奶水不足，只得放弃母乳喂养，但近年来奶粉质量问题频发，妈妈们重新掀起母乳喂养热潮，“催乳师”这个职业也因此而逐渐走俏。

催乳师又称催奶师、揉奶师，是指运用中医、营养等相关知识，主要通过按摩、饮食等技术和方法，帮助产妇解决无乳、乳少、乳汁淤积等问题并进行母乳喂养指导的从业人员。

暂无标准无资质　从业者良莠不齐

上位靠本事　管家很拉风

说起管家，很多人都会联想起西方电影中的管家的形象——严谨、忠实地照顾主人起居饮食，有条不紊地打理奢华的古堡。

在日益富裕的广州，如今管家这一行在悄然兴起。管家们每天出入顶级私人住宅，为保护客户隐私，他们深居简出、行事低调。记者近日走近这群似熟悉却神秘的人，了解这个职业背后不为人知的故事。

面试培训百里挑一　当个管家真不简单

编者按

劳动最精彩

人世间的美好梦想，只有通过诚实劳动才能实现；发展中的各种难题，只有通过诚实劳动才能破解；生命里的一切辉煌，只有通过诚实劳动才能铸就。

——习近平

艺术品经纪　凭眼力吸金

“掌眼人”靠眼力吃饭

成交价500万佣金25万

转型做网商　年销五千万

晚上十点半，黄晓东还一直忙得不可开交，采访只好在晚上十一点后开始。

黄晓东是“膜法世家”的创始人，他的公司是一个依靠淘宝网店平台成长起来的广州品牌，以水洗面膜切入护肤品市场，仅用了三年多时间，年销售额已达上千万元。

破釜沉舟“逼”上淘宝

“先加后减”专注取胜

串商市场：8.1万亿　单天交易量远超美国

图为《羊城晚报》2013年5月1日第3版推出的

《劳动成就梦想　五一国际劳动节特别报道》

下面谈一下假日经济的报道策划。

所谓假日新闻，从广义上讲是指报纸、广播、电视甚至网络等媒体在假日期间报道的所有新闻。从狭义上来说，是指媒体围绕假日经济，以及与人民群众的经济生活密切相关的事实，以引导消费、服务市场为主旨，侧重宣传服务性的经济新闻报道。

假日经济不仅为假日新闻的产生创造了前提，而且也为后者的发展带来了机遇。有资料表明，国外现代报业节假日呈现增版趋势。我国一些目光敏锐的新闻媒体为了抢得先机，争夺节假日市场上新闻报道的主动权，下足了工夫，从而使假日新闻出现了一个相对广阔的报道空间。各类报刊纷纷调整编辑方针，使假日新闻的报道“规定动作”的稿件少了，精耕细作的版面多了，报道的内容、角度能够更多地关注社会生活。

假日经济火了假日新闻，使其成为新闻媒体普遍看好的经济增长点。如何经营、开发好这个热点，不少媒体明显准备不足。一哄而上的报道给假日经济带来一定程度的负面作用。

把假日经济等同于假日旅游，这是当前表现最为突出的一个认识误区。现在一提起假日经济，人们很自然联想到旅游，似乎假日经济就等于假日旅游。为什么会给人们这样的错觉呢？媒体有不可推卸的责任。随便翻报纸、看电视，在假日新闻报道中，假日经济的内涵十分单一，几乎被假日旅游的报道所淹没。一旦临近“黄金周”，报纸、广播、电视、网络就开始连篇累牍、喋喋不休地宣传假日旅游。其实，旅游只是假日经济的一个重要组成部分，从其对国民经济的贡献率来讲，它在假日经济中的地位还相当低。

与此同时，长假将至，媒体的各种软广告也一天天多起来。一些大的报纸，往往在节前一个月就开始扩版添张，为假日来临作热身。其内容具有很强的煽动性。如各个旅游景区的介绍、服务行业优惠措施的出台，名为新闻，实则是诱使消费者花钱出去玩。除此之外，各类促销信息有的甚至是虚假信息也是媒体假日新闻的刊发重点。当然，传媒为此受益匪浅，从其经济效益的飙升就可以看出。但是假日消费表面的热闹并没有从根本上带来消费总量的明显增长。同时由于媒体的狂热报道刺激了人们的消费欲望，把一些非必需的潜在消费激发出来，形成了一种即时消费。由于这类消费行为的盲目性和随意性较大，消费者往往没有经过认真挑选或仔细查看就仓促购物，因此“花钱买伪劣”的现象在所难免。

记者在实际工作中应加强策划，开拓假日新闻。假日经济应该是一个把节日、公众假期都包括进去的“大假日”概念。从消费角度而言，随着人民生活水平的提高，消费者不再满足于过去单纯的消耗型、享受型的消费模式，而逐步开始向智力型、开发投入型转变。传媒如果仍一味囿于原先内涵狭窄的报道方式，显然难以适应受众需求。媒体应该加强报道策划，让人们认识到假日消费并非只有旅游，而是呈现多元化、个性化的趋势，立体展示假日经济的深刻内涵。①

假日新闻的报道重点应放在受众对假日经济最重视的问题上。在这个层面，媒体可以从四个方面做文章：一是把假日经济中的最新动态、消息及时传递给受众。二是在假日新闻里提供一些景区的信息，例如重点旅游城市的天气预报、交通调整、酒店住宿状况，旅游点人数及活动项目等。三是在假日新闻里开辟一个“职介”窗口，一方面可方便用人单位、打工者，提升传媒自身效益；另一方面又均衡了社会财富，稳定社会。四是针对假日经济中出现的新情况和暴露的新问题，及时进行正确的舆论引导。

随着人们闲暇时间的增多，精神、文化的需求为经济发展孕育了新的空间，被称作“第四产业”的文化产业脱颖而出。文化产业与假日经济应该是互为补充、相得益彰的。媒体在加强宣传假日经济的同时要加强宣传文化消费，促进假日经济与第四产业同步发展。

总之，在假日经济的报道上，媒体还有很多工作要做。

在进行假日经济报道策划时要注意以下几个问题：首先，进行这一类策划，一般来说应该有一个提前计划，也就是在节日没到之前就应该把服务专版推出来。特别是一些重大节日，早些天人们就开始作打算了，或是走亲访友，或是出外旅游，他们如果能在动身前就知道线路和景点等资料，就方便多了。包括一些节日菜谱，也该早些日子拿出来为好，当家人好早做采买准备。到了节假日才刊发，有可能就成了马后炮。其次，一定要做好调查，知道读者需要什么，出力要讨好。时代在发展，市场在变化，读者的需求也在不断地改变。组织服务性专刊，不能老是以自己的好恶和固定的习惯、模式来取舍。一定要真切地知道读者需要什么，一般人需要什么，特殊人群需要什么，一般时间需要什么，特殊时间需要什么，市场最近有了什么，发生了哪些变化，等等。所有这一切都是策划者应该事先了解的，要做到心中有数。最后，一定要注意报道的宣传形式。节假日总是喜庆色彩要多一点，给人一点美感。数字、名字、地址要无误，有的需要用表格罗列出来，给人一

---

① 《京城商场：诚信促销受欢迎》，中国经济网，http://www.ce.cn/cysc/zhuanlan/200701/29/t20070129_10241679.shtml。

目了然的感觉。编排上要注意方便读者剪裁和收藏。

三、文献资料集粹的报道方法

在特定日的策划报道中，还有一种情况，那就是以本媒体收藏或收集的资料，或以本媒体发生过的事件为基础进行报道策划。新闻媒体由于自身的特殊原因，常常会有较为丰富和难得的历史资料，将这些宝藏挖掘出来，进行有机地组合，会产生意想不到的良好效果。

案例 2

《南方周末》作为全国同类报纸中发行量之首的报纸，在 2006 年 12 月 14 日（第 1192 期）和 12 月 21 日（第 1193 期）对克拉玛依大火 12 年的纪念日做了连载报道，这是对历史的追寻。首先在第 1192 期的 A6 和 A7 两个版面，用题为《克拉玛依，没有终止的记忆》和多幅图片唤回了读者不愿记起的 12 年前惨痛的回忆，这是媒体对历史资料的恰到好处的运用，如刊发了克拉玛依大火的遗址，现在成了"友谊馆"；还有几张照片展示了克拉玛依这座以石油命名的城市时过境迁后的样子。两个版面的照片，伤痛与幸福交错，静谧与阳光相遇，历史与现实重叠，很容易唤起读者冰冻已久的记忆，这样就达到了策划的目的，追寻历史，着眼未来。这样的铺垫，使得下一期即第 1193 期的《一个轮回后的真相》水到渠成。

【点评】

可以说，《南方周末》这个系列的报道策划是成功的，两期报道分别采用摄影和文字两种形式，将历史和现实沟通了起来，图片清晰美观，文字入木三分。在惨剧发生的 12 年后，官方媒体只有南方报业传媒集团与凤凰卫视对该事件做了纪念性报道，这正体现了《南方周末》"关注民生，彰显爱心，维护正义，坚守良知"的责任感，符合办报的宗旨和特色。

历史是连绵不断发展的，选择某一日进行集中报道，可以将材料更加集中，更加精粹，更加典型。这种策划，既能深刻地突出主题，也能给人以更深刻的印象，极具收藏价值。

进行这类策划要注意以下几点：一是选择的纪念日要准确，不得有误；

二是选择在这一天发生的典型人物和事件。虽然只有一天的时间，但是在一天时间里发生的事情是很多的，报道常规事件显然是没有意义的。选择的人和事，既要在当时就很有代表性，又要与今天宣传的主题相吻合，还要是新近发现或挖掘的历史新闻；三是注意照片的运用。对于纪念日的报道，照片的运用更显得重要。文字可以重写和再访，而历史照片却是无法复制的。所以在一般的纪念日的报道中，尽可能多地采用当年拍摄的历史照片，有时它比文字稿更重要。

节假纪念日的报道，其难度在于等时距地进行，即每隔一年或每隔一段时间就要重复进行报道。年年都是一个模式、一个内容，报道无法进行下去，读者看了也乏味。

进行节假纪念日报道的策划，要注意以下几点：

第一，在内容上出新，即选择在这一时刻什么内容具有最强的代表性和吸引力。物质都是在一定的时空中运行的，一棵大树上不可能有两片完全相同的树叶。同一个纪念日，其重要内容不可能每次都是相同的——只要策划者用心，总是可以在求异中出新的；在某种时候，也可能发生内容大致相同的情况。此刻，对于策划者来说，重要的就在于变换角度。只要角度选得好，有新意，也能写出好文章。比如2013年10月2日到7日，《经济日报》推出《风清气正过佳节》系列报道。该报道源自两节前夕中央和各地方政府下令狠刹公款吃喝、送礼和奢侈浪费等不正之风，确保风清气正、廉洁过节的精神，分“坚守岗位”“文明出行”“节日新风”“文明出游”几个方面连续报道。

第二，在形式上出新，即用不同于往常的报道、写作和版面形式，将有新意的内容完美地表现出来。形式上的出新也不是孤立的，它必须服从和服务于内容。只要我们真正吃透了内容的实质，娴熟地掌握了表现手法，就能取得纪念日报道的最佳效果。如2006年12月1日是多哈亚运会开幕的日子，作为国内最为权威的两家体育平面媒体之一的《足球报》便一改头版都是文字的风格，在头版采用了刘翔的大幅照片，照片上的刘翔眼神中充满了对胜利的渴望，而这期作为“亚运特刊”的第一期，策划的主题就是“兵临多哈”，图片和文字的搭配非常合理，也非常鲜明。

第三，未雨绸缪，要有提前量。上面介绍的一些策划，即便是反映某一时刻某一地点的事，一个版面的稿件，也要提前做出计划来。对于重大的主题，对于多版面的报道，更要有提前量。因涉及的材料较多，参与的人数较多，变化和不定因素较多，只有提前做好准备，才能详尽地占有材料，才能在变化中掌握主动，才能于缺损中予以弥补。这些都是策划中应该注意的问题，特别是纪念日报道的策划。因为，其他的报道还可能再来一次，纪念日一年几年或多少年才这一次，机会失去了，可能会造成终生的遗憾。

第四，注重版面设计，给读者以崭新的视觉印象。

版面是一张报纸的门面，它给受众的第一印象往往可以决定受众对它的取舍。例如新世纪的第一天，我国各大报纸都十分重视对版面的安排。综观当日的部分党报、专业报和晚报，发现这些报纸的采编风格和版面安排既具有共同特征又凸显个性。

各报采编风格的共性主要表现在：主题集中，头条醒目，声势浩大；图文并茂，新闻图片不仅数量多，而且占用版面空间很大，成为视觉中心，形成巨大的版面冲击力；印刷质量考究，各报普遍采用套红或彩色印刷，色彩绚烂，印刷精美，具有浓郁的节庆色彩；独家报道熠熠生辉。独家报道和本报社论是报纸彰显个性与特色的一种手段。面对新世纪这一共同主题，各报在追求个性上都异曲同工。在共性鲜明的同时，各报由于性质和任务不同，在报道内容和版面设计上表现出异彩纷呈的特色。党报高屋建瓴，放眼全局；专业报突出专业特色，追求个性；晚报、都市报贴近百姓，生动亲切，丰富多彩。它们共同组成了新世纪首日报纸的五彩画面。

◎ 思考题

1. 特定日报道策划的难点有哪些？
2. 媒体在进行假日经济报道策划时要注意的问题有哪些？
3. 特定日报道策划如何才能贴近群众？

◎ 实践题

对比分析几家报纸或杂志最新的特定日报道策划，指出它们各自的成功及不足之处，并结合具体的案例分析媒体在进行特定日报道策划时应该注意的问题。

第六章

会议新闻的报道策划

会议是新闻报道中常见的内容，也是探讨较多的报道种类，它既是新闻报道革新的重点，也是新闻报道革新的难点。正确认识会议的作用，走出会议报道上的认识误区，创造和改善会议报道的外部环境，加强会议报道的策划，通过策划来聚焦受众的目光，增强会议报道的可读性，这些已经成为当前会议的主办者和报道者的重要课题。

案例 1

2012 年全国“两会”期间，《工人日报》从近 3000 位人大代表中，选取了 5 位一线工人代表，在一版显要位置，用 6 天的时间、7 篇的篇幅，推出系列报道《5 位一线工人代表直言“劳动之惑”》。

这组报道牢牢扣住“今天劳动还光荣吗？”“如何体现劳动价值？”“如何实现尊重劳动？”等关切经济社会发展与核心价值观建设的重大时代命题，回应公众特别是广大劳动者聚焦的热点问题。

系列报道开篇以消息形式，2012 年 3 月 8 日在报眼位置刊登《五位一线工人代表直言“劳动之惑”》一文，通过 5 位来自企业的一线工人人大代表之口，提出了“为什么如今许多人不想当工人”，“为什么一线劳动者、劳动价值得不到应有尊重”的疑惑。之后的报道围绕这一主题剥笋般的层层递进，在一版显著版面相继作了 6 篇消息报道：《轻视一线工人、忽视劳动价值现象，应引起全社会警醒》，呼吁警惕社会上存在的忽视劳动价值的现象；《首先要保障劳动者的合理报酬》，强调尊重劳动要从尊重劳动价值开始；《要让工人有干头、有奔头》，提醒要为工人打造职业上升通道；头条位置刊发的组合报道《从制度安排和行动上尊重劳动》、《不能让“劳动”二字蒙尘》，则提出要从制度安排上保障一线工人的尊严，并报道了全国总工会副主席张鸣起的《依靠劳动、尊重劳动、倡导劳动》的政协大会发言所引起的热烈反响……从而实现了对这一主题的多角度、多层次报道。收篇之作是一则消息，刊发于报眼：《全国政协工会界62位委员集体发出倡议书，呼吁全社会树立正确的劳动观 尊重劳动尊重劳动者尊重劳动价值》，借力政协、“两会”这两个最高的参政议政平台，发出了振聋发聩的时代强音，同时也为这组报道画上一个圆满的句号。①

【点评】

《工人日报》这组报道的策划有两个显著的亮点：

一是立足点选得好，既暗含在“两会”这个大的新闻场中，又切合《工人日报》的定位，更重要的是，还切中了社会时弊，找到了社会的痛处——当今社会应该怎样看待工人、看待劳动价值？

二是系列报道从多个侧面展开，有效配合。有的从工人劳动报酬问题展开，有的从工人价值尊严展开，有的从制度建设角度展开，使得这一系列报道形成一股合力，发出“尊重劳动”的铿锵合音。

一、会议的作用及分类

所谓会议，就是很多人聚集在一起议论事件，讨论工作，交流信息，沟通思想。考察会议的历史沿革，大约是从人类有史以来就存在的，人们之所以经常聚会，是因为会议能满足人们的某种需要。尽管信息时代的领导者们大多有了现代化的通信手段，有事可以随时沟通，然而，会议仍然以其能够直接沟通，从而撞击出灵感火花的神奇功效，发挥着它不可取代的作用。

社会上的会议有多种多样，根据组织形式来分，会议只有两种：一种是临时性的会议，一种是依照一定规则结合起来的团体的经常性会议。

临时性的会议是为了处理特别事件或为了某种特别的需要而临时召集的，如地方或单位组织的庆祝会、表彰会、研讨会、新闻发布会，等等。经常性的会议则是为了达到一定的目的而设立的协商处理有关重大事务的组织会议。这种会议通常有严格的议程：大会报告，分组讨论，选举领导机构，讨论通过下次会议的计划，讨论通过其他事项等。如全国每年一次的人民代表大会和政治协商会议，中央和地方的党代会、政府工作会等。

---

① 中国记协网：《中国新闻奖参评作品推荐表》，http://news.xinhuanet.com/zgjx/2013-06/17/c_132461499.htm.

根据会议的性质来划分，有四种不同性质的会议：

第一种是告知性的会议。这种会议一般只宣布某一事项，听者只有接受、理解和讨论报告的任务。如宣布某项政策法令、物价规定，宣布某项人事任命等。这种会议一般需要由特殊身份的人来宣布。

第二种会议是建设性的会议。这是一种创新意识的会议，如讨论新战略、新策略、新政策、新方法等。

第三种会议是执行性的会议。这种会议主要是把已经决定了的任务分配给执行者，授予执行者一定的权力，由执行者承担相应的任务和责任。

第四种会议是立法性的会议。这种会议有严格的权限限制，会议的代表资格审查极其严密，它受命制定大家都必须遵守的法律、规章、制度等。

上面四种会议实质上只有两种，一种是政策性研究会，一种是执行性协调会。政策性研究会包括目标规划、应急对策、贯彻指示的方法措施、学术交流等；执行性协调会包括布置任务、协调矛盾、组织实施等。①

二、会议报道的作用及现状

会议报道是对会议议程、会议内容和会议精神进行广泛介绍、宣传的一种传播形式。会议报道是新闻报道的一项重要内容，它的重要性主要表现在以下几个方面：

第一，传达中央或上级领导机关的重要工作部署。一个时期，一个地区，总有一些涉及全局的工作要做要抓，总有一些需要制定或需要修改的政策、法规。召集所有参与者参加会议统一部署显然是不现实的，何况有些精神是需要分层次传达和掌握的。有了会议报道，就可以将这些重要的意图公布于众，让整个社会成员都知道，哪些是新颁布的，哪些该废止，哪些该执行，哪些有调整，这样有利于思想明确，行动自觉。

第二，传播科学技术文化信息，提高人们的知识素养。在召开的各种会议中，除了政治和政策性的会议外，有很多会议是属于科学技术方面的。人类在改造自然和社会过程中出现的许多新思想、新观念、新技术、新材料是通过一定的会议形式向世人公布的。人们阅读这些会议报道，有利于增长知识，提高自身的知识素养，有利于自己的学习、工作和生活，有利于人们的身心健康。

---

① 王健刚：《领导科学与领导艺术》，上海交通大学出版社1985年版，第167页。

第三，传播体育、文化、娱乐信息，丰富人们的业余生活。有很多会议是涉及赛事、演出和游玩的。赛事的安排，名次的排序，奖项的揭晓和颁发，新人的推出，新项目新规则的制定，新线路新方法的实施，等等，这些都是人们所关心的。这类会议报道对于丰富人们的精神文化生活是大有好处的。

第四，通报重大的灾难、事故、案件，人事变更，天有不测风云，人有旦夕祸福。人们希望安定祥和的生活，但是，突发的重大的意外事件总会发生。比如有关地震、火灾、水灾、车祸、海损、劫机、政变、战争及地方、中央和国际中的重要人事变更，很多是通过会议来发布的。人们对于这一类的会议报道是非常关心的。

综观会议，或传达文件，或布置研讨，或总结经验，或表彰先进，或知识讲座，或学术研讨，它本身就是各种信息的储源。因此，开发会议报道的资源，把握和体现会议报道的自身优势，掌握会议的本质，搞好会议报道策划是十分重要的。

会议多是我国的一大国情，虽然中央一再要求从文山会海中走出来，减少不必要的会议，但由于各部门的重大事件都必须在会议上讨论决定，加上各种总结会、年会、例会、座谈会、茶话会，可谓五花八门，种类繁多。为了突出部门业绩，扩大社会影响，各种会议的主管部门热衷于邀请新闻媒体对会议予以报道。为了抬高会议的规格，引起媒体的关注，他们还尽力邀请领导出席讲话，而这些讲话往往是由各部门自行起草，领导照文宣读。这种让部门讲话变成领导讲话的转变方式，使我们的媒体对一般性的会议也不得不派记者到会报道。现在中央将会议报道改革摆到了新闻改革的重要位置，并要求各级领导改进工作作风，深入基层，深入实际，贴近群众，关注人民最关心的问题，解决人民群众急需解决的问题，并积极支持新闻媒体的报道，一些无关紧要的会议不开了，即使召开了，新闻媒体也可以选择不予报道，对会议报道的选择有了相对自主的空间。选择那些与国计民生有重大关联的会议，与人民生活息息相关的会议，放弃那些无实质性内容的一般性工作会议，是会议报道改革的一个重要方面。

2003 年 3 月，胡锦涛主持中共中央政治局会议，讨论了《关于进一步改进会议和领导同志活动新闻报道的意见》，要求各级领导改进作风，贴近民众，严格自律，支持新闻媒体改进报道工作；要求新闻媒体多报道对工作有指导意义、人民群众关心的内容，力求准确、鲜明、生动，努力使新闻报道贴近实际、贴近群众、贴近生活。2012 年 12 月 4 日，党的十八届中央政治局召开会议，审议并通过了中央政治局关于改进工作作风、密切联系群众的八项规定。明确规定要精简会议活动，切实改进会风；提高会议实效，开短会、讲短话，力戒空话、套话；要改进新闻报道，中央政治局同志出席会议和活动应根据工作需要、新闻价值、社会效果决定是否报道，进一步压缩报道数量、字数、时长；要严格文稿发表，除中央统一安排外，个人不公开出版著作、讲话单行本，不发贺信、贺电，不题词、题字；要精简文件简报，切实改进文风，没有实质内容、可发可不发的文件、简报一律不发；要规范出访活动，严格控制出访随行人员，严格按照规定乘坐交通工具；要改进警卫工作，减少交通管制，一般情况下不得封路、不清场闭馆；要厉行勤俭节约，严格执行住房、车辆配备等有关工作和生活待遇的规定。

中央八项规定对政治局同志的活动要按“工作需要、新闻价值、社会效果决定是否报道”，在实践中，不能将此扩大到所有的新闻报道中。即便报道也要“压缩报道数量、字数、时长”。配合工作的评论和以评论形式出现的文章也该按此运作。这个道理要让媒体人和管媒体的人都知道，共同执行。如何理解“工作需要、新闻价值、社会效果”三者之间的关系？第一，工作需要是报道的前提，没有工作需要就谈不上关于它的报道和如何报道。第二，有了工作需要，不一定都报道，都突出报道，其依据就是新闻价值。新闻价值是是否报道和如何报道的行动守则，这是新闻媒体和新闻人赖以生存和发展的生命线，须臾不可忘却和轻视。第三，社会效果则是检验新闻报道初衷和结果的唯一标准。社会效果包括两部分内容：一是社会影响，即报道后上级领导和主管部门的批示、肯定、嘉奖，这是很重要的；但更为重要的应是听众、观众、读者和网民的良性反应。二是报道对社会工作和人们思想意识所起的促进作用。这是新闻媒体和新闻人的一种社会责任和担当。

八项规定施行以来，我国的新闻界出现了新变化：

一是政治、会议新闻报道数量减少。由于八项规定强调精简会议、精简文件简报，会议新闻报道的数量也随之明显下降。据《焦点访谈》2014 年 1 月 26 日播出的四集系列节目《八项规定一年来》之一“率先垂范树新风”报道：在精简会议活动方面，2013 年取消拟邀请中央领导出席的活动近 40 次；在改进新闻报道方面，《人民日报》报道中央政治局常委活动，新闻发稿照总数为 1002 篇，同比下降 14%，新华社共播发中央政治局委员以上领导报道 2300 条，报道数量较往年有较大幅度下降。中央电视台《新闻联播》播发中央领导活动新闻 2200 条，约 3100 分钟，较 2012 年有明显下降。“《人民日报》文章变短了、新闻联播栏目变活了，地方党报也搞舆论监督了，新华社还披露领导‘隐私’了，领导调研都同步‘围观’了……”

二是民生新闻增加，领导干部活动内容减少见报。

三是舆论监督报道开始出现在《人民日报》等中央媒体头版。兰考大火事件，《人民日报》和新华社等连续发文质问民政部，得到外界赞许：这是央媒应有的社会担当。

四是文风向“真”和“实”转变。2012 年 12 月 13 日晚，中共中央总书记习近平与到访的美国前总统卡特会晤，新华社罕见仅以 96 字报道相关的新闻内容。2012 年中央经济工作会议，是中央八项规定出台后召开的第一个全国性重要会议，中央媒体文风出现了显著的变化。会议报道的新闻稿与往年相比更短了，更实了，以往在文尾罗列大批领导人名单的写法也改变了。央视报道这个会议的“时长”往年要 15 分钟，这次不到 10 分钟，政治局常委活动报道也仅用了 100 多字，让外媒惊呼这本身就是“大新闻”。

2013 年 11 月 15 日，十八大三中全会决议《中共中央关于全面深化改革若干重大问题的决定》（后简称《决定》）发布，指出要健全改进作风常态化制度。围绕反对形式主义、官僚主义、享乐主义和奢靡之风，加快体制机制改革和建设。健全领导干部带头改进作风、深入基层调查研究机制，完善直接联系和服务群众制度。改革会议公文制度，从中央做起带头减少会议、文件。

中共中央政治局会议的《决定》，给新闻媒体提出了一系列重大课题：用什么方式、从何种角度来报道会议？怎样把会议中真正贴近实际、贴近群众、贴近生活的信息，准确、及时、充分、生动地传达给受众？其实有关会议报道的改革问题，已经喊了许多年，但从没有像现在这样，提上了如此重要的议程。各大媒体闻风而动，尤其是一向板着面孔的各级党报头版变化显著，报道内容和方式有了大幅度的改进，但是，会议的整体报道，后续报道，深入报道，还需要在实践中不断改进，需要新闻工作者进一步探索。

三、正确认识会议及会议报道

所谓会议报道，简单说来，大致有三种类型：

一是具有新闻价值的新闻会议报道。即会议的本身就是新闻，该会议具有整体报道的价值。这类会议，一般是决定前途、发展的大事，关系到群众切身利益的会议，是群众盼望召开的会议。这类会议群众非常关心，所以，这类会议的召开，本身就是新闻。如：党的代表大会，人大会议和政协会议，某一时期事关全局的重要会议等。

二是从会议中发掘新闻的会议报道。会议是会议报道的基础，但并不是所有的会议都有新闻可报道的。如一些业务领导部门一般部署工作的会议，有些与读者关系不大，同时又与新闻报道的任务不很吻合，这样的会议显然是不能多报道的，报道出来也只是个会议而没有新闻，使读者望而生厌生畏，更不谈宣传效果。但是，虽然会议本身不是新闻，这并不说明整个会议中就没有一点可以报道的新闻。这里的关键是看记者如何参加会议，如何看待会议，会不会从会议中发掘新闻。只要记者“身入”、“心入”，总是可以发现或大或小的新闻线索的。

三是由会议引发的新闻报道。除了新闻会议和会议新闻外，我们还会发现一类新闻，其发生地点虽然已不在会议上了，但是，引发记者去采访报道的由头却是会议。这就是由会议引发的新闻。这类新闻的特点是，它虽然发生在会议上，却与会议本身没有多大关系，但又确确实实是新闻，而且往往是比较生动活泼、可读性强的新闻。抓住这类新闻，往往就能抓住“活鱼”。当记者的，有了这种新闻视角，就会发现许多会议实际上就是一个新闻发布源。在会议当中，我们可以了解到许多新闻线索，虽然这些线索并不是会议的主题，但是只要记者有心，便可以了解到一些新闻事件的来龙去脉、背景材料以及典型人物等多项内容，沿着这些线索深挖下去，就很有可能找到新闻价值大、信息含金量高的新闻，从而写出高质量的新闻稿来。另外，还可以就此对会议进行追踪，对于会上制定、布置的一些措施、办法等的落实、贯彻情况进行追踪报道等。

一般认为，会议报道是一种枯燥的、程式化的东西，以至于部门主任在编前会上报题时，如果本部门会议消息太多，都不好意思向总编辑交代。实际上，会议应该成为都市新闻报道的一个重要对象。为什么这样说呢？前文提到，会议就是许多人聚在一起议论问题，讨论工作，交流信息，沟通思想，参加会议的人来自方方面面，有着不同的背景，代表着不同的利益，只要不是形式主义的，会议对我们记者来说，都是一个极有价值的新闻富矿。那么多人聚在一起，发表自己的意见，提供着各方面的情况和动态，这种能够大量发现新闻的机会，特别是大型的、高级别的会议（如联合国会议、APEC 会议、财富论坛和中国每年的“两会”），参会的许多人都是万众瞩目的人物，平日里难得一见，如政府官员、企业家、理论家、艺术家，都是明星，他们的即席讲话或阐述一个观点，都可能构成新闻。可以说，这样的会议是重要信息的集散地，是新闻的“富矿”。聪明的记者喜欢开会，并且能够在会议中发现线索，深入其中把握和感应会议主题的脉搏，尽力使思维对每一个信息保持积极的反应，张开创新的触角，抓住全球关注、国家重视、百姓关心的问题，结合实际情况，进行周密策划，使会议报道以轻松客观的面孔面向广大受众。

所以，重大会议报道也是我国新闻界每年必须投入重兵完成的重要任务，搞好这些报道常常会对舆论产生重大而深远的影响。已故新华社社长郭超人曾说：“一般性的报道好比是一颗颗闪光的珍珠，而重大会议报道则像一根金链，可以把分散的珍珠串成令人眼花缭乱的瑰宝。”① 可见，真正有远见的传媒，往往会在重大会议报道时派出精兵强将，拿出最重要的版面，进行最精细的策划，集中突出地进行全面宣传，充分调动起读者对这一“新闻盛宴”的胃口。这既是媒体自身的要求，也是媒体在激烈竞争中不断强化优势地位的需要，果能如此，何愁“富矿”挖不出足金？何须担心会议报道吸引不了读者的眼光？

令人欣慰的是，近些年来，会议报道存在的弊端已越来越引起各界人士的注意，关于要求改革会议报道的呼声也越来越高，市场经济的巨浪也正在潜移默化地冲击着会议新闻这块积病已久的“顽石”，新闻单位的外部环境也有了一些松动。从近两年的会议报道不难看出，许多报纸在会议报道的形式、内容、视角等方面都有所突破。

现在，已有不少地方的领导人、机关单位带头作出表率，减少对自己主持会议的报道要求，出台减少会议报道的有关规定，受到了社会各界的广泛好评。2006 年年底，重庆市出台一份文件，在全国首开先例。文件要求，《重庆日报》一版、重庆广电总台、广播电视主要新闻栏目对基层的报道不低于各自总篇幅的三分之二。市委书记、市长除涉及全局性重要活动以外的常规性调研活动，《重庆日报》二版刊发消息，字数不超过 1000 字；广播、电视报道不上头条，长度原则上不超过 3 分钟。用时任重庆市委书记的话说，就是“要腾出大量头条的版面和时段用于面向基层、服务群众的报道”。《文摘报》在刊发此文时用了一个醒目的标题：“重庆市委书记汪洋说：到二版找我吧”。②

---

① 徐一化：《重大会议报道和重大成就报道的策划》，载《新闻世界》2001 年第 3 期。

② 参阅 2007 年 4 月 8 日《文摘报》一版头条。

对于长期被官僚主义、形式主义、文山会海束缚手脚的新闻人来说，这无疑是一件好事，所以报纸将它搬上了头条。其实，这样的新闻近20年来也不时可以读到。不说地方常有这样的文件，常有这样“开明”的领导人的讲话，就是中央也发过精简会议报道和减少领导人报道的文件，但结果呢，还是大家不满意或不太满意看到的状况。有的地方也可能执行过一阵子，但领导人换了，也就面貌依旧。过不了多久，可能又会有某位领导出面或发文，再强调一遍，结果仍然是在原地画圈子，没有多大的实际意义。症结在哪儿，我们该从这些反反复复的“新闻”中变得明白一点，从问题的本源上找一点原因才是。

这些讲话和文件都是一些领导着新闻人和管理着新闻人的领导和部门说出的、制定的。他们的本意或许是好的，但是，他们是否真的按新闻规律办事，只怕要打一个问号。这些讲话或文件都是行政命令，下边自然要执行。不说执行时是否变样和打折扣，就说按此办理就符合新闻规律了么？未必。什么是新闻，什么新闻的价值更大，谁更懂得多一些好一些呢？我看还应是新闻媒体的新闻人，包括他们的老总和编辑记者们。到二版去找书记市长，就是贴近实际、贴近生活、贴近群众了么？未必。

让基层的事、群众的事都上了一版或多上了一版，就是好事了么？也未必。基层相对于上级总是多数，群众相对于领导也总是多数。将这些多数的多数都上一版，再加多少个一版也是不够用的。即便够用了（那是不可能的），有多少人愿意看这些大家平时都能看到的大体相同的上班、下班、读书、写字、吃饭、睡觉、逛商店、聊大天等一些琐事呢？估计没有人愿意接受这样的信息（不是新闻）。所以，不是领导人上了二版，群众上了一版，问题就解决了，就是心贴近群众、为人民服务的表现。

如何协调一版和二版的关系，如何协调上级与基层的关系，如何协调领导人与群众的关系，不是靠开明领导人的讲话，也不是靠发多少文件能解决问题的。靠什么呢？放心让媒体的老总和编辑记者们自己去想办法，让媒体在健全的市场竞争中比拼，好的新闻、有价值的新闻自然会大量涌现的。至于是领导人上一版，还是基层群众上一版，让懂得新闻的人去权衡，去比较，去推敲，实践是最好的老师，他们会在实践中提高自己的报道艺术，受众会帮助他们提高自己的传播技巧，市场是最好的评判家。政府干什么呢，为他们提供适宜的生存和发展环境，制定相应的新闻报道法规，干得好的嘉奖，干得不好的甚至坏的批评帮助以至注销，罚出新闻界。

有了这样“开明”的文件和讲话总是好事；但愿这样的文件少一点，

这样的讲话少一点。①

为了搞好会议报道，新闻媒体不可忽视两方面的工作：其一，在接到会议通知后，要事先派出记者做好会议前期的调查工作，以决定是否有必要报道这次会议。其二，当确知会议的重要性后，要详细摸清此次会议的主要内容，会议重点，以及将出台什么新的政策？新政策的出台将给国民经济带来哪些影响，与人民群众的衣食住行有何等关联？只有当我们的媒体吃透了会议的精神后，才能找出会议的亮点，写出令人民群众关注的好新闻。②

四、加强会议报道的策划

有人说，同题竞争，拼的就是策划。会议是新闻的大富矿，但是，怎样从这座富矿中挖出金子，关键在于媒体是如何进行策划的。会议报道对于新闻单位和新闻宣传来说，具有观察的全面性、判断的权威性、信息的密集性、沟通的典型性、决策的导向性等功能。高明的媒体往往会通过自己的创造性的策划活动，充分挖掘其新闻价值，实现新闻要素的优化组合，在保证必须完成会议报道“规定动作”的前提下，力创“自选动作”高、新、尖，以求获得“上头”和“下头”都满意的大好局面。

具体说来，会议报道策划应注意以下问题：

（一）重视会议内容，加强双向互动

不管会议报道如何策划，必须把根基扎在会议之中，即必须重点挖掘会议本身的信息资源。如何在枯燥的会议中挖掘其可能蕴藏的“宝藏”，是会议报道中的难点，也是新闻从业人员孜孜以求的目标。

第一，抓住会议的新闻点。会议，尤其是重大会议，是人民政治生活中的一件大事，这就决定了报道的重要基调也应该是严肃的。会议的主要议程，各级领导的重要讲话乃至一些重要的统计数字等，都是报道中必须具备的，而且是必须力争高质量完成的“规定动作”。对于这类内容，记者须睁大新闻眼，敏锐地觉察到在这些厚厚的文件海洋中，哪些是关系到国计民生的重要点，哪些是百姓关心的兴奋点，哪些是亟待解决的疑难点。只有真正抓住这些新闻点，才能将会议报道的本质反映出来，从而提升会议报道的新

---

① 赵振宇：《还是按新闻规律办事好》，载《新闻战线》2007年第8期。

② 钟明明：《新形势下的会议报道改革探索》，载《新闻界》2004年第2期。

闻价值，给受众最大的信息传播量，以满足他们的需求。

《湖北日报》2012年一则消息荣获中国新闻奖，就是从会议中“淘”出独家新闻的典型。消息《我省成为全国行政审批事项最少省份 摘掉“之一”彰显优化软环境决心》是记者在一次程序性工作会议上捕捉的。2012年5月9日，湖北省直机关“抓作风、抓环境、抓落实、促跨越”活动推进会在武汉召开，记者与会采访，从湖北省委书记的讲话中，敏锐发现“湖北成为全国行政审批事项最少省份”这一新闻点，并掂量到事实背后蕴含的深刻意义，于是在完成会议常规消息的同时，跳出会议抓新闻，精心选材，巧妙谋篇，写成这则独家报道。编辑部高度重视，配发短评《最少，还要最优》，在头版显著位置刊登。①

其实，抓住会议新闻点的实质就是要求记者改变思想观念，实现由会议主体向新闻主体的转变，即从简单枯燥地对会议程序的报道变为对会议内容中所蕴含的新闻性的发掘，唯有如此，记者才能真正成为新闻富矿中勇敢的淘金者。

第二，增强信息的权威性。一则信息，如果来自权威信息源，其新闻价值就大。在重大会议报道中，新的报道方式越来越倾向于利用并突出权威的信息源。一是善于使用权威机构的调查数字解释问题、说明问题；二是请专家学者出现在各类报道中，特别是对专业问题予以分析解释或提供有关情况；三是新闻报道多让记者以目击者、亲历者的面目出现，突出记者的所见所闻。安徽省有一位记者曾作为省新闻界唯一一名随会记者参加了全国人大会议的报道工作。在人流如潮的会场上，在浩如烟海的会议文件和代表发言中，他始终能够保持冷静的头脑，除正常参加大会小会外，他总是拿着安徽代表团代表花名册，挨着串门，和代表们交朋友，这样，很多在小组讨论会上听不到的活材料被他淘到了。在电梯内，在餐桌上，在楼道里，他和代表们一起扯东扯西，说南道北，在不经意的地方，有些很能反映事物本质也很有说服力的现场情节让他捕捉到了，因此，他写出了不少较有深度的目击新闻来。在16天里，他写了26篇稿件。这些采访日记、现场短新闻、体验报道、目击新闻力求突破旧框框，体现了内容的权威性和创新的精神。它们分别被《人民日报》、《经济参考报》、《安徽日报》等媒体采用。由于这组稿件体现了前瞻性、预见性、实用性和权威性，受到安徽省人大常委会负责同

① 中国记协网：《中国新闻奖参评作品推荐表》，http://news.xinhuanet.com/zgjx/2013-06/17/c_132461498.htm。

志的赞扬。①

第三，突出情感的贴近性。从事会议报道的记者已发现，要想吸引住受众的注意力，贴近百姓生活几乎已成为一个屡屡得手的法宝。

2012 年 5 月初，《新安晚报》记者在合肥市物价局开会，了解到一个信息，合肥将新增 80 家惠民超市。于是记者写了条服务信息，列出了超市名单。按说服务信息写到这里也就可以了。但记者认真琢磨了一下，想到原来已有 50 多家惠民超市，现在又新增 80 家，这么多惠民超市究竟是怎么惠民的？优惠措施是不是真落实了？老百姓对这种优惠有没有话要说？惠民超市是不是还要扩面？带着这些问题，记者一一进行了采访，也发现了不少问题，最后以三个整版篇幅呈现：《一元菜　惠民之余还需给力》、《让菜篮子更加“惠”声“惠”色》、《想买便宜菜来这里看看吧》，追问和服务并重，报道深度和服务力度明显高于同城媒体。②

A II 16　金·大合肥
一元菜　惠民之余还需给力
部分“一元菜”限购
亏本熄灭企业热情？
“一元菜”都有点蔫
超市未见“一元菜”
“一元菜”脱销了
A II 17　金·大合肥
让菜篮子更加“惠”声“惠”色

图为 2012 年 5 月 7 日《新安晚报》推出的“一元菜”系列报道

---

① 徐一化：《重大会议报道和重大成就报道的策划》，载《新闻世界》2001 年第 3 期。

② 洪锋：《都市报会议新闻如何做到“绘声绘色”》，载《新闻世界》2013 年第 5 期。

情感是心灵的纽带。媒体应想百姓之所想，忧市民之所忧，切切实实地从市民立场出发，从百姓视角入手，真正架起政府和百姓互通的桥梁。《楚天都市报》的记者们提出要用“市民视角”报道会议，笔者认为是极有意义的。“市民视角”就是说记者每次参加会议时，淡化自己的记者身份，换个眼光，当自己是一个普通市民去开会，去听会。记者强化自己的市民意识，就能把握市民想知道什么，关心什么，喜欢什么，从他们的视角看问题，就能抓出受市民欢迎的新闻。①

第四，转化报道主配角色。以往的会议报道，由于种种原因，往往把焦点聚集在个别领导身上，很多领导也要求媒体对自己做到报纸上有形，广播上有声，电视上有影，而对于一般代表却一笔带过。这样的报道做出来，恐怕也只有某些官员自己去独自陶醉。

只要新闻单位和有关部门共同努力，有关会议报道主配角的问题是可以改变的。并且只有切实实现了从领导本位向百姓本位的转移，实现对报道主体的真正关注，才能将我们的会议报道做活，才能满足广大受众的需求，而媒体自身也才能取得最大的经济效益和社会效益。②

（二）跳出会议议程，抓住鲜活内容

很多时候，当记者埋头众多会议资料而头昏眼花，理不出头绪，感到“山穷水复疑无路”的时候，我们不妨换个思路，即跳出会议写会议，退一步海阔天空，也许就会觉得“柳暗花明又一村”。当然，要做到这点，记者需要有一双敏锐的“新闻眼”，能很好地识别和运用会议为我们提供的大量新闻线索和素材。

1. 挖掘反映先进执政理念的新做法

采写会议新闻“节外生枝”的另一个切入点，就是要善于挖掘那些体现先进执政理念、能够鼓舞人心的好作风、新做法。如《长江日报》消息《7 常委参观〈复兴之路〉　出行不封路》就是从会议上挖掘出来的。2012 年 12 月 4 日，武汉市委举办学习十八大精神研讨会，中央宣讲团成员、中央党史研究室主任欧阳淞在会上作辅导报告时披露，中央政治局 7 常委参观《复兴之路》展览时出行不封路。5 日，中央“八项规定”公布，“不封路、

---

① 杨磊：《会议新闻两只眼》，见《楚天都市新闻论集》，新华出版社 1999 年版，第 339 页。

② 陈炜：《解读〈南方日报〉两会报道》，“我写传媒网”2005 年 9 月 6 日。

不清场”列入其中。编辑部立即组织报道，整理会议录音资料，采访相关当事人，并指令驻京记者进行了多方核实。12月6日，在一版显著位置导读，推出“不封路”独家报道，立即被多家媒体转载，引发舆论关注。被评为中国新闻奖一等奖。①

長江日報

中央党史研究室主任在汉披露

7常委参观《复兴之路》沿途没有清道封路

学习贯彻十八大精神

全市学习贯彻十八大精神专题研讨班“丰收”落幕，阮成发要求——

为实现“武汉梦”激情奋斗

水价调整21日听证 两套方案征求意见

居民水价每吨上调超过四角

22 長江日報 国内聚焦

中共中央党史研究室主任披露

7常委参观《复兴之路》出行不封路

主流媒体热议八项规定 引领“实干兴邦”的旗帜

中央领导率先改作风

图为2012年12月6日《长江日报》报道

《7常委参观〈复兴之路〉 出行不封路》

① 中国记协网：《中共中央党史研究室主任披露 7常委参观〈复兴之路〉出行不封路》，见《中国新闻奖参评作品推荐表》，http://news.xinhuanet.com/zgjx/2013-06/17/c_132461499.htm。

2. 挖掘折射时代文明进步的好风尚

如果记者应邀参加的只是一般性的工作例会，既不重大也没有什么内容可写，这样的会议怎么报道？如何出彩？这时，记者不妨从侧面去挖掘会议组织工作、后勤服务、现场氛围中能折射时代文明进步，体现科学发展观的好做法、新风尚。《扬子晚报》记者应邀参加一个全省银行行长联席会议，会议开到中午12时20分才散会，正当记者为没有什么写头而发愁时，看见工作人员拎来一大堆盒饭，与会的副省长、银行行长接过去津津有味地吃起来。他立即眼睛一亮，写出了《省长行长吃盒饭》的消息："签起贷款来动辄数千万甚至上亿元的省级银行行长们，昨天在开联席会议时的工作午餐是简单的盒饭，与他们共进午餐的还有副省长，省政府副秘书长等。"这样的会议新闻读起来，确实有一股清风扑面的感觉。当然，会议上出现的与文明、科学新风"唱反调"的现象，也是让报道出彩的好"新闻眼"。2005年7月，《北京青年报》记者在浙江宁波参加一个全国性的医疗器械展销会时，刚进大门就被塞了重达10公斤的各种各样的会议宣传材料。记者心里一震，留心起会上的浪费行为来，果然在会议结束后又从保洁员那里了解到：500个人开一天会，大概会回收1600个饮料瓶，其中约900个里面仍然有水。后通过采访环保、水利等相关人士，记者写出了《会务浪费：一人被塞十公斤材料　回收饮料瓶半数有水》的消息，提出"尽管建设节约型社会刻不容缓，但是一些细节显示，中国人的'节约行动'仍有很多漏洞有待填补"，文章让人警醒、发人深思。

3. 挖掘富有人情味、人性化的情节

2006年春节前夕，《桂林晚报》一记者在参加市政府全会时，听到市长语重心长地对各部委局负责人说："大家辛苦了一年，过年就好好过年，不要老想着串门，想着上门给自己的分管领导拜年，弄得自己累，领导也不轻松，大家平时对家里照顾不够，过年在家里好好表现一下，要给领导拜年打个电话或发个短信就得了。""多么贴心窝的话啊！"该记者马上抓住市长的讲话，写成《市长说：过年少串门　在家多表现》的消息，稿件刊发后引起强烈的社会反响，许多市领导都说"这是一条在报纸上难得读到的好新闻"。这条消息的成功之处，靠的就是市长那富有人情味的讲话。

4. 挖掘具有警示、警醒意义的反常现象

荣获第19届中国新闻奖的消息《80分钟客套话，惹恼千余听众》便是运用换位思维，站在受众角度撰写的一则好新闻。这篇消息刊登在2008年8月29日《春城晚报》上，报道的是：在由陈东琪主讲的"中国经济形势分析及预测”高层论坛讲座开幕前，多位人士的开场白、客套话足足讲了80分钟，引起了众多听众的反感和愤怒，以致有人离场抗议。官话、套话、大话、空话、恭维话，对于这种具有中国特色的会场风景，记者并未习以为常，而是变更了原报道目标和方向，挖掘出事件所蕴含的具有警示、警醒意义的反常现象。使计划中的正面会议新闻报道，变成了舆论监督，进而引发读者的共鸣。

善用新闻眼观察会议的记者，有时并不直接正面报道会议，而是抓住会议上获悉的某些重要新闻线索，跳出会议进行采访，也能写出有价值的新闻来。一次，湘潭市召开奶牛发展座谈会，讨论很热烈，会议开得也很成功。但一位记者没有去正面报道会议，而是采取“弃星摘月”的办法，从会议上了解到该市最大奶牛场是由一位银行行长助理辞官后办的，于是从这一典型事例着笔，很快写出了一篇《不恋“银窝”恋“草窝” 银行干部何鹏辞官办起湘潭最大奶牛场》的消息，反响很好。可见，会议报道还是能出独家新闻的，关键是要能抓住受众关注的东西，在听会时要竖起耳朵，千万不可大意，认为有了会议通稿就可以应付交差的想法和做法是出不了好报道的。

（三）确立报道定位，力争双方满意

会议报道的一个重要难题是如何处理好“上头”和“下头”的关系问题，这里涉及媒体如何定位。媒体定位过高，只重领导，往往使会议报道变成了“文件夹”；定位太低，只瞅着群众，又会使报道丧失严肃性，不能很好地发挥其政策导向及舆论引导的作用。这时，就需要策划者们做到上下结合而“居其中”，从方方面面去衡量报道的内容，找到一个沟通上下、兼顾两方的结合点，达到双方的相对平衡，争取做到领导、群众都满意。这就需要记者有很强的统摄材料的能力，能够高屋建瓴地结合社会形势，恰当地取舍材料，找准落笔处。如今，随着媒体竞争的加剧，策划的难度也相对提高，我们的会议报道不能太“硬”，都是些宏观大论，那样只会使读者敬而远之；又不能太“软”，只注重百姓的日常琐事，缺乏研究和分析，同样吸引不了读者。于是，“软硬兼施”当是最佳的选择，很多媒体在这方面已做了有益的尝试，也已取得了相当的成效。

2012年12月，河北省承德市委、市政府召开重点项目现场观摩会，目的是变“冬闲”为“冬忙”，推动重点项目工作加快推进。记者在采访过程中发现，本次会议所观摩的项目较往年推进力度大、效果明显，同时，本次会议体现了中央八项规定有关精简务实的要求，各县区的负责同志通过这次务实高效的观摩会，真正看出来差距，比出了压力，取得了很好的会议效果。就此，记者在对会议进行常规报道的同时，又另外采写了一篇题为《一年之计在于“冬”》的侧记，跳出会议说会议，生动阐明会议主旨，形象体现了只争朝夕、加快发展的精神。①

（四）讲求形式创新，凸显会议内容

在如今大众媒体竞争日益激烈的时代，受众有太多的选择机会，这个选择除了报道的内容外，很重要的一条就是报道的形式。一家媒体如不能将内容以受众乐于接受的形式呈现出来，那么，再好的佳肴也只能由烹饪者独自品尝。因此，好的内容必须有好的形式与之相配，内容与形式浑然一体，是策划者一开始就不可忘却的要旨。

第一，破除陈腐文风，更新表达方式。

受众在阅读新闻时，希望能接受到最为丰富的信息。一篇新闻作品，除了新闻事实是信息载体外，表达方式也是重要的信息载体。一些会议新闻之所以让人觉得“面目可憎”，除了内容枯燥外，评议干巴、表达单调、文风陈腐也有很大关系。以前，我们经常会感到，一些会议新闻充斥着千篇一律、毫无生气的“文件腔”。行文中看不到记者眼睛、耳朵以及其他任何感官的作用。“文件腔”的泛滥甚至使人产生误解：会议新闻只能这样写。但是当我们看到了新华社记者郭玲春采写的《金山同志追悼会在京举行》、《全国新闻者表彰大会在京开幕》等会议新闻名篇时，不由得有醍醐灌顶之感：会议新闻还可以这么写！郭玲春甚至以最难出彩的会议新闻问鼎全国好新闻一等奖，这就向人们有力地证明了会议新闻的表述是有很大的创新空间的。

第二，体裁多种多样，形式活泼新颖。

一般来说，一个重要会议的报道，都有新精神、新概念的提出，这些新精神、新概念又往往是老百姓关注的新闻点。新闻单位应该抓住这些新闻热点，用特写的手法把文章做好、做足，为读者释疑解难。俗话说，“人靠衣装马靠鞍”，一个姑娘长得再漂亮，如果没有漂亮的衣服来装扮，其美丽也会大打折扣。同样地，新闻报道也只有在形式上搞活了，才能吸引读者的

---

① 武海波，刘海泉，李梅：《把新闻从会议中“拎”出来——浅谈会议新闻的采写和开掘》，载《中国城市报人》2013年第9期。

眼球。

2013年伊始，中央电视台《新闻联播》、人民日报等党媒纷纷宣布改版，其中一个重要内容就是革新会议报道的形式和文风。中央电视台《新闻联播》各种政治会议的新闻报道中，不再出现中央政治局委员逐一特写的画面；越来越多“侧记式”报道或“花絮式”镜头也让时政消息变得更丰富、更生动、更真实、更亲切。《人民日报》在2012年11月8日至14日十八大会议召开期间，其报道形式可分为两大板块，即“要闻版”和“欢庆十八大特刊”版，要闻版以消息为主，重在报道新闻事实，重点告知读者十八大的即时新闻；特刊版则以通讯、评论为主，主要是对十八大会议议程、内容进行深入阐释。人民日报每天关于十八大会议的报道中，至少都能见到三种新闻体裁，使得版面更为生动。如有篇幅较短的消息、内容具体的通讯，使读者对会议进行全面了解；也有有的放矢的评论，对会议内容进行点评，发表意见；也有特写，将镜头专注于某个特定场景，使读者身临其境；还有一对一面谈的专访。甚至在2012年11月11日和13日的特刊中还出现了以十八大为题材的诗歌和书法作品。十八大报告中有不少亮点和新提法，人民日报自然也将其作为报道重点，不仅有消息、通讯等直接的报道和解读，更精心设计编排成《解读报告》、《代表心声》、《网友寄语》、《微评创新》、《诗歌》、《情怀》、《特稿》等各式栏目，这些多彩的栏目打破了枯燥呆板的旧有会议新闻模式，将会议内容以不同方式呈现在读者眼前，在准确、完整、充分地传递会议主要精神的同时也更具吸引力。①

除了对报道形式的探索外，会议报道本身的体裁形式也应追求多样性。《中国青年报》在报道体裁上呈现出多样化的趋势，消息、通讯、特写、专访、评论、背景，形成了立体化的报道格局。这样多层次交叉，就可以基本上保证对大局的全面反映和评述，同时也增强了会议报道的历史纵深感。

（五）重视摄影报道，图文双翼并茂

会议的文字报道往往因为政治性较强而易使读者产生疏远感，适当地利用图片图表，形象地解读权威信息，巧妙地烹调密集信息，给会议报道以新意，常会取得事半功倍的神奇效果。

在新媒体时代，图片已经成为新闻传播中必不可少的元素。2010年两

---

① 易文、赵玲：《会议报道如何“改文风”——以〈人民日报〉对“十八大”的报道为例》，载《新闻研究导刊》2013年第3期。

会报道中，网络媒体以更新速度快、播发图片多占据一席之地，且多以图片专题组合的形式出现。新华网、网易、新浪网、搜狐网、腾讯网等均设置"两会报道专题"，并特设图片频道，这些图片频道成为图片集中播发地。如新华网记者拍摄的《两会掠影："剪"出女性风采》，运用剪影手法，表现出两会现场职业女性的忙碌身影，在"三八"国际劳动妇女节100周年即将到来前夕，吸引了许多网民的点击。2014年"两会"报道中，新华网策划了《两会直击：被记者"重重包围"的委员们》组图报道，并抓拍会场内外生动的瞬间，将图片新闻的魅力发挥得淋漓尽致。

图为2014年3月3日，全国政协委员姚明在天安门广场遭遇采访两会的媒体记者们"围堵"（拼版照片），新华社记者姚大伟，刘卫兵，金立旺摄

会议新闻的摄影主要是以人为对象的，所以新闻人物往往成为会议摄影诉求的重点。而人物是最具有变动性的，这就为新闻摄影活起来提供了基础。所以说，会议新闻图片报道应该是抓住新闻对象的瞬间细节来反映时代的本质特征。

首先，我们必须明确，新闻照片传递的绝不仅仅是信息，还蕴含着情感因素。情感能强化信息的传播，这是新闻照片之所以不同于文字的优势。现

图为2014年“两会”期间新华网图片新闻《离场队伍齐刷刷》

在的读者越来越注重对照片凝聚的情感、张扬的个性的欣赏，而充满情感的照片格外感染人，所以会议的新闻摄影应着重通过照片上人物喜怒哀乐等情绪来尽显人物的独特性格，反映一个个典型的历史瞬间。

其次，新闻摄影要注重细节，以小见大。细节被称为新闻写作的血肉，美国记者休·马利根说，生动的细节可以使纸面上的文章留在人的心灵上，渗透到人们的情感中去。而新闻摄影也讲求细节描写，即用特写的表现手法，在新闻现场选择新闻事件中的人或事件的某一局部和细节，以小见大，画面简洁，集中概括地突出新闻人物和新闻事件，以引起读者的注意，起到深化主题、增强艺术感染力的作用。

最后，精心编排，力求创新。图片是调整版面的重要因素，事关版面是否能够活起来。但好的新闻照片不光要讲究现场的拍摄，后期的版面编排也是相当重要的，编排事关这幅（组）新闻照片能否产生最优的表达效果。

（六）版式设计简洁明了，读者更易找到“信息点”

会议报道通常涉及生活中的方方面面，像加强人民政协工作，推进社会主义新农村建设，解决群众反映强烈的看病难、上学难、住房难问题，扩大农村合作医疗面，加强科技自主创新，建设资源节约型、环境友好型社会，遏制公务消费等问题，信息量极大。如何让读者在最短的时间里，最快地找到自己需要了解的信息？这就需要在版面编排上下大工夫。

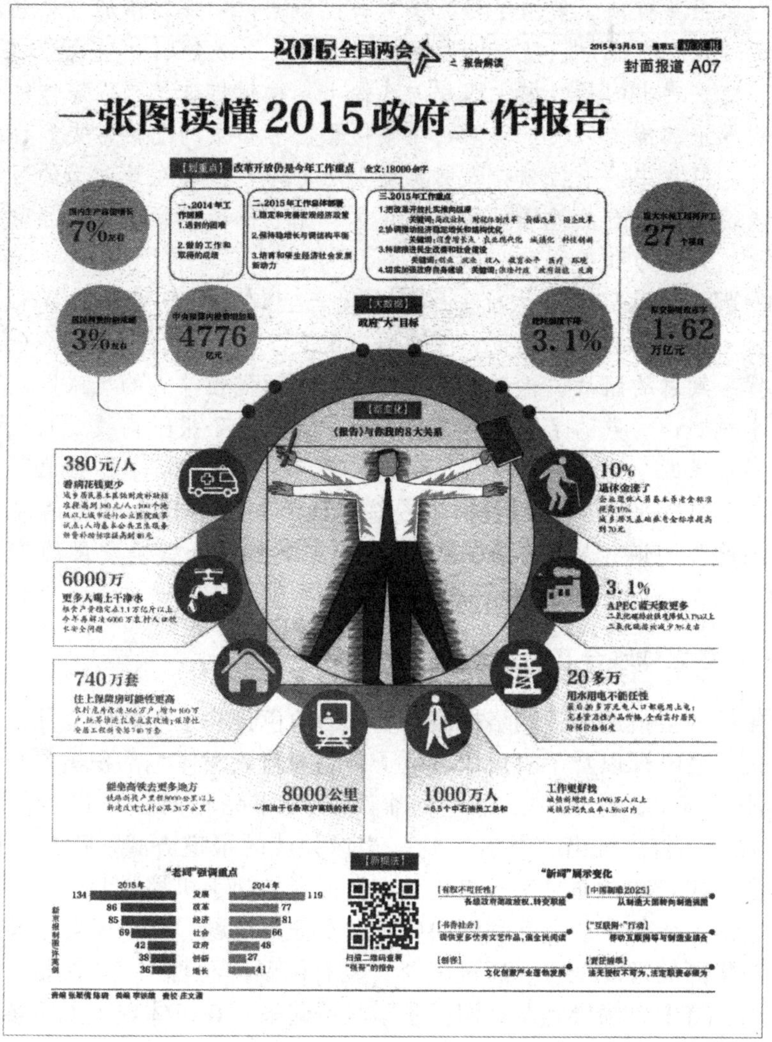

2015全国两会 之 报告解读

2015年3月6日 星期五

封面报道 A07

一张图读懂2015政府工作报告

【划重点】改革开放仍是今年工作重点 全文:18000余字

一、2014年工作回顾
1.遇到的困难
2.做的工作和取得的成绩

二、2015年工作总体部署
1.稳定和完善宏观经济政策
2.保持稳增长与调结构平衡
3.培育和催生经济社会发展新动力

三、2015年工作重点
1.把改革开放扎实推向纵深
2.协调推动经济稳定增长和结构优化
3.持续推进民生改善和社会建设
4.切实加强政府自身建设

【大数据】
政府"大"目标

7%左右

3%左右

4776 亿元

3.1%

27 个项目

1.62 万亿元

【新变化】
《报告》与你我的8大关系

380元/人
看病花钱更少

6000万
更多人喝上干净水

740万套
住上保障房可能性更高

10%
退休金涨了

3.1%
APEC蓝天数更多

20多万
用水用电不能任性

能坐高铁去更多地方

8000公里
~相当于6条京沪高铁的长度

1000万人
~8.5个中石油员工总和

工作更好找

【新提法】

"老词"强调重点

2015年		2014年
134	发展	119
86	改革	77
85	经济	81
69	社会	66
42	政府	48
38	创新	27
36	增长	41

扫描二维码查看"报告"的报告

"新词"展示变化

【有权不可任性】各级政府简政放权,转变职能

【中国制造2025】从制造大国转向制造强国

【书香社会】

【"互联网+"行动】

【创客】文化创意产业蓬勃发展

2015年3月6日新京报两会报道版面《一张图读懂2015政府工作报告》

案例 2

2012年11月15日，党的十八大选举产生中国共产党新一届中央领导机构，选举产生的中央政治局常委于当天上午在人民大会堂亮相，与中外记者见面。为做好这一举世瞩目的重大新闻报道，《中国日报》

(英文)编辑在头版版面设计上打破常规，取消了一直沿用的置顶导读，将报头置顶，使用了习近平总书记等七位中央政治局常委登场亮相的大幅通栏主照片，使整个版面恢弘大气，引人注目。

特别突出的是，在主照片的选择上，编辑打破了国内媒体往往趋于严肃厚重的传统习惯，使用了该报摄影记者拍摄的七位常委登台的动态照片。照片中，七位领导人健步登上历史舞台，走在最前面的习近平主席表情亲切、自然地挥手向大家致意，充分体现了新一届领导班子的自信心、领导力和亲和力。

版面主标题《中共新一届领导人产生》及其他导读文字采用红色作为主色调，醒目、庄重。版面同时配发了胡锦涛、习近平向代表们亲切挥手致意的照片，生动展现了党的新老两代领导人的风采。版面右侧以本报制作的党的十八大报道标志为引，放置了报纸内页十八大专版中重要报道的导读，提纲挈领地向读者展示了报道内容。版面右下角特别放置了习近平总书记“我们不应该自满，更不应该在过去的成绩上停滞不前”的话，展现了新一届领导推动中国更好更快发展的信心和决心。

(七)多媒体联合互动，寻求个性化突破

近年的两会报道中，网络扮演了重要的角色，除了互联网之外，手机新闻、手机广播电视以及手机短信、电子杂志等新兴媒体也都积极参与，成为两会媒体报道中的生力军。继“博客”2006年亮相两会报道后，人民网2007年在国内首次推出“播客”这一声像并茂的报道方式。用户利用手机参与两会，代表委员通过手机表达心声，记者举起手机报道两会。

如今，两会前夕通过互联网向广大网友征集议题、征求民意已经成为人民网、新华网的常规做法。通过策划“我有问题问总理”、与总书记网上连线等活动，将中央领导和草根网民紧紧联系起来，真正体现了人民参政议政的宪法精神。

会议新闻报道不断运用多媒体联动技术，开拓报道新方式和新内容。如在2010年全国两会期间，《人民日报》、新华社与央视等一些知名媒体就推出了自己的微博，还有一些报纸开辟了微博板块，选择重要的、贴近生活的博文刊登出来，创新了两会报道方式。2011年，媒体的两会报道进一步充分运用微博。1月19日，广东省两会尚未召开，《广州日报》便在第二版的头条位置刊出了巨大标题：“本报邀您‘微博问政’”，副标题是：“广州日

报微博已开通　代表委员今日上午作客本报权威在线与您互动”。在北京市地方两会期间，《北京青年报》也在两会专版上推出了一个新栏目：@两会微访谈。依托《北京青年报》地方新闻版组的新浪官方微博，每天邀请一位嘉宾到微博上与博友互动，回答大家的提问，记者将微博上交流的内容进行选择和整理之后以对话形式刊发到报纸上。微博促使传统媒体的记者正在变成跟踪事件发展、用多媒体手段滚动发布新闻的“全媒体记者”和“连续报道记者”。①

（八）突出主持人个性，突出个性化品牌

在两会报道中，观众和读者们欣喜地看到了很多他们熟悉的面孔。原来，不少群众喜欢的央视名嘴们，都倾巢出动跑两会了。像2007年央视新闻频道的《小崔会客》、《柴静两会观察》、《焦点两会访谈》；经济频道的《小丫跑两会》、《两会三人组》；中文国际频道的《2007中国焦点》、《华人世界两会报道》；法治频道的《小撒探会》等。虽然栏目众多，但这些节目从不同角度报道两会上发生的重大新闻，为观众铺设了一个及时了解两会动态的新闻网。

2013年两会期间，浙江卫视推出《主播当代表》专栏，这是专门针对该台首席主播许婷首次当选全国人大代表而策划的专栏，“我是新闻主播许婷，我也是全国人大代表，我带你一起关注全国两会”——会前专门制作的宣传片中，许婷的三句简单独白，拉近了和观众的距离。《今天我发言》《从我做起最重要》、《主播当代表：不说套话 直言问题》等报道，许婷在两会现场的观察和感悟成为浙江卫视两会报道的最大亮点。②

随着人们知识水平、文化层次的不断提高，人们对我们的会议报道也有了更高的要求，这是时代赋予我们的新的责任和新的挑战，除了迎难而上，我们别无他法。上述总结的策划原则，都是我们新闻界的同仁们长期实践的结晶，他们取得的成绩已为我们的探索奠定了初期的基础，相信只要我们的广大会议记者们共同努力，在探索中前进，在前进中探索，会议报道的明媚春天一定会来到。

---

① 蔡雯：《媒体微博：新闻传播变革的试验区——从地方报纸两会报道中的微博利用说起》，载《新闻记者》2011年第3期。

② 周新科：《用新的文风和形态追寻中国梦、传递好声音——浙江卫视2013年全国两会报道的新探索》，载《视听纵横》2013年第2期。

◎ **思考题**

1. 会议报道的策划要出新意，主要应从哪些方面着手？
2. 会议报道存在的主要问题是什么，为什么？
3. 会议报道的形式可从哪些方面创新？

◎ **实践题**

作为一家市级党报，在两会报道时，如何实现报纸与其他媒体的优势互补？

第七章

社会公益活动的报道策划

新闻媒体和新闻工作者不仅要忠实地记录和反映身边发生或可能了解的事实，在可能的情况下，还必须积极组织和开展一些有益于社会、有益于人民及有益于自身发展的各项社会活动，并做好这些活动的报道。新闻媒体积极有序地开展社会公益活动并予以报道，已经成为媒体的“第二战场”，它不仅是媒体重要的经济增长点，更是媒体增强自身影响力的重要途径。

案例 1

2012年10月8日，在得知武汉市一名环卫工因车窗抛物遭遇车祸、京广高速公路上发生一起因前车抛物差点导致后车翻车事故的线索后，《楚天都市报》派出多路记者蹲守在武汉市车流量最大的地方，了解到车窗抛物产生危害的严重性。

2012年10月15日到10月22日，编辑部强力推出《告别车窗抛物》大型系列报道，连续推出了10个整版报道和三篇系列评论。该系列报道从人们司空见惯的乘车人或开车人从车窗向外随手扔垃圾的现象入手，呼吁广大市民提高对车窗抛物这一不文明行为危害性的认识，加强自律和他律，助推文明城市建设。武汉公交集团、省交管局、省客集团、武汉市客管处等纷纷作出回应。腾讯微博上关于“车窗抛物”的热帖近百万条，有3000多名市民参与讨论调查。报社还及时发起征集志愿者上街劝阻车窗抛物的活动。短短两三天时间里，逾千名市民、读者、网友通过网络、电话报名加入志愿者行列。

10月18日，武汉市城管局联合市文明办、市交委、市交管局等单位，正式发布《关于对车窗抛物不文明行为举报奖励的实施细则》，对有效抓拍到车窗抛物行为的市民，每例奖励100元。该局优先委托《楚天都市报》设立曝光台。报社及时跟进关注，并趁热发起万人签名承诺活动，逾10万江城市民参与，在江城掀起文明热潮。

报社在关注多方回应及事情进展的同时，积极组织系列评论，引导市民把车窗抛物行为上升到损害城市文明的高度来认识，深化“美丽中国从我做起”的主题。至12月23日，这一系列报道推出30个版，刊发消息、通讯、图片共计近百条（幅）。报道在全国产生广泛影响，新华社、中央电视台、新浪、腾讯等数十家中央媒体、网站纷纷跟进报道或转发，引起央视多栏目5度聚焦，将影响辐射到全国，并引发上海、吉林、湖南等15个省市跟进行动整治车窗抛物行为、出台管理措施。①

该系列报道获第23届中国新闻奖。

【点评】

这是一起旨在提升公民文明素养的社会公益活动的新闻报道策划。武汉“告别车窗抛物”活动之所以能够引起市民广泛关注，并在全国范围内造成一定影响，在于整个过程的精心策划。

这个案例的第一个亮点在于，在提倡社会新风、文明礼貌的时候，并不仅仅停留在向市民呼吁、喊口号、发号召的说理层面，而是采取具体措施将各方面力量拉入其中，让活动力度不断加强，声势越来越大，最后使人们不得不正视并重视这个活动。

首先，《楚天都市报》联系了武汉公交集团、省交管局、省客集团、武汉市客管处这些与“车窗抛物”密切相关的企业和部门，让这几支主力队伍采取实际行动来告别车窗抛物；其次，通过“万人签名承诺活动”、征集劝阻车窗抛物志愿者活动等来发动普通市民、扩大影响。

第二个亮点在于促成了一项政策的出台，使活动从道德层面上升到制度保障。在《楚天都市报》发出倡议后的第四天，武汉市城管局联合多部门出台对“车窗抛物”的惩罚措施，象征着这项社会公益活动有了制度层面的保障。

第三个亮点在于网络和新媒体的参与，使活动影响迅速扩大。如跟开车网民较集中的网站联合、网上征集志愿者劝阻车窗抛物、微博发帖接力等，使“劝阻车窗抛物”成为网友关注的热门话题。

新闻媒体和新闻工作者的一个首要任务就是忠实地记录和反映身边发生或可能了解的事实，并就此发表自己的意见，为历史存真。但是，仅此还不

① 张孺海，张小燕：《“小切口大主题”的生动实践——“告别车窗抛物”报道回顾与思考》，载《新闻前哨》2013年第1期。

图为武汉万人签名承诺告别车窗抛物活动现场，来源：荆楚网

《楚天都市报》“告别车窗抛物”系列报道引起央视关注，
图为央视节目截屏，来源：荆楚网

够，在可能的情况下，还必须积极组织和开展一些有益于社会、有益于人民、有益于自身发展的各项社会活动，并做好这些活动的报道。

如今，媒体越来越多地进行社会公益活动报道、参与社会公益活动，甚至专门开辟公益专版、专刊。比如，《云南信息报》自 2007 年 9 月 19 日改版起，就联合云南省青少年发展基金会创办了“爱心版”；2009 年 5 月 12 日，《南方日报》“南方公益”周刊创刊，2010 年 5 月 21 日，“南方公益联盟成立”；2010 年，《京华时报》公益周刊创刊；2011 年 5 月，深圳《晶报》公益周刊上市。2011年6月，《南方都市报》公益周刊、《云南信息报》公益周刊相继创刊……一个个数字，记载着媒体在公益道路上行走的历程，承载着媒体的社会担当和责任。在“公益热”的同时，对社会公益活动的策划成为媒体日益关注的工作内容之一。社会公益活动策划也是媒体的“第二战场”，它不仅是媒体重要的经济新源泉，更是媒体增强自身影响力的重要途径。活动策划体现的是媒体组织功能在新媒介生态下的具体应用，是媒体公信力和影响力的独立培植过程。

一、积极开展各项有益的社会活动

新闻工作者从广泛的意义上来说就是一个社会工作者。新闻媒体开展各项有意义的社会活动是题中应有之义。一般来说，新闻单位开展的社会活动有以下几种类型：

（一）配合中心，研究探索，积极参谋

新闻工作者由于特殊的地位和功能，能够接触到许多涉及党和政府改革和发展中的问题，了解一些社会问题和现象。作为一个社会科学工作者，他有责任组织一些活动，促进这些问题在某种程度上的解决，并将这些解决和思考的问题整理出来，为历史存真，为推动更大范围的工作提供一些可资参考的宝贵意见。

中央电视台2013年举办的大型公益活动“寻找最美村官”，就是配合中心工作进行策划的典型。为落实党的十八大精神，发挥优秀基层党员干部的典型作用，中央电视台策划了这次活动。党和国家领导人习近平同志在基层工作考察中指出：“推进农村改革发展要以人为本”、“把群众工作做实、做深、做细、做透”。所以，央视将寻访的重点放在基层。目前我国各地有农村基层干部超过320万人，他们中涌现出一大批优秀干部，奋斗在农村改革发展一线，对党忠诚，信念坚定，一心为民，脚踏实地，真抓真干，以对农民的真挚情感、务实清廉的良好形象，展现了他们的崇高品格，赢得农民的拥护。央视的寻访活动旨在从中选取品德让群众敬服、廉洁让村民放心，有能力改变农村面貌、有创新性带来成绩、有眼光促进农村发展的优秀村官。这项活动扣住了我国“三农”工作和基层管理的关键人物——村官，通过优秀村官的选拔和展示，使更广大的村官受到启发，对农村建设和基层

管理起到良好带动作用。“寻找最美村官”活动是中央电视台“寻找最美”系列活动的延续和深入，是中央电视台“走转改”活动中的一项重要举措，也是寻找范围最大、涉及人群最广、基层采访最深入的一次活动。活动由中央电视台主办，全国30余家强势平面媒体合作支持。活动于2013年5月召开新闻发布会，协作全国媒体参与，在7月至8月上旬完成候选人展播，2013年10月13日举行颁奖晚会。

（二）救助贫弱，弘扬正气，奉献爱心

发展中的社会总还有贫穷和富裕的差别，正义和邪恶的较量。一个新闻工作者应该而且有可能为此作出自己的一份努力。我们生活中有许多需要帮助或给予他人帮助的故事，这些故事感人至深，打动着每个人。关注弱势群体的生存状态，救助贫弱，为他们做点实事，体现了大众传媒的责任和义务。这样的社会公益活动，几乎所有媒体都曾经策划实施过。

捐资助学是这类公益活动的常见类型。《武陵都市报》从2007年开始，启动实施“武陵都市报·劲搏商城助我上大学”大型社会公益活动，已连续成功举办7届，资助了近1000名考上大学、读不起大学的贫困家庭准大学生圆了大学梦。符合要求的贫困家庭学生实行网上预报名，建立拟资助贫困学生资料库，考生按自己高考裸分成绩在当地区（县）排名，申报到当地教委，由当地教委审查确定后上报武陵都市报社。主办单位根据预报名调查审核情况，结合高考成绩，暂定拟资助学生名单。初步确定的受助学生名单在《武陵都市报》和武陵传媒网公示，接受社会监督。媒体还在《武陵都市报》、武陵传媒网上开设专栏，定期向社会公示捐款情况，并对捐助者的典型事迹进行报道。主办方设立捐款账户，确保阳光操作，专款专用，并将资金使用情况在《武陵都市报》、武陵传媒网公示，接受社会各界的监督。

前几年，帮农民工讨工钱也是报纸救助贫弱的常见内容之一。从2000年年底、2001年年初开始，《武汉晚报》就发起“帮打工者讨工钱”的行动，成为全国最早发起“帮打工者讨工钱”的媒体，在前五次“帮农民工讨工钱”行动中，已为7000多名民工讨回了500多万元工钱。2008年1月15日，是《武汉晚报》“帮民工七讨工钱”的首日，但令人欣喜的是，民工讨工钱的人数出现了大幅锐减，讨薪热线开通首日仅接到6个要求讨薪的电话，且要求追讨的金额也较小。而往年开通首日不仅接到300个以上的求助电话，且单日投诉欠薪额少则数百万元，多的能达到1000万元以上。

设立帮扶专栏往往成为救助贫弱的常见形式，《武汉晚报》自2002年开设《扶助行动》专栏，至2013年已累积筹措善款过亿元，为5.2万人(次)困难群众提供援助。其中，由该栏目发起的“为贫困大学生交学费”活动持续11年，筹款5300余万元，受助学生达1.7万多人。《武汉晚报》因此荣获首届中华慈善新闻奖，《扶助行动》栏目主持人喻敏也成为湖北新闻界唯一获得首届中国十大阳光记者、全国十大爱心记者荣誉称号的媒体人。《扶助行动》主要内容有：一是扶弱助残，帮助困难残疾人找工作，组织捐赠棉衣、棉被等爱心物资送给残疾人。2008年5月，该专栏曾联合企业、社会爱心人士和有关部门，筹款120万元，帮3000名残疾人免费领到轮椅。二是进行重病救治报道，为家庭困难的重病患者筹集治疗费。2003年6月29日，“扶助行动”推出通讯《我年轻，我要活下去》，报道南下干部于恩贵去世后，儿子媳妇靠卖报捡垃圾为生，孙子于治又不幸患白血病的状况，中共中央政治局委员、时任省委书记俞正声在报纸上批示，这样的老干部家里不应该有这样的结果，要把这一家人安顿好。俞正声、罗清泉等省市领导还每人带头捐款1000元。社会各界为救助于治捐款近7万元。2004年10月，扶助行动联系多家爱心机构，将50多名来自全球的医学专家、300多名志愿者联系在一起，共同为来自湖北各地的188名贫困唇腭裂患童免费进行手术。三是救助孤儿，建设“没有院墙的孤儿院”，每年组织资助1600多名孤儿的学费和生活费。组织社会力量，为3016名孤儿编织新毛衣。此外，专栏的爱心公益活动在形式上也不断创新，通过义演、义拍、义卖、义诊等各种形式的慈善活动，扩大“扶助行动”慈善事业的社会影响，如组织书画义卖、火炬义卖、慈善酒会等。

《武汉晚报》策划的这些社会公益活动，实实在在地用行动阐释了该报“为百姓谋利益”的办报宗旨，拉近了和老百姓之间的距离，提升了该报在读者心目中的形象。武汉晚报社的记者们这样总结慈善公益活动与报道策划之间的关系：对于报纸来说，重视慈善报道是有价值的。第一，客观上，慈善报道可以成为新闻竞争的利器。第二，报纸是社会发展的产物，加强慈善报道，体现了报纸的良知；传播慈善文化，是媒体的社会责任。传播慈善的行为，既是追求利益的市场行为，也是出于对使命价值的追求。第三，慈善报道拓展了报纸的功能，提升了报纸的品位。反之，报纸对慈善事业也是有意义的。第一，报纸通过鲜活的新闻事实，反映最需要帮助的人们的真实生活，让慈善家评判他们是否需要帮助，是否值得为他们掏腰包。第二，报纸通过具体的事实，让观众了解政府部门和慈善机构、基金会的实际工作；慈善事业与企业、与公民沟通，媒体是桥梁。第三，报纸通过正面宣传，大力弘扬慈善文化，引发道德、价值层面的学习。慈善事业的进步，寄望于慈善理念的普及，倚仗于慈善文化的弘扬。慈善事业的发展，需要全民发扬慈善精神，只有大众参与的慈善事业才是现代慈善事业。只有全社会达成共同的公民社会价值取向，慈善事业才有繁荣发展的社会基础。①

媒体应积极参与到中国的公益行动中，与公益组织共同建构全国爱心网络，帮助所有需要帮助的人，促成受助者和施助者沟通渠道的无限顺畅，为推动中国公益事业贡献自己的一份力量。

（三）宣传自身，促进报道，吸引受众

新闻媒体开展各类社会活动，不仅有益于社会，同时也是对参与者素质的训练和提高，有些活动就是直接宣传自己，扩大影响，促进报道和发行的。

案例 2

2010 年 8 月 17 日，由《经济观察报》主办的“引领低碳时代——中国低碳企业论坛暨最佳低碳企业颁奖礼”在北京国际饭店举行。该论坛通过启动“梦想书屋”这一大型公益活动，将低碳与企业责任有机地结合起来。这项活动由经济观察报社与上海真爱梦想公益基金会、心平公益基金会等三家机构联合发起，旨在倡导为孩子们创造一个留有书香、开卷有益的童年时代的公益活动。后来，又有腾讯公益慈善基金会的加入，并建立了腾讯月捐平台，自 2011 年 4 月发起，通过腾讯月捐平台每筹集 1 万元，就在偏远的乡村学校建设一所梦想书屋，每月出台腾讯月捐报告，将该月募集到的捐款金额、计划建立“梦想书屋”的学校名称一一公布。自 2010 年“梦想书屋”项目启动以来，已在全国建成 520 家“梦想书屋”，主要分布在贵州、四川、甘肃等地。为了鼓励运营优秀的梦想书屋学校，项目组进一步计划，将梦想书屋免费升级成为“梦想中心”——一个价值 10 万元的项目，包括硬件资产和后续三年的培训费用。通过在学校捐建一所标准化多媒体教室，包括配置图书、电脑，利用互联网、大屏幕、自由组合式阅读桌等硬件，推动学

① 毕竟、龚斌、喻敏：《以媒体慈善整合社会财富——〈武汉晚报〉“扶助行动”的六大创新》，人民网，2009 年 10 月 12 日。

校老师开展素质教育的“梦想课程”，并结合教师奖励平台“梦想银行”的积分兑换和同一地区交流的“教师沙龙”等完整的系统，为当地教师的专业发展提供一种可能性。他们已经在全国各个省份累计建成超过1000间梦想中心。

积极有效的社会活动，不仅促进了新闻报道，涌现出大量关注热点、促进社会稳定和发展的优秀稿件，同时，对报社自身也是一种宣传，宣传也是“生产力”，它蕴涵着沟通、监督、信息传递等重要功能。这样，报社扩大了自身在读者中的影响，也促进了自己的发行量。

案例3

荣膺第六届中华慈善奖，并被列入“广东省社会组织扶贫创新五大模式”的深圳“募师支教”行动，最初就是由《深圳商报》参与策划并发起的。截至2014年1月，这个活动已走过8年的爱心历程。“募师支教”行动已成为全国知名的公益慈善品牌，先后招募了1012名支教志愿者，他们的足迹遍及全国18个省、市、自治区共300多所乡村学校，惠及山区学生逾10万人。这项公益活动缘起于2002年9月，深圳爱心人士许凌峰看到《深圳商报》关于贫困学童的报道后，联系报社进行捐助。《深圳商报》记者由此关注并报道了许凌峰长期献爱心的事迹。后来，许凌峰提出“募师支教”设想，报社高度重视，积极参与活动组织策划。2006年2月，《深圳商报》联合深圳市关爱办、市慈善会和许凌峰“募师支教爱心联盟”，正式启动深圳“募师支教”公益行动，计划在全国范围内招募5名爱心教师到边远贫困地区支教。2006年4月4日起，报社连续10天用一个整版的篇幅图文并茂地报道活动进程，在深圳引起广泛关注。在随后4个多月的时间里，《深圳商报》不惜版面、大篇幅强势进行连续报道，文字报道达50多篇，近10万字，新闻图片30多幅，使得“募师支教”活动成为深圳关爱行动的一大新闻亮点，成为广大读者关切的话题。①

社会活动的开展，对参与其间的新闻工作者来说也是一种素质的训练和

① 李红：《强势打造深圳关爱品牌——〈深圳商报〉策划许凌峰“募师支教”报道始末》，载《新闻知识》2006年10月。

提高。在谈及新闻扶贫的双向作用时，《牡丹晚报》负责人认为，他们进行扶贫救困活动，为困难家庭提供帮助，但同时，人民群众也给记者们以深刻的教育和鼓励，给了他们丰富的精神食粮，唤醒了大家对弱势群体的关注。新闻扶贫对记者编辑，尤其是年轻人，无疑是一种体力、笔力和毅力的磨炼。记者融入民众，产生的是灵魂的净化，人格的影响，世界观、人生观、价值观的转变。最直接、最深刻的变化，就是记者真正有了深入实际、扎实采访的作风。而记者们这种思想、感情、立场、作风的变化，对办好报纸将起到长远的、根本的作用。

二、加强策划，搞好社会活动及报道

新闻媒体组织开展各项有益的社会活动，不仅有利于社会的进步，同时也有利于自身的发展。随着传媒生态的演变，社会活动对于媒体而言有了更加丰富的内涵。在市场经济的大潮中，不管是实行“企业化经营”的传统媒体还是作为独立企业法人的媒体，它们的社会活动在强调公益性的同时，更加注重由活动本身带来的直接经济利益和潜在的社会影响。这和过去以引导舆论、激发热情为重心的媒体活动策划是不同的。但是，这种活动不是随意性的，须加强策划，使其在科学理性的指导下，开展得更好。

（一）以媒体为依托开展活动

社会活动具有两面效应，一是有利于社会性，一是有利于自身。在可能的情况下，最好将这两者有机地结合起来，并以此作为自己策划活动的出发点和终结点。因为，新闻单位毕竟不是纯粹的社会福利单位，开展什么活动和支出都要考虑经济效益。只有将活动定位在既有利于社会，同时又有利于自身发展，活动才能办得起来，办得火热，办得长久。

案例 4

2013 年 12 月 29 日，北京电视台生活频道“2014 生活微行动”媒体公益活动正式启动，倡导大家通过一系列微小行动让生活变得更加温馨。以“一点改变创造无限可能”为主旨，向所有人号召“关爱父母、不闯红灯、垃圾不落地、说声谢谢、有人摔倒不袖手旁观、诚信经商”等六大主题的公益微行动。这个活动于 12 月 17 日起在微博上发起志愿者征集活动，在短短 12 天内就有接近 7 万网友参与转发与评论，表示愿意做出这样微小的改变。北京电视台生活频道相关负责人在活动现场向记者透露："其实对社会来说，我们每一个人的作用都很微小，我们能改变的也微不足道。但只要人人都做出一些微小的改变，就能够形成改变社会的巨大能量。所以在新年到来之际，我们希望通过媒体的力量，汇聚各界公众人物，发起这样的号召，希望大家能够通过一点微小的行动、一点微小的改变，来创造更多美好，让我们的环境、我们的心情和我们的生活都能够变得更加温暖。"有数十位演艺界明星及社会各界专家学者共同加盟"微行动助力团"，他们通过现场倡导、视频呼吁、书法题字等方式发起倡议，用实际行动呼吁大家共同努力，以自己的微小之力成就生活的无限改变。

这些活动时并没有与媒体分离开来，而是两者有机地结合在一起。活动带活了媒体，扩大了新闻的社会辐射力，使媒体的新闻外延获得了更广阔的空间，而活动的公益性特点所构成的读者参与的广泛性，也推动了媒体更快地走向市场。

（二）抓住热点开展活动

新闻媒体开展活动可以是方方面面的，但最好是大家关注的社会热点问题，只有这样才能吸引受众关注媒体报道，同时，也只有这样才有助于该活动的顺利发展或问题的有效解决。做到突出针对性、有感而发、有的放矢、匡正时弊，也讲究一定的时效性。

案例5

每年春运，几亿人的迁徙，牵动着无数家庭的心，不少媒体抓住这个热点话题开展公益活动。在"一票难求"的情况下，2014年1月17日，《东方今报》和新浪河南频道共同启动"爱心顺风车·温暖回家路"活动，征集爱心车主和乘客报名参加。实际上，《东方今报》的"爱心顺风车"早在2011年11月29日就已经推出，起初旨在缓解城市交通困境，让"爱心顺风车"能缓解部分等车人的燃眉之急。该活动一经推出，立即引起社会公众的广泛关注，被央视等各大媒体报道。持续几年下来，"爱心顺风车"已经成了《东方今报》的一个品牌，已有1000余位车主领取统一车标和绿丝带，每天逾百人享受"同向免费搭乘"，已有逾万人受益。而《东方今报》每年春运组织的"爱心顺风车·

温暖回家路”，已帮助千余名老乡成功顺路回家。无独有偶，2014 年 1 月 20 日，由《华西城市读本》联合新浪四川频道发起的“春运顺风车”活动在天府软件园举行发车仪式，绵阳、南充、自贡等 5 城市春运爱心顺风车正式启程，网友可通过新浪四川“春运顺风车”专题报名，5 条线路均有不少网友参与，其中南充、自贡等较远方向报名火热，网友在活动主微博下方纷纷留言要求爱心车把自己带回家。①

策划社会热点活动及报道，要注意以下几点：第一，要考虑这一选题是否为老百姓所关心，只有是老百姓关心的选题，做起来老百姓才喜欢看；同时，这一选题是否为政府重视，只有政府重视的事，做好了，上面才会满意。当然，在选题确定时，有时也可以侧重某一个方面。第二，选题确定之后，所组织的活动，所进行的报道，都要围绕其主题而展开。不可随着情节的延伸使活动和报道无边际地拓展，由此而冲淡主题。第三，选择活动报道的时间。一个活动涉及的问题往往是多方面的，策划者不可能通过一次活动把所有的问题都解决，只能择其要点或解决一个方面的问题。只要具备这个条件，就可以报道了。当问题已经基本显露时，如还不能推出报道，那么时机就耽误了；如果问题已基本解决或有了解决的办法，报道就可以结束了（特殊情况除外）；如还要坚持报道，就可能画蛇添足或冲淡主题，浪费读者宝贵的时间。

（三）开展活动须导向正确

正确的舆论导向是新闻单位都会注意的，开展社会活动也必须注意这一点。积极正确的社会导向，不仅使活动开展得健康向上，而且有利于树立媒体自身的良好形象。

案例 6

中央电视台 2013 年发起的“寻找最美”系列活动中，有一项特别的“寻找最美孝心少年”大型公益活动，倡导和弘扬了中华民族“孝”文化的传统。该活动从全国 18 岁以下的少年儿童中，选取 10 位新时期的好少年。主办方认为，“孝”是大爱和责任的一种特殊表现形式。今

---

① 《关注 2014 春运 春运爱心顺风车 温暖你的过年回家路》，载《东方今报》2014 年 1 月 17 日。

天的“孝”既是中华民族传统美德的继承，又体现了鲜明的时代特征，同时有利于塑造少年儿童积极向上的人格。经过六个多月的寻找和选拔，最终评选出11位年度“最美孝心少年”和21位“特别关注孝心少年”，这些少年都有非常感人的故事。在11月8日的颁奖典礼上，虽然呈现了很多孩子辛酸的生活经历，但整个活动的基调是昂扬的、乐观的，令人感动，充满激励的力量。而央视在2013年9月10教师节举办的“寻找最美乡村教师”颁奖典礼，同样体现了这种健康向上的正确导向，完全不同于时下刺激眼球的各种“选美”、“选秀”活动。

案例7

2014年5月10日是母亲节，《武汉晚报》从头版到第12版共推出11个整版的重磅报道“武汉十大最美母亲”，头版是对十大最美母亲的总体介绍，从第3版到第12版，每位母亲设一个整版进行报道。这十

武漢晚報
为百姓谋利益
2014年5月9日 星期五
新闻热线 82333333
今日开幕
2014华夏丝绸
服装服饰特价商品
(武昌)交易博览会
全国土特产食品大联展
5月9日-20日
武昌科技会展中心

为大爱之城彰显爱的力量
本报爱的评选发掘爱的故事

母亲最美

世上的一切光荣和骄傲，都源干母亲
她们舍出血肉，付出艰辛，传递亲情
十位“最美母亲”因为人性大美而熠熠发光
爱情昰自私的，母爱却昰无私的
女人昰柔弱的，母亲却昰坚强的
五月十一日，屋干母亲的节日

图为2014年5月9日《武汉晚报》一版版面

位母亲中，有“英雄妈妈”姜春梅，有感动无数网友的“暴走妈妈”陈玉蓉，有10天内两捐头皮救女儿的“坚强妈妈”李利君……这组报道的导向是讴歌母爱、弘扬亲情。

社会是在不断发展变化的，在这个进程中，总还有一些值得提倡或需要反对的、值得歌颂或需要救助的、值得介绍或需要提醒的事情需要媒体报道。可以说，引导大众是一个永恒的主题。如何重视策划活动的导向性，把策划活动做好做细，这是一个需要认真研究和不断改进的问题。

（四）有始有终，量力而行

新闻单位开展各种社会公益活动，仅有良好的愿望是不行的，还必须精心策划，使其有始有终，画一个圆满的句号。切忌虎头蛇尾，切忌贪大贪多而又不能行动到底。

案例8

《南方日报》从2011年开始，坚持不懈地开展“幸福厨房”公益活动。“我们自己会做饭，我们只是需要一间厨房。”2011年4月26日，《南方日报·南方公益周刊》以“山里孩子想要个‘幸福厨房’”为题，报道了清远市阳山县阳城镇香港幸福小学的孩子们的朴素心愿。为因地制宜地解决边远贫困地区学生在校午餐问题，《南方日报》南方公益发起“幸福厨房”计划，旨在为全国范围内缺乏学生在校午餐条件的乡村学校建设以“加热自带午餐和集中蒸饭煮粥”为主要功能的电器型“幸福厨房”，使孩子们中午能吃上一顿热饭菜。截至2013年12月，“幸福厨房”已在全国范围内建成154间。其中，2013年新建18间，分布在广东、广西、湖南的多个地区。“幸福厨房”温暖的不仅是孩子们每天的午饭，也包括孩子们幼小的心灵，还有他们为知识、为飞越大山而刻苦学习的梦想征途。

为了更好地规范实施“幸福厨房”公益项目，《南方日报》还从建设机制方面进行深入探索。2013年6月，在南方报业传媒集团和团省委的指导支持下，南方公益执行团队联合广东省青少年发展基金会共同设立“幸福厨房”专项基金，可面向社会公开募捐。同时成立“幸福厨房基金”管理委员会，使“幸福厨房”的建设和管理更加规范、透明、可持续。

图为幸福厨房团队给山区孩子送来期盼已久的厨房电器，让孩子们兴奋不已。
来源：《南方日报》官网

此外，“幸福厨房”还与其他公益活动合作互助。在2012年度的“南方致敬”公益盛典上，“幸福厨房”、“免费午餐”、“希望厨房”、“春苗营养厨房”、“微基金午餐计划”及广东省青基会6方宣布携手合作，“我建厨房你做饭，携手助娃吃好饭”。2013年，“幸福厨房”不仅与“免费午餐”合作建成湖南省怀化市新晃侗族自治县碧朗乡比足村小学“幸福厨房”，还在四川雅安通过“四方合作”的模式完成“灾区学生营养午餐计划”：当地政府除落实每名学生每餐3元的国家财政补贴之外，同时负责出资在学校建设厨房及食堂，为计划实施提供场所；“南方公益·幸福厨房”负责置办厨房电器等，充实厨房设施配备；“免费午餐”在湖南广播电视台“芒果V基金”的资助下，提供学前班学生的营养餐费、学校老师的午餐费用以及聘请厨工所需工资等费用；学校只需自理水电煤气等费用，并协助及监督计划的运行。“幸福厨房”的这些探索都取得良好成效，也为媒体赢得了良好的口碑。①

① 《2013年南方致敬·公益盛典》，载《南方日报》2013年12月17日。

媒体策划社会活动，做到有始有终，量力而行，需要把握以下几点：第一，尽量选择便于操作的事件，如《南方日报》的“幸福厨房”活动，致力于为边远贫困地区学生改善在校就餐的硬件条件，如置办微波炉等，帮助农村学校的孩子们吃上一口热饭菜。活动内容明确，便于操作。第二，工作步骤要认真仔细，操作到位，首尾呼应，掌握好运行节奏。例如“一对一助学”活动，《海峡都市报》把进入爱心账户的款项一一登记，并及时在报纸上公布；严格掌握上报贫困生的标准，实行逐人造表，签章上报方式，绝不马虎。在操作上，他们采取连续滚动报道方式，紧跟活动发展动态，使读者随时了解发展状况，引起他们的广泛关注。像这样较大型的活动，如果工作程序不科学，工作步骤不仔细，就可能出现差错，产生不好的社会影响。第三，选择自己熟悉和可能发挥特长的行当开展活动，如经济日报社与中国国际贸易促进委员会、商务部、中国进出口银行共同主办“中国企业跨国投资研讨会”，对于经济活动，《经济日报》新闻工作者是熟悉的，特别是企业发展、投资，记者更是采访过，报道过，对于如何发展，记者是有发言权的。如果选择记者不熟悉的行当，这种活动的合作就可能很生硬，结果也可能不理想。

（五）尊重规律，团结协作，相互促进

新闻单位开展社会活动，进行活动的追踪报道，必须尊重社会活动开展的规律和新闻报道的规律，使其相互促进。

新闻单位组织社会活动都是对社会有益的。在此，新闻单位的策划者和参与者，必须尊重该项活动的自身规律，组织好它，促其沿着正确的方向发展。新闻工作者可以在其间发挥自己的主观能动性，扬其所长，补其不足，使活动开展得更加圆满。但是，在这里切忌参与者越俎代庖，哗众取宠，更不允许造假。

新闻报道是第二性的，只有事件发生了报道才可能进行。把策划活动当成闭门造车、凭空捏造是错误的。这种错误，既影响活动的正常开展，也影响报道的进行，自然也有损媒体形象。新闻工作者在活动中既是参与者，又是报道者，这对于记者的采访和报道是有好处的，记者可以写得更细一些，报道得更生动一些。但是，由于报道者又是参与者，容易受到活动的影响，甚至联办单位的左右，使其报道产生片面性，这是新闻工作者需要注意的。

开展社会活动，对新闻从业者而言，要有社会热情，要肯于付出。如《北京青年报》开展的三次活动，都是在不影响其他正常新闻报道的情况下

完成的。三次活动均无商业色彩，钱一分不挣，全部花在贫困生身上，因此，没有一种甘愿付出的精神是搞不好公益、社会性活动的。

三、多媒体联动报道策划

所谓多媒体联动报道，就目前而言，主要是指报纸、广播、电视、网络、出版等媒体在一段时间一个地域或不同地域里，为了共同确定的主题而进行的相互配合、相互促进的新闻报道。它应时代变革而兴起，应受众需要而发展，越来越受到新闻传媒的重视。说到新闻传播策划，不能不讲到多媒体的联动报道策划。

（一）多媒体联动报道的动机

首先，从媒体自身的需要来看，它能扬长补短，大家都有一种联手求发展的愿望。报纸是一种印刷媒介，具有印刷媒介的各种特点。广播传播速度快，覆盖面广，不受年龄和文化的影响，收听极为方便，成本较低，便于推广。电视是大众传播媒介中运用科学技术的最新产物，普及较快，效果较好。网络媒体以它高时速、大容量、宽地域和双向平等传输等优势向传统媒体发起了挑战。与此同时，各种媒体也表现出各自的不足。正是由于有各自的长处和不足，为了适应受众市场的需要，大家才有了互相联手求发展的愿望。

其次，受众对媒体的要求，迫使各媒体不得不加强联手，多出精品。随着时代的发展和科学技术的进步，各媒体都在不断地变革和发展，新闻报道在原来的基础上都有了很大的改进，出了不少佳作。但是，受众的需求是在不断变化和发展的，他们对新闻报道也提出了许多新的和更高的要求。单一媒体的报道有时候不能满足受众的要求，因为对揭露或解决某一问题显得乏力。实践要求媒体相互合作，形成合力，这样既有利于把报道做深做透，促使问题解决，同时也有利于多出精品，满足受众的需要。由于媒体相互联动了，为了一个共同的目标，新闻产品做得更精了，也更吸引人了。这既是媒体联动报道的出发点，也是联动报道的最终目的。

（二）多媒体联动报道策划的意义

新闻单位之间的联动报道对媒体在竞争中的自身发展来说，具有十分积极的意义。

第一，有利于媒体之间相互了解和沟通。实行上述方式的合作，不同媒体的新闻工作者能够相互交流，相互拜访，如报纸与电视、广播、网站合作，不同地域媒体合作，中央与地方新闻单位合作，国内和国外的合作等，就能了解、熟悉其他媒体的工作环境和工作方式，学习对方的敬业精神和报道技巧。这对于消除媒体间的门户之见，由“相轻”转而“相亲”是大有好处的。这对于提高新闻工作者自身素质特别是综合能力也是大有裨益的。

第二，有利于集思广益，发挥整体效应。不同媒体的人为了一个共同的目标聚在一起，大家商量选题，确定报道方式，扬己所长，补己所短，智慧火花的碰撞就能闪烁光彩夺目的亮光，就能产生大于单个媒体或单个记者相加的算术能量。同时，由于媒体在一段时间和空间内相对集中利用不同媒体的优势发挥整体效应，真诚面对受众，有利于正确引导社会舆论，促进社会的进步和发展。

第三，有利于节约人力物力，提高经济效益。新闻单位为了抢新闻，不遗余力，不惜派出重兵强将，这些都是无可指责的。问题在于，新闻单位生产精神产品也要讲经济投入，也要讲用最少的钱最少的人办最大的事。在计划经济条件下或许考虑不多，但在市场经济条件下就不能不考虑这一点。媒体间的合作与分工既符合新闻规律，又适应了市场经济的需要。现代科学技术的发展给人们提供了新传播手段，使得人们可以一体化地利用文字、声音、图像等多种传播手段实现一次操作产出多种产品。如英国 BBC 的广播与电视新闻采访中心在同一栋楼。记者使用数字设备采访，回编辑部时提供的数字形式的新闻信息产品，交付广播便可以成为声音稿件，交付电视可以成为图像稿件。现代科学技术使得资源的利用率更高了。比如央视“寻访最美村官”活动报道，就组成了“寻找最美‘村官’媒体联盟”，由全国 30 余家地方媒体和四家大型网站（中国网络电视台、新浪网、腾讯网、搜狐网）以及《人民日报》、《光明日报》、《经济日报》、《中国青年报》、《农民日报》，《中国新闻周刊》等报刊合作组成。

当然，新闻媒体的合作还有不少需要改进、完善和深化的地方，如各媒体的优势怎样才能在合作中得到最佳的展现，如何处理各媒体自身的日常报道和媒体间的合作，怎样区别和加强新闻版与专副刊之间的联系，媒体间的合作在怎样的时间和空间中运行为最佳，什么样的选题最适宜作联手报道，联手报道采取怎样的方式分工合作才最有利于发挥整体效益，如何协调不同媒体在联合过程中存在的问题和矛盾，等等。这些都是新闻单位联动报道的策划者需要在实践中不断摸索不断改进的。

随着时代的进步，多种媒体间的联手互动形式也越来越多，越来越丰富。一方面，网络媒体与传统媒体进行联动。网络媒体的发展特别是它的参与性，给传统媒体带来了生机，传统媒体纷纷“触网”，使网络成为传统媒体的延伸和补充。在媒体进行社会公益活动的报道策划时，网络媒体成为传统媒体不可或缺的组成部分。如中央电视台进行的“寻找最美”系列活动，有赖于网络媒体来提前发布消息、征集候选人。越是大型的社会公益活动，越需要动用网络媒体来扩散消息、了解广大受众的看法。另一方面，社会公益活动的报道策划需要在不同的平台分别展开，从不同侧面切入。

（三）多媒体联动报道在新闻实践中需要注意的事项

多种媒体联动，是一种新事物。要把好事办好，需要多方面的努力，同时需要注意以下几方面的问题：

1. 抓时效性，选题要有提前量

新闻以快速、新鲜为其显著特点，在媒体联动中选题的确定一定要注重时效性。选题尽量与当时发生的事件、现象时差最小，这样对群众的吸引力也就最强，对发挥舆论的导向作用也就越明显。如春节之前常常是下级给上级、企业给机关或同事之间、亲朋好友之间相互送礼频繁的时候，如何使送礼保持其本来面目，发挥其积极健康的作用；如何不让送礼成为歪风玷污我们的社会、玷污我们的民族；如何使民间的礼尚往来更高雅、更具科学性，这是一个涉及方方面面的大课题。武汉的报纸、广播、电视三媒体联办《热门话题纵横谈》时，就在春节前一个月即开始了准备工作，邀请了社会学、伦理学的专家，监察局副局长、市纠风办主任、市统计局住户调查处负责人、专业作家到电视台与三家单位专栏主持人一起座谈，完成了《春节之前话送礼》专题，在春节前一周分别在电视、报纸、电台播出、刊发，发挥了舆论引导的积极作用。

2. 抓接近性，满足受众需要

要增强宣传效果，一个根本性的问题就是要树立受众观点，增强服务意识，真正面向受众，吸引受众参与。选题的安排，既要有利于政府工作，有利于改革、发展和稳定；又要时时从受众的利益和需要出发，为受众着想，为受众做好服务。只有这样，媒体联动才能使人感到可读、可信、可亲，才能富有魅力，富有成效，同时，又促进了政府的工作，维护了社会的稳定。

3. 注重系列性，报道有始有终

社会问题纷繁复杂，千奇百怪，哪些该报，哪些不该报，怎么报，都是媒体联动确定选题时应该注意的问题。借题发挥，宣泄消极、不满情绪，给政府出难题，不符合党的宣传要求；对一时解决不了或还在摸索、试验中的问题，不能作为选题推出来去求“轰动效应”；有些问题，政府关心，群众需要，又不是一次两次能够说得完全、说得清楚的，需要组织系列报道。

系列报道可以使受众在一个阶段内对某一类问题有较为全面的了解，媒体做起节目来也可以循序渐进，逐步深入，把话题做深做透。

4. 追求多样性，内容形式丰富多彩

报纸、电台、电视台、网站、出版社联办专栏、专版、专题，各有自己的所长，如何取各家之精华，使合作的形式多样化，这是需要认真探索的问题。在采访发稿上可以有以下几种方式：其一是“发通稿”，即由担任策划的一家新闻单位负责提供统一文稿，分送其他参与的新闻单位。其他单位根据自己的传播特点，从表现形式、手法上予以补充、深化、完善；其二是“联合采访”，即由担任策划的一家新闻单位根据确定的选题组织多种媒体记者按统一采访路线、采访对象同时采访（可根据自己的需要在现场补充采访），然后在统一主题思想、统一基本观点的前提下，各自加工成节目、稿件播发；其三是根据各自的需要，依照协议，相互转载、改编别人的稿件、节目等。

这几种采访发稿方式各有长短。“发通稿”，统一性强，问题和材料比较集中，提炼观点、整理材料的工作由一家承担，相对减轻了另几家的工作量。但是，造成采访对象重复接受同一内容采访的问题；“联合采访”，有利于发挥各种传媒的长处，减轻被采访者的压力，也有利于同一主题多侧面表现。但组织几家统一采访、加工工作量较大；相互转载，灵活方便，但彼此接触较少，不利于媒体间的学习、交流、提高。在具体实践中到底采取哪种方式，要根据各自媒体的情况，根据对某一选题报道的需要而定，不宜搞“一刀切”。在播发形式上可采用对话、专访、座谈、综述等形式，注意图文并茂、声像结合。

5. 吸引受众参与，把握舆论导向

多种媒体联动就是要形成良好的报道效应，这里除了媒体间的努力外，还需要广大群众的参与。如电台、电视台，请部分群众到直播室，直接与主持人、听众、观众对话；电台开通热线电话，直接听取听友的意见。武汉电台白云彩虹 873 播出的《等待更多的漂亮车站》节目中，就有很多热心听友打电话到直播室，谈他们对武汉交通的意见，这些意见涉及公交车、专线车、巴士、面的、车站、单位用车、无人售票车、服务质量等问题，有批评的，有表扬的，有建议的，有相互商榷、补充的。播音时间一再延长（原定40分钟，实际达1小时），但电话铃声不断，群众关心城市建设，为武汉的改革和发展献计出力的心情煞是令编辑们感动！

受众广泛参与将是媒体发展的一大趋势，特别是网络媒体的兴起更提供了这种可能。但是，媒体的传播是有一定的导向性的，让那些有害的信息充斥大众传播媒体，是对社会的不负责。因此，在开辟受众参与式栏目中，策划人要对选题认真把关，主持人要引导参与者围绕讨论主题展开，不要分散主题或背离主题。

6. 邀请专家咨询，增强权威性

多种媒体联动报道，一般来说是受读者欢迎的，但是，把握不好也容易产生误导，产生消极作用。在联动报道时，除了把握中央、省市政策精神外，还需紧密联系和依靠专家。这表现在两个方面：其一是邀请有关教授、专家参与节目的制作，使话题更具科学性、权威性；其二，一段工作后，邀请教授、专家出席理论研讨会，从宏观上、理性上对联办节目予以评说，使经办人更好地回顾和检查，以利提高联办质量。现在，从中央到地方，不少媒体都开始这样做了，还需要在此基础上更上一层楼。

7. 领导重视，协调统一

多种媒体联动是一件新事物，不仅需要经办者的努力，更需要各参与单位领导的重视和支持。改革开放以来，随着我国新闻媒体的迅猛增长，竞争也日趋激烈，各新闻媒体都很注意发挥自己的特色，以抢新闻、发独家新闻为荣，这是对的。但是，在新闻竞争中，有的是各搞各的报道，互不搭界，谈不上什么合力。一些地方还出现这样一种情形：报纸首先登了一条新闻，广播不播；广播首先推出一个典型报道，电视低调处理；电视报道了一个新闻人物，报纸不报，或只报个简讯……凡此种种，理由只有一个：新闻讲竞争，人家先报过了，我再报跌架子，丢自己的脸。这种认识和做法是不对的。要实行多种媒体的联动，就需要破除上述不正确的思想和做法，这里关键是领导。联动的最终结果是参与各方都有利，但是，也不排除在某一个报道或某一个阶段有的单位利益可能会受一点影响的情况出现。此刻，领导者要从大局出发，纠正本单位参与者的不正确思想和做法，以利于合作愉快有效。这是领导重视的第一层意思。

第二层意思是要取得媒体的上级主管部门领导的重视和支持。如中央各大新闻单位联合推出的一批典型，都是在中宣部统一组织下有计划进行的，产生了强烈的社会反响，在短时间内就使先进典型迅速被亿万人民所了解。

地方先进典型人物的宣传，也是在地方党委宣传部的组织协调下进行的，所以才能有众多的党报、党刊、通讯社、电台、电视台、网站的统一行动，产生轰动效应。

第三层意思是听取和征集领导者、领导部门提出的选题和意见。领导者对上级和当前政府工作的重点、难点比较熟悉，他们提出的选题往往是政府关心和需要舆论单位协力解决的问题。听取他们的意见，对我们把握好舆论导向起着十分重要的作用。邀请他们参加选题会和研讨会，对选题和整个联动报道的走向予以指导，或主动上门征求意见，这是搞好多种媒体联动报道的重要一环。

◎ 思考题

1. 媒体开展社会活动有什么积极意义？
2. 报纸开展公益性的社会活动要注意的问题有哪些？
3. 开展社会活动的过程中，策划活动和开展活动，你认为哪个更重要？为什么？
4. 如何处理好策划活动与做好报道之间的关系？

◎ 实践题

围绕建立和谐社区，设计一个公益活动策划预案。

第八章

突发事件的报道策划

突发事件报道是衡量一个新闻媒体综合实力、组织指挥水平和新闻队伍素质的重要标准之一，报道的好坏和水平的高低关系到新闻媒体的影响力和形象，甚至关系到国家的形象和社会的稳定。正确认识突发事件，学习和借鉴国外成功的报道经验，做好突发事件的报道策划，是新闻单位在新形势下的一项重要任务。

案例1

2011年7月23日20：40分左右，D301次动车在浙江温州双屿路段与D3115次动车追尾，造成震惊全国的“7·23”动车事故。事故发生时，《海峡之声》电台记者刘洪涛恰巧乘坐在D301次动车上。20：58分，刘洪涛在悬着的车厢里，从十几米高的半空中成功自救。他不顾内脏的剧痛和身上的擦伤，及时与电台联系，且立即展开现场采访，在21：00播出的《海峡广角镜》节目发出了全球传统媒体中的第一条温州动车事故报道，也是来自7·23动车事故现场的第一条详细报道，抢占了报道先机。

第一条消息在播出时，后方编辑就迅速将其整理并发布到了海峡之声网，立即被多家媒体转载了数千次，多家境外媒体主动联系刘洪涛要求为其播发报道，中央电视台、中国国际广播电台、中央人民广播电台等国内上百家中央及各省市媒体也纷纷与刘洪涛连线，刘洪涛利用各种报道平台不断刷新事故救援的进展，有关报道被境内外媒体连续高频转载。在事发26小时之内都没有官方消息发布的情况下，该连续报道及时传递事件信息，发挥舆论引导作用。

该连续报道从温州的消防官兵迅速反应，第一时间到达事故现场展开救援，到解放军118医院的应急医疗分队坚守20多个小时，为最后一名被发现的幸存者——小女孩项炜伊提供了及时的专业医疗救助；从大型机械驰援，破拆坚固车体，争分夺秒救人，到周围群众积极增援；

从温州市医疗救助力量及时赶到，到温州各区县医院全部出动参与救援；从周围群众率先自发投入救援，为抢救生命赢得了宝贵时间，到温州市民排队献血，解决了救援血液告急的问题；从大量安全旅客的转移安置，到灾后心理救助的及时跟进……该连续报道脉络清晰，前后呼应，紧跟救援进展层层推进，全景式展现了动车事故发生后，中国的民间力量与专业力量、地方政府与当地军队联动聚能，迅速展开救援的整个过程与感人故事，鲜明、全面、生动地反映了重大事故面前“救人第一”的人道主义精神，散发着浓烈的人文关怀温情。①

---

① 参见省新闻工作者协会报送中国新闻奖评选委员会时的意见，http://news.xinhuanet.com/zgjx/2012-06/19/c_123305609.htm。

【点评】

列车发生重大交通事故，新闻记者就坐在车上，这显然是巧合。巧合中既包含着危险，也包含着机遇——记者可以“天然”地在第一时间获取现场的第一手资料。

作为突发事件报道，这组报道既有记者作为乘客亲历事故惊心动魄的讲述，也有其作为职业记者对事故原因的采访、对现场的描述和对典型细节的抓取。既有前方记者的亲历，也有后方记者和主持人的配合，客观反映了突发事件进程和救援工作的全貌，满足了受众的信息渴求；同时报道突出了“救援”的主题，有效引导了社会舆论。

该组连续报道的文字稿件除通过广播及时播发外，还通过海峡之声网及其他传播媒介得以迅速传播，体现了全媒体时代台网联动、报台联动、报网联动带来的“集群效应”。

此组报道的成功，与其说是记者职业生涯的巧遇，不如说是记者职业精神与职业素养的胜利。在突发事件发生时，绝大多数新闻记者会在职业精神的感召下，以几乎本能的姿态迎难而上，直面真相，不管前面是枪口还是灾难。同时，新闻记者的职业素养又让他们不局限于个人的亲历，而是从全局高度采集信息，充分满足受众对突发事件的信息需求，并且积极引导舆论，力求在灾难中彰显人性的光辉。

一、突发事件及其报道策划的特点

当前，我国正处于社会转型的关键时期，经济的飞速发展和市场体制的转轨促使利益分配格局产生调整与变动，种种问题和矛盾持续地积累和变化，事故灾难、社会安全、自然灾害等危机事件频发。据 2013 年《社会蓝皮书》相关数据显示，2009 年以来，我国国内每年发生的突发事件高达十万余起，我国已迈入突发事件的高发时期。社会的安定和谐是国家繁荣、经济健康发展的重要前提，所以，如何在化解危机的过程中掌握先机和主动权，及时、妥善地处理突发事件，最大限度降低其危害和负面影响，已成为各级政府施政的首要关注点。

突发事件爆发后，大部分公众会通过社会化媒介获取事件的真相和最新信息，并以此构建主观认知，从而形成广泛意义上的社会主流舆论。所以从某种程度来说，突发事件的发展进程是由媒体推动的，媒体相关报道的定位将决定公众对事件的解读与判断。因此，如何利用媒体的能量合理引导舆论，塑造和维持政府形象，提高应对突发事件的能力，是当下我国各级政府和学界关注和讨论的热点话题。

2006年1月8日国务院颁布《国家突发公共事件总体应急预案》，指出，突发事件是指突然发生，造成或者可能造成重大人员伤亡、财产损失、生态环境和严重社会危害，危及公共安全的紧急事件。

2007年11月施行的《中华人民共和国突发事件应对法》，对突发事件进行了明确定义：突发事件是指突然发生、造成或者可能造成严重社会危害，需要采取应急处置措施予以应对的自然灾害、事故灾难、公共卫生事件和社会安全事件。

综上所述，对突发事件不同维度的解读其本质是基本相同的，我们认为突发事件就是社会和公众难以预测和控制的事件，是对“洪灾”、“地震”、“非典”、“暴动”、“恐怖袭击”等一切突然爆发并影响社会秩序和公众生活的重大危机的总称。如2013年发生的“波士顿连环爆炸”、“韩亚空难”、“伏尔加格勒恐怖袭击”和“厦门公交起火事故”等，均属突发事件。

（一）突发事件的特点

1. 突发性强

突发事件通常是由诸多潜在细小因素积累而成，爆发的时间、地点、强度等难以预测，突发的危机打破了社会正常的秩序与平衡，让政府与公众措手不及。例如“5·12”汶川大地震，在毫无征兆的情况下突然发生，使灾区人民的生命健康和财产安全蒙受巨大损失。突发事件爆发时，缺乏经验的政府和媒体常常反应迟钝，在等待中丧失了舆论引导的最佳时机。

2. 关注度高

突发事件社会关注度高，是媒体危机报道的热点也是难点。突发事件发生后，新闻信息常常以海量计算，并以现在进行时不断地变化和扩张，吸引着整个社会的目光。同时危机本身和公众间的关联性使突发事件的相关新闻变得更具传染力，如果信息表达不畅，为不实信息的传播提供了渠道，会破坏社会秩序的正常运转。

3. 破坏性大

突发事件多以非常规形态出现，破坏力极强且公众应对能力弱，易产生流言，形成社会范围的大恐慌。例如“9·11”事件、2004年印度洋海啸，都造成了极大的经济损失和人员伤亡。突发事件的破坏性在当今中国社会有特殊的表现形式。第一，突发事件的频率和规模都呈上升趋势；第二，突发事件的破坏性、组织性不断加强。

4. 牵连范围广

突发事件是多种潜在矛盾激化的结果，事件爆发后又处于动态演化的环境，一旦应对不力，会导致其他危机的连锁反应，使危机扩大到本身不存在危机的领域。

5. 持续时间长

任何一起突发事件的消逝都不会像它来临时那样突然，突发事件一旦爆发，就会在社会范围内持续相当长的时间，其对人们精神、心理的冲击与创伤以及对政府形象和社会秩序的损伤，会造成长久且无形的负面影响。

图为新华网四川芦山地震专题报道截图，图片来源：新华网

（二）突发事件的发展阶段

管理学家斯蒂文·芬克在1986年出版的《危机管理》一书中提出："事物在不同阶段具有不同的特征，因此要在了解这些阶段特征的基础上，选择相应的传播手段，才能达到最终效果的最优化。"以突发事件发生的时间顺序为依据，突发事件从爆发到结束的生命周期分为四个阶段：潜伏期、

爆发期、蔓延期、消退期。根据事态的演变，公众在四个阶段有不同的心理状况和行为表现，对舆论引导的需求也各有侧重点。一般来说，在突发事件的潜伏期，媒体的监测和预警信息是媒体新闻报道的重点；在危机爆发期，主动引导社会舆论、稳定公众情绪，及时报道事件进展是媒体对危机解决最重要的支持；在突发事件的事后处理和反思方面，媒体同样可以有所作为，例如对突发事件的评估，对灾难发生和解决的反思，用人性化的方式总结危机中公众的表现，帮助公众度过心理创伤期等，都是媒体正确引领舆论导向的有效途径。媒体对突发事件不同阶段的积极介入，体现了媒体的社会责任，同时也是政府和媒体之间进行高效沟通的手段。如果媒体的作用仅限于发布政府权威消息，而缺少对危机事件不同阶段信息的搜集和反馈，就难以最大限度地发挥媒体在突发事件中的舆论引导功效。

1. 事件潜伏期

事件潜伏期是危机爆发前的阶段。突发事件爆发前，社会往往有潜在的危机征兆，在事件发生地或周边地区会相继出现有争议的报道和流言。由于涉及公众自身利益，流言又难辨真伪，公众会表现出焦虑不安的心理特征，舆论呈现出盲目的特性。谣言滋生是由于信息缺位和环境周边造成的。突发事件发生的初期，也是谣言扩散的阶段，因此媒体能否有效引导舆论走向，快速地公布事件相关信息内容，是遏制谣言产生和泛滥的关键。

2. 事件爆发期

事件爆发期是危机初步爆发后，需要集中社会力量进行统一应对的时期。突发事件爆发后，信息的发布和获取平衡瞬间被打破，公众受到强烈冲击，在恐慌和焦虑心理的支配下，对信息的渴求度上升，一旦出现事件相关信息，公众势必保持极高的关注度并广为传播，以求获得安慰，其中接收到一些未经证实的谣言，公众难免会出现错误盲目的举措，例如，SARS 时期板蓝根缓解病毒的传闻，日本福岛事件中食盐防辐射的谣言等就导致这两类商品被公众疯抢。事件的爆发期要求媒体在法律允许的范围内第一时间出面应对信息缺失，满足公众获取信息、参与事件的权利，引导社会舆论正向发展，消解让公众疑惑、误解的传言。

3. 事件蔓延期

事件蔓延期是危机逐步消减，政府进行善后工作的时期。这个阶段政府和媒体会号召和鼓励公众积极参与救灾抗灾活动，以帮助危机的灾后重建或善后处理。公众此时不再满足于了解“发生了什么”而是更想知道“事情进展如何，政府在做什么，应该怎么做”，灾区灾民善后情况、事件问责的舆论动态等成为关注的焦点。例如“7·23”动车事故中，政府相关部门对事故问责的结果一次次遭到公众的质疑和批判。事件的蔓延期要求媒体正确引导舆论走向，建立合理高效的问责机制和动员机制。一方面，媒体要在报道危机事件的过程中稳定公众情绪；另一方面，通过动员公众参与到危机的解决中来，为危机的化解打下基础。

4. 事件消退期

事件消退期是危机消退后的一段时间内仍对社会、公众造成影响的阶段。随着突发事件各项处理措施的实现，危机基本解决，公众的压抑心理和恐慌情绪减缓，公众能以理性的态度和眼光来审视这场刚刚过去的危机。此时公众关注的重点是政府对于危机的思考和总结。同时，公众还关心危机过后灾区的重建、受害者的安置、捐赠财务的利用情况等是否得到妥善安排。这个阶段要求媒体通过舆论引导，减轻危机给社会带来的伤痛，安抚公众灾后的情绪和心理。

（三）突发事件报道存在的问题

进入21世纪，我国经济与社会生活取得了长足发展，但对新闻媒体的管理理念还没产生相应的改变，有关媒体报道的观念也没有实质性的突破和创新。长久以来，媒体还是只被简单地看做政府和公众间上情下达、下情上传的信息传递工具，媒体在突发事件中的舆论引导作用未受到应有的重视。同时在媒体报道实践过程中，仍然存在着不少违背舆论生成客观规律的问题。

1. 媒体反应迟缓

突发事件爆发之初，公众对事件往往无法形成较为清晰的观点，更多的是对事件本身某种模糊情绪的体现。如果政府能利用媒体在这个阶段进行较为有效的舆论引导，将在危机应对上处于有利的主动姿态。但许多案例显示，当突发事件发生后，我国有关部门往往反应迟缓，敏感性不强，不能充分利用新闻媒体强大的舆论引导功能，使事件的处理处于被动状态。

2. 新闻报道失实

真相、事实是媒体新闻报道的基本前提。因此，媒体发布任何言论都要基于事实，否则政府和媒体的公信力就会下降，不利于政府形象的塑造以及危机事件的有效处理。但在危机应对的过程中，往往会出现媒体报道失真的现象，媒体这种错误信息的传播为政府决策和公众判断造成了难以估量的损伤和不良影响。总体来说，媒体在突发事件中报道失实有三方面原因：一是政府对媒体的强制干预，媒体在政府相关部门的干涉下失去主动引导舆论的能力。二是媒体自身的因素，记者在业务水平方面有所欠缺；一味追求时效性而忽视新闻准确性；媒体人自身责任感缺失；在经济利益的诱惑下对事件本身曲解等。三是突发事件本身对新闻报道的限制。突发事件因其突发性、模糊性、不可控等因素的制约，即使媒体从政府或权威机构获取到信息，也不能保证信息传递的完全准确。

3. 政府工作滞后

在这个时代，大众媒体的影响力已无法忽视，政府相关部门应当大力支持媒体的正常采访行为，将真实的事件进展第一时间呈现在社会公众面前，但在突发事件的应对过程中，总有部分地方政府没有把媒体看作有效处理突发事件的重要工具，而将媒体视为敌人，对媒体的采访处处掣肘，在突发事件发生后，消极对待媒体与记者，甚至追捕和羁押记者。

同时，部分地方政府认为突发事件会影响自身政绩，对政绩的考量大于对社会利益的考量，利用政治权力裹挟媒体，出现媒体集体失语失聪，耐心等待上级指令的现象，为谣言的滋生提供了有利空间。部分新闻媒体从业者无法通过权威渠道获取信息，误将传言变成文字进行传播，容易被他人利用进行炒作获利，危机信息不对称的局面造成公众无法第一时间知晓事件的真实情况和最新进展，于是流言蜚语在社会内部泛滥，公众此时对于信息的饥渴促使他们盲目加入信谣传谣的队伍中去，新的危机可能由此而生，产生惊人的破坏力。

除了上述报道中存在的问题外，政府后续工作缺失，也在一定程度上影响着民众对突发事件的正确认识和处置。突发事件进入消退期后，政府在尽快恢复社会秩序的同时，还要对事件应对的得失、公众灾后心理状况进行梳理和总结，加强公众对突发事件的认识，提高危急中的自救能力等。但从我国目前状况来看，在危机结束后，政府更多的是在总结工作，对公众后续宣传教育及灾后情绪安抚的工作极少涉及。

（四）突发事件报道策划的特性

突发事件报道策划，是指记者、编辑针对某个突发事件，在最短的时间里努力发掘其新闻价值，谋划最佳报道形式，以求达到良好的传播效果和社会效应的过程。突发事件自身的特殊性决定了其报道策划也有着许多不同于常规事件策划的特点和要求：

1. 及时性

由于突发事件发生突然，时效性极强，要求其策划工作必须迅速及时，在事件刚一发生时就采取相应对策，否则，耽误了时间，也就错过了报道的最佳时机。

2. 紧迫性

尽管新闻都讲求时效性，但没有哪类新闻报道像突发事件报道那样对时效要求那么"苛刻"。可以说，时效是衡量突发事件报道水平的首要标准，谁能最先、最快报道某一突发事件，谁就是赢家，谁就在竞争中取得了至少一半的成功。

3. 谨慎性

由于突发事件不确定性大而又影响深远，因而对于突发事件的报道策划要保持高度警惕，慎之又慎。要深入调查，仔细研究，弄清真相，在此基础上思谋对策；否则，仅凭一时的热情冲动草率行事，不仅帮不了忙，反而会添乱。

4. 应变性

由于突发事件变化性大，决定了其报道策划也要随势而变，要关注事件的最新动态，据此随时调整策划方案；否则，策划方案落后于事件的变化状态，就会使工作陷入被动，策划也就失去了应有的意义。

5. 现场感

突发事件发生都很突然，而且极具"爆发力"，对其加以报道则应该有生动形象的现场描绘，让读者感受到现场氛围。电视可以通过捕捉现场画面，电台可以通过现场录音，通讯社和报纸则可以通过有情有景有细节的现场描写及新闻图片的有机配合，来增强报道的真实性和感染力。

6. 连续性

突发事件虽然是突然发生的，但并不都是瞬间结束的，有的突发事件虽然发生很突然，但其发展和结束还要经历一个缓慢的过程。突发事件一旦报道后就要连续不断地跟踪报道，提供充分的信息量，报道事件的每一重要发展阶段和状态，同时报道事件对各方面的影响以及各方面对事件的反应。

7. 立体性

突发事件虽然有可能是来去匆匆，但其影响往往是深远的，因而对突发事件的报道不能停留在事件表面，就事论事，仅仅满足于报道事件本身；而应该广泛收集相关资料，多角度分析，多形式报道，既要有广度，又要有深度，尽可能使受众从报道中了解到关于事件的一切信息，并有所启示。

掌握了突发事件报道的特点，在实际操作中可根据具体情况，着眼于不同的目的，在突发事件发展的不同阶段选择适当的报道方式，这是突发事件报道策划的第一步。未雨绸缪，战前练兵，实战演习，事后总结，对于我们提高突发事件报道策划的水平大有好处。

二、正确认识突发事件报道

（一）政府关注突发事件报道

突发事件大多为受众所广泛关注，且具有较高的新闻价值，理应成为媒体重点经营的题材。20世纪80年代以后，随着新闻事业改革的深入，对突发事件的报道不再被国内新闻界视为讳莫如深的“禁地”。2003年8月，中央发布《关于进一步改进和加强国内突发事件新闻报道工作的意见》，体现了党和政府重视和保护人民群众知情权，满足人民群众对政府工作信息和社会公共信息的知情需要的决心。这一文件对于改革和推进突发事件新闻报道起到了指导性作用。

从2003年“非典”之后，中国政府对突发事件的公开处理越来越重视，十八大报告中明确提出，要“健全全民医保体系，建立重特大疾病保障和救助机制，完善突发公共卫生事件应急和重大疾病防控机制”。2014年1月11日，由中国气象局承担建设的国家突发公共事件预警信息发布系统开始业务试运行，在依托中国气象局现有信息化基础设施和信息发布渠道的基础上，通过建设1个国家级、31个省级和342个市级管理平台，形成覆盖全国的突发公共事件预警信息统一发布系统。

2003年，北大、清华食堂发生爆炸事件，新华社记者第一时间奔赴现场，由于报道及时，受到海内外媒体和网民的好评。2008年汶川地震、2010年舟曲泥石流、2012年四川什邡群体事件、2013年雅安地震等，由于及时报道，对于安定人心、促进救援大有好处。

（二）报道好突发事件是新闻竞争的必然选择

新闻竞争的实质，说到底就是争夺受众。谁拥有最广大的受众，谁就能在竞争中立于不败之地。这就逼着媒体去研究自己的传播对象，了解他们的愿望和要求，满足他们多方面的需要。由于突发事件大多比较敏感，却又震撼人心，往往会受到人们的广泛关注，在一段时间内成为社会关心乃至举世瞩目的热点。怎样把这类新闻抢回来，很自然地就成为媒体竞争中的焦点，各新闻媒体无不把突发事件报道作为争夺受众和用户、与同行竞争的擂台。随着新闻竞争的日益激烈化，对突发事件的报道已成为衡量新闻从业人员素质和水平的一个重要标准，做好突发事件的报道对增强新闻媒体的竞争力和影响力，无疑是大有益处的。

（三）报道好突发事件是信息时代的必然要求

当今时代是信息爆炸的时代，现代信息技术的发展使我们的地球越来越小，不同地域的信息交流越来越快，人们获取信息的渠道越来越多，对一些重大的突发事件要想捂也是捂不住的。例如，为了便于北京奥运会及其筹备期间外国记者在中国境内依法采访报道，传播和弘扬奥林匹克精神，外交部发布了《北京奥运会及其筹备期间外国记者在华采访规定》，规定于2007年1月1日正式生效，“外国记者在华采访，只需征得被采访单位和个人的同意”，规定的出台，为所有外国记者在中国的采访活动提供很大的便利。外国记者来了就会发布新闻——我们不发别人发，我们不放开别人放开，到头来对我们是不利的。除此，还有网络媒体的发展，远在大洋彼岸的美国纽约发生了“9·11”国贸大厦被炸事件，我们一打开互联网，什么信息都反映在网上了，没有什么保密可言。除此之外，经济的发展，旅游线路的开通，中国加入WTO，大量的外国商人和游客遍布我国的城市、乡村、山川和河流。很多突发事件就是在这些地方发生的，也有不少外国人目睹了突发事件的发生或他们自身就是突发事件的当事人。他们都是信息源，他们都会有意或无意地发布信息，真实或歪曲地反映事实。在这种情况下，还有什么新闻可保密？如果我们的新闻传媒不报道或不作如实的报道，只能处于被动的位置——大道不通小道通，当我们的人民知道实情以后，只会对我们的传媒产生不信任感，由此产生对该传媒其他报道的不信任。现代科学技术的发展越来越要求新闻单位和有关主管部门放开对突发事件的报道管理，越来越要求新闻从业人员讲究对突发事件的报道艺术。

（四）做好突发事件报道是加快我国民主政治建设的需要

中国要走向现代化，要进入世界先进民族之林，一个重要内容就是加快民主政治建设，人民当家作主的权利得到保证，其中就包括人民知晓重大事件的权利。知情权是人权中的一项重要内容。

随着我国对外开放的步伐日益加快，随着我国人民参政议政意识的逐步提高，政府的工作在不断改革，新闻传媒的责任越来越重。2005 年 4 月，中共中央办公厅印发了《关于进一步加强和改进舆论监督工作的意见》，该文件阐释了舆论监督工作的重要作用；提出了坚持舆论监督工作的原则要求；强调了当前舆论监督工作的重点；要求各级党委和政府支持新闻媒体正确开展舆论监督，并加强对舆论监督工作的领导；强化新闻媒体在舆论监督中的社会责任。这是党和政府为加强舆论监督所制定的一个专门性的重要指导文件。2014 年 10 月，党的十八届四中全会提出，加强党内监督、人大监督、民主监督、行政监督、司法监督、审计监督、社会监督、舆论监督制度建设，努力形成科学有效的权力运行制约和监督体系，增强监督合力和实效。

这是对新闻界提出的更高要求，舆论不仅要反映群众呼声，还要对政府工作进行监督，突发事件发生了，政府有关部门应负什么责任，事后他们做了哪些抢救和善后工作，人民是需要了解的。人民群众了解了突发事件的发生、发展过程，可以更好地监督政府工作，可以更好地理解、配合政府工作。加强对突发事件的报道，既是我国民主政治建设的需要，同时也向世人显示了我们的自信心，我们有力量有能力处理好一切突发事件。处理好了对突发事件的报道，从一个侧面也反映了中国的强大。

（五）搞好突发事件报道是促进我国新闻业与世界接轨的需要

随着经济的一体化，中国不仅需要经济上按国际惯例办事，在文化事业，在新闻报道方面也面临着国际化的挑战，特别是在中国加入 WTO 以后，特别是在网络媒体发展的今天。对突发事件的报道质量反映了一个国家的报道水平，这不仅表现在对国内突发事件的报道，同时也表现在对国际重大突发事件的报道上。

如对 2008 年 3 月 14 日拉萨暴力事件的报道中，新华社记者通过深入现场采访，不仅真实地记录了拉萨街头店铺被焚、无辜群众被打等大量震撼人心的暴力场景，而且客观地反映了当地政府保持极大克制、全力营救受困群众等事实，这种报道手法贴近海外受众思维习惯，用事实说话，以细节取胜，文字表述精良，分寸把握精当，赢得广泛赞誉。英国《泰晤士报》在刊登这篇报道时说："中国官方通讯社发表了记忆中有史以来最为生动、最为详细的新闻报道。"①

---

① 易凌等：《拉萨发生暴力事件》，新华社 2008 年 3 月 14 日。

三、突发事件报道的几种形式

突发事件具有时效性强、变动性大、不确定性大、影响面广等一些不同于常规事件的特点，这就决定了其报道也有着不同于其他报道的鲜明特点。一般来说，突发事件的报道形式大致有以下几种：

（一）即时性报道

即时性报道是在突发事件发生后即有记者赶赴现场或从多渠道获取信息，迅速发回的报道。这类报道一般时效性很强，文字也较简洁，其显著的特点就是对“现场感”的追求。每当有重大突发事件发生时，无数新闻记者为了追求新闻的现场感而殚精竭虑、前仆后继，其中许多记者的事迹动人心魄、催人泪下。直到世纪之交，中国记者第一次豪迈地提出了“要站在世界重大新闻事件的报道现场”，这不仅意味着荣耀与辉煌，更充满了血与火的洗礼甚至生命的代价。

对于突发事件的即时性报道，如果条件允许，动用照片、资料、言论等背景材料，相得益彰，可以更好地突出主题。

（二）连续性报道

突发事件的报道首先是从即时性报道开始的，它让人们感知该事件的发生。但是，仅仅如此还是不够的，有些突发事件虽然发生很突然，却未必瞬间完结，其发展和结束还有一个过程，读者也必然会关注事件新的动态，希望了解事情的来龙去脉以及有关细节信息。这就要求记者继续追踪事件发展过程及详情，进行连续性报道。

连续性报道一般来说篇幅要长一些，刊发的次数要多一些，事件经过、人物特写、背景材料等要翔实一些、生动一些，因而能更吸引人。连续性报道同样要求时效性，最好在突发事件的消息发出之后立即刊出，时效性越强，效果越好。

连续性报道的时间跨度长，涉及面广，变化大，问题和矛盾多，因而更需要策划者精心细心，持之以恒。

连续性报道时间较长，既要求记者不要漏掉新闻，又要求记者在众多的新闻中选择有效新闻；它既要求记者有新闻的敏感，又要求记者有坚忍不拔的韧性；既要求记者密切注视动态，进行纪实报道，又要求记者超越本事件，进行更深层次的分析和思考。

案例 2

2010 年 7 月 3 日，福建省上杭县紫金铜矿因连续降雨，引发矿区 9100 立方米的污水排入汀江，致使汀江部分河段出现污染。事故发生后，作为国内最大黄金生产企业的紫金矿业公司封锁消息，瞒报事故达 9 天。直到 7 月 12 日，上杭县政府才向外界通报这一事件。在获知污染事故消息后，《人民日报》立即派记者赶赴事故发生地。由于地方政府与企业对事件遮掩、隐瞒，使得记者难以查明事件真相。面对阻挠，记者兵分多路：一方面“明察”——直接与肇事企业及当地政府正面接触，反复追问事故详情和处置情况，争取采访事件的关键人物（如紫金矿业董事长、上杭县委书记等）；另一方面“暗访”——在事故现场、上杭县城、受污染的汀江上下游进行多方位的独立采访，搜集各类信息，以形成完整的证据链。此外，记者还详细查阅紫金矿业公司过去发生污染事件的资料，收集当地政府部门和群众对于紫金矿业公司的反映和意见，并与国家环保部及福建省事故调查组保持密切接触。在充分掌握各方面情况的基础上，记者连续写出《紫金矿业 9100 立方米废水外漏污染汀江　部分江段出现死鱼》、《追问紫金矿业污染事件　污染几何有无瞒报?》、《紫金污染阴云何时能散?》等系列连续报道，荣获第 21 届中国新闻奖。

图为《人民日报》2010 年 7 月 14 日刊登的新闻图片：7 月 12 日，位于汀江河下游的棉花滩库区边散落着因水质污染致死的河鱼。

【点评】

《人民日报》不仅第一篇报道及时，而且没有止于对事件过程的描述性报道，而是通过系列报道的方式展开了“深度追问”，质疑“为什么事故发生后9天才公布消息”、“号称‘环保第一’的紫金矿业为何屡陷‘污染质疑’”、“在当地经济发展中‘一业独大’的紫金矿业是否带来‘监管难’”等问题，对事件进行了深层次的剖析，最终通过这一组衔接紧密、层层推进的报道，将紫金矿业污染事件背后的真相公之于众，对事故背后企业环保漏洞和政府监管缺位的责任进行了追问。

（三）总结性报道

并非所有的突发事件都应该或者能够在该事件刚一发生时就予以即时报道，或在其发展过程中进行追踪式报道、连续性报道，为了整个大局的稳定或者由于某些技术操作上的原因，有的突发事件是在其出现后的一段时间或结束后才进行报道的，这种报道即总结性报道，由于报道是在最后进行，又可称作终结报道。在作总结性报道时，事件发生发展的过程已十分明了，一切变化的因素都以静态的形式定格于历史空间，它所反映和说明的问题，它要给社会和人们的启示，都比较明确地显露出来。另外，由于时间较长，编辑记者的准备工作可以比较充分，比如资料的收集、背景的交代、照片的搭配以及版式设计等工作都可以做得比较充分，做得好可以起到“后发制人”的效果。这是有利的一方面。从另一方面来说，由于时间较长，关于这一事件的各种谣传很多，有可能影响终结报道的可信度。这就要求终结报道的策划者在报道中以无可辩驳的事实和新发掘的事实来回击一切谣言和诡辩，争取受众。而且，由于时间较长，其他媒体可能已经作过较为全面或连续的报道，本报再要作此专题的报道，除了内容上的真实有深度外，在表现形式上，必须有超过别人的新招；否则，就难以吸引人，也不可能达到“后发制人”的目的，弄得不好还会走别人走过的路，吃别人嚼过的馍，既没有味道还惹人笑话。

《南方周末》堪称对突发事件进行总结性报道策划的专家。由于《南方周末》是周刊，这就决定了它对突发事件进行报道时，不可能以“快”取胜，而只能以“深度”取胜。2010年8月7日晚，甘肃舟曲发生特大泥石流灾害。由于出版周期的关系，《南方周末》对这次突发事件的报道直到8

月 12 日才能见报，但是《南方周末》在深度和总结方面下足了工夫。首先，8 月 12 日在头版和第二版作了题为“天人之战”和“废墟上的肖像”整版报道。它综合新华社、人民日报社、中央电视台、中新社报道，对受灾情况进行全面报道，同时表达了对灾区人民的深切同情。有别于《南方都市报》，《南方周末》基本上是从舟曲发生泥石流事件的原因，将会有多少地区有潜在泥石流危险这个角度出发来策划报道的。其次，对舟曲泥石流灾害进行了两期连续报道，8 月 19 期报道了《何时哀悼，怎么哀悼》、《天灾频发留言风行：“2012”末日传说》、《科学家眼中的 2012》三篇文章，这三篇文章是在解答人们普遍关心的一个问题：频发的地质灾害是怎么回事，今后还会发生一些什么？深刻反思环境问题。

四、突发事件报道的策划原则

突发事件报道是新闻报道中的一项重要内容，它是对一家新闻单位各方面素质的综合检验，也是一家媒体走向市场、争取受众的一个重要环节；同时，突发事件报道也是一个上下都十分敏感的领域，搞得不好会产生一些意想不到的副作用，给新闻单位和一个地方的工作造成被动。所以，掌握突发事件的报道艺术，遵循突发事件的新闻报道策划原则是十分必要的。

（一）国际上关于突发事件报道的做法

目前，我们已经步入全球化的轨道，了解世界主要国家关于突发事件的报道形式和做法，对于我们正确实施报道策划是大有好处的。

美国是新闻业高度发达的国家，无论政府机构、半官方组织或私人公司，都非常重视新闻发布。总统府白宫和政府各部都有自己的新闻办公室，设有发言人负责同新闻单位联络和发布新闻。他们发布新闻一般有三种形式：定期发布，不定期发布和随时发布。不定期发布和随时发布，一般是在重大事件发生或即将发生时，有关部门对定期新闻发布形式做出的补充。

日本政府最高新闻机关是内阁广报室和内阁总理大臣官房广报室，二者是一套人马，发布新闻的最高长官是内阁官房长官。设在内阁的“危机管理室”负责认定突发事件的性质，并将信息通报给内阁官房长官。广报室官员承认，在发布突发新闻上，日本还没有一套成熟、完整的做法。

法国是新闻发布比较健全的国家。从外交到国防，从各类突发事件到自然灾害，均能快速发布消息。它的突出特点是多层次设立新闻发布机构和新闻发言人，负责发布各自的消息。突发事件发生后，根据突发事件的性质由各主管部门发布消息。如发生海外战争，由国防部宣布；发生劫机事件，由负责处置的宪兵特警部门宣布；发生爆炸和社会治安事件，由地方政府宣布，在巴黎则由警察总署宣布；突发性自然灾害由内政部民防安全部门或当地政府宣布；要人、名人患病或住院由医院宣布；属总统职权的外交和国际重大问题，经常由总统本人亲自宣布。

英国采用以“大媒体优先”发布紧急新闻的制度。如有突发事件或紧急新闻要发布，英国政府只通知几家大媒体，如英国广播公司、路透社和几家大报。如与某些国家有关，则通知有关国家驻英新闻机构。新闻发布会很短，发言人一般只回答两三个问题，不回答记者提出的与此无关的任何问题。首相新闻办公室每天都有例行的新闻发布会，所以一般不举行紧急事件的新闻发布会，以免给人一种事态严重或政府在某件事情上惊慌失措的感觉。

瑞典是比较安静的国家，但对国内偶尔发生的突发事件和与瑞典有关的外国发生的突发事件，还是很重视新闻发布的，常常是成立临时的专门班子负责。如前首相帕尔梅遇刺身亡一案的新闻发布由政府办公厅负责，新闻公报是经内阁讨论后公布的。“爱沙尼亚号”沉船事件虽然不是政府的事，但因千人遇难中多数是瑞典人，所以交通部也为此专门举行记者新闻发布会。苏联的切尔诺贝利核电站事故虽不发生在瑞典，但距瑞典较近，引起瑞典人恐慌。事故发生后，瑞典也成立了一个由首相府、环境部、国防部、外交部人员及有关专家组成的新闻中心，负责新闻发布和解答公众提问。

以色列是世界上多突发事件的国家。以色列政府为争取舆论上的有利地位，总是以最快的现代化通信手段，多渠道、多角度地将事件的最新情况按照他们的口径通报给记者，其中为一些记者专门配备的通信设备发挥了重要作用。

通观各国对突发事件报道的处理情况，我们可以发现有以下几个特点：

①官方普遍高度重视，特别研究如何召开新闻发布会。

②建立了比较固定的专门发布体系、机构、制度和程序。

③都跟主要媒体建立起密切联系，政府有关部门在事发后都主动地、尽快地通过大众媒体发布准确消息，以避免出现各种猜测和流言蜚语，新闻记者一般按职业习惯行事，与政府以及其他消息源密切配合。

④由于通讯社功能的多样性，各国通讯社通常是突发事件新闻发布的重

要渠道。①

（二）突发事件报道的基本原则

根据国际惯例，结合中国的实际，在对突发事件的报道策划中，一般来说，应把握以下几个基本原则：

1．快速反应　及时报道

新闻报道视时效为生命线，新闻竞争时常就表现为时效竞争。而就突发事件而言，其变化来得突然，去亦快速，而且影响深远，在报道上的时效竞争也就更为紧迫、激烈，胜负之差往往以分秒计。时效竞争有多层含义：

（1）快速反应。

突发事件来得快，去得也快，许多场景、情节稍纵即逝，永不复现。这就要求新闻媒体、记者在事件刚一发生时就迅速做出反应，闻风而动，果断采取行动，快速迈出第一步，而不能犹豫不决、迟疑不前或慢条斯理。应在快速判明基本情况的同时，立即采取行动，力争率先获得第一手材料，这样才能在报道上占有优势；否则，等到所谓"精确地弄清事实真相"之后，再采取行动，就会延误报道时机，被竞争对象甩在后面。

近年来，围绕"快速反应"这一突发事件报道的核心问题，新华社在新闻采集、发布、报道组织指挥等方面做了大量卓有成效的探索。比如，立足现场采访、拓宽信息渠道，新闻触角更加灵敏。新华社把提高一线记者捕捉和报道突发新闻的能力作为一项重要工作来抓，提出了"新华社记者无论何时何地，遇有重要新闻事件的发生，都有责任和义务通过文字或口授方式向总社发稿"的要求。另外，新华社建立健全 24 小时发稿制度，确保稿件随到随发。从 2001 年 1 月 1 日零时起，新华社正式实行 24 小时值班发稿制度，避免了"新闻过夜"，实现了突发新闻即采即编即审即发，较好地满足了媒体用户，尤其是网络、广播电视用户的需求。

《南方都市报》在 2008 年 5 月 13 日，即汶川地震第二天就发出系列报道，5 月 14 日，发布告读者书，红底黄字的报头变成黑白色，以示哀悼，并在头版发布《告读者书：今天，让我们在心中为他们"降半旗"》，调整版面，暂停娱乐等版块，为地震报道腾出版面，反应快速。

（2）及时报道。

---

① 秦万峰：《新闻报道中宏观真实性探析》，载《新余高专学报》2003 年第 10 期。

南方都市報

办中国最好的报纸

救我！

遇难者超过12000人

救援队伍终于进入汶川

今天，让我们在心中为他们"降半旗"

"股市"震荡下投资的至佳选择

共献爱心 抗震救灾

图为2008年5月13日《南方都市报》对汶川地震所作的头版报道

突发事件传得快，传得广。新闻媒介对突发事件的报道都是争分夺秒，以求先声夺人。加之许多突发事件敏感而复杂，在真相大白之前，易引起猜测、受到曲解。这就要求媒体及时报道，以澄清事实、表明态度，积极主动地引导舆论，争取获得"先入为主，先下手为强"的效果。若迟迟不报，就会被人疑神疑鬼，或被认为是有意掩盖，若等到某些别有用心的外电、不负责任的小报把突发事件报道引入"小道"或歧途之后，再来辩解就很被动了。

对此，我国宣传部门和国家有关部委都先后制定了一系列的相关法规，以保护和保证新闻单位对突发事件能加以及时报道：

> 电视、广播、新闻单位应当根据人民政府防汛指挥部提供的汛情，及时向公众发布防汛信息。
>
> ——《中华人民共和国防汛条例》（1991年6月28日）

对发生的重大火灾，或有典型教育意义的火灾案例，作为社会新闻适时报道。可采用记者现场实地采访或发布新闻等形式，报道起火原因和火灾中暴露出来的问题，使有关部门和广大群众从中吸取教训。各地公安机关和新闻部门之间应加强联系和协作。发生重大火灾，公安机关应邀请记者到火灾现场实地采访以便及时报道。

——中央宣传部、公安部、广播电视部、国家统计局《关于定期公布火灾统计数字加强消防宣传的通知》(1985 年 3 月 2 日)

重大自然灾害（如地震、水灾等）和灾难性事故，应及时作报道。有外籍和港澳乘客的飞机、火车、轮船、汽车失事，应尽可能在事件发生的当天对外报道。如有一些情况一时查不清，可先作简短的客观报道，然后再作详细的报道。

突发事件凡外电可能报道或可能在群众中广为流传的，应及时作公开报道，并力争赶在外电、外台之前。

——中央宣传部、中央对宣传小组、新华通讯社《关于改进新闻报道若干问题的意见》(1987 年 7 月 18 日)①

突发公共事件的信息发布应当及时、准确、客观、全面。事件发生的第一时间要向社会发布简要信息，随后发布初步核实情况、政府应对措施和公众防范措施等，并根据事件处置情况做好后续发布工作。

信息发布形式主要包括授权发布、散发新闻稿、组织报道、接受记者采访、举行新闻发布会等。

——国务院发布的《国家突发公共事件总体应急预案》(2006 年 1 月)

关于突发事件报道的各种文件还有很多，但总的精神是一致的，即对突发事件要尽快进行报道，要为报道的单位和个人提供方便。但是，在实际操作中，各新闻单位包括中央新闻单位在内，都感到限制太多，快速反应机制还难以跟上，新闻单位自我约束太厉害，记者遇到突发事情，总想着请示汇报、左顾右看，结果耽误了时机。中央电视台《新闻调查》记者自述，綦江彩虹桥垮塌那天，他们刚好在四川，但当时很愚蠢，心想，上面到底是啥

① 《新闻法规政策须知》，学习出版社 1994 年版，第 13 页、14 页。

精神？等等再说吧。结果一条重大的突发新闻就这样从记者眼皮底下溜走了。

大量事实证明，对突发事件不报或迟报，效果远远不如早报。及时地抢先报道，能争取主动，引导舆论朝全面真实、于我有利的方向发展，并增强新闻报道的竞争力和可读性。2008 年 3 月 14 日拉萨发生暴力事件，新华社西藏分社首当其冲，受到暴徒攻击。但分社记者不顾个人安危连夜赶往事件现场，冒着生命危险采集第一手素材。新华社领导坐镇指挥，后方编辑在前方记者电话口述的基础上，直接用英文撰写新闻稿件，并于当日 17 时 12 分 42 秒在全球率先发出第一条英文快讯，随后展开昼夜不间断的滚动报道，在国际上第一个抢占了关于拉萨“3・14”暴力事件的舆论制高点，取得了极为显著的“首发效应”。稿件通过事实再现了不法分子的种种暴行，并在第一时间披露达赖集团是该事件的幕后“黑手”，一举击中了达赖集团的要害，使达赖集团“和平示威”等谣言不攻自破。正是因为此举在引导国际舆论方面产生了积极效应，中央授权新华社在以后发生类似突发事件时可自主进行对外报道。

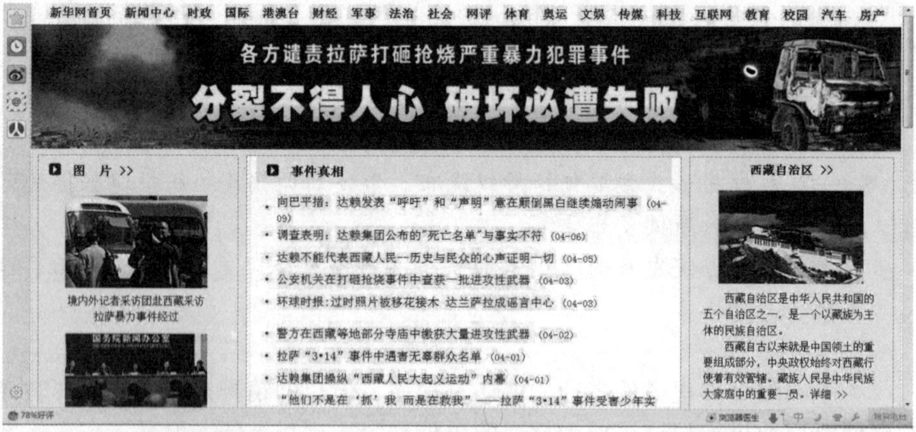

图为 2008 年新华网所推出的拉萨“3・14”暴力事件专题报道截图

这一案例表明，在发生各类突发事件时，主流媒体绝对不能失语，政府相关部门也不应采取“捂盖子”的做法，应尊重新闻传播规律。媒体应坚持第一时间和第一现场，既扮演“快捷”的角色，又扮演“直击”的角色，按新闻传播规律办事，这样才会树立起政府讲真话、负责任的良好形象。

2. 真实准确　客观公正

在突发事件报道中，抢时效无疑是十分必要的。但是，如果我们抢来的信息都是错误的、片面的，这样的信息作为新闻发布出去也是不利的。突发事件往往人命关天，社会影响极大，这就给新闻工作者提出了更高的要求：要坚持真实准确、客观公正的原则，一切从实际出发，尊重客观，尊重事实，做出符合客观实际情况的策划报道。

坚持真实准确的原则，即是要坚持以客观事实为依据，实事求是，亲自调查、核实。突发事件发生后，要在保持头脑清醒的状态下，深入第一线及时展开调查，收集有关事件的一切信息资料，其中引用的数字、讲述的情节、援引的话语要来自权威部门、权威人士或目击者所见所闻。收集的信息都要有根据，而不能道听途说或凭主观愿望“合理想象”；否则，就会造成报道失实，则不仅有损媒体形象，还会失去受众的信任。

客观公正，是新闻工作者在新闻报道中必须遵循的又一项基本原则，即对事件只做客观叙述，剔除所有事件外的感情色彩和一些有意无意的诱导性话语，让读者了解事实真相，像看录像片一样对事件一目了然。这一原则是真实反映新闻事件的保证。突发事件大多是天灾人祸之类的灾难事件，一经报道便会在社会上产生强烈的新闻效应，所以媒体在向社会公众通报这类事件时，更应严格遵循客观公正的原则：首先，不能隐瞒事实，掩盖真相，甚至弄虚作假，欲盖弥彰；否则就无法满足受众的“求知”心理，不能取得社会的理解与支持，也就难以妥善处理好突发事件，甚至可能在社会上引起骚动。只有将事实真相尽快告知社会公众，才可能取得他们的理解和支持，进而创造出一种有利于事件解决的良好的社会氛围，转危为安。其次，在报道时，应保持头脑冷静，判明情况，根据收集到的情况，作“实录”报道，而不能随意加入个人情感，对报道添枝加叶，妄加评说，或根据主观臆测给事实定性。

3. 把握大局，统筹安排

突发事件一般来说是以一定数量的人员伤亡或财产损失为内容的灾难事件，而这些信息的传播总会或大或小地引起人们的心理震荡。震荡在一定限度内可以提高人们的心理承受力；但超过了一定的限度，就可能引得人心惶惶，谣言四起，社会不安定。对突发事件的报道是一项政策性很强的工作，国家在制定及时报道、方便报道突发事件的有关条文的同时，也制定了相应的报道法规和报道纪律，以保证大局的稳定和国家形象的维护。

对不同性质的突发事件，要采取不同的报道方式和报道范围。一般的自然灾害，只在有关地方进行报道，重大自然灾害则由中央新闻单位向全国、全世界报道。对各种灾难性责任事故，也基本上按照自然灾害报道原则掌握，特别规定，对造成重大事故的原因，在主管部门得出正式结论之前，新闻单位不得发出猜测之词，以免给事故处理增加人为困难。对灾难事件的报道必须本着“只能鼓励，不能添乱”的报道原则，在总体上有利于我国发展和稳定的大局，有利于维护我国的国际形象，据此决定报道方式、报道时机以及报道的范围。在报道中仅仅注重一个“抢”字，一个“新”字，显然是不行的。20世纪50年代任中宣部部长的陆定一同志在新华社建社20周年时就曾说过：编辑、记者有两种任务，一是抢，二是压。有的新闻要抢时间发出去，有的新闻不该发就要压下来。该快的不快就不好，该压的不压也不行。编辑、记者一定要懂得政治，才能懂得什么要抢，什么要压，什么要取，什么要舍。陆定一同志的讲话对今天的新闻工作者来说仍然是有教育意义的。新闻固然要讲求时效，而时效应该是时间与效果的统一。面对关乎全局的重大突发性事件，能不能在报道上沉着运筹、确保有力的正面效果，是对一个成熟新闻工作者的实战考验。比如新华社对“法轮功”痴迷者自焚事件的报道就是一个成功的典型实例。新华社关于“法轮功”痴迷者自焚事件报道的成功，首先就在于没有简单地抢先抢快、不负责任地追求轰动效应，而是从大局稳定出发，选取了最佳播发时机。正如新华社在通讯《邪教“法轮功”又一滔天罪行》的开头所说，这一事件发生在“农历除夕，正当千家万户忙着挂灯笼、贴春联，欢欢喜喜迎接新世纪第一个春节的时候”，试想，如果在这样一个千家万户除夕团圆的时刻，播发“法轮功”痴迷者自焚事件，骇人听闻，场面悲惨，必然会给大家本来欢喜的心情蒙上阴影，也难以集中受众的注意力，收到显著的警醒之效，虽然在时间上抢先了，效果却会大打折扣，甚至可能影响国家的稳定大局，显然不适时。

从维护国家形象和利益的高度出发，在报道突发事件时还应注意内外有别。这是因为对内对外报道的对象不同，竞争对手不同，目的不同。对外报道更多考虑同境外媒体进行舆论主导权方面的竞争，对内则更多地考虑对社会的影响。因此，当灾难事件不具国际意义，则对外从简，对内翔实；若为世人普遍关注，则都要详细，甚至对外比对内更充分。鉴于国际新闻竞争激烈，对外报道对时效的要求更高，许多情况下，对外报道先于对内报道；但若外电可能报道，或可能在群众中广为流传，则应及时作出公开的连续报道，并力争赶在外电外台之前。同样，新华社对“法轮功”事件的报道也采取了内外有别的处理，事发当天，对外中文、对外英文和新华网都及时播发了消息，在对外“新闻战”中争取了时间上的主动，占据了引导舆论的优势，从而体现了我们国家的形象；对内，则选择了春节休假的最后一天，同时推出通讯、评论、资料、图片等翔实报道。恰似一组重磅炸弹，撼人心弦，发人深省。总之，新华社的此次报道坚持了有利大局、维护形象的原则，沉着运筹，权时而发，效果卓然。

4. 把握节奏，保持理智

突发事件只是自然界和社会领域里很少的一部分，绝不是其全部，所以，新闻传媒用心搞好突发事件的报道是应该而且必需的，但是，专门关注突发事件，把突发事件作为报道的主体或全部却是十分错误的。美国新闻学者麦尔文·曼切尔说：“新闻是关于突破事物正常轨道或出乎预料的事件的情况。”另一位美国学者杰克·海敦认为“战争、灾害、飓风、地震、喷气客机失事……”这些就是新闻，甚至说：“火灾和事故，都是每天的基本新闻。”① 这些说法显然是我们不能接受的，因为它不符合事物发展的规律和新闻报道的规律。这些年来，随着办报人对新闻策划的重视，越来越多的办报人对突发事件开始关注了，这是一件好事。但是，要把握一个“度”，否则就会出现偏差。

公众的社会安全感指标不仅是衡量个人生存质量的重要指标，也是考察社会运行稳定与否的基本指标。其中特别指出媒体关于突发、暴力事件的过多报道会影响到人们的安全感。突发事件中大部分是灾难性的，原来，新闻单位对此都不予报道，现在受众的需要增加了，新闻从业人员的素质提高了，宣传管理部门的限制放宽了，这一切都为大量的突发事件见之报端提供了方便。但是，对于突发事件的认识，对于该事件新闻价值的认识以及该报道对社会稳定与否的认识却不是那么统一的，也时有发生偏差的时候。

把握节奏，除了时间上的快慢要求外，就是对“度”的把握。而在对“度”的把握中，首要而关键的一点就是对报道量的把握，在一个时期，一个地区，对突发事件的报道量必须有一个适度控制。这里基于两个前提，一个是一段时间里一个地区内突发事件的多少，没有突发事件是不能随意编造和夸大的；另外一个就是有了突发事件哪些该发，哪些不该发，哪些该重发，哪些该轻发或不发。数量的多少在一定条件下可能引起质的变化。突发事件是随时发生的，如果一家媒体就某一个方面的突发事件如暴力事件经常

① 孙世恺：《对突发事件报道的剖析与探索（上）》，《新闻与写作》1997年第1期。

登反复登而且只有发案而没有破案，就会给人一种恐慌感、不安全感。如果该地区在一段时间里确实发生了许多暴力案件，该地区媒体就该从众多的案件中轻重缓急有选择地控制发稿数量，对案件的报道也要讲究不同的内容和形式，如有的发消息，有的发通讯，有的发简讯，有的发重头，有的写发案现场，有的写破案过程，有的写歹徒的狡猾和残暴，有的写干警的机智和顽强，等等。除了考虑突发事件稿件在版面上的比重和位置外，还要考虑突发性稿件和其他各类稿件的搭配关系。如果当日报纸版面上成就类歌颂类等靓丽热烈气氛的稿件较多，即使突发事件特别是恶性事件的稿件多一点，也不会给人大的震荡；反之，如果版面上本来就有很多批评类监督类的稿件，再安排一条或多安排一条突发事件的稿件，就可能引起人们的不安定情绪；如果外地或国外的负面新闻或恶性事件报道较多，再发一条本地的突发暴力或灾害新闻报道，就可能引起麻烦，反之，则能被群众接受。

在突发事件的报道中讲究理智也是十分重要的。突发事件，不论是天灾还是人祸，给人们给社会带来的损失都是惨重的，因而它能给受众带来震撼力。这也正是我们不少报纸抓“卖点”，抓突发新闻的原因所在。由于事件来得突然，损失又很惨重，人们往往一时无法对事件做到心中有数，易陷入慌乱，甚至不知所措，而记者的责任重大，他不仅要真实地记录历史，对历史负责，同时他还要面对突发事件报道中涉及的当事人或当事单位以及千千万万正在阅读该报道的广大读者。因此，记者到了现场一定要保持冷静、理智，并迅速展开深入调查，弄清事实真相，这样才能驾驭突发事件，采取有针对性的措施，转危为安，变坏事为好事。否则，在突发事件面前，紧张慌乱，乱了阵脚，在没有弄清情况之前，仅凭主观想象和一时热情，盲目冲动地处理，则不仅不能“帮忙”，反而只会“添乱”。

5. 讲求艺术，注重技巧

对某一突发事件，虽然参与了报道策划，甚至抢先介入了，但若采写出的报道浮躁或平庸，仍不算成功。对于突发事件这类非常规性事件的策划，我们不能用常规方法“照章办事”，要特别讲求艺术，注重技巧。

首先，要及时跟进，随事而变。突发事件发生后，一般不会立即停止变动，即使整体事件变动停止，很可能某些具体内容也还会持续不断地变动，甚至会牵制整个事件的新变动，而使突发事件呈现出多阶段和多状态。而且这些阶段和状态又极其短暂，各种状态还会迅速交替、演变。因而，对突发性事件策划的重点就在于能及时跟进，巧于应变，要能像变魔术一样常变常新，始终掌握事件处理的主动权，应付自如，这样才能保障事件处理的效率。否则，就会显得行动迟缓乏力，方法举措落后于事件变化状态，导致事件处理陷入被动，被事件牵着鼻子走。这不仅不能处理好事件，还很可能造成报道失实，“吃力不讨好”，耗费了精力和资源却于事无补甚至适得其反。

《世界新闻报》驻墨西哥记者于昕怡在面临甲型 H1N1 流感的侵袭、墨西哥城地震的扰乱等种种困难的情况下，毅然沉着冷静加以克服，发回了《墨西哥找到引发猪流感可能源头的养猪场》、《墨西哥人兴起“口罩涂鸦”》、《墨西哥城逐渐恢复商业活动》等大量新闻报道。她承认，在墨西哥城采访很困难，但应激状态下没有理由退缩，没有理由时间恐慌。①

2008 年 5 月 12 日四川汶川地震后，中央电视台记者张泉灵刚刚结束奥运圣火珠峰传递的采访，从珠峰下到成都灾区徒步去汶川。她非常明白在地震现场的采访不同于珠峰的采访，已经探明的道路情况非常恶劣，每隔三五公里就有一处山体大塌坡，每隔三五百米就有一处滚石的小塌方。但张泉灵并没有被现场吓倒，而是迅速适应环境，在央视直播连线中始终层次鲜明、逻辑清晰地进行报道，从而被受众称为最可爱的人。这种主动适应、利用和控制采访环境就是记者随机应变的表现。②

案例 3

1992 年，陕西安康“7·31”水灾报道，由于策划没有注意到随事而变，错过了时效，报道内容没有跟上变化了的情况，造成歪曲事实的后果。洪水开始进城时，记者立即发稿，向全省告知安康地区已经开始进水，水深没膝，尚无一人死亡。但由于种种原因，稿件被“压”了十几个小时，此时安康地区已成泽国，一些人死于洪水之中，而报道未随之改动，仍按原稿播出。安康人听到这样的报道无不气愤，以致不少人骂记者，骂新闻单位胡说八道。由此可见，在突发事件的策划中，及时跟进，随事而变，已不仅仅是一个技巧问题，而且是一个重要的原则问题，必须严格遵守。

而 2006 年 7 月，湖南卫视“碧利斯”台风的报道，则很好地做到了及时跟进。该台记者在第一时间报道雨情、水情、灾情和抗洪救灾的

---

① 田新玲、张怀俊：《突发公共事件报道中记者应具备的个性心理特征——从甲型 H1N1 流感的报道谈起》，载《新闻知识》2009 年第 7 期。

② 田新玲、张怀俊：《突发公共事件报道中记者应具备的个性心理特征——从甲型 H1N1 流感的报道谈起》，载《新闻知识》2009 年第 7 期。

信息，使各级政府和民众及时了解动态。“碧利斯”除了对湘东南造成超500年一遇的巨大灾难，也使湘江水位陡涨，遭遇1994年以来最大的洪水，湖南卫视一方面报道湘南救灾的信息，一方面报道湘江防汛的动态，使人们在湘南救灾的同时不忘湘江防汛。湖南卫视在处理“碧利斯”的报道时，一方面进行及时的报道，一方面核准事实，有的新闻还请防汛指挥部审稿，不仅“快”而且“准”；在报道取向上，不仅报道灾情，更报道党和政府的关怀、抗灾救灾的措施、募捐支援的信息，给灾民以充分的信心。①

其次，要拓展报道层面，深挖新主题。随着通信技术的改进和新闻媒体间竞争的加剧，想要抢到真正意义上的“独家新闻”是十分困难的，所以，要想在激烈的新闻竞争中脱颖而出，就必须拿出真功夫，写出“重头货”，在报道主题的挖掘上显出独创之处。

再次，要讲求艺术，用版面说话。我们知道，突发事件往往事关重大，容易触动社会神经，引起世人的广泛关注，而新闻传媒必须本着客观公正的原则，如实报道事实本身，不能加以评说。在这种情况下，若能巧妙安排版面，则不仅能起到美化作用，而且能借此传达更多的信息，表明正确的立场，产生“此时无声胜有声”的艺术效果。

6. 运用新媒体　全程直播现场

2015年6月1日晚，“东方之星”客轮在湖北监利水域翻沉。地处武汉的《长江日报》首次利用新媒体24小时直播现场救援情况，一周之内微博话题总点击量超过1.3亿人次，其中多条首发信息被人民日报社、新华社等中央主流媒体转载。这次突发事件报道策划实践中的诸多突破及其产生的巨大社会反响，对加快媒体融合发展提供了有益的启示。

第一，用新媒体平台传播正面价值。“东方之星”翻沉造成442人遇难，引发国内外普遍关注。事件处理中没有出现大规模网络传言，与主流媒体在网络平台上及时发布权威信息密切相关。主流权威媒体的巨大力量，训练有素的专业媒体人的积极作为，避免了让自媒体唱主角、简单依靠“用户生产内容”带来的信息杂乱，关键时刻凸显了主流媒体的正面价值。

积极抢占“第一落点”——事件发生后，《长江日报》先后派出10名

① 王云峰：《公共安全事件报道的“责”与“度”》，载《新闻战线》2007年第3期。

记者奔赴救援现场，并在第一时间通过新媒体平台快速发布权威信息，最大限度地满足了公众知情权，也为救援行动提供了有价值的信息。

坚守现场乃职责所在——能在第一时间用新媒体即时播报现场救援情况，与前方记者的“全天候”坚守密不可分。记者陈卓凌晨3时自驾车冒雨赶往事发地，是首批抵达事故现场的媒体人；后期在身体受伤的情况下坚持持续作战，第一时间发回大量现场救援图文。其他记者也在极其艰苦的情况下，坚持在救援现场采访，体现了新闻人的优良作风和职业操守。

负责任地传播正能量——《长江日报》一开始就明确要求：以报道现场救援行动为主，全方位地反映党和政府千方百计、争分夺秒的科学指挥、全力营救行动，把目光投向参与救援的武警官兵、消防官兵、医护人员，突出湖北监利人民在事件发生后表现出来的人间大爱。在这样的思想指导下，《“东方之星”遇难者家属资助监利孩子》、《快讯：“东方之星”今夜发生倾斜　武警连夜抢险》、《湖北监利的黄丝带爱心团》、《重庆好人开私家车监利救援》等大量现场救援图片、文字通过新媒体平台不断发布。

第二，用互联网+改变传统新闻传播。《长江日报》利用新媒体24小时直播“东方之星”救援，所创造的微博直播话题1.3万亿人次的点击阅读量，表明互联网时代媒体传播半径无可限量。

以互联网思维做直播——“专注、极致、口碑、迅速、联动”是互联网的典型特征。前方记者发回的图文报道，第一时间在《长江日报》新媒体平台首发；采编程序前后方紧密对接，实现24小时联动，让信息的发布和传播真正快起来。记者陈卓6月5日发回的夕阳下“东方之星”扶正出水的照片，5分钟后经后方编辑配文发布，仅在《长江日报》官方微博上创下的点击阅读就超过6500万人次；文字记者拍摄的图片与摄影记者撰写的文字，在这次“东方之星”救援报道中均得以广泛传播。

开放与分享让传播更广——开放与分享也是互联网思维的重要特征。由于海量受众的分享，《长江日报》关于“东方之星”救援报道的传播半径也在不断扩展，“#长江日报记者在现场#”直播话题在新浪微博上创下了点击阅读量1.2亿人次、跟帖评论超过11.5万条的纪录。另一微博直播话题“#长江救援在行动#”的点击阅读量也达1300万人次，跟帖评论超过6300条。

新闻生产力的大释放——这次新媒体平台发布图文稿件约200条，远高于报纸同期用稿量。此外，新媒体平台上稿件的阅读量、转发量、评论量等为直观评价传播效果提供了参考。当稿件被大量转发、评论时，前方记者的新闻生产潜质被进一步激发；当《长江日报》的报道被一再传播时，报道

沉船出水 《长江日报》陈卓摄

2015年6月5日傍晚，长江航道湖北监利段，倾覆沉没的“东方之星”导游轮在扶正后起吊出水，穿着防化服、即将入舱的搜救人员在岸边静默。

团队和整个编辑部的士气得到了极大提升。

《长江日报》首次用新媒体直播重大突发事件报道策划取得重大突破，为推进新体融合发展提供了宝贵经验，他们的做法受到中共武汉市委宣传部阅评专家的好评。

◎ 思考题

1. 什么是突发事件，它有哪些特点？
2. 突发事件报道为什么很重要？
3. 实施突发事件报道策划应遵循哪些基本原则？
4. 在突发事件报道中，有哪些国外的做法可供我们学习和借鉴？
5. 在突发事件报道策划中如何处理好快速反应与客观公正的关系？

◎ 实践题

以最近本地媒体对一次突发事件的报道为例，评析它的成功和不足之处。

第九章
专栏、专版、专刊和专题的报道策划

专栏、专版、专刊和专题是新闻报道中一个重要的组成部分，也是新闻媒体更好地展示自己在队伍、设备、技术、领导等综合素质上的一种好形式。充分认识它的作用，重视对它的报道策划，是新的形势下媒体组织者和策划人不得不认真思考的一个问题。确立专栏、专版、专刊和专题报道的价值前提，选定一个好的报道主题，灵活运用策划技巧，娴熟掌握组合艺术等，力求取得最佳的传播效果，在新闻性中体现它为受众的服务性，是一门高超的策划艺术。

案例1

《新民晚报》上的《上海好心人》专栏发端于2001年，当时特别注重报道上海这座大都市中好心人的优秀事迹，并未以固定专栏形式出现。自2009年8月开始，《上海好心人》正式以固定周期的专栏形式出现，着力于从百姓身边挖掘平民典型、报道平民典范，传递“人间自有真情在”的正能量。

《上海好心人》栏目以通讯为主，在深入采访中，共报道了300多位上海好心人。同时，《上海好心人》专栏由版面延伸至网络，由上海市文明办、新民晚报社、上海市文明网、新民网共同开通的“上海好心人”网络频道（sh. xinmin. cn/special/shhxr），征集好心人线索，传颂好心人故事，构建起一块“宣传好心人、支持好心人、关怀好心人”的精神文明建设的网上园地。

2011年6月17日，上海市文明办和新民晚报社在全市范围内发起“关怀上海好心人，公用事业为公益”活动，组织了水、电、煤等公用事业文明单位和行业，共同关怀本市道德模范、精神文明十佳好人好事获得者、优秀志愿者等，解决他们在日常生活中的一些实际困难。

2011年9月20日，在第九个全国“公民道德宣传日”上，上海市文明办、新民晚报社在全国范围内首办“好心人节”，在继续关怀好心人的同时，成立了首批11支“上海好心人”公益服务接力队、84个“上海好心人”助学、助医、助老、助残、助餐公益扶助点。

2012年1月6日，上海市文明办和新民晚报社举行了“2011‘最让我温暖’的‘上海好心人’颁奖典礼暨公益责任书签约仪式”，10个经读者和网友投票选出的“上海好心人”个人和团体接受了表彰并获得了社会的关怀。同时，12家企业正式签约，承诺将接力和传承“好心人”的奉献精神，以扶贫帮困之举积极践行“公正、包容、责任、诚信”的价值取向。

《上海好心人》专栏言行并举，赢得了多方赞誉，中央文明办、上海市委主要领导多次肯定这一专栏，新华社、中央电视台以及众多地方媒体、新浪等网络媒体除转载《上海好心人》专栏的报道外，对于

新民晚报 A8

“上海好心人”特别报道

人人关怀好心人 人人争做好心人

寒潮吹不散申城真爱的暖流

2011“最让我温暖”的“上海好心人”颁奖典礼感人瞬间

这是一个洋溢着温暖与感动的下午。

昨天，十个“上海好心人”个人或团体齐聚一堂：77岁的麻痹侨胞吕舜玲坐着轮椅赶来了，“情比金坚”的金月英暂时离开瘫痪的前夫赶来了，已过世的张景棣爷爷的儿子也赶来了。还有头发花白的“呵斥伯”徐宗林、扶起老人的“好小囡”阮心驰……“侬好，阿拉从晚报上看到过侬额故事，今朝终于见到真人了！”虽然素不相识，但共同拥有的爱心成了彼此一见如故的纽带。

十段精心制作的VCR，将他们的事迹娓娓道出；十段精炼深情的颁奖词，让闻者心灵得到荡涤。经过读者与网友票选，这十个“最温暖”的好心人从去年本报80多篇好心人报道中脱颖而出，获得2011年“最让我温暖”的“上海好心人”殊荣。

感动，在颁奖典礼上荡漾……

“好小囡”扶老伯上台

阻止行窃差点送命

“慈善爷爷”后继有人

路人赛亲人，他乡即故乡

二〇一一“最让我温暖”上海好心人颁奖词

12家单位签署《公益责任书》承诺助人

公益责任书首批签约单位

图为2012年1月7日《新民晚报》A8版《上海好心人》专栏报道

《上海好心人》专栏发起的活动给予了高度评价，称其为“一种创新和创举”。

在《上海好心人》专栏极力营造的“人人关怀好心人，人人争做好心人”的社会氛围中，许多人都接力爱心，倾情公益。特别是在2011年12月4日第26个“国际志愿人员日”到来之际，许多企事业单位和个人共同开展了为来沪务工人员子弟办图书角、关爱自闭症儿童、为贫困先天性心脏病患儿免费手术、社区义诊、开通残疾人绿色电信账务通道、陪老人聊聊天等一系列志愿者活动。

《上海好心人》专栏荣获第22届中国新闻奖新闻专栏类一等奖。①

【点评】

《上海好心人》这一专栏的出现，表达了人们对“好心人”的呼唤，契合了当下社会的精神需要：在人情日益淡漠的大都市，在中国进入“陌生人社会”的时代转型期，很多人心中抱着疑问：这世界还有好心人吗？对“好心人”的疑问和否定，是社会信任的致命伤，而《上海好心人》栏目通过推出一个个平凡的好心人的故事，向读者传递人间真情，温暖人心。

该栏目策划抓住了时代和社会的需要，定位准确，坚持不懈，最可贵的是，在文字报道之余，策划了一系列活动，如“好心人节”、“上海好心人颁奖典礼”等，用实际行动引领人们争当“好心人”。

专栏、专版和专刊对于媒体已不可或缺，至关重要。然而，高质量的专栏、专版和专刊并非一求即得、自然生成的，必须依赖于高质量的策划。由于专栏、专版和专刊相对较为固定，相对于大量、琐碎的日常新闻来说，其刊播周期长一些，准备时间从容一些，规律性好把握一些，因而加强对专栏、专版和专刊的策划，也成为可能。从某种意义上来说，一个专栏、专版和专刊办得好坏更能体现一个媒体策划水平的高低。

一、专栏的策划

说起《焦点访谈》、《实话实说》，人们自然会想到中央电视台；说起

① 参见第22届中国新闻奖参评作品推荐表，http://news.xinhuanet.com/zgjx/2012-06/14/c_131652378.htm。

《新闻纵横》，自然让人想到中央人民广播电台；说起《人民论坛》、《今日谈》，人们也会想到《人民日报》，还有《山西日报》的《老百姓在想什么》、《科技日报》的《院士·科海甘辛》、《参考消息》的《外国人看中国》、《南方周末》的《时事纵横》……专栏完全可以像新闻一样成为报纸的独特卖点，从整体上提高媒体的竞争力，如果运用得当，专栏对媒体的作用可能仅次于新闻报道。第 23 届中国新闻奖评选会于 2013 年 8 月下旬在北京举行，评出 9 个新闻名专栏。其中报纸专栏 4 个，广电专栏 3 个，网络专栏 2 个。新闻专栏是新闻媒体的一个重要组成部分，它从一个侧面反映出媒体的队伍素质和策划水准。

一个专栏就是一个媒体的旗帜和品牌。这个旗帜能否稳稳地竖立并在如林的旗帜中显现出夺目的光彩，这个品牌能否在媒体间叫响并得到受众的肯定，取决于这个专栏的创设、经营是否科学，是否经得起考验。

（一）专栏的分类

所谓专栏，是媒体为了刊播某一类大致相同内容的稿件或节目而形成的拥有较为固定的名称和位置的版面或时间。专栏所占篇幅较小，在广播电视中，它只占一个小小的时段，仅仅是一段段“瞬间时光”；在报纸中，它只占整个版面中的一小块，仅仅是一块块“方寸之地”。一般说来，专栏的刊播时间和版面位置相对固定，持续时间较长，因而给受众的视听冲击较为频繁。

专栏有不同的类型，有新闻类专栏、评论专栏、服务类专栏等，在这些专栏中，有的具有自身的特色，有的则相互交叉，如新闻专栏可能是以服务性为主的，服务类专栏是以新闻性来表现的，等等。下面主要就一些有代表性的专栏作些分析。

1. 新闻专栏

新闻类专栏在媒体的专栏中所占的比例最大，所引起的关注度也最大。几乎每个媒体都设立了新闻专栏，有的媒体同时开设多个专栏，有时轮流见报，有时同时见报。新闻专栏有的是为了某一形势宣传的需要而设立的，如新华社为纪念国庆而开设的专栏《身边小事看变化》、《武汉晚报》为纪念建党开设的《寻访红属》专栏等，这类新闻专栏开设的时间一般较短，集中宣传期一过，这种专栏就基本结束；有的新闻专栏是为了将一类新闻报道归在一起，形成系列，构筑新闻传播的强势，如中央电视台的《焦点访谈》、《经济日报》的《特别报道》、《山西日报》的《老百姓在想什么》

等，这类新闻专栏开设的时间一般较长，有的甚至一直固定下来。

新闻专栏是以新闻报道的方式出现的，它以新闻信息的传播为主要内容。之所以要以专栏的形式出现，是为了突出一个时期某一媒体的关注点：或为了配合宣传上级的批示精神，或为了解决受众的关心事情，或为了展示本媒体的特色、优势和亮点，等等。不论是一段时间或是长期坚持的新闻专栏，它的出现必须以鲜活的事实为基础，同时要能体现本媒体策划者的深刻思想和对社会的积极作用，从而引起受众的兴趣和关注。

2. 评论专栏

评论专栏主要是媒体上开设的针对某一新闻事件或现象进行评论的言论性专栏，以报纸刊发的较多。这类专栏刊出的周期或长或短，但时间较为固定，从每周一期到每日一期的都有。评论专栏有的是文章较长的“论坛”类专栏，如《人民日报》的《人民论坛》专栏等，《人民论坛》的特点是：选取社会生活中一些带有全局性、代表性、倾向性的事件、问题和现象，及时准确地加以剖析、阐释、引导，既讲明道理，又发表议论，解疑释惑，情真意切，针砭时弊，激浊扬清，体现出一股生气、正气、锐气，涌动着一种社会舆论的正面力量。因此，它往往比一般的思想评论、杂文产生出更加强烈的社会效果。① 有的则是一事一议的小言论，如《人民日报》的《今日谈》专栏、《解放军报》的《集思广益》专栏等。有的报纸评论专栏没有固定的周期，往往是在对一件典型的新闻事件刊发新闻稿的同时，配发关于这件事的评论。有的报纸在专版专刊中也对一些比较突出的事例和现象进行评论，刊登一些评论文章，这些评论在整个报纸版面中起到画龙点睛的作用。

专栏刊发作者的有形意见，或褒奖，或贬责，或研究，或思考，读了这样的文章，总能给人或多或少的启迪。所以，评论常常在媒体中发挥灵魂和旗帜的作用。随着网络媒体的发展，受众要求参与发表自己意见的愿望越来越强烈，据此，传统媒体加强评论专栏的设置和策划就显得越来越重要了。

3. 服务专栏

服务专栏不受时间限制，也不管事情大小，特别能体现对受众的重视，因而开设得较为普遍而且稳定。为受众服务是媒体存在和发展的一个重要基点，离开了为受众服务，媒体所做的一切都是无意义的。从广义上说，媒体

---

① 高鸿辉、张朝霞：《独树一帜的十运会专题报道——以广州两报纸为例》，载《今传媒》，2005年11月。

上所刊播的一切都是为受众服务的，但服务专栏则是指对受众工作、学习和生活上某些具体问题的解答和服务，当然也不排除在一些思想理论性的专版专刊中刊发的帮助解决人们观念认识上的理论性、知识性的文章专栏。人们的需求是不断发展变化的，媒体的服务专栏也要随此而不断有所创新、有所发展，这是媒体策划者时时需要考虑的问题。媒体为了体现对受众的人文关怀，以服务性为特色，开设了《帮您打听》、《为您跑腿》、《这事给您问了》、《你点我采》等栏目。这类服务专栏不受时间限制，也不管事情大小，特别能体现对受众的重视，因而开设得较为普遍而且稳定。这类专栏有的是单独开设的，有的则是在专版和专刊中开设，如《健康周刊》中的《投医问药》专栏、《生活周刊》中的《吃喝玩乐》专栏等。

为受众服务是媒体存在和发展的一个重要基点，离开了为受众服务，媒体所做的一切都是无意义的。服务类专栏更要做到将可读性、服务性和实用性融于一体，就要求专刊编辑将新闻报道与实用信息明确区分开来，避免有偿新闻；同时将实用信息集中处理，分类清晰，顺应市场需求。

比如，《政府在线》是河南人民广播电台时政类热线直播节目。该专栏于每早 7：30—8：30 黄金时段推出，以“聚焦公众和社会关注的话题，架起政府与百姓沟通的桥梁”为宗旨，

读者之声 新民晚报

您的声音我来倾听

热线电话：962288
短信报料：02152928686
传真电话：52921105
电子邮件：qgb@wxjt.com.cn
来信地址：威海路755号 新民晚报群工部
邮政编码：200041

·建议与呼声·

渡口围墙贴广告 污染市容快清除

网友“陈抗美”——

浦东新区渡口路旁围墙上贴了一排黑广告，自称是一家部队医院，但这些小广告制造粗劣，一看就是假冒的。

人行道辟停车带 缺乏管理有点乱

读者马蒋荣来信来照——

宜山路 439 号门前有一段宽约 2 米的人行道。有关部门在此辟出非机动车临时停放带，以解决停车难问题。但由于停放的电动车、自行车太多太乱，缺乏管理，给行人带来不便。

图为 2013 年 7 月 23 日《新民晚报》的《您的声音我来倾听》专栏

以主持人、嘉宾与听众互动方式宣传、阐释党和政府的方针、政策，围绕中央和省委、省政府新近推出的、与听众密切相关的政策、法规，决策、部署，围绕省委、省政府当前的重点工作，围绕群众普遍关注的社会问题、新闻事件，以及关系民生民计的有关问题实时播报，宣讲政策政令，解答疑惑质询，透视政府行为，传递百姓心声的真情奉献，成为广播与听众、政府与群众之间的一条连心线。

从广义上说，媒体上所刊播的一切都是为受众服务的，但服务专栏则是指对受众工作、学习和生活上某些具体问题的解答和服务，当然也不排除在一些思想理论性的专版专刊中刊发的帮助解决人们观念认识上的理论性、知识性的文章专栏。如教育专栏、旅游专栏、求医专栏等，人们需求的不断发展变化，决定了媒体的服务专栏也要随此而不断有所创新有所发展。

4. 个人专栏

个人专栏在报纸中较为常见，如《河北日报》的《杨柳青》专栏，是评论家储瑞耕的个人专栏；《经济日报》的《经济观察家》专栏由阎卡林先生主持；《扬子晚报》的《名人心语》专栏，专发名人的稿件；还有的媒体开辟《女性作者专栏》，专由女性作者撰稿等。

个人专栏的最大共同点是专栏的撰稿人有一定的知名度，因而能引起读者的关注。由于是个人专栏，作者写作的自由度相对要大一点，因而文章也较为活泼尖锐；各人因风格不同能够显出各自的特点，呈现写作风格的多样化；专栏文章一般周期较长，作者可以围绕一个问题议论透彻，给受众较为全面深刻的认识和知识。个人专栏经历了一个由无到有，由一般到精品的发展阶段。随着媒体竞争的深入，个人专栏将会以更新的面目出现在各个媒体上。如何策划个人专栏，如何使个人专栏形成品牌，从而带动整个媒体获得好的信誉度和美誉度，这一课题将会随着媒体的发展不断地凸显出来。

5. 访谈类专栏

广播、电视和平面媒体邀请一些专家和政府部门负责人到媒体编辑部或演播室共同就某一话题进行面对面的交流，使新闻更加吸引受众。有的节目还邀请观众和读者参加，让受众与专家们直接交流，活跃了现场的气氛。

《鲁豫有约》是凤凰卫视的王牌栏目之一，是凤凰卫视为主持人陈鲁豫量身打造的一档访谈类专栏。2002 年 1 月 5 日采访毛阿敏是《鲁豫有约》第一期节目。2005 年开始节目改成日播，2008 年进驻湖南卫视，2010 年开始在安徽卫视播出，播出平台由凤凰卫视中文台扩大到国内省级电视台。栏目的副标题是：说出你的故事。因为主持人陈鲁豫觉得，采访别人是一件快乐的事情，她相信没有一个人的故事是不精彩的，“我对人、对故事比较感兴趣，我对讲道理半点兴趣都没有”。她对人的关注、与被采访者的心灵对话，成了这个节目最吸引人的地方。从她2002年至今长长的节目单中，既有明星大腕，又有草根百姓。在她娓娓道来的访谈中，从容挖掘每个人的精彩片段，讲述一个个不同的人生故事。

6. *舆论监督与群众呼声专栏*

为了促进我国政治文明建设步伐的加快，提高广大民众的素质，不少媒体开辟了舆论监督的专栏和反映群众呼声的专栏。中央电视台的《焦点访谈》是我国最为著名的舆论监督专栏，自从1994年4月1日开播以来，以“大眼睛”监督者的形象深入人心，曾在20世纪90年代引发“焦点访谈热”，几乎每个省级电视台都开办了类似的栏目。

而《新民晚报》在“读者之声”版上开设的《岂有此理　竟有此事》专栏，则可视为反映群众呼声的代表。该专栏从1986年1月开办至今已有二十几年，内容始终贴近社会、贴近生活、贴近百姓，针砭时弊，写作诙

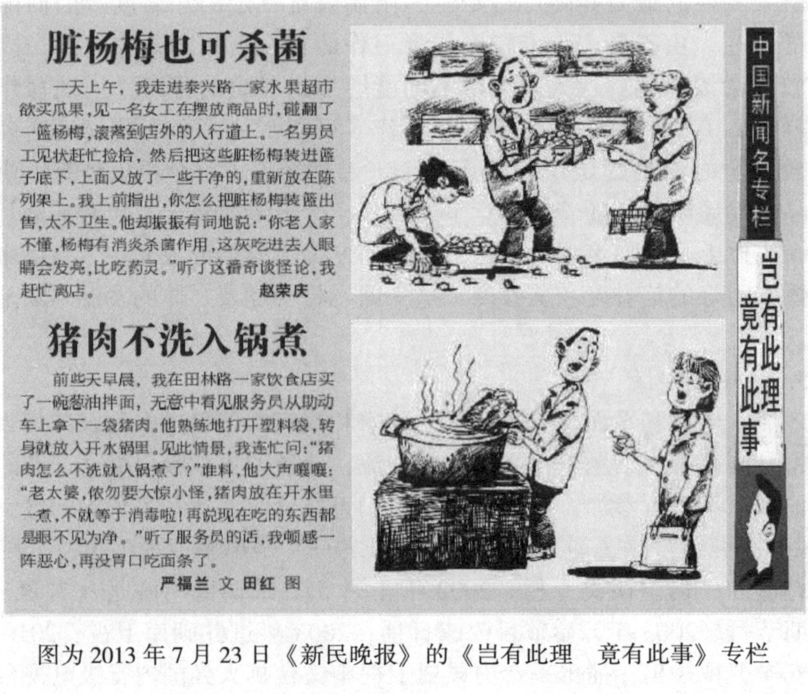

脏杨梅也可杀菌

一天上午，我走进泰兴路一家水果超市欲买瓜果，见一名女工在摆放商品时，碰翻了一篮杨梅，滚落到店外的人行道上。一名男员工见状赶忙捡拾，然后把这些脏杨梅装进篮子底下，上面又放了一些干净的，重新放在陈列架上。我上前指出，你怎么把脏杨梅装篮出售，太不卫生。他却振振有词地说：“你老人家不懂，杨梅有消炎杀菌作用，这灰吃进去人眼睛会发亮，比吃药灵。”听了这番奇谈怪论，我赶忙离店。

赵荣庆

猪肉不洗入锅煮

前些天早晨，我在田林路一家饮食店买了一碗葱油拌面，无意中看见服务员从助动车上拿下一袋猪肉。他熟练地打开塑料袋，转身就放入开水锅里。见此情景，我连忙问：“猪肉怎么不洗就入锅煮了？”谁料，他大声嚷嚷：“老太婆，侬勿要大惊小怪，猪肉放在开水里一煮，不就等于消毒啦！再说现在吃的东西都是眼不见为净。”听了服务员的话，我顿感一阵恶心，再没胃口吃面条了。

严福兰 文 田红 图

中国新闻名专栏

岂有此理 竟有此事

图为2013年7月23日《新民晚报》的《岂有此理　竟有此事》专栏

谐、辛辣，形式活泼，图文并茂，不仅深受读者欢迎，还被评为“中国新闻名专栏”。

这个专栏何以能做到长盛不衰呢？编辑们总结了以下几个明显的特点：一是思想性。专栏刊发的文章虽然都在200字左右，但必须与核心价值观保持一致。二是真实性。该专栏不是文学创作，所发内容必须真实，以赢得读者的信任。三是讽刺性。小文章主要是通过事实来说明问题，表达观点，直接议论较少，语言轻松活泼，让读者在哑然失笑中有所感悟，受到启发和教育。四是时效性强。该专栏所写的事实都切合当下，贴近现实。五是逻辑性强。条理分明，说理透彻。①

7. 媒体新闻与观点摘要专栏

近年来，不少媒体相互间进行联动，互相介绍对方媒体有影响有特点的新闻报道和言论，给受众提供更多更新的新闻信息和观点分析。

《新闻和报纸摘要》是中央人民广播电台的一个老牌专栏。它的主要内容是播送国内外要闻和中央报纸的言论。每天早晨一套节目6：30首播，8：30重播，二套节目7：00首播，并在中国广播网网站提供互联网24小时在线点播。50年来，该节目的收听率始终名列全台各类节目榜首，拥有广泛、长期而固定的听众群。1995年中央台举办全国听众最喜爱的节目评选中，该节目在中央台51个节目中名列第一位，在全国听众最喜爱的中央台节目经常收听节目投票排序第一位，收听率和听众满意度一直处于中央台领先地位，是一档制作精良的优秀节目。②

8. 科学专栏

包括解释性、知识性、学术性专栏。这种专栏的特点是解释和传播某种新成果、新知识或交流学术动态与见解，主要采用的写作手段是解释性新闻、特稿、专论、综述等。

除此之外，还有因时间而设的纪念性专栏，因事件而设的跟踪性专栏；还有固定性专栏和不固定性专栏，还有政治军事专栏，经济生活专栏，文化体育专栏；还有因不同的人群而设置的领导干部、企业家、公务员、工人农民、老师学生等方方面面的专栏。

---

① 夏文渊：《“岂有此理　竟有此事”名专栏初探》，载《新闻记者》2007年第11期。

② 赵振宇：《加强策划是创造名牌专栏的一个法宝》，载《新闻与写作》2005年第11期。

（二）专栏的定位和经营

任何事物的出现都有一定的社会基础。媒体中的专栏大量涌现，也离不开相应的社会背景。考察专栏出现的社会背景，旨在找出专栏诞生的时机、生长的条件以及保持其长久生命力的内在因素，给专栏一个准确的定位。没有一个明确、准确的定位，专栏的出现要么是不合时宜的，要么是短命的。

1. 媒体靠专栏创特色

名专栏应有自己独特的风格、个性，办出自己的特色。这包括三层含义：一是栏目内容应具有开拓性。栏目题名称应简洁易懂、内涵深刻、富有新意；要推出有深度、有见解的原创选题，以发挥其传播信息、交流思想、积累文化的作用。二是栏目思想应具有时代性，以深刻新颖的思想火花引领读者的情感共鸣。三是在栏目运作上应具有独特性。独特贵在新意，贵在特色。①

在专栏如林的现今媒体，特色是最抢眼的标志。大凡品牌，都有自家的看家绝活，做到了“人无我有，人有我特”。没有特色，就没有品牌。专栏定位的过程实际上正是不断寻找特色、突出特色的过程。

《参考消息》是一份以刊登外电为内容的报纸，它的专栏《外国人看中国》就分外抢眼；报道科技界的学术精英是《科技日报》日常报道的重点之一，《院士·科海甘辛》聚焦科技人员中最优秀的层面——两院院士，从而把媒体优势集中于“方寸之间”。《检察日报》倡导“就检察说社会，就社会说检察”，其《法制三维》专栏则把这一宗旨细化，通过情、理、法“三维”来提示新闻事件的法制内涵。借助媒体优势设置的专栏，由于其优势集中，特色明显，因而易于形成独特的风格，易于树立自己的品牌。②

有些专栏的特色在于独辟蹊径，所创栏目为自身所独有。这类专栏不盲目跟风，而是真正理解专栏特色的“特”字实质在于一个“独”字。当焦点透视或热点访谈类专栏多起来时，《湖北日报》认真做了研究，发现这类专栏多限于社会问题或经济领域，精神文化层面的焦点专栏较少，于是创办了《文化聚焦》专栏，算是“钻了一个空子”，因而在文化新闻和“焦点体”栏目的交叉点上办出了一个名牌专栏。另外一些报纸开设的女性专栏如《广州日报》的《女性世界》专栏、《羊城晚报》的《女人经》专栏、

① 汪胜华：《名专栏的塑造和经营》，载《新闻实践》2004年第5期。

② 魏永刚：《方寸之地要精耕》，载《新闻战线》2000年第2期。

《烟台日报》的《女人日记》专栏等，都企图通过在栏目设置上寻找有别于大多数媒体的突破口，精心打造一个属于自己的特色品牌。

有些专栏的特色在于内容和风格上有自己的特点。一个优秀的专栏，不仅仅在于栏目形式的新颖和栏目名称的别致，更在于其文章的优秀和风格的独特。有的媒体的栏目与其他媒体的栏目大致相同，但因有自己的文章风格迥异于其他，也能在众多同类栏目中独树一帜。

2. 持之以恒，不可半途而废

对于一家企业来说，创立一个在消费者心中有影响力的品牌即成为名牌，需要一个艰难的长期的过程。只有不轻易放弃这个品牌，才会缩短创名牌的过程，降低创名牌的难度。对于媒体的专栏而言，也是这个道理。一个专栏的创办，不是随心所欲地拍拍脑袋就定下来的，而是经过周密的考察，对其生存条件进行综合分析，为其作了充分的定位，经过集体研究决定的。栏目一经设立，就开始了创品牌、创名牌的艰苦创业之路。只有经常使用这一专栏，保持其连续性，才能给受众一种反复的视听刺激，从而提高其在受众心中的地位。这是一个事关栏目创办与取消的总体策划问题。

专栏应具有维持其稳定有序的能力，同时也应具有较强的适应外界变化的能力。二者是辩证的统一，缺一不可。前者表征着栏目在时间上应具有连续性和长期性，在版面上应相对固定，因为时间过短则有如过眼云烟，受众转瞬即忘，同时过多变化也会使栏目个性不突出，但过于稳定又会使栏目形象老化，没有新意而逐渐失去读者；后者则体现栏目的开放性，与时俱进，以适应新形势的发展和读者阅读口味的变化。如《人民论坛》是《人民日报》经营了一二十年的名牌栏目，但依然是常办常新，紧贴实际，并形成方向正确、针对性强、关注现实、反应迅速、文风朴实、贴近群众等特点，在受众中产生了广泛的影响。但目前，我国报纸的现实情况是，大多数的专栏寿命不长，往往是一朝天子一朝臣，总编一换，专栏改变，是经常的事情，这是由把关人的口味不同造成的。再就是有些专栏自身的定位也往往多变，几月不见，往往要“刮目相看”。还有的是由于专栏的主持者功力不逮，无力长期支撑，只好中途叫停。一个个随风而去的专栏成了报刊上逝去的风景，大多专栏的名字已无人能记起，偶有些许好专栏也只能成为读者日后的追忆，而无缘长大。① 这里需要提及的是《河北日报》的《杨柳青》专栏，由储瑞耕先生一人坚持20年，可谓中国新闻史上的一绝，值得研究。

① 汪胜华：《名专栏的塑造和经营》，载《新闻实践》2004年第5期。

栏目是需要不断推陈出新的，但是，一旦一个栏目形成了品牌，就不要轻易更换名称，而栏目的内容却是需要时时充实和更新的。

3. 以开放的心态不断创新

这种创新表现在两个方面：一是不断地有新的专栏出现。例如《南方都市报》副刊《讲武论剑》专栏结束后立刻推出《虎口夺宝》，《黄色潜水艇》之后有《民国故事》，娱乐大手笔王晶《真心老友》专栏结束后立刻有郑佩佩《与你谈心》接替，不多久又开设蔡康永《康永来了》、古天乐《乐在其中》、萧蔷《美容大王》几个新专栏，使得娱乐大手笔的专栏面目一新。二是大胆采用新事物，用新手法来编辑专栏。近几年微博发展迅猛，很多敏感的媒体借用微博来开设专栏，如《新京报》2010 年 3 月开设《微博大义》专栏，精选一些精彩的微博评论刊出；杭州日报集团的《都市快报》与新浪网合作，推出《微生活》栏目，内容来自新浪微博。

4. 讲究版面艺术，追求语言特色

专栏的版面特色是指一个专栏必须有自己固定的播出时段和版面位置，并形成独特的风格。对于受众而言，专栏最大的好处是在同样的时段收听收看自己喜爱的专栏节目，在同样的版面位置阅读自己喜欢的专栏文章。如果有一天突然改变了播出时段和版面位置，受众会觉得不习惯。报纸编辑要对专栏的栏头、版面进行着意打扮，广播电视则在节目起始曲、起始画面选择等方面动一番脑筋。《科技日报》的《院士·科海甘辛》专栏，每期由四个部分组成：一则百余字的简介概括院士的科学成就，一篇通讯选取每个院士最高兴的和最痛苦的两件事来记叙其“甘辛”，配一幅主人公的照片，一首结合院士“甘辛”填的古体词。伴随着专栏定期出现的古体词，使这个专栏在形式和内容上具有与众不同的特色。

专栏作为媒体的重头戏，就必须集中精力加以重点包装，隆重推出。版面犹如报纸的“脸面”，“脸面”好看不在于浓妆艳抹，而在于有主有次、层次分明、整体和谐、错落有致。

二、专版的策划

与日常的新闻版不同，专版最大的特点是不定期地围绕某一个主题组织一个或几个整版的稿件，这个不定期主要是在某一纪念日子或某一重要事件发生前后。如中国足球队世界杯出线后许多报纸出版了几个整版的足球专版，2007 年 8 月 8 日不少报纸推出“2008 北京奥运会倒计时一周年”专版，每年高考前媒体推出的“高考专版”等。由于这种专版不轻易“露面”，所以每次推出都显得格外“隆重”，算得上是“闪亮登场”，此时策划就显得尤为重要。许多专版上都打上了“策划人”的名字。

综观目前林林总总的各类专版，不外乎分为两大类：新闻专版和专题专版。前者依托于某人重要历史时刻或某个重大事件发生之际，后者更多的是在某个有纪念意义的日子；前者更偏重于新闻报道，后者则更偏重于服务性内容。专版有时只有一个整版，有时是几个整版，遇到一些特殊时刻，一份报纸的所有版面都可能成为专版。

（一）新闻类专版的策划

在目前的专版格局中，新闻类专版占大多数。新闻类专版的出版时机的选择、主题的确定、稿件的内容构架等，都是策划中要解决的问题。

1. 专版的时机选择

专版是不轻易亮相的，必须选择最适宜的时机出场，才能取得最佳效果。专版过多，会冲击日常出报计划，编辑和策划人的精力所限会影响专版的质量，从而使专版归于平淡，对读者也失去新鲜感和冲击力；专版过少，会令编辑和策划人丧失新闻敏感性，对重大新闻时刻过于迟钝，读者也会觉得新闻报道缺乏深度，有不解渴之感。

新闻类专版一般在重大历史时刻和重大新闻事件发生之时出现。重大历史时刻和重大新闻发生时，各种社会矛盾在此刻“交汇”，需要用比较集中的版面和时段展示并寻求找到解决的思路，有关新闻事件的内容、背景、前景等，都成了读者此时欲知而未知的问题，这些都为新闻类专版提供了可供选择的异常丰富的话题。

一个重大的新闻事件的发生，也为专版的亮相找到了恰当的契机。2011年3月11日，发生在日本的强烈地震和海啸使无数城镇和村庄被夷为平地。15391人被夺去了生命，8171人失踪，成千上万人被迫离开家园。日本这次地震引发全世界关注，各报纷纷推出专版隆重报道。《东方早报》3月12日在头版设置了醒目的“标题+图片”新闻，引起读者关注；接着从第2版到第8版，做了7个专版的报道。其中，第2~5版报道事件详情，以大量图片文字，详细描述新闻事件。首先带入新闻现场图片和最新灾情详细报道，同时搭配几则事件侧面消息的组合，例如“核反应堆气压超标，日本急遣化学特种兵”、“美国‘里根’号航母驰援日本，梁光烈称中国军方愿协助救灾”；第6版从接近性出发，报道人员伤亡情况，尤其是上海市民的伤亡情况，“中国在日3000游客暂无伤亡”、“宫城县一带有3万中国人 上海在日游客共有55个团1550人”；第7版是地震知识专版，如“日本地震能量超过汶川几十倍”，“专家解读日本地震关键应急体系”等。第8版报道地震影响，“强震或拉低日本GDP一个百分点”，“股市下挫”、“半岛芯片价格可能暴涨”。

东方早报

日本8.8级强震死难逾500
海啸波今日凌晨冲击上海

震级为日本史上最高
环太平洋发海啸预警

尚无中国人伤亡报告
上海1500游客在日本

福岛核电站辐射增强
日本宣布核紧急状态

日军舰全部出海救援
中国防长致电慰协助

图为2011年3月12日《东方早报》一版版面

另外，一场战争、一场灾难、一次重要的会议、一次有深远影响的活动，都是专版推出的好时机。

2. 专版的主题确定

新闻类专版不是随意拼凑几条相关的新闻，它必须有明确集中的主题。在一个特殊时刻，推出一个专版，必然有其特别的意义。这个意义就是办版者的目的取向。主题就体现着办版人的思想和目的。没有主题的专版，即使抓住了一些重要的时机，也因版面文章杂乱无章，而失去办专版的意义。

比如在上面提到案例中，《东方早报》的几个专版就都有明确的主题，有的聚焦于2011年日本地震海啸事件本身，有的聚焦于地震知识介绍，有的聚焦于人员伤亡情况，有的聚焦于事件带来的影响……这些从不同侧面为我们描画出一个关于2011日本地震海啸的立体图景。

而在世博会倒计时一个月之际，《新民晚报》从2010年3月30日开始每天推出“世博，我们准备好了”专版，4月1日推出“世博快报”专版，世博快报里又分为若干小版，4月16日的A42版的版题为“聚焦”，整版都围绕园区周围设立的微循环系统展开，4月26日的A36版的版题为“焦点”，整版都围绕志愿者服务展开，这两版都是围绕一个主题的报道。

大多数新闻类专版是以事件的不同侧面确定主题的。这种确定主题的方法有助深入挖掘新闻的内涵。如美国遭受恐怖袭击事件后对阿富汗进行大规模轰炸，几乎所有的报纸都连续报道了这一消息。《武汉晨报》在报道《美可能打击他国》和《阿富汗再次遭到空中打击》的消息后，分别以《美国对阿动武之用兵》、《美国对阿动武之伐谋》、《美国对阿动武之民生》和《美国对阿动武之惊异》为主题，策划了四个专版，详尽地报道了与美国对阿动武的主体新闻相关的重要侧面，各版主题鲜明，颇具气势，也便于读者很迅捷地阅读相关主题。

3. 专版的内容构架

没有主题的新闻类专版很零散，而没有新颖、深刻的新闻内容作支撑，专版的主题很难得以凸显。顾名思义，新闻类专版的首要之义是新闻，它必须向读者提供丰富多彩的新闻内容，满足读者获取新闻的欲望；新闻类专版的另一个重要含义是深刻，无论是特殊历史时刻还是重大事件的发生，都为采写具有深刻内容的新闻提供了良好的契机。惟其如此，新闻专版的推出才显得有必要。

如2014年5月10日，《东方今报》推出焦裕禄逝世50周年特别纪念专题“百姓谁不爱好官”。其中第5~11版内容为“亲人与他人眼中的焦裕禄”，有对焦裕禄女儿的采访、焦裕禄身边工作人员的采访、焦裕禄救活的干儿子的采访，还原一个“好官”的形象；这组专题还从第 12~16 版推出“解码新乡英雄群体”，报道当地继承了焦裕禄精神的“好官”群体。这十几个版面的组合，前后呼应，凸显了“百姓谁不爱好官”的主题。

本报刊发金岩文章 重读《念奴娇·追思焦裕禄》有感

百姓谁不爱好官

重吟习近平同志时任福州市委书记期间发表的《念奴娇·追思焦裕禄》心潮澎湃，肝胆如洗，深感其情也真，其思也沉，其言也平，其意也深。我们从这篇“百字令”中，看到了一个党的高级干部对榜样的精神向往，对自身的明志内省，对同志的期许共勉。它是对焦裕禄精神诗意的阐发，也是对为官之道纯净的表达。

【见A04版】

在焦裕禄逝世50周年到来之际，当地群众自发来到焦裕禄当年亲手种下的泡桐旁，追思英魂　东方今报记者 沈翔 摄

【上卷】焦裕禄逝世50周年特别纪念
亲人与他人眼中的焦裕禄
【见A05-A11版】

【下卷】解码新乡英雄群体
豫北精神的“共生正能量场”
【见A12-A16版】

图为 2014 年 5 月 10 日《东方今报》推出的“百姓谁不爱好官”专题的封面导读

当下有的新闻专版虽名为专版，却毫无专版的特点。既无新闻，更不深刻。如有的城市党委机关报，每年要为十几个城区各出一张新闻专版，这些专版基本一个模式：区委书记和区长各写一篇空洞无物的文章，分篇介绍该区经济、教育等方面取得的成绩，再配上几张照片。这类专版没有新闻点，其内容也不集中，自然不会受到读者的欢迎。当然它的办版目的也不在此，

而是想用报纸版面作“感情投资”，推动报纸发行。

（二）服务类专版的策划

服务类专版的出现由来已久，它往往是某个报纸遇到一个特殊纪念日时，就推出一个服务性专版，如“三·八”妇女节要到了，就推出女性健康专版；遇到教师节，就推出教师专版；遇到护牙日了，就推出口腔保健专版；遇到儿童节了，就推出与儿童生活相关的专版。这类专版服务性较强，很受读者欢迎。

随着专刊新闻化的步伐加快，服务类专版也越来越脱离专刊而独立推出。如《北京青年报》有《人才时代》，《新民晚报》有《新民求职》，《广州日报》有《求职广场》、《求学指南》。其中许多人才专版专刊更是树立了品牌，为报纸带来了良好的社会效益与经济效益，在报纸发展中有着举足轻重的地位。

1. 专版的服务性

顾名思义，服务类专版最突出的特点是为读者提供信息服务。舍此，服务类专版就失去办版的意义。但是，这类专版并不是在某个特定的时刻随意堆砌一个整版或几个整版的信息就了事，就能满足读者的信息需求。从读者的评价来看，服务类专版对所提供的信息内容也有一定的要求。

（1）真实、正确。信息的最基本含义是真实。失去了真实，信息不仅无用，甚至有害。对于服务性专版来说，只有真实、正确的有用信息，才谈得上信息服务。比如高考服务专版提供的各校招生计划人数、往年录取分数、上年毕业生供求状况等都必须真实准确；健康专版提供的内容必须科学，对读者的健康有利；市场服务专版提供的市场信息尤其要真实可信，不然就可能对读者（也是消费者）产生误导，甚至引发纠纷。在这方面，最忌讳的是由通讯员来稿，编辑不予核实采访，原样照登。服务类专版提供的信息不能遵循“信不信由你”的原则。

（2）全面。服务类专版面向的是广大读者，而不是某一小部分的读者。如春节服务特刊不是只办给“好吃”的人看的，也不只是办给“好逛”的人看的，它面对的读者还有“好游”的、“好看”的、“好奇”的等。因而，它提供的信息就不能只是某一个方面的，而必须是全方位的“大餐”。

（3）具体。服务类信息越具体，服务性就越强。大多数情况下，空洞的信息等于没有信息。读者阅读服务类专版的目的就是获得具体有效的信息，为自己的生活、学习、工作直接服务。比如，为某个招聘会办的求职专版，读者最直接的需求就是从专版上得知哪个单位招多少人、招的都是些什么专业什么工种的人。如果只告诉一些笼统的“有多少岗位要招人”之类的信息，这个专版就显得没有什么服务性可言。

2. 专版的新闻性

在一些专版编辑看来，服务类专版不是新闻版，没有什么新闻性可言。基于这种观念，有的服务类专版除了具体的服务信息外，不能给读者什么新鲜的东西。其实，读者阅读服务专版，除了在某个特定的时刻关注某些具体的服务信息外，更关注与这个时刻相关的新问题、新变化、新趋势，这些都是专版应该向读者提供的新闻。如高考服务专版，除了告诉考生及其家长今年的招生人数、各高校招生指标、估分情况等实用信息外，还应综合分析围绕高考出现的政策变化、观念变化、高校的一些新动作等新闻。这些信息看似对考生及家长的服务不直接，其实对他们的准备、选择都有明显的指导。更重要的是，这些新闻信息，对潜在的考生和家长、关心高考的人们都有吸引力。

专版的新闻化趋势越来越明显，唯有适应这种变化，才能适应读者的多重需求，不管什么类型的专版都应力求关注它的新闻性。

三、专刊的策划

专刊是指按周期出版、内容集中、有别于散发新闻的报纸版面，一般称之为专副刊。专刊涉及的领域十分广泛，包括经济、法制、社会、时事、汽车、房地产、旅游、服饰、美容、休闲、教育、文化、娱乐、体育、健康、思想、理论等。其出版周期也不一样，一般是每周一期，如许多报纸办的各类周刊，也有的每隔一天一期，有的甚至是每日一刊，不过内容有所侧重。这些专刊的版面数量也有很大差异，有的每期只一版，有的两版；有的是一张对开的报纸，三版文字一版广告，有的则更多。

近年来，随着我国报业在改革中有了较大发展，与其同步的是报纸的专刊也有了很大变化。总体上说，发展最快的不是文艺性副刊，而是各类专题性专业性副刊。专刊的数量已占据整个报纸的“半壁江山”，有的甚至超过新闻版的比例。所以，加强专刊的策划对提高整个报纸质量、适应读者市场显得尤为重要。

（一）专刊的受众分析

1. 读者的需求在发生变化

专刊的出现并不是什么新鲜事，早在19世纪90年代我国就有了被称作副刊的专刊，只不过现在的专刊种类比过去增多，内容也与过去发生了根本的变化。这种变化总体说来是经济发展和社会进步的产物。

今天，我们面临的社会是一个多向度的社会。来自各方面的多重挑战和压力给人们提出了补充自身多重营养的新课题。显然，过去那种调味品式的副刊已不能适应蓬勃发展的科学技能、财经资本、娱乐文化、观念理论等人们新生活的需要。适应现代社会读者的需求变化，报纸的专刊就发生了翻天覆地的变化。于是一些有远见的报纸删减了一些读者日趋减少的专刊，新开辟了诸如经济分析、时事报道以及上岗、电脑、财富、考试、房地产、倾诉、开心、人文、健康、旅游等品种繁多的专刊，并发现和培育了相当数量的读者群。在现代社会，商品信息与消费者需求之间存在着不对称的关系。如汽车、房产等大宗商品，许多消费者往往了解不够、把握不住而常常蒙受损失，从另一方面来看，信息不对称也导致消费者对大宗消费产生畏惧心理，进而影响消费行为。

这种信息不对称就给报纸专刊提供了空间。但专刊要产生影响力，前提是需要让消费者对报纸专刊产生兴趣，吸引住消费者成为专刊的读者。如汽车专刊一般是周刊，其做法不应是报纸做新闻的方式，关键一点是将信息加宽加厚加深，让人们获得更多有吸引力的信息，培养人们对汽车的兴趣。

美国《时代周刊》创办人亨利·卢斯认为，天下有两种新闻，快新闻和慢新闻。慢新闻具有深度，回答更多的问题，让人有更多的时间思考，因而能影响更多的读者。新华社前社长穆青也指出："周刊更倚重深度报道。虽然报纸在电视新闻的挤逼下，也越来越重视深度报道，但还不像周刊那样依赖深度报道才能在媒体之林中立足。新闻周刊的看家武器是分析性、评论性、立体性的深度报道。"①

专刊定位首要前提就是读者需求的变化。无视这一变化，一味地留恋过去的文学类副刊，显然不合时宜。

---

① 雷鸣：《新闻周刊的新闻特性和采写特点》，载《岭南新闻探索》2001年第2期。

2. 关注目标读者的阅读兴趣

读者已从过去的阅读单一的文学类、科普知识类副刊走向现在的多取向阅读习惯，即使对于如今丰富多彩的新型专刊，读者的阅读需求也已不满足于单纯地获取知识，他们还需要了解自己感兴趣的、与自己相关的领域里发生的大的新闻、会有怎样的走势，还需要从专刊里获得一些新观念。这就给专刊提出了越来越高的要求。

比如，许多报纸都办了《财富》专刊，有的主要介绍有关理财的知识、技巧、挣钱的途径，内容十分丰富详尽，而且尽量与老百姓贴得更近些；有的则除了介绍这些知识外，还传达了一些创造财富、积累财富的观念，介绍一些知名企业家的成功故事等。两相比较，策划的功力一下子就显现出来了。《健康百事》专刊，多年兴旺不衰广受读者欢迎，除了与其他健康版一样介绍医学科普知识、保健小窍门外，更重要的是它经常传达一些健康的新观念。

对于一些专业性强的读者，只提供翔实的信息是不够的，还需要给他们提供更进一步的指导性信息，这样才能树立报纸专刊的权威性。也就是说，专刊还应该了解消费者信息需求的差别，为不同类型的消费者定向收集、整理广泛的信息。特别是对一些专业性读者，提供专业性强的指导性信息和服务，做读者的“市场顾问”。这样做有助于培养专业受众的阅读习惯。提高其品牌忠诚度，最终达到提升媒介的核心竞争力的目的。

（二）专刊的内容策划

专刊的受众需求要靠专刊内容来实现。没有好的内容支撑，即使对专刊的受众分析再透彻，也难得到充分实现。

专刊的内容实际由各个环节构成。包括专刊的新闻性、专刊的主题、专刊的栏目设置、专刊的版面等，各个环节紧密相连，任何环节的忽视都可能导致整个专刊的失败。

1. 发挥专刊的新闻功能

报纸是新闻纸，报纸的专刊作为整张新闻纸的重要组成部分，自然也应该具有新闻纸的属性。这是报纸专刊区别于各类杂志的最明显特征。一般来说，由于出版周期的原因，杂志类文章避实就虚，所反映的多是一个时期或较长时期的热点。而报纸专刊作为新闻纸的组成部分，强调与社会同步，为整张报纸服务，其内容就不能游离于整张报纸之外。不然，专刊就可能沦为杂志的附庸。从许多报纸的探索、尝试中，我们不仅看到专刊面临改革的问题，也看到了专刊在逐步向新闻靠拢这样一种趋势。有的报纸已尝试把几个不同时间出版的专刊，集中在一天以周刊形式推出，周刊相对独立，成为一张“报中报”，而且完全是按新闻规律来办这个周刊。新闻性的加强，使报纸的可读性和时效性明显增强，特色更加鲜明。

报纸专刊应当具有一定的新闻性，但这种新闻性，不能简单地理解为专刊要增加新闻报道，不能简单地与新闻版的新闻性等量齐观。区别在于专刊的新闻强调贴近时代、贴近生活、贴近群众，它更注重新闻性与服务性、实用性的结合。因此，专刊必须紧跟形势，与时代同步，从选题取材到立意，都必须反映时代精神，蕴涵时代气息。专刊的新闻性也并不是要与新闻比时效。专刊的出版周期决定了它关注的新闻多是“近期”的热点事件和热点现象，围绕热点与新闻互动做文章。对热点问题，社会方方面面有各种各样的认识和议论。对其进行报道，能吸引各方面、各领域读者的注意。谁要是抓住了热点，谁也就抓住了读者；而且谁抓得快，谁就拥有更多抓住读者的优势。①

专刊与新闻的距离没有远近之分，差距只在于专刊编辑围绕新闻策划专刊的意识和能力。专刊的新闻性考察的是编辑有没有较强的新闻敏感性，有没有关注现实生活热情。

2. 重点经营专刊中的专栏

如果说标题是新闻的眼睛，那么我们可以说，专栏是专刊的眼睛。一个没有眼睛的专栏会大为逊色；好的专刊必然要靠几个重点经营的好专栏来支撑。专栏是一个专刊的招牌，对这个招牌的精心经营不仅提高着整个专刊的档次，也吸引作者有目标地参与办刊，吸引读者更重点地予以关注。《长江日报》的《人与社会》专刊是一个叫响全国的专刊，其支撑栏目就是曾经获得全国好新闻一等奖专栏的《社会中来》。

与新闻版的专栏不同，专刊的专栏不必只有一个，可以是好几个。那么专刊中究竟该设什么样的专栏？专刊的特点不同，栏目自然各异。理论专刊的栏目自然不适用生活专刊，生活专刊的栏目也不能照搬到电脑专刊上。但是，作为专刊，都有一些共同的特点，因而在专栏的设置上也遵循共同的规则。

第一，专刊应设立与焦点新闻或社会热点相关的深度报道或评析专栏，实现专刊与新闻互动，保证专刊不游离于新闻版之外。所谓“热点”，就是人们关心的话题。要抓住它向纵深探讨，再对这些“热点”进行有机的组

① 姜琴、李良栋：《报纸专刊新闻性探析》，载《青年记者》2003年第1期。

合与包装，使其成为亮点。如温州日报旅游版在旅游节期间，策划了“旅游节首日——嬉嬉吃吃看看戏”专版，以虚拟人物“阿福”逛旅游节为主线，将整个版面的内容和图片贯穿起来，旅游节首日的活动项目、活动路线有了。让读者眼睛一亮，给人以全新的感觉，社会效果很好。

第二，专刊的专栏应体现出服务性、参与性，实现专刊与读者互动。有贴近才会有交流，有交流才能互动。随着现代大众传播的发展，受众在传播过程中的地位已越来越受到重视，“从读者角度办报”成为越来越响亮的口号。吸引读者参与，是专刊专栏设置的重要原则之一。

第三，专刊的专栏应独具特色，树立个性。专栏需要在一个很长的时间内不断吸引读者，必须有自己的特色。专栏的经营之道在于不断强化特色。没有特色，就可能会流于平庸。

3. 精心设计专刊的版面

版面是一个专刊的脸。如同一个人，有一张俊俏的脸总是吸引人的、令人愉悦的。一个专刊的版式策划就是为这个专刊贴上有特色的标签。

现在有一种倾向，一家报纸的所有版面保持同一种风格，不管版面的内容是什么。且不说这种统一的版式符合不符合各版的内容要求，单是十几甚至几十个版单调统一的式样，就让读者觉得枯燥乏味，极易产生视觉疲劳。一旦有了这种疲劳，纵然内容再精彩，也可能会觉得索然寡味。

随着报纸改革的推进，报纸编排上的陈规越来越多地被打破，版面的式样越来越灵活多变。过去那种排版线条通栏被视为大忌、大字号被视为有压迫感、文与文间隔大一点会被认为是浪费版面等，如今却被编辑们统统打破且被广泛地采用，而且效果还不错，很有冲击力。加上电脑排版技术的普遍运用，专刊的版式越来越丰富多样。版面内容一定要有相应的版式语言来表现，无论照片、插图，还是字体以及色彩、线条的运用，既要体现特色，又要求新求变，给版面增色，给内容添彩，使平面资源动起来、活起来、站起来。版式的作用在专刊中的作用可以说是为一道大餐的“味”与“香”添上“色”的包装。形式独特、美观和谐的版式，是对策划和最终完成并取得良好效果起相当关键作用的一环。

然而，自由度的扩大并非意味着没有一定之规。总的说来，专刊的版式应该与其内容相称。理论专刊就应庄重些，而旅游专刊就可能活泼些，生活感悟类的专刊就清秀些，而开心类的专刊则可能夸张些。与一些报纸的电脑专刊一副严肃的面孔不同，《北京晚报》的《E时代》周刊创造的样式是卡通式轻松阅读——用娱乐的方式做产业报道，既适合电脑技术的时代特点，读起来也很轻松。

四、专题的策划

目前媒体众多，新闻海量，国内外发生的重大新闻几乎可以达到同步传送，但是人们对此并不满足，每当这些即时新闻出现之后，读者就希望读到有关这些新闻的各方面的信息，他们希望知道这些新闻背后发生的故事、揭示的问题、引起人们的思考等，新闻专题由此而兴起。

新闻专题报道，是指传媒在相对集中的时间和版块里，运用广视角、大容量、深层次、多手法的报道形式，对某一新闻事件或某一特殊人物或某一现象或某一问题进行的专门内容主题的揭示或研究报道。根据报道的特性和内容来分，大致有事业成就的专题报道、人物事件典型的专题报道、政策措施的阐释专题报道、批评揭露的监督专题报道、问题现象的研究专题报道、方便读者的服务性专题报道、节假日和特定日活动的纪念专题报道等。在报道上大多采用消息、通讯、评论、图片、漫画等多种方式相配合。在新闻实践中大家经常说的深度报道、连续报道、追踪报道、系列报道等，一般来说，都可划入专题报道的范畴。

特别是对一些重大政策走向、现实生活中的难点、热点的分析，更是专题报道的专长。

（一）专题的策划思路

专题报道策划，是新闻资源集约化开掘的一种强有力手段，在本质上说来是一种从理性到操作的全方位的谋略。从广度上看，经过高水平的策划后，许多未曾考虑的选题可以展现亮点；从深度上看，经过认真开掘之后，许多一般平平的选题可以挖掘出给人启迪和思考的东西。这里，我们就新闻专题报道策划思路作简单探讨。

1. 在释疑解惑中体现主题

在人们的日常生活中，到处充斥着难点和疑点。因为难，了解的人就少，人们的求知欲就更强；因为疑，人们处于十字路口，不知何去何从，需要有人指点迷津。难点是复杂事物的本质体现。社会难点问题，不仅是政府工作中的重点，往往也是新闻舆论引导中的重点。这种难，体现在一时众说纷纭，是非难以决断；体现在关注者多，看法不一，公说公有理，婆说婆有理；体现在积重难返，一时难以解决，记者不好把握其分寸。社会转型期，新老体制的摩擦，新旧观念的交锋，必然会带来一系列的社会矛盾。这些矛盾集中在一起，就形成了社会难点。难点报道的策划需要谨慎。报道的目的不是为了激化矛盾，不是为了强化对立，而是为了寻找解决问题的途径和方法。因此要特别注意时机和突破口的选择。范长江认为："新闻，就是广大群众欲知、应知、而未知的重要事实。"①

疑点报道的策划就是努力寻找政府工作的关注点，社会群众的迷惑点，选准典型，通过舆论引导，形成双方沟通的交叉点，通过入情入理的分析，讲清道理，从而达到为受众释疑解惑的目的。抓住难点和疑点做文章，要透过丰富多彩的表面现象，进行反复深入的理性探索，报道事情发展的全过程，求得最真最实的答案。专题报道成功解读难点、疑点可以起到由此及彼的示范效应。

2. 注意把握热点和冷点的两个方面

热点和冷点是两个对应的概念。热点新闻，是高价值新闻、深层次新闻，它的受众层面大，社会关切程度高。把热点报道策划好，是提高报纸可读性与权威性的重要依托。对于热点问题的报道，不能人云亦云，见风使舵。将热点适当冷凝，对热点新闻资源进行冷静的思考，才能准确把握住事件的性质和发展方向。为此，一定要吃透有关政策、情况，避免片面性，要冷静、客观地综合分析群众的呼声和要求。坚持从正面报道入手，从而激发人们的信心，不怨天尤人，避免矛盾激化，做到多帮忙，不添乱。与热点相反，冷点新闻是报道前还不为受众和社会特别关注的新闻事实和现象。冷点新闻，是一种需要下大力气进行深度挖掘的新闻资源。冰层越厚，挖掘的力度越大，所引起的社会反响也就越强烈。冷点报道成功的策划，莫过于《中国青年报》开设的《冰点》专版。以正面宣传为主，以"普遍关注"为突破口，以普通人中不普通的命运为显著特色，以各种不同文体的新闻为支撑，是《冰点》成功的关键要素。要使冰点"起波"，关键在于找准结冰的症候，破冰而入直探深水，只要精心策划深入采访，起波的"暗流"就会破冰而出，使冷点向热点转化。②

3. 运用正向和逆向的思维方法

对于一些常规性报道，不按公认的套路走，而是换一个角度，从侧面或反面予以表现，从而使报道标新立异，可读性较强。对于"正题反做"或

① 蒋钦挥：《新闻角度与选择》，新华出版社 1998 年版，第 59 页。

② 刘爱民：《新闻专题策划七法》，载《新闻天地》2001 年夏季版。

"正题歪做"的文章，在创新的同时，要注意把握"度"的标准，表现形式最终要服务于本质内容。

（二）专题的主题确定

专题报道策划除了上述基本要求外，还要选择一个好的主题。一个好主题的关系到整个专题报道的成败，在具体策划时，可从以下几个方面入手。

1. 客观全面，选题求实

专题报道在很大程度上是对复杂事实的综合演绎。为了把新闻事实在最短时间内多方位、多层次、多角度地反映出来，往往需要派出多组记者，进行分头采访。报道围绕同一个新闻事实，采取平行、对比、递进、立体交叉等多种形式将有关文章进行组合，通过叠加式积累，产生强势传播效果。

2012年4月24日发生中菲船只黄岩岛对峙事件，中菲船只对峙这一新闻一经发出，就受到了来自社会各界的广泛关注，这件事情不仅关系到我国领土完整，还关系到民族尊严。一时间，民众对黄岩岛的信息需求激增，此时，各大新闻媒体都纷纷推出了中菲黄岩岛对峙的新闻专题。网易新闻用视频、快讯、微博、图片报道方式，将对峙过程、黄岩岛争端发展情况、中菲两国军事力量对比完整地报道出来，同时还特别报道了参与菲律宾反华游行与参与抗议游行中国留学生代表，将这一重大事件即时、细致全面地呈现于受众面前。①

2. 说理透彻，选题求深

专题报道是以其揭示问题的深刻而见长的，这种深刻性首先表现在它的思想性和理论性上。但是，这种思想性和理论性不是通过空洞的说教和理论的演绎来表现的；它需要的是既能感动人又能使人在感动之后悟出深刻道理的生动素材和对这些素材的精心取舍和整合。

如2005年，新浪网自11月28日至12月6日对黑龙江"七台河矿难"的专题报道，报道总条数162条。矿工生存利益的报道与矿工家属的报道分别占25.9%和10.4%，社会救援工作的报道占17.9%，政府政策性的报道则较少。新浪网采用来自新华网的《安监总局：任何隐瞒都是对遇难矿工生命的凌辱》，从国家有关机构的态度的角度，将此次矿难放到中国煤矿安全的大背景之下；同样采用来自新华网的《新华时评：让矿工有权选择安全》从具体事故到煤矿安全大局，分析了此次矿难的根本原因，不在于矿

---

① 王慧：《论新闻专题策划》，载《中国传媒科技》2012年第10期。

工本身而是在于煤矿领导为了谋私置矿工的生命安全于不顾以及制度。分析微观层面的报道《黑龙江七台河矿难：探寻明星矿光环背后》，揭示了“明星矿”背后暗藏的事故原因；《四问七台河矿难：安全管理是否存在漏洞》从劳动组织的不力、安全管理的漏洞、生产能力的超常、矿难频繁根源四个具体的角度进行理性化挖掘；在《知情人披露煤矿内安全漏洞 小矿工不会用自救器》中揭示了安全内幕。

如果说新闻是一个平面镜，提供的是全景，那么理论评论则是显微镜和望远镜，从高处审视事件，从细处透析本质，二者结合，就将题材做透了。

3. 超前思维，选题求新

当今的媒体已经进入一个“同题竞争”的时代。每天，大大小小几个热点，几乎在所有报纸上都能找到，甚至安排的位置都不谋而合。然而，“同题竞争”更见水平的高下，新闻价值的开掘和表现仍能分出“先手”与“后手”，仍有“视角”与“观点”的独家。在这种“同题竞争”中，他们依靠策划，依靠群体智慧，领先思维的超前性，屡屡抢得“先手”，屡屡找到“独家”的感觉。

4. 发散思维，选题求变

在专题报道的策划中，我们经常会遇到这样的情况，同一类型的事件或大致相同的情况会连续不断地周而复始地运动和发展着，它给我们专题的报道者出了一个难题：按照同一种方法表现，读者会有似曾相识的感觉，没有新鲜感，此类选题不好报道；但是，对于不断变换的读者来说，仍然需要知晓，每次发生的情况总不会完全一致，仍然需要报道。这就要求我们，对于同一或类似的选题，在不同时间进行报道时，需要不断地变换报道手法。

以新闻为本，突出新问题。专题报道是对一类问题、现象的分析研究，大多属于策划的报道。但是，一张新闻纸不同于杂志和书籍，只是作一些纯理论的研究，而是将新闻事件作为专题报道的基础，在专题报道中可以看到新闻人对新闻事件的关注，所以记者即使在研究问题，也必须始终以新闻事实为依据，而且要有很强的时效性。

（三）各类专题报道的策划

专题报道的内容并没有特殊的指定，只要是社会上发生，受众关注，传媒有能力做的报道均可纳入其中。一般来说，新闻单位在做专题报道时常有以下几种题材。

1. 重大成就专题报道的策划

成就报道是专题报道中一项重要内容，新闻媒体在长期的实践中总结了各具特色的报道思路和方法。例如中央电视台曾提出了一系列的办台思路和方法：

史诗风格：成就报道的高境界；推出精品：成就报道的生命力；宣传鼓动：成就报道的使命感；独家新闻：成就报道的新突破。为了改进电视新闻成就报道，中央电视台认为，其一，电视的“同期声”采访应该更加真实、自然，减少人为的成分；其二，记者的现场报道不能仅仅是“表演”或“作秀”，应增强信息量；其三，一般化的“万能镜头”要避免重复使用；其四，在报道成就时要讲究辩证法，不要过于拔高，要留有余地，以免造成浮夸。

中央人民广播电台认为，在广播新闻成就报道中，要尽可能地提高报道艺术和质量。就切入点而言，务小勿大，务近勿远；就受众感觉而言，务实勿虚；就手法而言，务形象勿直白；就写作而言，务生动勿生硬。在对照中显出立意之高，在平实中突现与众不同。尤其要注意宣传策划有新点，节目内容有亮点，制作方法有特点。策划时，立足整体策划，立足创新策划，立足效果策划；制作时，推崇立体效果，推崇冲击效果，推崇情景效果，才能使成就报道有声有色。为此，他们提出：策划，立足广播特点；采访，突出情景音响；制作，彰显声音效果。

纸质媒体一直都十分重视对重大成就的报道，在新的形势下不少报纸总结了自己的经验。如《浙江日报》提出，找准受众关心的受益点、兴趣点，“欲知”才能“喜知”；找准受众接受的“叙述”形式，“引知”才能“愿知”；找准传播效果的有效渠道，“传知”才能“广知”。《安徽日报》认为，为了正确把握成就，找准报道的着眼点和切入口，在宣传内容和报道方式上要不断改进和创新。他们提出，注重客观，强化一个“实”字；立足发展，抓住一个“新”字；比较优势，展现一个“亮”字；挖掘深度，讲求一个“引”字；形成声势，注重一个“重”字，等等。这些经验之谈是值得新闻媒体在策划成就报道时借鉴的。①

2. 重大事件专题报道的策划

重大事件的报道要关注社会各界了解全局的需要，策划要考虑报道的深度。在重大事件的报道策划中，新闻工作者要从宏观上把握和反映，要站在

---

① 参阅《专题：成就报道再探》，载《中国记者》2002 年第 7 期。

全局的高度观察问题。将新闻事件放在整个社会大系统中，从它的各个要素及其时间与空间的统一耦合中进行研究，从新闻事件局部与局部、局部与整体之间的关系中找出它们的本质联系，使新闻报道分析透彻，满足受众探知的欲望。

对于涉及全国甚至全世界关注的大事件，它的过程、它的历史是一家地方报纸很难“独家”和“领先”的。但是，通过版面语言，通过对大量已知信息的精心取舍来体现自己的编辑意图，特别是充分发挥评论的功能，把专题报道做大做好，这是可以的，也是应该朝着这一方向努力的。

3. 舆论监督专题报道的策划

舆论监督是运用新闻传媒干预社会的政治现象，它是生产力和民主政治发展的产物。我们今天讲的舆论监督，是人民群众依法管理国家事务、经济事务和社会事务的民主权利的体现。舆论监督是权利制约、监督权力的重要组成部分，是权力制约、监督权力的重要途径。实际上，在近代报刊产生以来的三百多年时间里，舆论监督一直是力图实现民主权利的民众关注的热点，是社会调控掌权者和权利关系的重要手段。

那么，为什么在近些年舆论监督越来越受到国家领导人的重视，有两任国家总理对加强舆论监督发表意见？为什么人民群众越来越关心传媒的舆论监督报道？为什么各传媒也越来越重视舆论监督的策划报道？这是因为，官僚主义、腐败现象严重，影响到我们国家的健全机体，需要舆论监督参与社会管理之中；新闻传媒认识到自己的职责，重视加强舆论监督报道的策划；在日益进步的民主政治改革中，公民有了越来越多的知情权和参与权，他们希望通过媒体表达自己的意愿。

随着新闻事业的不断发展，舆论监督作为新闻媒体的一个重要武器，所发挥的功能和作用更加突出。尤其在当前媒体竞争日趋激烈的形势下，更应注重和加强舆论监督报道的策划，多出重点报道、重头稿件。

2012 年 4 月 15 日，中央电视台新闻频道《每周质量报告》播出《胶囊里的秘密》专题节目，记者通过长达 8 个月的暗访调查，行程数万里，用翔实的证据揭开了胶囊里隐藏的大秘密：在河北、江西等地，大量使用工业皮革废料加工重金属铬超标的工业明胶，通过无产品标识的白袋子包装作掩护，暗中流入浙江新昌部分胶囊厂，被违禁使用生产成药用胶囊，这种重金属铬超标的“毒胶囊”最终被卖到修正药业、海外药业等 9 家大型药厂，用来生产各种胶囊类药品。整个调查采访扎实、事实准确，揭开了问题药用胶囊产销过程中的惊人黑幕。这则舆论监督的专题报道震惊全国，党中央、国务院高度重视，公安部、卫生部、国家药监局、质检、工商等部门纷纷展开行动，在全国范围内围剿“毒胶囊”，抓获犯罪嫌疑人200余人，各地媒体也纷纷关注“毒胶囊”事件，对事件进展进行报道，充分发挥了舆论监督的巨大威力。

舆论监督报道是专题报道中比较难的一种，其关键在于报道要受到各方面的干扰和限制，舆论单位要受到各方面的压力，报道者要处理好促进社会进步和保证社会稳定的关系，等等。

人们在长期的报道中总结出以下几点体会：一是实事求是，把握好度；二是晓之以理，动之以情；三是要有法可依，有据可查。从调查工作入手时起，就要做好与人打官司的准备，千方百计做到自己的监督内容符合法律，有根有据。中央电视台的一些批评性报道，常常引用权威部门和权威人士的意见，来阐述报道中涉及的有关法律和政策问题，给人以一种可信感。有时还巧妙地让被批评单位的上级领导出来说话，重申有关规定，为问题妥善处理设下伏笔。

4. 时事形势专题报道的策划

时事形势专题报道是对一个时期内某个地区或某个地域突然发生或突出表现的事件、事物、现象等问题的分析、研究与描述。其目的是帮助受众认清自己所处的外部环境，正确地把握自己的工作、学习和生活过程。

时事形势专题报道需要有较强的声势，采取连续报道的方法，为群众释疑解惑，增强报道的贴近性和群众性，发挥新闻的宣传效益。

时事形势发展往往是机遇与挑战并存。全面认识形势，就不能回避社会热点、难点问题。这些问题可能不是形势发展的主流，但是却是群众较为关心或是与群众利益直接联系的问题。只有看清问题发展的方向才能在相互沟通、化解矛盾的同时，鼓舞和增强群众的信心与勇气，达到报道的目的。①

中国正处于经济发展的转型时期，转型期国家政策的改变使不同阶层的人们对经济形势的判断产生了非常不一样甚至是对立的看法。媒体同样在解决这一问题上肩负着巨大的责任。

如十八大以来，“反腐倡廉”成为政治领域的强音，党和国家领导人在各种场合强调实干的工作作风、朴实的生活作风，2013年年底，中央连发15道禁令狠刹吃喝送请风，约束公务员行为。围绕着这种时事形势，不少媒体策划相关专题报道，有的媒体探访高档礼品商店，有的媒体盘点酒店经

---

① 刘刚：《形势报道与受众需求》，载《中国记者》2001年第6期。

营情况，做出了不少新颖的专题报道。

5. 服务性专题报道的策划

服务性报道是传播媒介出现商业化倾向之后的产物。在西方新闻界，19世纪30年代《便士报》的成功，为服务性报道开辟了道路。19世纪末，服务性报道开始受到重视。1892年奥克斯买进《纽约时报》后，就因为增加了若干服务性专栏，使报纸发行量大增。而服务性报道的繁荣与发展，则是20世纪60年代以后的事。我国则是80年代末期才逐渐对服务性报道产生重视，时至今日，各大报社、电台、电视台都加大了服务性报道的力度。由此，服务性报道的专题也应运而兴。

服务性报道是多方面，下面主要介绍两类，一是政策服务报道，二是生活服务报道。

(1) 政策服务报道。一段时间内，国家或地方政府都要出台一些涉及老百姓的各项政策。这些政策关乎百姓的政治经济文化或衣食住行等方方面面。这些政策的含义是什么，在执行中有哪些问题，这些都是老百姓关心的，同时也是政策的发布者所关心的。而且政策的产生本身有其规律。它最大的特点就是涵盖广阔地域和行业的内容，包容性强，原则性强。政策话语的行文方式无不高度浓缩和概括。也正因为这一特点，细化采访是非常有必要的，也给媒体留下了巨大的发挥空间。

如新华社2014年1月19日授权发布中共中央、国务院《关于全面深化农村改革加快推进农业现代化的若干意见》（即中央“一号文件”）。各大媒体围绕着“一号文件”策划了各种解读专题。新华社发表系列特约评论员文章从各个方面来解读，新浪网财经频道制作专题，新加坡《联合早报》20日刊文指出，自2004年以来，一号文件连续11年聚焦三农（农业、农村、农民）主题，凸显中国解决农村农业“硬骨头”问题的挑战。

而在房价高涨不下之时，中央的每一次限购政策，都引来媒体的专题报道，主要集中在对政策的详细解读，为读者做好政策服务报道。

(2) 生活服务报道的策划。政策服务报道主要是指媒体对国家在某一个或者一类问题上的相关决策进行报道。而生活服务报道，一般来说是对人们日常生活服务的报道。

服务性报道是一种具有直接可用价值的报道。在美国，服务性报道被形象地称为“菜篮子新闻”，在日本则被称为“实用记事”，这说明，服务性专题报道，必须以有效服务为基本特征。搞好服务性专题报道，要注意两点，其一是报道者的立场情感要与消费者站在一起。只有从消费者的利益出发，才可能把报道做到他们心坎里去。其二是事实准确，知识科学，政策有效。服务性报道必须提供准确无误的事实，在时间、地点、数字、专有名词等方面，也不能有丝毫差错；在解释这些问题时，必须运用科学的技术和知识，让受众以科学为根本去认识和辨别正误；所举政策，必须符合国家或地方法规，使受众依法处事。这样才能依法服务，依法搞好服务，同时也是依法保护了自己。

（四）专题的组合艺术

专题报道由于占用了相对多的时间和版面，采用了广视角、大容量、深层次、多手法的报道形式，更要注意报道中的组合艺术，包括人员的组合和报道方式上的组合。

1. 人员的组合

2009 年 12 月 26 日，武广高铁开通运营，腾讯·大楚网特意制作了“武广若比邻”的专题，但它不是单兵作战，而是与大洋网、华声在线、奥一网联合，一起完成。

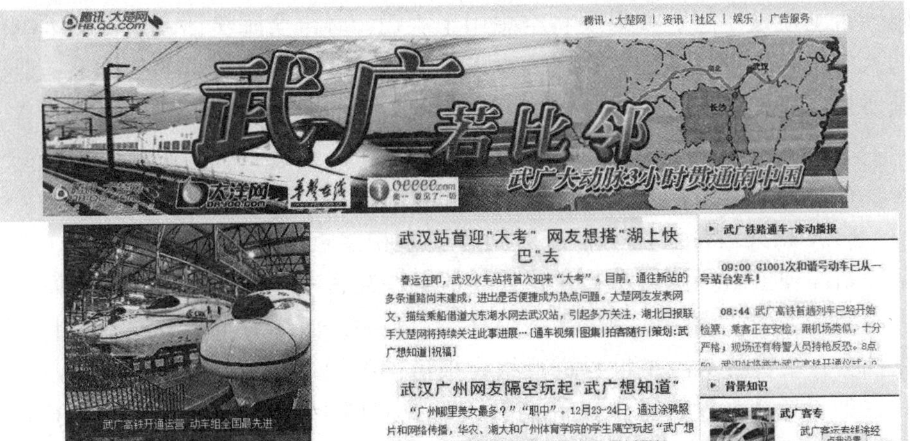

2009 年 12 月 26 日腾讯·大楚网的“武广若比邻”专题

2006 年两岸春节包机新增加了厦门航点，各家媒体展开短兵相接的“白刃战”。《厦门日报》作为当地的党报，承担着历史存档的责任，全方位反映厦门各界为本次包机所作的积极贡献。

他们为应对这样一次重大的新闻时间做了诸多准备。在此前不久设立的"海峡周刊"这一全新平台上开展工作，还抽调人员在编辑中心成立了台海新闻工作室，这在客观上使本次包机报道有了较大的空间。另外，《厦门日报》合理分配了采访资源，由采访中心负责厦门空港、编辑中心负责厦门航空方面的报道，两大部门相关人员各司其职，既有良性互动又有良性竞争，保证了在最大限度上利用新闻资源，先后推出了《促三通 五载勤耕耘》、《2006两岸春节包机厦门航点全景扫描》等较有分量的长篇通讯，从全局的高度对包机进行全景解读。

同时作为党委机关报，权威性也是《厦门日报》的独特优势。他们在整个包机策划中重视以己之长攻彼之短，利用本报新闻评论工作室的资源，并邀请国台办和相关专家、业内人士参加评点，从多角度，多侧面对本次包机的意义、影响进行评述。①

专题报道中的人员组合，要考虑两个因素，一是报道的需要。不同的报道对人员的要求是不同的。由于人员的要求不同，人员的安排也不一样。这是首先要明确的。不分任务的轻重缓急，一律机械地平均地安排人员是不妥的。第二，要从本单位人员的实际情况出发。任何良好的愿望都必须符合实际，否则便是空想。如果要将空想用于实践，必定会闹笑话。要根据本单位的人员实际和设备实际，作出实事求是的选择。在具体人员的安排上，要扬其所长，避其所短。这样才能全面地调动人员的积极性。

2. 报道方式的组合

在专题报道中，有以下几种内容和版面的组合形式：

（1）相关组合。把空间或时间等要素相接近的新闻组合在一起，或就某一新闻现象组织读者参与讨论，与读者一起思考，引起读者共鸣。如在昆虫专题策划中，为给读者呈现一个真实、美丽，而又对生活有深刻影响的昆虫社会，编辑可对昆虫世界进行组合报道，组织《昆虫：地球第一大家族》和《如果地球上没有昆虫》等稿件，为我们展示一个人类并不完全了解的精彩世界。可以通过对《蚱蝉的羽化》、《昆虫的婚恋》、《金蝉脱壳》等文章，揭示昆虫世界精彩美妙的一面，以及千百年来人类与昆虫共同演绎的许多美丽故事。通过陈述一系列科学证据，在阐述昆虫对人类有害和有益的方面的同时，启发人们如何看待昆虫，如何与昆虫和谐相处。

---

① 陈炜明：《准确定位：新闻报道成功的起点》，载《传媒天地》2006年第3期。

（2）系列组合。对一些时空跨度大的重大题材，需要较多的内容才能全面反映它的一个侧面，可采用系列报道的方式。

2012年7月21日10时起，北京市出现61年来最强降雨，北京气象台先后发布蓝色、黄色、橙色预警。《亮报》编辑部迅速组织一支特别采访小组，冒雨分赴海淀、丰台、通州、房山等供电抢修现场进行采访，第一时间推出了以《暴雨倾城，我们见证责任与坚守》组合报道为主要内容的专题报道。

作品用独家的现场采访文字和图片，配合特写、记者手记等多种报道形式，讲述供电员工抢修的感人事迹。《暴雨中目击登杆抢修》主要记录了7月21日16时海淀巴沟路发生雷击断线后，海淀供电公司员工冒雨登杆抢修一个多小时的现场状况。《二环内，见证与暴雨抗争时刻》主要记录了7月21日19时北京城区供电公司的值班情况。《重灾区“抢救”变电站》用“步步惊心，大水冲毁变电站南墙”、“协同作战，天黑前恢复供电”等描写记录了房山重灾区供电员工连续抢修40个小时未合眼终于恢复供电的情况。《龙卷风过后，抢修通宵进行》描写了11级大风以及暴雨造成通州线路断电后供电员工通宵抢修的情况。《抢修，调度“指挥棒”给力》和《雨夜中的一盏明灯》则分别展现的是丰台供电公司调度大厅、95598热线值班大厅统筹协调的情况。整个报道多角度、多侧面地展现了供电员工的无私无畏形象，将社会热点与行业新闻很好地结合起来，兼具时效性、新闻性、贴近性、可读性。

（3）追踪组合。这是一种对读者关注的正在发展过程中的新闻现象的进行式动态报道，具有很强的阶段性。它不断从新角度反映新闻过程的发展及其在社会上引起的反响，以引起读者的兴趣。如对一些新闻事件的追踪报道，对一些老典型地区、典型企业、典型事件和典型人物目前的状况进行报道，能满足读者的心理需求，并使他们从中受到教育，得到启发。

（4）版面组合。这里讲的是专题报道中在版面上的组合艺术，它包括运用消息、通讯、评论、理论、图片、漫画以及标题、线条等版面语言来宣传和突出本专题的主题思想。版面的组合，虽然是最后一道工序，但它的好坏，却直接关系到整个报道的成败。有时，专题的操作就是从最后的版面需要出发而事先安排的。

如《新民晚报》的《新民图视绘》，往往聚焦一个专题，以图表文字等巧妙组合的方式来报道。2014年5月11日母亲节这天，推出《专职当妈，你愿意吗?》的调查性专题报道。

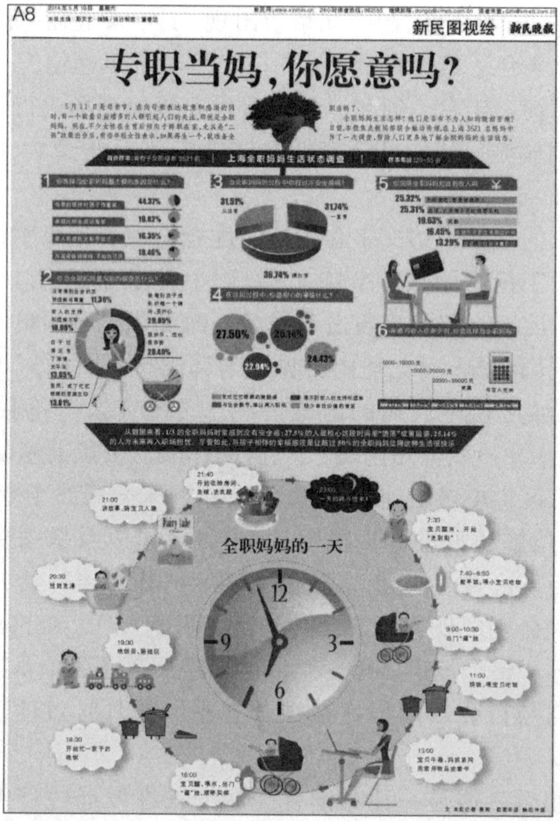

图为2014年5月11日《新民晚报》推出的母亲节专版

◎ **思考题**

1. 什么是新闻专题报道，它兴起的原因是什么？
2. 专题报道策划的思路有哪些，举其一谈谈你的认识。
3. 在确定专题报道主题时，要注意哪些问题。
4. 在专题报道的策划中，如何处理好人员组合与内容组合的关系？

◎ **实践题**

对你所在城市报纸的最近一次成功专题报道策划进行评点。

第十章 参与式新闻的报道策划

参与式新闻报道包括体验、暗访、催生或促成等报道方式，它是近些年逐渐发展起来的报道形式，很受新闻媒体和广大受众的欢迎——媒体市场竞争的需要，受众渴望探求真实内幕的需要和社会舆论发挥作用的需要。新闻发展的实践告诉并要求我们：新闻工作者不仅仅用自己的笔去记录历史，他们可以、也应该选择那些可以做又做得好的事，参与其间；他们将遵循事物发展的基本规律，催起产生或促成完善和完美，在此基础上为受众记录和反映最受他们欢迎的报道来，这是新的历史条件下新闻工作者的新任务。

案例1

富士康"N连跳"，震惊全国。《南方周末》并非第一家介入调查的媒体，但其《富士康"八连跳"自杀之谜》报道反响很大。究其原因，与精心的筹谋、策划相关。

2010年3月份，富士康龙华厂区已连续发生多起自杀事件。基于此，《南方周末》编辑部记者想潜入厂区，追溯缘由。但他们很快发现，因记者普遍年龄较大，而无法进入只招20岁上下年轻人的富士康工厂。此时，不到23岁的实习生刘志毅毛遂自荐，选择"潜伏"富士康。

进入富士康后，刘志毅角色在"记者"和"工人"之间切换。他发现，他预设的"员工没有自由"、"企业管理僵化"等立场，未必契合事实；捕捉真实细节，按图索骥，才是调查体验式新闻应有的态度。

"卧底"28天，共用手机发出了35000余字……刘志毅对"卧底见闻"记录、存照，正是这翔实的观察、记载，为新闻文本提供了丰富的元素。按照"统计学阐释"、碎片化活着、嗜血的插针机、迷惘的青春四个层次，《富士康"八连跳"自杀之谜》的内容渐次铺开。

仅一篇报道，未必就能解开"N连跳"的谜团。为扩充文本化的表达，增强说服力，报道后配发了"记者手记"——《与机器相伴的青春和命运——潜伏富士康 28 天手记》，刘志毅以“我在场”的以身说法，讲述自身的“卧底”经历。

为回答公众的“怎样破除自杀‘魔咒’”之惑，记者杨继斌还结合调查结果、涂尔干的《自杀论》等论著、专家访谈，对新生代打工者的普遍焦虑作出解读，并寻求解颐之方。这三篇内在关联紧密，形成了完整的阐释链条，串联起富士康“N 连跳”的因与果。

南方周末

广东转型:悬崖上的战役

南方周末潜伏全球最大代工厂28天,探寻新生代打工者的死与生

富士康"八连跳"自杀之谜

图为 2010 年 5 月 13 日《南方周末》刊登的参与式报道《富士康“八连跳”自杀之谜》

【点评】

《富士康“八连跳”自杀之谜》是关于“富士康自杀”事件报道中的力作。其主要特点是：一是体验式采访；二是哲理性思考。

体验式采访，是指派实习生“卧底”，且身心皆沉入富士康工厂和员工之中，通过一系列真实的细节，提示鲜活、年轻的生命如何在特定的环境中被“异化”，读罢让人唏嘘不已。

哲理性思考，则是指调查性报道不能只是材料的堆积与落列，必然有媒体自身的价值理念与价值判断。报道引述专家的相关论断，使文章“撑得起”，具有哲理性。

“卧底”富士康的刘志毅说：他的作用是忠实地做好一台摄像机与一台文字输出机，“有色眼镜”必须摘下。事实上，在这篇报道中，读者也看不到自杀与僵硬管理的“拉郎配”。虽说没刻意铺陈员工的死因，可通过对员工生活图景的描述，我们依旧能窥探出与自杀关联的某些因素。

2011年4月29日，武汉大学举行“2010十大珞珈风云学子”颁奖晚会。作为实习生的刘志毅受到嘉奖。人们对刘志毅的评价是：“‘卧底’富士康，追踪‘八连跳’。这是新闻一线的硬拼杀，这是社会热点的深介入。从新鲜刺激到走完孤独之旅，这是一位年轻人的难以承受之重，更是一名新记者的真正成人之礼。新闻文本引发的激烈争论也足以证明：在这一年度重大事件上，这是无法绕过的深度调查，这是无法否定的新闻努力，这是一位前程远大的薪新新闻人。”让公共空间热议，让人文价值重申，不啻为这篇报道的意义所在。

近些年来，随着改革开放的深入，市场经济的运行，社会各种矛盾日益错综复杂，人们的社会心理也在发生变化，对传媒的报道提出了新的更高的要求。新闻单位在坚持党性原则和注重社会效益及舆论导向的同时，比以往任何时候都要更加注重经济效益。而经济效益的重要支撑点无疑就是广告。因此，新闻单位之间包括同质媒体和不同质媒体之间的竞争开始出现并日趋激烈。在北京、上海、广州、南京、武汉、成都等大城市，报业之间的竞争已达到白热化的程度。在这种情况下，谁能抓到新鲜快活的独家新闻，谁的独家新闻更生动翔实，谁家的媒体就能更多地吸引读者，提高自己的发行量或收看收听率，由此带来整个广告、发行等经济效益的提高。那么，独家新闻从何而来呢？这对新闻工作者来说，无疑是一种全新的挑战，一种新的价值观的实现。所以这些年在各地的媒体上我们经常可以发现记者以体验、暗访等形式进行的参与式报道，如有的报纸开辟的“记者换岗”、“记者体验”、“记者打工”、“记者暗访”等栏目，有不少记者当上了清洁工、火化工、装修工、巡警、交警、幼师、售货员、餐厅服务员、菜贩、精神病院的病员护理、邮递员、导游、环卫工、钟点工、搬场工、卖花女、居委会主任等。真可谓三百六十行，行行都有我们新闻工作者的身影——记者与老百姓的关系更密切了；天天都有各行各业人和事的反映——大众传媒对社会的反映更广泛更全面更细致了，也更受读者欢迎了。

事物的发展是不平衡的，一是表现在参与者对体验、暗访和参与这一类报道形式的把握上，有的还不那么准确、有效；二是受众和新闻同行对这一行为的评价褒贬不一，于是就产生了争议或讨论。作为新闻传播策划的学问，不能不对这一课题进行研究。

一、历史的发展及现时的需要

体验、暗访和催生促成等参与式报道并不是什么全新的概念，在中外新闻史上都有关于它的记载。

1923年我国出版的邵飘萍的专著《实际应用新闻学》，对“显隐”作过精辟的论述。该书第八章“探索新闻之具体方法”中谈的第一个问题：“个人朋友与资格之隐显。”这里说的“资格”即记者身份。邵飘萍在论述交友之重要性后写道：

> “外交记者显示其资格与否，当视情形不同而临机决定。有若干人不喜欢彼言者披露于报纸，亦有若干人唯恐报纸不采其所言，苟误用则两失之矣。故探索新闻，问及附近之知其事者，有时直告以我乃某社社员，有时又只能作为私人询问，而勿令知我为新闻记者。凡此亦临机应变之一端，求达探索新闻之目的而已。”①

在邵飘萍看来，是用显性采访还是用隐性采访，要视具体情况而定，不可乱用。在今天看来还是正确的。

在世界新闻史上记载着美国女记者暗访的例子。

19世纪80年代，美国著名女记者伊丽莎白·科克伦在普利策领导的《世界报》工作期间，曾扮成一位精神病患者，突破纽约一家精神病院的封锁，冒险打入该院，了解到该院许多虐待精神病人的内幕。后来，她逃了出来，将许多鲜为人知的内幕公布于众，引起社会舆论的大震动。政府不得不对该院进行整顿，改善了精神病人的待遇。为此，伊丽莎白·科克伦的事迹写进了《普利策卷》和《美国新闻史》。

在中国新闻史上，1936年范长江奉《大公报》之命，化装成一名公司职员，只身深入内蒙古额济纳旗，刺探日军入侵内蒙古的动向，也是一次成功暗访。

---

① 转引自蓝鸿文：《隐性采访——新闻采访的基本方式之四》，载《新闻与成才》1999年第2期。

1854年3月英国向俄国宣战之后，英国上下卷起一股战争狂热。他们自认为英国军队是世界上最强大、最精锐的部队，可以无敌于天下。战时报道迎合政府和读者口味是当时的一大通病。《泰晤士报》记者拉塞尔则不是这样。他历经艰险，深入前线，观察部队状况和战场情景，发现了英国军队存在的致命问题——医疗给养不足，伤员和战士处于极度困苦之中。他毫无顾忌地向报社发回去了反映实际情况的详细报道，《泰晤士报》的编辑们也有勇气刊登他的报道——报社总编辑约翰·德莱恩本来就批示他采访“一切事情的真相”——结果，引起了政府的重视。在舆论的压力下，阿伯丁勋爵的政府班子辞职，陆军大臣被撤职，英国军队状况得到改善。拉塞尔为《泰晤士报》也为自己争得了荣誉，在读者心目中，也在新闻界同行中，树立了记者的真正形象。1861年拉塞尔前往美国采访南北战争时，还受到美国总统林肯的接见，这种待遇在当时的新闻记者中是很少见的。①

作为记者，他们不仅参与了战争，报道了战争，他们还以一个特殊战斗员的身份参加战争，他们“亲夺”敌人的军旗，“亲自”杀死敌人军官，“深入前线”了解情况，对于战争的形势发展起到了不可缺少的作用。

从广泛的意义上来说，我们的一切报道都可以称为“参与式报道”。因为，没有哪一篇报道不是记者编辑与被报道的人或事或资料相联系的。不论是事件性的报道，还是非事件性的报道，离开了第一性的客观反映的事物或材料，也就没有第二性的新闻报道了。从这个意义上来说，我们所看到一切新闻报道都可称为参与式报道。

本书提出的“参与式报道”有它特定的含义。

所谓参与式报道，是指传媒根据报道需要，派员以特殊的社会角色或公开体验，或隐蔽暗访，或参与报道的活动之中，对需要报道的对象或过程，采取接触、参与等方式进行深刻的体验、感悟，遵循事物发展和新闻报道的普遍规律，以独特的社会身份予以反映的报道方式。随之而产生的新闻作品，就是本书所说的“参与式新闻”。

体验、暗访和催生促成等参与式报道发展到了今天，更加凸显出它特殊的作用。

（一）适应媒体自身发展的需要

第一，这是吸引受众的需要。新闻本来的、特有的职能是报道事实、传

① 刘明华：《西方新闻采访与写作》，中国人民大学出版社1993年版，第14页。

递信息。它的传播活动只有被受众所认同，才能真正实现其职能。各种新的新闻形式的出现，正是为了吸引、抓住受众，增强报道的说服力、感染力，参与式采访报道也正是在这种情况下得以发展。

第二，参与式采访是记者获取某些新闻的必要手段。大量的事实告诉我们，并不是每一条新闻都能用一般采访方式获得，对于那些需要记者深入其间才能获得较高新闻价值的线索，记者有义务通过一切法律和公德范围内允许的手段去挖取新闻。而参与式采访正是在这种情况下的一种有效手段。

第三，这是媒体获得独家新闻的重要手段。参与式采访往往是单个或少数记者深入进行，所获新闻往往是记者所在单位所独有的，且这类新闻有其特有价值，所以往往能在社会上引起一定的反响，使媒体自身的影响扩大。

第四，有利于提高记者的思想素质。体验式报道能使记者感受到普通劳动者的酸、甜、苦、辣，从而更加尊重他们，更好地为他们服务。

第五，有利于提高记者的写作水平。在电视和互联网向传统媒体挑战的现代社会，如何让新闻有更好的传播效果，这就对记者的写作水平提出了更高的要求。参与式采访或体验式报道使记者亲身参与到报道中去，因而在新闻写作中，记者不仅可以将现场的细节、所见所闻都融进新闻稿件中，还能将自己的经历、感受、见闻展示在读者面前，使稿件更生动，让读者身临其境、感同身受。

（二）社会发展的需要

目前我国社会还存在诸多不尽如人意之处，也有不少需要讴歌和深掘的新闻事件、现象需要媒体去披露。对于这些类似问题的报道，采用参与采访报道的形式，往往能取得较好的效果。

第一，有利于获得真实情报。一般的采访都和被采访对象事先打招呼，常常是事先约好时间、地点，通报采访的内容。被采访的对象事先就有了充分的“准备”，有时准备的内容充分，这当然是件好事。但这种采访也有不利的一面，即给被采访对象一个充裕的准备时间，对于开展批评报道往往不利。在参与式报道中采用暗访的形式进行，这样成功率就高。例如，《北京青年报》的《记者行动》专栏，大部分采取暗访的方式进行。由此获得了许多鲜活、真实、生动的新闻。专栏也成了深受读者欢迎的专栏。中央电视台的《焦点访谈》也时常采用暗访的方式，获得了大量的真实新闻，把生动的场面直接展现给观众，给人一种如临其境的可信的感觉。

第二，增强报道的说服力。2011 年 7 月 26 日，CCTV 财经频道的“消费主张”栏目以“诚信是金——火锅‘老油’的秘密”为题，报道了一则重磅新闻：位于成都的“重庆老堂客火锅店”，将客人吃过的火锅底料回收提炼成“口水油”，并再次封装成袋，谎称是一次性使用的火锅底料，给客人享用。这期节目中，记者假扮就餐的客人等身份，进行参与式报道。从记者的镜头里，观众看到了服务员将客人吃剩的火锅底料端进后厨，倒进不锈钢大桶，捞出客人吃剩的残渣，再次熬制提炼并封装所谓“老油”的整个过程，真实地揭露了这个行业“潜规则”。

体验式报道能增强现场感和真实感，让人身临其境；对人物的形象的刻画，特别是对人物心理活动的描写更加深刻、逼真，给人以强烈的冲击力。这样的报道是能够感染人，有利于问题解决的。

（三）满足受众的需要

第一，受众有真切了解新闻事实的心理。对于一般的采访所获的报道，受众也能接受，但其中真正能引起他们兴趣的却不多，他们需要更多更详细的关于事物发生发展的过程报道。在繁多的一般采访报道中偶尔出现一两篇记者参与式的采访报道，往往能一下子吸引受众。

第二，这是满足受众知情权的必要采访手段。受众的知情欲望在不断地扩大和加强，他们不仅需要获得一些正面的报道，也需要掌握一些反面的报道和一些研究性的报道。他们对于国家、社会中出现、存在的问题，也非常关心，而对这些内容的报道，往往采用参与式的报道效果较好。

第三，受众对社会的不良现象及违法乱纪行为都深恶痛绝，他们希望媒体能对这些丑恶现象进行披露。参与式采访报道在一定程度上满足了受众的这一要求，媒体成为受众代言人。

由于参与式报道的目的、方式和作用的不同，在具体表现形式上又有体验、暗访、催生、促成和受众参与等差别之分，下面分别予以介绍。

二、体验式报道策划

所谓体验式报道，是指记者以被采访对象的身份深入到被采访对象的工作、生活和运动之中，在与他们平等交流和接触之中，体验他们的生活，感受他们的经历，反映他们的心声，向社会反映他们，以求得社会的认同、理解、关心和帮助的一种采访报道。

（一）体验式报道的积极意义

社会上的职业是多种多样的，不同人的生活、工作和经历是千奇百怪的，记者作为社会活动家并不是每时每刻轻而易举都可以尝试的。在某种特殊的情况下，记者碰到这种情况，若是需要报道的事件，只要是身体允许，报道允许，记者都应参加这样的报道活动。这种参与不仅使记者受益匪浅，经过记者这样参与的报道，受众接受了，也是会留下深刻印象的。

新华社前社长郭超人曾在西藏工作多年，对我国登山运动员首次登上珠穆朗玛峰活动作过出色的报道。郭超人、景家栋分别到达6600米高度，陈宗烈到达6400米高度，亲自体验了登山运动员的生活。后来，郭超人总结说："事实证明，这两次高山行军是有收获的。我们爬过岩坡，翻过雪地，亲眼看到珠穆朗玛峰山中神秘而壮丽的自然景色，深刻地体验了登山队员的生活，获得了许多仅仅访问无法得到的素材。此外，更重要的是进一步了解了登山队员们的思想感情和精神风貌，与他们打成一片，为以后的报道创造了很好的条件。"①

除了特殊经历、生活外，社会上的很多职业、很多岗位是大家并不熟悉的。记者采取参与的方式将他们反映出来，是会受到受众欢迎的。

《人民日报》在开辟"体验三百六十行"《开栏的话》这样写道："在我们的经济战线上，有一些行业、一些岗位较少为人们所知，较少受到社会关注，不少地方多年没有记者的足迹。本报经济部的青年记者把目光投向那里。他们深入现场采访并参加到被采访者的实践中去，亲身体验这些岗位上人们的甘苦，在体验中捕捉生动情景；他们与许多平凡劳动者交朋友说知心话，从中领略他们的不平凡的经历，向他们学习。"记者们分别体验了长江航道工、铁路列车员、首都机场安检员、保险公司营销员、殡仪馆殡仪工、驯犬员、寻呼台话务员、报社校对、大凉山马班邮路员、林区伐木工、长途贩菜人、消防队员、列车押运员等。他们写的报道，向人们展示了一个个平凡的岗位但又多姿多彩的情景，既颂扬了普通劳动者的平凡劳动，又写出了自己的感受，颇为动人。

体验式报道在广大受众中受到关注和好评，一方面，说明了我们过去的新闻报道在视角上、文风上都存在脱离生活、脱离群众的缺陷，体验式报道

---

① 转引自蓝鸿文：《体验式采访——新闻采访的基本方式之四》，载《新闻与成才》1999年第2期。

以平视百姓生活，求真务实为要旨，恰恰填补了过去留下的空当；另一方面，我们生活的主体其实就是广大普通老百姓，以他们作为报道的对象，正是贴近真实，返璞归真，紧扣时代脉搏的表现，也是新闻平衡发展规律的需要。

体验式报道是一种最直接、最深刻的采访方式，是寻找新感性魅力的最佳过程；体验有益于思考，深入体验的过程就是一个从感性升华到理性的过程；经过体验发掘起丰富的感性化语言来写作，才能以色彩丰富的作品打动读者。也有学者认为，体验式采访报道体现了一种很珍贵的和人道主义的认知方式和思维，这就是体验式报道深得人心的内在因素，也正是体验式报道的新闻价值所在。

（二）体验式报道的行为规范

在体验式采访报道活动过程中，记者参与采访对象的活动或介入新闻事件之中，其目的是体验他人生活或他事的发展历程。因此，记者在这个过程中，应努力融入所扮演角色的生活中去，把自己当成他们中的普通一员，在与人交往或参与某事时，应尽量低调处理自己的记者身份，只有这样，记者才能获得某种独特经历和感受。

当然，我们所说的记者不应忘掉自己的记者身份，是指记者在进行思考、判断和写作时，应当以记者的思维方式和清醒、客观的眼光去分析某人某事。记者的体验式采访过程，正是这种“忘我”与“不忘我”的相互结合、相互交往的过程。相反，如果记者介入某新闻事件，故意利用自己的职业优势或影响力，推波助澜，不恰当地引导新闻事件的发展甚至导演新闻事件，再利用媒体加以传播，这种行为或多或少有造假新闻的嫌疑，这是需要体验者注意的。当然，记者在体验式采访过程中，遇到特殊情况或紧急情况，有必要利用自己的记者身份或优势时，参与体验的记者也不可袖手旁观。此刻，将“我”融入采访的对象之中，做一些力所能及的事，这也应是体验式报道者应尽的职责。

体验式采访报道与一般新闻报道的最大不同，在于它是以记者的主观感受和体验为主线展开报道的，所以在新闻写作上，往往以“我”为主线，注重对“我”所见、所闻、所思的描述与表达。此刻，记者实际上具备两种身份，一是作为记者——新闻报道的主体，一是作为当事人——参与报道客体，又是新闻报道客体的一部分。这种新闻报道主体客体化和客体主体化过程，又融合于记者的亲身体验之中，通过进入报道对象的角色，记者从旁观者变成局内人，视角由从外往里看，变成了从里往外看，不仅可以得到常规性采访中得不到的材料，而且还可以获得常规性采访中体会不到的情感。

2011 年 8 月 9 日，中宣部等五部门决定在新闻战线开展“走基层、转作风、改文风”活动。一时间，全国出现大量走基层的报道。记者们走向田间、工厂、街道、社区……亲身体验各行各业各类人群的生活，涌现出一大批真实感人、生动饱满的体验式报道。

图为新华网推出的“走转改”专题

新华社走基层记者微博直播世界上最高哨所官兵生活

落实“走转改”精神：央视记者走基层采访手记

《扬子晚报》的石小磊去体验一条夜公交线路，去了现场之后，见到的与想象的完全不是一回事。他看到值夜班的师傅根本不将这当成苦差事，很乐观；而夜公交也不是想象中那样冷清，11 点还满满当当坐了一车人，而一个下夜班的护士几乎全靠这趟夜班车回家……他由衷地感叹：只有俯下身、弯下腰、扎下根，才能采写出富有真情实感的稿子。

而《江苏经济报》的记者张韩虹，为探寻“高价猪肉”背后的秘密，在如东一个乡镇的玉米批发点，清晨 5 点就开始蹲点，一直到天黑，两顿饭并作一顿，就这样坚守了 2 天，又到养殖户家中探访了 1 天，亲眼看见排队等待的农民那焦急的眼神，亲耳听到他们家中的猪无食喂养的慨叹，看到供应商为找货源忙得分不开身的场面。她说，如果没有现场的震撼力，是难以写出感染力的。①

记者的体验实际上是一种诉求，它在一定意义上是记者代替读者去体验的。一方面，记者通过体验达到了与采访对象的心灵互通；另一方面，记者由此写出的报道，往往也能达到与读者的心灵互通。有记者称赞体验式报道

---

① 《走基层　转作风　改文风——新华报业传媒集团“走转改”研讨会摘要》，载《传媒观察》2012 年第 1 期。

是“把目光对准普通老百姓，通过平凡折射出人性的真善美，缩短了人与人之间的距离”，这正是体验式报道的成功“秘诀”。一篇成功的新闻作品，不仅要明之以事，晓之以理，还要动之以情。体验式报道正是力图逼近生活的原生状态，表现人们的饥寒饱暖、酸甜苦辣、喜怒哀乐，抒写平常人对人生对生活的真实态度，所以才会受到群众的喜爱。

在体验式采访中记者具有双重身份，有可能影响了记者的客观、公正的立场，但是，我们不能因此就根本否定体验式采访在实践中的运用。实际上，体验式采访所引起的问题多与记者自身的素质、经验和技巧有关。有经验的或新闻素养高的记者在进行体验式采访中，往往能自觉处理好自身的情感及角色关系。从目前的情况看，体验式采访的作者绝大多数较好地注意了这方面的问题。他们在体验式采访写作中既有见闻的描述，又有知识的铺垫，既有情感的参与，又不乏理性的分析，其立场、分寸也把握得当。有的在体验式报道之后，还继续追踪调查，进一步作理性的思考，写成深度报道并引起较大反响。在体验式报道中，策划者要向体验者交代：必须较好地实现被采访对象的角色转换，只有这样才可能写出真情实感的好文章来；同时，也须强调：在完成角色转换，体验愈深时，愈要防止情感化主观化的倾向，时刻保持自身记者的意识，客观公正地进行采访报道。事实不断地证明：体验采访式报道是具有长久的生命力，提高体验者的综合素质是一项长期的任务。

三、暗访报道策划

暗访也称隐性采访，它是为了某种特殊的需要，采访者不公开自己的身份，不公开采访目的，不公开自己的采访工具，深入被采访的对象和事件之中的一种采访报道方式。暗访报道近年来备受新闻工作者的青睐，在实际生活中尤其是在新闻舆论监督和揭露社会阴暗面方面越来越广泛地被采用。

（一）实现舆论监督的形式之一

在由法律监督、组织监督、党内监督、群众监督、民主监督和舆论监督组成的整个监督体系中，舆论监督有着十分重要的作用。从本质上说，它是一种借助于新闻传媒所传播的事实而形成的公众舆论，对宪法和法律的实施、党和政府方针政策的贯彻以及干部特别是领导干部的行为所进行的监督。它所凭借的，并不是带有强制性的行政权力，也不是法律法规的威慑力，而是由事实的广泛传播所形成的舆论力量。这种力量并不是别的什么东西可以取代的。这是因为，新闻传媒披露和传播事实，具有透明度高、影响面广、时效性强等显著特点。透明度高，是指公之于众的事实通过媒介与受众直接见面，具有传播的公开性，避免了层层传递所造成的误差和遗漏，达到了高度保真的要求。影响面大，是指上至高层领导，下至平民百姓，都可以是它影响的对象。时效性强，则指新闻传媒所传播的内容，可以即写即刊(即播)，还可以现场直播、同步转播。由此，新闻传媒所体现的舆论作用，有着一种特殊的威慑力。“不怕上告，就怕上报”，从一个侧面说明了舆论监督的影响。舆论监督的报道有两种形式，一是事件发生后，新闻单位派人采访报道；另一种则是新闻单位根据掌握的信息，以公开或暗访的形式深入事件之中，反映事件的过程，披露事件的真相，达到坚守正义，弘扬正气，扶正祛邪，改进工作的目的。这里主要讲的是隐性采访的方式。央视《焦点访谈》栏目就是运用暗访进行舆论监督的典型代表。

“舆论监督，群众喉舌，政府镜鉴，改革尖兵”，这既是社会对新闻传媒的要求，也是新闻传媒可用武之地。在可能的情况下，有选择地搞好隐性采访的报道策划是更好地服务社会，同时也是树立自己权威性的一种好方式。

图为中央电视台《焦点访谈》栏目象征性图标“大眼睛”，象征着舆论监督之眼

（二）暗访中的法律问题

现行法律中没有专门论述隐性采访的条款，既不表明隐性采访不符合法律规范，也不代表隐性采访无法可依。隐性采访的法律地位和权利的合法性

至少可以从三个方面得到证实。首先，记者的采访权在现行法律中可以找到法律依据，而隐性采访是采访权所涵盖的内容之一。我国宪法第 35 条规定："中华人民共国公民有言论、出版、集会、结社、游行、示威的自由。"宪法第 41 条规定："中华人民共和国公民对于任何国家机关和国家工作人员，有提出批评和建议的权利。"新闻出版署 1999 年第 1031 号文件《关于非新闻出版机构不得从事与报刊有关活动的通知》第一条规定："经国家批准的新闻出版机构，有权依法从事新闻出版、采访、报道等活动。"隐性采访作为新闻报道中的一种采访方式，是新闻活动的一部分，适用于新闻报道的法律规范，对于隐性采访活动同样具有法律效力。其次，我国现行法律、法规中，也同样没有任何禁止隐性采访的规定。没有法律明令禁止的行为，可以被视为应允。第三，隐性采访是为了满足公众知情权的需要。隐性采访作为一种有效的采访方式，能够更加真实、准确地采集新闻事实，报道新闻信息，因而深受公众欢迎。特别是对于一些仅靠公开采访无法获取的信息，将直接影响到公众知情权的实现和了解、参与国家事务管理权利的实现。这时，运用隐性采访就成为满足公众享有其应有权利的必要方法。第四，有些隐性采访有利于矛盾的化解，问题的解决。① 2002 年 4 月 1 日起，《最高人民法院关于民事诉讼证据的若干规定》开始实施。这一规定，对新闻传媒通过偷拍偷录这一隐性采访行为有条件地合法化。② 2005 年中央宣传部关于印发《加强和改进舆论监督工作的实施办法》第四条第四点写道："通过合法和正当的途径获取新闻素材，不得采取非法和不道德的手段进行采访报道。不搞隐蔽拍摄、录音。"③ 可见，隐性采访具有法律允许的地方，也有法律限制的时候，这是新闻工作者需要注意和把握的。

在法律体系尚不健全的情况下，记者运用隐性采访要学会用法律武器保护自己，在把握报道原则的同时，避免走入误区。

第一，不得随意伪装身份。隐瞒身份是消极隐瞒还是积极伪装有很大区别。记者在隐性采访中应以不公开身份为主，尽量不伪装身份，特别是记者无权伪装成具有公职权力身份的人物。因为伪造身份已构成欺骗行为，新闻信息的获得如果是建立在欺骗的基础上，其可信度会大打折扣；记者的职责是采集新闻事实，而不是收集犯罪证据，记者不是公安人员，没有取证、刑

① 翟耀文：《隐性采访的法律共识与分歧》，载《中国记者》2003 年第 3 期。
② 沈正赋：《偷拍偷录行为合法化的辩证思考》，载《新闻战线》2002 年第 7 期。
③ 陈力丹：《介入式暗访不能作为采访的常规》，载《今传媒》2006 年第 12 期。

事侦破等职能，也没有参与不法事件可以不负法律责任的特许权。因此，记者不得设置圈套，引诱犯罪。“警察圈套”的方式，在公安部门尚需要在一定条件限制下由指定人员被授权后才能使用。新闻工作者在进行隐性采访时没有公开采访中所不具备的特权。因此，既非警务人员，又未经授权的新闻记者没有资格设置圈套；在隐性采访中，记者应以观察者身份介入，不应成为新闻事件的决定性力量，更不能干涉事件的发展，影响事件的进程；否则，就有制造假新闻的嫌疑，媒体的社会公信度和权威性会受到影响。同时，在面对诉讼时，主动参与新闻事件的记者也极易处于不利地位。

第二，不可夸大隐性采访的效应。隐性采访作为公开采访的补充形式，是一种非正常手段，属不得已而为之。当前有一种隐性采访扩大化的错误倾向，是因为一些人认为隐性采访效果好，有卖点，能够获得轰动效应。尤其是在电视、广播领域，似乎已有过多过滥之嫌。隐性采访应主要针对于特殊人群的特殊活动使用，对一般性事件和普通人的正常生活，没有必要采取非常手段采集新闻。滥用隐性采访不仅容易导致侵权，还会助长记者的特权意识和公众的偷窥欲。因此，我们提倡公开采访与隐性采访相结合，反对将隐性采访常规化。

在法律允许的范围内从事采访和报道工作，这是搞好新闻工作的一个重要前提，隐性采访也不例外。从事隐性采访的新闻工作者必须严守国家法律，严格执行有关规定。但是在实际操作中，一些记者、编辑没有形成依法报道的观念，片面强调受众的认可程度，认为隐性采访是实行舆论监督的最佳手段，只要受众欢迎，就是合理的，也必然是合法的。这种观念不利于隐性采访的正确运用和依法保护。“媒介的眼睛不受法律的规范和调整是社会的灾难”，此说是有道理的。

与公开采访相比，隐性采访除了必须遵守一般性法律、法规外，还有一些容易与公民或法人的权利发生冲突的情况值得特别注意，其中最常见的几种侵权行为是：①侵害公民的人身权利，如名誉权、隐私权、肖像权等，这是隐性采访最容易发生侵权行为之所在；②泄露国家秘密；③侵犯商业秘密；④侵害未成年人和妇女的合法权益；⑤使用不法手段获取信息，包括使用有录音、录像、照相器材，从而违背国家安全法的有关规定。

妇女和儿童作为有专项法律保护的特定人群，享有特殊法律保障，因此在以这些特定人群为采访对象时，要慎用隐性采访，以避免发生侵权行为。比如，中小学校园是未成年人集中的场所，在此进行偷拍或偷录，极有可能违反未成年人保护法的有关规定，从而导致侵权。

（三）暗访中的道德问题

由于隐性采访手段的特殊性，即使是在法律允许的范围内，也应考虑到报道的社会效果，要科学、合理地使用隐性采访，注重报道的社会效果，不逾越道德范畴。

国际新闻媒介大多比较注重隐性采访的新闻伦理问题，认为隐性采访是在采访对象未被告知真相的情况下进行的，被报道者处于被动地位，缺少保护自身权益的能力，因此双方地位是不平等的，这时，即使记者行为完全合法，但仍有用“不诚实”方法获取信息的嫌疑，可能引起道德质疑。

2007 年 3 月 19 日，中国新闻社刊发新闻《用茶水当做尿液样本送检，医院竟化验出了“发炎”》：中新社浙江分社的记者乔装成患者，将事先准备好的茶水送到杭州 10 家医院检测，结果有 6 家医院检测出茶水有炎症。这就是引起广泛争议的“茶水发炎”事件，对于此事，有人拍手称快，大骂医院缺乏医德；有人说记者给原本就紧张的医患关系火上浇油；还有人认为记者调查方式有问题，质疑记者的新闻职业道德。

茶水发炎，图/张成才，来源：红网

事后，《中国青年报》进行了调查，参加调查的 3309 名受访者发生了很大的分歧。近一半人认为，媒体的这次策划意在维护公众利益，算得上大快人心之举；而超过四成的人却表示，此举不符合新闻操作规范，背离了新闻职业道德，并且在事实上不利于构建和谐的医患关系。4 月 9 日，《人民论坛》发表评论指出：“新闻报道要真实、全面、客观、公正，这是应有的职业道德和职业精神。然而，少数媒体为追求‘眼球经济’，走入了‘新闻娱乐化’的误区。个别记者热衷主动‘策划’各种新闻，只求‘轰动’不顾后果，并不关注科学常识和客观实际。不管出于什么样的初衷，‘茶水验尿’都是值得媒体反思的一个事件。它不仅可能恶化本已紧张的医患生态，而且使更多的媒体和群众受到误导，给社会制造了不和谐音符。”

我们常说，吃一堑长一智，不要犯相同的错误。但是，在新闻界却往往会出现这样的咄咄怪事。2012 年 7 月，央视记者在暗访“男科门诊”时，使用康师傅绿茶饮料替代尿液送检。几家男科医院的尿检报告结果显示，“尿液”中有大量“霉菌和杂菌”。节目在 7 月 29 日央视《焦点访谈》栏目播出后引发关注，被称为“茶水二次发炎”事件。

记者一再犯这种错误，缘于两方面的问题：一是不客观；二是不专业。针对媒体刊发的调查结果，全国近百家“三级甲等医院”自发进行了可重复结果的检测。在短短 48 小时内，就提供了相对准确和负责的数据：136 份报告中有 127 份证实：茶水“有可能发炎”，媒体“策划”属于任意而为，其调查结果不具任何科学性。

此事件发生后，中华全国新闻工作者协会网络中心发表了《从“茶水发炎”报道反思新闻策划》一文，从行业协会角度提出“新闻策划不能无中生有”。当年的报道媒体在反思的同时提出：这一调查方式值得商榷，用这样的方法去反映医疗行业问题，是媒体人的悲哀。

媒介的社会责任要求记者摆正自己的位置，承担起新闻工作者应尽的职责，同时，又不滥用手中的权力。滥用隐性采访，可能使公民人人自危，没有安全感，从而降低媒体的公信度。因此，强调在道德的范畴内使用隐性采访手段，就是要求新闻记者要具有较高的道德水准和社会责任感，努力避免隐性采访在道德层面的负面效应。

四、催生、促成式报道的策划

新闻记者不仅需要当事件发生后予以报道，同时在可能的情况下，新闻工作者参与正在发生或还没有发生的事件之中，以自己的主观努力与被报道对象一起催其产生和促其圆满和完善，尔后再予以报道。

（一）催生或促成式报道的可能性和必要性

在信息社会里，记者的作用已经不仅仅是简单地记录历史，他们要十分敏锐地感知信息，从中发掘可以成文的线索；他们要研究社会，根据可能发生的活动，参与其间，促成活动圆满，报道成功。这是记者应该做的也是可以做好的工作。

2007年，一个身患绝症的武汉女孩走进了公众视野，她叫李珍妮（网名珍妮宝贝），2005年罹患癌症，但还在网上安慰、帮助别人，被网友亲昵地称为“知心姐姐”。《楚天都市报》报道了她坚强乐观、无私奉献的事迹后，仍然持续关注她。2007年7月，珍妮病重住院，透露她未完的心愿之一是拍婚纱照。如花的生命眼看就要凋零，却顽强地传递生的热爱和眷念。《楚天都市报》报道后，有四位大男孩自愿“应征”当“新郎”，他们一起陪着珍妮拍下了独特的婚纱照。记者用感伤而深情的笔触记下了拍照的整个过程。后来珍妮表达了想要捐献眼角膜回报社会的愿望，报社热心参与促成此事，并对珍妮去世和眼角膜成功移植的情况进行了详尽跟踪报道。这一系列报道引发各地媒体和好心人的关注，央视多个频道亦多次跟踪报道，引发广泛的社会影响。

珍妮宝贝
来源：《楚天都市报》

这个系列报道从最初接触珍妮，到参与策划珍妮的独特婚纱照，再到义捐眼角膜，最后到珍妮离世，乃至离世周年忌日，记者全程关注，积极参与。而且记者的参与推动了事件的发展，比如拍婚纱照一事，没有媒体的报道，就不会有四个男孩陪同珍妮拍婚纱照的感人一幕。但是记者的参与是在尊重事实的前提下进行的：记者报道珍妮的愿望，这则报道引发热心读者奉献爱心——这不是记者策划出来的事实，而是事物依它自己的规律在发生发展，记者的报道是符合新闻规律的——先有事实后有报道。

时下，我们经常可以读到这样的报道，某某企业与某某高校合作开展了一项技术攻关，填补了该省的一项空白；某某农村乡办小学请来了一位外籍

珍妮宝贝独特的婚纱照 来源：《楚天都市报》

华人从事英语教学，颇受小孩子们的欢迎；某报开辟“寻找”栏目，帮助不少失散亲人团聚，让沉睡地下多年的革命烈士找到他们的妻女儿孙……所有这一切，其中有不少就是因为我们的记者牵线搭桥、穿针引线，促其成为现实，在事实发生的基础上予以报道，受到社会的普遍欢迎。

从上面几个例子我们可以看出，这些报道的成功，首先是由于新闻单位和新闻工作者的积极参与的策划，新闻工作者的积极介入正在发生或还没有发生的事件之中，以自己的主观努力促其圆满和完善，尔后再予以报道。在采访报道的过程中，传者和受者双方的配合是积极、健康、富有建设性的。完全可以这样说，没有受众的大力支持和鼎力配合，许多生动感人的报道就无法横空出世。当然，在具体的个案中，受众参与的程度和记者介入的程度是有差异的。

（二）请非新闻人参与采访报道

2011 年 6 月 9 日，《武汉晚报》10 大线人及百余名老年艺术团成员搭乘“首义号”，开始为期 8 天的台湾环岛游及文化交流。该报开通新闻热线 12 年来，接到数十万读者报料，培养了一批职业线人，成立了“新闻线人俱乐部。”这批新闻线人，不仅报料，还直接参与到报道中去。在参与式报道中，除了记者自身的参与外，有时是在记者的策划下，组织非新闻工作者参与事件之中，完成新闻工作者想完成但完成不了或完成不好的任务。

2005 年 9 月 29 日《南京晨报》刊登的一则启事：“十运盛会即将来临，

《南京晨报》现招募200名‘十运市民记者’，您愿意抓住这个机会加入我们的报道队伍，用您手中的笔记录盛会一景吗？职责：负责报道与十运会有关的社会新闻；要求：身体健康、关注十运、新闻敏感性强，有一定的写作功底，吃苦耐劳并服从晨报统一调度……”

《三峡商报》从2006年4月27日起征集10名“市民记者”现场播报各地黄金周旅游新闻，大家对此表现出极大的兴趣，报名者众多，市民记者的报道也引起了读者的好奇和关注，他们想知道从普通人视角出发报道的新闻事实。

《南京零距离》等一些电视民生新闻栏目则鼓励和支持那些拥有DV机的民众自己拿起摄像机，拍摄下身边的新闻，提供给他们，甚至聘请了一些素质较高人士作为特约记者，从而能够“短平快”地把新闻现场零距离地呈现在屏幕上。

不仅在经济领域，在重大体育比赛、文艺聚会，以至外交、军事活动中，不少媒体都动用了特殊人士参与报道事件之中，帮助媒体进行报道。

如今，非新闻人参与新闻报道已经成了常态，腾讯网早就推出新闻爆料台，口号就是“人人都有麦克风”，鼓励普通受众参与新闻报道；而长江网更是在2012年着力打造“i新闻”频道，鼓励“市民记者”投稿；而微博的发展，俨然已经催生了“全民记者”，以至于现今很多记者都习惯从微博

长江网主页

中寻找新闻线索。

前几年，关于受众参与这种采访报道形式，也曾经引起过许多争议。反对者认为最大的问题就是有“造假新闻”之嫌。当然，在中外新闻史上都有过这样的情况：新闻记者由于违背了事物发展和新闻报道的一般规律，在参与活动中，不恰当地夸大了人的主观能动性，按参与者的主观意志去改变既成的客观事实，从而造出虚假的新闻报道。这种情况应是我们坚决予以摒弃和反对的。

前面所举的几则报道都是在报社主持人精心策划下进行的。虽然在报道的事件中都有记者的参与，但是，这些参与都是符合事物发展的一般规律，没有人为地去生造或扭曲、或夸大、或缩小；对事件发生后的报道也是符合新闻报道的规律，而且由于有了记者的参与，他们对报道对象有更深切的感知，所以写出的报道更生动更深刻，从而能更有效地吸引读者，打动读者，争取读者，由此扩大了该报在读者中的声誉和发行量。

当然，凡事都要把握一个度，对于参与活动的报道策划来说，也是这样。记者要担负大量的日常的常规性报道，时间和精力有限。因此，对于这种受众参与式的报道策划，必须通盘考虑，充分论证。选择那些可以做，能够做，而且又能够做得好的事予以参与，精心选择，参与有度，上下重视，各方配合，力求在少而精的前提下，保证参与活动的报道成功。

五、参与式新闻的报道策划要注意的问题

参与式报道既受读者欢迎，对新闻从业人员来说，也是一种素质的培养，是有积极意义的。但是，参与式报道毕竟只是新闻采访报道中的一种，同时它也有自己的局限性。

第一，参与式报道必须在事件进行过程中才能实行，而记者采访的许多新闻事件，是已经过去的事实。在这种情况下，就需要记者在活动之外，通过访问大量的人物或查阅大量的资料来获取素材，完成采访报道任务。

第二，客观事实的运动和发展是遵照它自己特有的规律来进行的。参与式的报道是根据记者自己的需要来安排的。这两者是不可能时时处处都一致的。记者要参与体验，需要花费较长的时间，这不是所有的记者都能承担得起的。有的职业和岗位需要工作者特殊的技巧和本领，这不是所有的记者都能胜任的。

第三，参与式采访并不都能写出好报道来，这和记者自身的素质有很大

的关系。它受到记者思想、业务、心理等各方面条件的影响。对于特殊领域里的报道，由于大家对其情况都不太清楚，很可能由于记者的主观意识而使报道产生片面性。

为了搞好参与式报道的策划，在采访实践中需要注意以下几个方面的问题：

（一）明确目的，选准参与方式

参与式采访的方式有多种，有的需要隐瞒身份通过暗访探察实情，有的需要角色换位来体验该角色的甜酸苦辣，有的需要参与组织活动使报道更具特色，等等。一切参与方式的确定，都要从能有利于报道出发，而不是怀有什么个人或小集团的利益。

采取哪种方式，还要从媒体和参与者自身的条件和外部环境要求出发，统筹考虑。有的体验式采访可能会取得轰动效果，但是，对参与者的设备要求和个人素质要求太高，本单位无法承担这样的选题，此时，就不宜安排这样的参与采访；有的岗位和领域，被采访者单位或个人不愿意接受记者的介入，此时，也不宜派记者深入其间进行体验式采访和报道；有的事件在法律和道德的范围内不允许报道或暂时不允许公开报道，此时，新闻单位也不宜派记者贸然介入。

（二）客观公正，防止片面性

记者参与被报道的事件之中，他能更深切地感受到事件的真情和本质，因而写出的报道就更能感动人。但是，这种参与也受到参与者自身素质的影响，特别是在一个人出入的情况下，很容易得出片面的结论，这是新闻报道中的大忌。

参与式报道之所以写得比较感人，就在于记者的角色换了位。这是好的一面。另一方面，正是因为换了位，感情与被采访者接近了，也容易产生偏听偏信的情况。所以，作为参与者，当自己越被采访事件感动时，越要提醒自己防止出现感情的冲动，提防片面性。为了防止出现片面性，当我们深入某个角色之后，又要提醒自己跳得出来，以一个新闻工作者的公正视角看问题，防止主观做结论。同时，不妨多换几个角色位置，来看待采访的这一事件，多听一些不同方面的意见，以纠正因自己的主观判断可能产生的偏见和片面性。参与式报道对记者的思想方法素质要求甚高，要特别引起采访者的注意。

（三）尊重客观规律，切忌越俎代庖

参与式采访和报道由于有了记者的主观参与和接触，他对所报道的事实感触更深刻了，有利于写出更好的报道来。但是，所有这一切都必须尊重客观规律，即尊重事物发展的规律和新闻报道的规律，不可由个人的情感代替理智，由个人的判断代替客观事实，更不可作假生造。

美国《图片邮报》摄影记者伯特·哈迪在朝鲜战争中，拍摄了一个美国士兵把剩下的最后一滴水送给一个生命垂危的朝鲜农民的照片。哈迪后来公开表明："这张照片是我一手布置出来的，当美国士兵正在列队走过时，我头脑里产生了这个念头。我向一个美国兵问道，能否给这个老头子一点水，让我来拍这张照片。这个士兵回答说，如果我动作快一点，并且要用我自己定量配给的水的话，他是可以帮忙的。"这张给美国侵略军涂脂抹粉的伪造照片就是这样拍成的。一些西方记者就是这样按自己"头脑里的想法"制造照片，在一定时间内让读者上当受骗。

西方新闻界不仅有制造假照片的"创举"，更能利用新闻"制造战争"。

美国与西班牙的战争，是 1898 年 4 月 11 日和 13 日美国参众两院通过有关决议之后开始的。在战争爆发前的 1897 年初，赫斯特便早早买了一艘快艇凡模斯号，送一名写小说及游记的著名记者戴维斯和另一名插画作家雷明顿到古巴提前调查该国情况。到后，雷明顿打电报给赫斯特：

> 此地一切平静，并无骚动，将不会发生战争。希望回国。雷明顿。

赫斯特立即回电：

> 请留在那里，你给我插图，我提供战争。赫斯特。

结果，派往古巴的记者均片面听取古巴人的夸大介绍，不管是否看到了事实真相，随意用目击写法介绍西班牙人的暴行。1898 年 2 月 15 日夜，当美联社传出"缅因号爆炸，乘员数百人死亡"这一简讯时，赫斯特兴奋地向部下大叫：头版不登任何消息，整版发缅因号报道，这是战争！

当战争爆发之后，赫斯特甚至在第一版上冠以头号标题："您对《纽约日报》促成这场战争有何看法？"①

---

① 刘明华：《西方新闻采访与写作》，中国人民大学出版社 1993 年版，第 14 页。

这都是外国的例子。类似这样的报道我们中国记者的笔下也有，有的更是出奇。

2013年9月17日，一则题目为“美国公司开价500亿求购我国一张中药方”的新闻出现在网络上，经央视网、人民网转载后，各大网站也纷纷转载。文章称，美国默克公司通过中间人，欲以500亿人民币高价向“中国金方安徽淮硖中医研究院”求购一张中药药方。经多个媒体记者采访求证，发现这个研究院不正规，没有行医资格；美国默克公司也否认有此事。中央电视台记者调查发现，这则“新闻”完全来源于该“研究院”负责人的一手策划，已被证实为假新闻。这种假新闻混淆视听，蛊惑误导了群众，也对媒体公信力造成伤害。

2013年9月9日，“两高”公布了关于办理信息网络实施诽谤等刑事案件的司法解释。诽谤信息被转发500次以上可入刑。曾经在网络上兴风作浪，制造了很多假新闻的网络推手“秦火火”、“立二拆四”等人被刑拘。

记者通过体验、暗访等形式参与报道的活动之中去，不仅是允许的，有的甚至是必需的。但是，这一切必须尊重客观事实，不可夸大，不可片面，不可作假，更不可生造。另外，所有的参与式报道都要受客观事实规律和新闻报道规律的约束，比如说暗访除了要受到法律、道德的约束外，还要受到新闻出版法规的制约，我们必须加以注意。

（四）注意安全，保护自己

参与式采访和报道，由于记者对被采访的对象和环境并不十分了解，容易产生意外，对此要十分注意。在采访前，记者要事先做好体验的基本准备，有的通过看看书，掌握一下基本知识即可；有的则要先到实地察看，提前进入场地，熟悉环境和事实发展的基本过程，做到心中有数。比如到精神病院去体验护理工作，记者事先就要到医院看看病人吃住医疗等情况，向医生了解有关与病人接触要注意的问题，以防正式体验时发生不测。对于有些狂躁型的病人，一般来说，不宜与之接触体验。

在揭露批评报道中，有些领域的采访是有危险的，记者需要有勇于“入虎穴”的精神。但是，记者也要善于保护自己。“出师未捷身先死”，留下的只能是遗憾。因此，对某些危险性大的隐性采访，记者要向编辑部报告；认真研究对策，行动以两人以上为宜，还要争取有关部门的配合和保护，不要孤军深入。有的记者为了刺探和揭露某个犯罪团伙的内幕，采取“介入”办法，像公安部门的侦察员那样打入犯罪团伙。记者这么做，也许主观愿望是好的，但并不可取。记者“介入”，不仅个人的安全得不到保证，还因为“介入”以后，哪些事该做，哪些事不该做，难以把握，因此这种“介入”有很大危险性，不宜提倡。

近年来时有记者参与报道受到被报道者报复打击的事例，应引起社会各界的关注。

新闻工作者正当采访应受到法律的保护，有关单位特别是政府机关、公安部门应该充分发挥行政治安管理的作用，以保障记者的人身安全和正常的采访工作。

◎ 思考题

1. 什么是参与式报道？
2. 体验式报道有何积极作用？
3. 试述暗访中所要注意的法律问题。
4. 简述参与式报道策划要注意的问题。

◎ 实践题

请你结合本章内容，模拟现场，策划一次体验参与的采访报道。

第十一章

新闻摄影的报道策划

20世纪90年代中后期以来，我国报业进入“厚报时代”。现代人生活节奏的加快，以及报纸版面的不断增多，受众对报纸的阅读方式也从传统的精读过渡到速读方式。而图片的直接和获得信息的快捷，使报纸也一改往日以文字为主，图片为辅的模式，转为以大而清楚的图片来快速传递视觉信息。“厚报时代”带来了“读图时代”，各报社利用新闻图片产生的视觉冲击力，争夺读者的视线，以扩大发行量。新闻摄影越来越受到新闻人的关注，新闻摄影策划的重要性也日益突出。

案例1

在2012年重阳节即将来临之际，《武汉晚报》策划了“重阳节，为您照个全家福”的活动，为99个家庭圆了拍张“全家福”的梦。报社发出照“全家福”的征集令后，仅当天通过微博和电话报名的就有1300多人。晚报请来市民参事、微博代表现场抽取99人，然后派出两位获得全国摄影金奖的资深摄影师，马不停蹄地奔赴武汉三镇，一家家上门为读者拍“全家福”，即使几个远在郊区的家庭也不辞劳苦地上了门。在重阳节来临前的一个周末，又通知余下的近60个家庭，分别集中到解放公园以及武昌、汉口两个江滩，为他们一一拍了满意的“全家福”。中央电视台记者闻讯赶到现场进行了采访拍摄。《武汉晚报》还与F64至臻连锁摄影机构联手，由F64为这99个家庭免费制作带框水晶照片。

【点评】

对重阳节报道的策划，《武汉晚报》没有落入俗套，而是独辟蹊径——在当今忙碌的时代，有多少人忙得没有跟家里老人照个“全家福”？

对于《武汉晚报》这一温馨创意之举，微博上一片赞扬之声。著名主

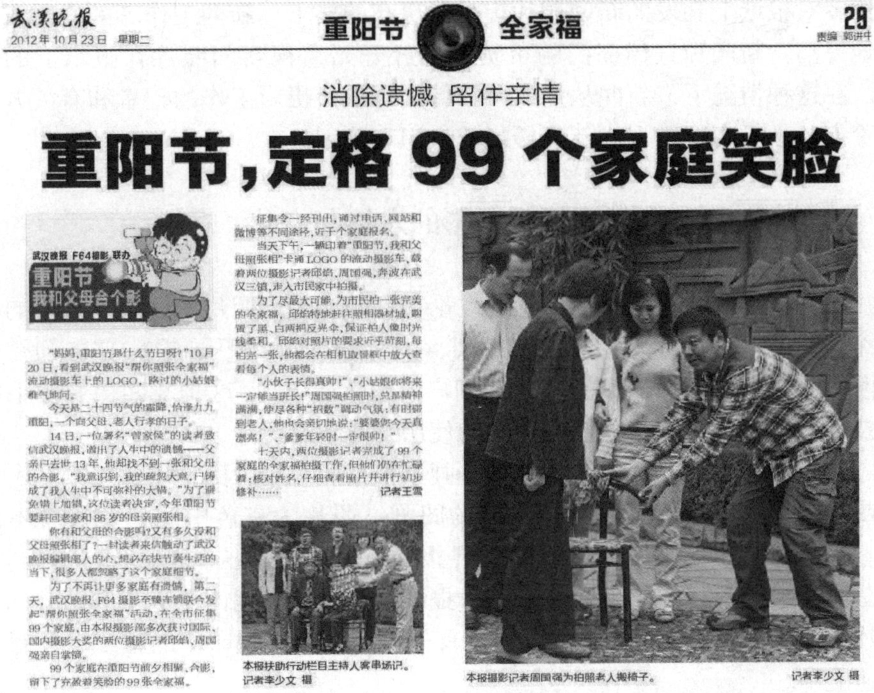

武汉晚报
2012年10月23日　星期二
重阳节　全家福
29
责编 郭讲中

消除遗憾　留住亲情

重阳节，定格99个家庭笑脸

武汉晚报 F64摄影 联办
重阳节
我和父母合个影

"妈妈，重阳节是什么节日呀？"10月20日，看到武汉晚报"帮你照张全家福"流动摄影车上的LOGO，路过的小姑娘稚气地问。

今天是二十四节气的霜降，恰逢九九重阳，一个向父母、老人行孝的日子。

14日，一位署名"曾家侯"的读者致信武汉晚报，道出了人生中的遗憾——父亲已去世13年，他却找不到一张和父母的合影。"我意识到，我的疏忽大意，已铸成了我人生中不可弥补的大错。"为了避免错上加错，这位读者决定，今年重阳节要赶回老家和86岁的母亲照张相。

你有和父母的合影吗？又有多久没和父母照张相了？一封读者来信触动了武汉晚报编辑部人的心。想必在快节奏生活的当下，很多人都忽略了这个家庭细节。

为了不再让更多家庭有遗憾，第二天，武汉晚报、F64摄影器材连锁联合发起"帮你照张全家福"活动，在全市征集99个家庭，由本报摄影部多次获过国际、国内摄影大奖的两位摄影记者邱焰、周国强亲自掌镜。

99个家庭在重阳节前夕相聚、合影，留下了充盈着笑脸的99张全家福。

征集令一经刊出，通过电话、网站和微博等不同途径，近千个家庭报名。

当天下午，一辆印着"重阳节，我和父母照张相"卡通LOGO的流动摄影车，载着两位摄影记者邱焰、周国强，奔波在武汉三镇，走入市民家中拍摄。

为了尽最大可能，为市民拍一张完美的全家福，邱焰特地赶往照相器材城，购置了黑、白两把反光伞，保证拍人像时光线柔和。邱焰对照片的要求近乎苛刻，每拍完一张，他都会在相机取景框中放大查看每个人的表情。

"小伙子长得真帅！"、"小姑娘你将来一定能当班长！"周国强拍照时，总是精神满满，使尽各种"招数"调动气氛；有时碰到老人，他也会亲切地说："婆婆你今天真漂亮！"、"爹爹年轻时一定很帅！"

十天内，两位摄影记者完成了99个家庭的全家福拍摄工作，但他们仍在忙碌着：核对姓名，仔细查看照片并进行初步修补……

记者王雪

本报扶助行动栏目主持人客串场记。
记者李少文 摄

本报摄影记者周国强为拍照老人搬椅子。
记者李少文 摄

图为2012年10月23日《武汉晚报》重阳节新闻摄影报道策划版面

持人杨澜转发微博并动情地评论："我们忘不了自己结婚拍照，忘不了给子女拍照，却不一定记得给父母拍照。一张合影可能比一盒补品更让父母开心。"

该报社集团党委书记、董事长潘堂林热情评报："创意很好！整合社会资源争取更大社会影响。"

《深圳特区报》总编辑陈寅也发微博称赞："好主意！一张报纸由此连接着千家万户的小小幸福。"

许多网友认为，百善孝为先，拍张全家福就是从一点一滴的小事做起，点燃了更多人的亲情，是人性善举的回归。

新闻摄影是报纸传播和宣传的重要一翼，特别是改革开放30多年来，广大受众、作者、记者和报社的老总们都越来越重视对摄影照片的运用和新闻摄影的策划。不少的报纸原来没有摄影部，只有摄影记者或摄影组。现在，不仅成立了摄影部，队伍在扩大，而且摄影器材设备也今非昔比了。广大读者对报纸上刊发的新闻照片提出了更高的要求，新闻工作者的素质在不断地提高，新闻和宣传部门的负责人已经开始重视新闻照片在报纸上的运用。在这种情况下，新闻从业人员，特别是从事摄影工作的记者和有关方面负责人，必须高度重视对新闻摄影的认识和策划。

一、新闻摄影的发展与变化

自从有了报纸，就有了消息、政论和副刊文字。照片的运用是人们的认识深入和设备出新所致。1880 年 3 月 4 日，纽约《每日画报》首次刊登一张网版照片——牛顿拍摄的《纽约棚户区违章建筑》。这是新闻摄影史上印刷技术最重大的突破，为新闻照片的使用开辟了新天地。

在此之前，报纸上用的图片都是画家根据照片的画面，用手工刻在木板上或雕在锌板上印成黑白两色构成的图画，照片的灰色中间色调表现不出来。网版印刷法发明后，纽约《世界报》发行人约瑟夫·普利策认识到了插图对于报纸销路的作用，他开始由报纸的一栏增大到四至五栏的篇幅刊登照片。此时，《世界报》成了第一家首先大量使用网版印刷的报纸，发行量迅速上升。

到 19 世纪 90 年代后期，网版印刷法已被报纸天天使用。到 1910 年，手雕制版逐渐废除。

历史进入 21 世纪。中国和世界的新闻摄影一样，都发生了翻天覆地的变化。综合新闻摄影专家蒋铎、蔡惠中和刘卫兵先生的意见，我们可以看到我国的新闻摄影和报纸版面发生了以下变化：

（一）按新闻规律办事，图片报道呈现多元化

一段时间，在“左”倾思想的影响下，新闻摄影报道规律遭到了践踏。早在 1958 年大跃进年代，新闻摄影就变成了一些不切实际的政治口号的宣传机器，致使报纸上出现不少虚假浮夸的照片，新闻摄影报道严重失实。到了十年动乱期间，这种状况发展到登峰造极的地步。党的十一届三中全会重新确立了实事求是的正确思想路线，实现了中华人民共和国成立以来党的历史上具有重大现实意义的伟大转折。这是新闻摄影能够从多彩的生活实际出发，按新闻摄影规律办事的理论依据和根本保障。

阅览当今报纸上的图片，读者感受最深的莫过于内容的丰富和形式的多

样。过去那种单一化、图解式的图片越来越少，取而代之的是内容充实、形象生动、可视性强的图片。其报道内容涉及国内、国际、历史、现代；既有社会热点焦点，又有凡人琐事；既有宣传教育，又有批评鞭挞，许多图片勾勒出当今社会变革与发展的多彩画卷。新闻图片已经开始或正在改变过去那种以政治教育为单一功能的模式，代之以尊重新闻规律为前提，用“事实说话”，让“图片形象说话”，使新闻摄影真正发挥其记录历史、反映现实的作用。

新闻照片和新闻图解的使用，不仅使版面变得生动、多样，而且能够直观地反映新闻的内容。

（二）讲究新闻的真实性，以抓拍为主

新闻照片的拍摄到底应以抓拍为主还是以摆布为主，这个本来不成问题的问题，在我国新闻摄影界却争论了20年！1958年前后出现的高指标、浮夸风，致使一个比一个玄乎的“高产卫星”相继问世，报纸上充斥着摆布导演的虚假照片。那时，有同志明确提出：“政治挂帅，该摆就摆”、“事实为政治服务，不摆行么?”形成了不摆布就拍不出照片的可悲局面。

图为《人民日报》记者许林1974年5月在陕西省南泥湾摆布导演拍摄的《南泥湾五·七干校》。许林自述：“摆布中，我尽量注意细节：老农的羊角巾、人物背后的草帽、手中的笔记本、脖子上的毛巾、桌子上的水杯、水壶以及人物坐姿的高低错落等等。这哪里是拍新闻照片，简直就是在演戏!”来源：许林的博客

当时，谁提出不同意见，谁就有可能被扣上“右倾”帽子。在这种情况下，时任新华社摄影记者的蒋齐生挺身而出，明确提出新闻照片应以抓拍为主，应“坚持新闻摄影真实性原则及深入选择的摄影采访路线”。他因此而吃了许多苦头。到了阶级斗争“必须年年讲、月月讲、天天讲”的岁月，他更被“上纲上线”为“资产阶级代理人”、“修正主义分子”。值得庆幸的是，这场旷日持久的争论终于随着“实事求是”思想路线的重新确立而告一段落。经过新闻摄影理论的拨乱反正，现在已逐步形成了新闻摄影应以抓拍为主的共识。1992 年 6 月 30 日通过的《人民日报组版要则（试行）》中规定，“优先选用抓拍照片，杜绝明显摆布的照片”，可作为这场争论的结束语。

很可喜，这 20 年来，记者拍照片、编辑选照片的审美眼光在逐步地起变化，更讲究真实而不是表面的漂亮，许多明显摆布的照片被拒之门外，许多看来并“不漂亮”但却感人的抓拍照片，今天被理直气壮地登在版面上。

（三）以人为主，充分展示人与社会的关系

人为万物之本。我们的一切工作，目的都是为人民谋幸福。我们所有任务的完成又都必须依赖人民群众同心协力的奋斗，但多少年来许多照片中却见物不见人。

“见物不见人”本来是指有些表现生产劳动的照片往往停留在表现生产劳动场面上，或停留在一个技术过程上，即所谓“机器加人”、“设备加人”、“产品加人”、“庄稼加人”。在这些照片里并非没有人物形象，有些照片里不但有人，而且有很多人，但这些人物大多是为拍照片而故作的虚假表情，像一个个无生命的符号。这个“老大难”问题，改革开放以来终于有所突破，出现了一批关注普通人的命运和生存状态，表现人物喜怒哀乐的动人佳作。

在那假话、空话、大话盛行的年代，有关编辑审查照片时，见有人穿补丁衣服、牛拉犁而不予通过，说这有损社会主义形象。至于反映民间疾苦，那就更谈不到了。现在不同了。我们党以科学的态度宣布：当前中国仍处在社会主义初级阶段，还有几千万农村人口尚未脱贫。帮助这几千万同胞解决温饱、摆脱贫困，已成为全党本世纪末的一项战略任务。目前，城市里大量下岗、失业人员的生活困难，引起党、政府和社会各界的高度重视。这就为新闻摄影打破了又一个禁区，关注困难者命运的新闻摄影作品应运而生。

解海龙拍摄的《希望工程》在我国已家喻户晓，是关注贫困农村儿童

读书问题拍摄最成功、影响最广泛的系列照片。可以毫不夸张地说，世界上从来没有一幅照片能像《希望工程》中的“大眼睛”那样，与上亿读者见面，让亿万人感动。

2010 年 7 月 17 日晚，《楚天都市报》记者拍摄了一组图片《“小候鸟”进城——留守儿童的暑期时光》，报道了留守儿童暑期来到父母身边的情景。这组新闻摄影的落脚点是人和人的生活，短暂的团聚时光、艰辛的城里生活、即将分离的悲哀，在图片中一览无余。

2010 年 7 月 18 日《楚天都市报》关于“小候鸟进城”摄影版面　朱熙勇摄

（四）高新技术大量运用，传播速度增快

在资讯日益发达的今天，摄影记者的数字化装备也日趋完善，一般而言，它包括：3G/4G 手机、专业数码相机、笔记本电脑、便携式光盘刻录机或移动硬盘、CF 卡、无线传真卡、海事卫星电话等。

高科技的运用，使得信息的传播速度增快。如数码传真，就是把视觉的光谱影像，经过电脑的处理，把影像的模拟信号转换成数字信号，然后通过调制解调器经通讯线路实行的异地传输。再如数码影像技术从画面的摄取、存盘、输入电脑，再通过调解器和通信线路，传送到接收的总部，这个过程只需要几分钟。这比以前采用的照片或底片传真，速度提高了几十倍，影像质量也提高了几十倍。

新闻摄影的生命力在于时间，而数码影像技术给了新闻摄影第二次生命。其中，数码相机可使记者拍到编辑部截稿前的最后几分钟的新闻。这使新闻摄影的拍摄、传送、传播进入到以往无法达到的境界。毋庸置疑，数码影像技术快速简捷的特点，大大提高了报纸在新闻传播业中的地位和竞争力，使报纸在争时间、抢新闻方面大有可为。

数码影像系统的出现，也简化了新闻图片的档案管理。以往，新闻照片的分类、保管、检索都是手工操作的。但照片、底片受温度、湿度等影响，一般难以永久保存，且随着时日的递增，资料库存越来越大，手工检索难以迅速准确，既费时又费力。而数码影像技术的出现，为解决落后的照片资料管理开创了一个新纪元。采用数码系统全自动检索照片可以迅速、准确地查找。它可以分别根据时间、内容、作者姓名检索，工作效率自然比人工查找快许多。

数码影像技术不仅给新闻摄影带来极大的便捷，同时也给照片的后期制作提供了巨大的舞台。但是，恰恰是可以随心所欲的电脑特技，为“假新闻照片”提供了制作的便利，对新闻的真实性造成了冲击和威胁。现时的电脑影像处理软件可谓是“电子暗房”，这些软件可对图像的亮度、反差、锐度、色彩等参数作调整，而且可像画家修改画稿一样，对画面内容作随意的增减、修改、移位、合成。像这样移花接木的手段，对于“电子暗房”来说是并不困难的，而且还有很多花招。这些技术若随意应用在新闻摄影中，将是危险的。这是新闻摄影界已经和将要面临的新问题。

（五）开阔眼界，国际新闻图片增多

以前的国内报纸，国际新闻图片可谓寥若星辰，偶见一两张图片，不是时过境迁的旧闻，就是为填充版面而使用的“注脚”。如今国际新闻图片不仅在报纸的国际版上随处可见，就是在报纸头版上也经常可以占到一席之地。国际新闻图片已成为摄影报道中不可或缺的内容。现在，不少报纸的国际版上采用的国际图片，一般在三张以上，多时可达六七张，使版面内容一下子活跃了许多，增强了可读性。

随着改革开放的不断深入，“全球化”已不仅是经济、文化等领域的概念了，它还直接表现在大众传媒领域，即人们已不满足对国内新闻的关注，还要将目光投向世界的其他地方。就像亚洲经济危机，身受其害的不仅是亚洲国家而且波及世界，所以从一开始就为包括我国在内的亚洲和世界各国媒体所关注。在传媒方面，文字报道固然可以将事件的来龙去脉详尽叙述，电视则更以其快速、视听同步的优势赢得了更多观众的注意力。即便如此，新闻图片的功用仍是两者所难以取代的。它一方面弥补了文字视觉形象上的不足，另一方面又使电子传媒转瞬即逝的报道凝固成为永恒。这正是新闻摄影以其独特的功能所显示的无可比拟的想力所在。报纸上大量采用国际新闻图片，增加了新闻报道的信息量，满足了人们对当今世界变化的求知欲望，同时也标志着中国传媒在新闻观念及报道思想上的更新和变化。

（六）生动有力，大量使用资料性图片

近年来，背景图片资料在新闻报道中得到广泛的应用，使摄影报道日趋全面、丰富，也使读者对整个新闻事件或人物有更加客观、清晰的认识。在近年来国内外比较重大的新闻报道如 9 · 11 事件，印度洋海啸，三峡截流，神舟飞天中，图片资料得到大量而有效的应用，使这些报道显得更加丰富多彩、引人入胜。

（七）斑斓绚丽，彩色图片粉墨登场

近年来，随着电视新闻和多媒体网络的发展，古老的报业承受着越来越大的压力，一些报纸无法抵御来自各方面的竞争，发行量急剧下降甚至倒闭。

为了增强竞争力，赢得更多的读者市场，许多报纸一方面加强报道内容，提升可读性；另一方面改头换面，纷纷以彩色印刷纸的形式吸引读者。

而彩报的中心便是彩色新闻图片，彩色图片的使用，既提高了新闻报道的真实性和可视性，同时也增强了报纸的装饰性和艺术性，在一定程度上起到了美化版面、吸引读者的作用。

据统计，目前国内报纸特别是省市报纸采用彩色印刷的已占大多数，可以预见，随着报业竞争的日趋激烈，彩色印刷报纸可能成为新的趋势。

二、加强策划，使摄影报道更新更强

在报业的市场竞争中，不仅办报人有了求新求变的需要，读报人也随着报纸版面的变化对新闻摄影提出了更高的要求。了解读者对照片的阅读心理，对于我们改进和加强新闻摄影，搞好新闻摄影的策划是大有好处的。

现在，读者越来越重视新闻照片，大多数读者喜欢大幅照片而且认为刊登新闻照片的数量要多；读者对新闻照片的要求逐渐提高，虽然有肯定，但认为一般和不满意的人数也不少；读者评价新闻照片的标准在更新。20世纪80年代，人们只是喜欢看美化版面的文字配插图。而现在有更多的人喜爱单幅的、大幅的、组合的和新闻性强的照片；希望加强批评报道，弘扬正气，鞭挞邪恶；对照片的文字说明提出了更高的要求，等等。

近十多年来，我国的报纸由单纯的注重文字报道向图文并重转变，这是大的趋势。为了更好地让摄影这一翼硬起来，加强摄影报道的策划，提高摄影表现技术和技巧是十分重要的。

（一）深度报道

所谓深度报道就是通过对报道对象经过的描述和反映，使受众能够更深刻地接受传播者想要表达的意思。要想使报道有深度，作为报道者必须具备深厚的学识，同时还要有高超的报道技巧。

新闻摄影报道中的深度报道主要有以下几种：

1. 和新闻背景具有内在联系的深度报道

深度报道都离不开具体的人物和事件的画面，离开了这个也就不是新闻摄影了。但是，仅有现实的画面还不能够很好地反映一种意见，表达一种思想，这时，就需要用背景资料来补充和衬托现实画面所要反映的意思。如要反映“保护知识产权，中国拒绝霸权主义”这一重大主题，有的报纸用的就是国家领导人与科学院院士的合影、交谈的画面，而背景照片则是公安部门以实际行动保护知识产权，捣毁造假黑窝的画面。两者相结合，使报道有了深度。

2. 有深刻内涵的深度报道

有时这种内涵是政治上的，有时是经济上的，有时是文化上的，有时是兼而有之的。现实生活中的事物是各种各样的，有通俗易懂的，也有内涵深奥的。如反映国际问题争端的，有反映种族歧视的，有反映人道主义的，也有反映思想文化观念的，等等。这一类的照片对摄影者来说，有较高的思想要求，还要有一定的文字表达能力。粗看画面，可能看不出什么东西，但仔细一究才可能悟出里面的道理。画龙点睛的文字语言有时也能出彩。

3. 反映人们关心的热点的摄影深度报道

这一类的报道比较多，如关于人身安全和保障的报道，城市交通混乱和改善的报道，环境污染和治理的报道，领导官员腐败和惩治的报道，等等。每年的“3·15”消费者权益保护日，这一类的报道就更多了。

4. 重大新闻事件的系列深度报道

这里有两种情况比较常见：对一件事情进行追踪；对重大事件连续做摄影深度报道。如《湖北画报》专栏《高峡出平湖》推出系列专题报道，共有“三峡移民第一村”、“三峡工程进展神速”、“三峡截流纪实”等十多组报道。

（二）对比报道

所谓对比报道，是指在报道中运用画面中不同的人物、现象和经过所反映的强烈差距，给人们以视角的冲击，产生喜怒哀乐的感觉或深深的思考。

时间对比摄影是节假日报道中常用的一种，这种方式能够引起人们的纵向对比，报道的效果更具历史的跨度和深度。

对比报道可以反映一个人、一户人、一群人经过历史的变迁而发生的变化，突出一个主题；也可以通过一个村庄、一家工厂、一条街道的变化，揭示时代的进步。拍摄的角度可以从全局着眼，也可以从局部入手；可以用单幅，也可以用组照。形式方法可多种多样，但要注意辩证法，不可片面。第一，要理直气壮地宣传时代的进步。通过对比摄影，我们可以很好地反映我们的人民、我们的社会确确实实向前发展了进步了。不能因为还存在这样或那样的不足，就在成绩面前缩手缩脚。第二，在选取对比摄影报道的材料中，要注意有代表性、普遍性、时代性，要通过报道能最广泛地说服人。不能脱离实际或通过摆布造假来达到某种目的。同时，不要以对比摄影中的成绩取代对问题的揭露。

（三）战役性报道

战役性报道主要指在一段时间内集中人力和版面就一个或几个主题进行集中报道，形成规模，造成气势，更加有力地反映和引导社会舆论。特别是对于一些有活动画面的事件或运用画面能更好地反映事物特征的报道更需要发挥摄影照片的作用了。如战争、灾难、赛事、成就、舆论监督等，常采用战役性报道的方式。

战役性报道往往有一个主题，策划时，一切拍摄活动都必须服务和服从于这个主题。如碰到其他好的选题也可以拍摄，但不可分散精力；在人员安排上，一定要有有经验的记者带队，作为采访骨干，同时也可适当安排年轻同志在实践中提高采访拍摄水平；在版面安排上，要保证突出的位置，以形成一定的气势，表现策划者的主题；在画面的处理上，组照和单幅照要相互搭配，既考虑片面的需要，更要从照片的实际效果出发；要注意用一个能统帅整体，提纲挈领的主标题和配以精当的文字说明。

（四）活动报道

除了突发事件外，为了表现一个主题，宣传一个思想，新闻单位常常通过组织活动来实现摄影照片相对集中，这是目前常用的一种策划方式。

组织活动摄影报道是受广大记者和摄影作者欢迎的。要组织好这类活动，要注意以下几点：一要主题鲜明、正确。要有利于该地区、该行业的中心工作，不能只图气派、热闹。二要量力而行，从实际出发。新闻摄影不同于文字报道，它要受器材和场地的限制，如“上海一日”的活动，在其他地方就可能搞不了，没有海、陆、空这样的条件。一切都要从本地本行业的实际出发。三要有始有终，遵规守矩。搞比赛，参加的人多，对于照片的质量，评奖的等级，奖金的发放，这一切都要按规矩办。只有这样才能取信于民，有利于结识广大作者，有利于提高本报记者的素质。

三、新闻摄影者的素质要求

从事新闻摄影，除了和其他新闻工作的要求一样外，还有摄影专业的特殊要求，特别是要从事有新意的策划摄影报道。

（一）注重新闻发现

新闻记者都要注重新闻发现，没有了发现，也就没有了新闻报道。但是，对于摄影记者来说，新闻发现或许更加重要。因为，文字记者如果一时漏掉了新闻或许还可以事后弥补，而摄影记者如果漏掉了一瞬，就很难再现。

《孩子，妈妈带你回家》
周科摄，新华社发

以新华社江西分社记者周科所拍摄的《孩子，妈妈带你回家》为例。2010 年春运首日，周科一早赶到南昌火车站，很快完成发稿任务，但还想出新，想抓拍一些旅客回家的各种表情，换上长焦镜头不断搜寻。他突然发现一位背着像山一样高的行李的妇女往进站口方向走来，怀中还有一个孩子，于是迅速拿起相机，抓拍到母亲这一瞬间的形象和坚定的眼神。据周科回忆：这一瞬间定格的画面，是在最关键的两三秒时间内完成的，因为当时距离这位母亲有十几米远，刚好用的是 70～200mm 的长焦镜头，就直接蹲下来端稳相机把镜头推上去，在那位母亲抬起头的瞬间，急忙按下快门，连拍了 5 张。当他拍完后，有几名地方报社的摄影记者急忙冲上去拍，但已经被这位母亲发现，拍出来的要么是低头要么是弯着头走的，因为这位母亲在逃避镜头，后来才知道，那几名摄影记者用的是短焦镜头，无法推近，拍摄出来的画面也比较凌乱，人物眼神也不好，只有周科拍下的，是最真实最自然的呈现。这张照片播发后，在海量的春运图片中独树一帜，采用的纸质媒体有 50 多家，新华网、人民网、新浪、搜狐等各大网站分别在头条展示，该作品获得第21届中国新闻奖二等奖。①

法国雕塑大师罗丹说过，生活中不是缺少美，而是缺少发现美的眼睛。对于新闻摄影来说，也是这样。大家可能都有一部或几部相机，但有的记者能够拍出好的照片，而有的记者到了现场却一无所获，问题的关键就在于我们的记者是否能够发现新闻。

事实告诉我们，要发现新闻，第一，必须深入生活。生活是丰富多彩、不断变化的，当记者的，只有深入生活，朋友才多，信息渠道才可能畅通，才可能随时掌握具有很高新闻价值的素材并拍摄成功。深入生活，不仅是生活在大城市从事专业摄影记者的事，就是生活在基层的业余作者，也要努力去做到。第二，必须用心学习。当今时代，知识骤增，不用说从事摄影的记者们跟不上时代的变化，就是某些专业工作者如果稍微放松一下学习，也可能掉队。摄影记者除了应学习本专业的知识外，若有可能，还应更多地掌握一些新知识，包括一些边缘科学、软科学、新兴科学知识。突击采访某一领域时，有可能找一些这方面的资料看看，临时抱佛脚有时也能起作用。第三，转变观念。时代变了，生活变了，观念也得跟着变。用过时的眼光看发展了的生活，如同"刻舟求剑"，不但发现不了新闻，甚至会产生反感。旧式的农民装束与当代农民的装束相比，有天壤之别。用旧眼光、旧观念寻找心目中的"农民形象"，简直找不到！现在到工厂车间去看，要照热火朝天的场面很难，都是靠电脑，很大的厂房，冷冷清清，没几个工人，而这冷清的背后却是科技进步和生产力的大提高，关键是用什么眼光看。第四，细心观察，注意细节。发现新闻与观察的粗细有密切关系。大而化之地粗粗看一眼，可能看不出什么问题，或只能看到很表层、很一般的东西，若看得细一些可能就会有新发现。

（二）培养创新意识

摄影记者同文字记者一样，时刻需要更新自己的思维方式，培养创新意识。所谓创新就是要超越传统、超越他人、超越自己。常见的摄影，如要他拍赛跑，画面就是几个人一起龇牙咧嘴地向前迈步；要拍失学儿童复学，画面就是几个衣衫褴褛的孩子站在校门口傻笑……所有这些都是陈旧的思维模

① 第21届中国新闻奖参评作品推荐，中华传媒网，http://news.xinhuanet.com/zgjx/2011-06/28/c_13953823_2.htm。

式的反映。如果有了创新思维，多设几盏灯，多选一个角度，都可能拍出好片子。

首届“华赛”（中国国际新闻摄影比赛）获奖作品之一《伟大的母爱》（韩忠强/摄），表现的是母亲发生车祸，已经奄奄一息，昏迷中似乎听到女儿不断的哭声，示意护士将孩子抱到自己身边，哭个不停的孩子趴在妈妈胸前再也不哭了。“母爱”这个老题材何故脱颖而出？照片没有过多地追求拍摄技巧，但韩忠强想表达的主题、传递的思想犹如一支母爱颂歌，艺术地再现了人所共感的平凡而又伟大的人性美。看到照片的读者，感受到的不仅是车祸中的新闻信息，还有一种心灵震撼，内心深处产生共鸣。在这里，新闻要素充分展现了本质内涵的瞬间影像。摄影记者贺延光曾说：如果你是一名摄影记者，照相机是最不重要的，重要的是你的脑力、眼力和体力。“脑力”被排在第一位，这是很值得我们思考的。①

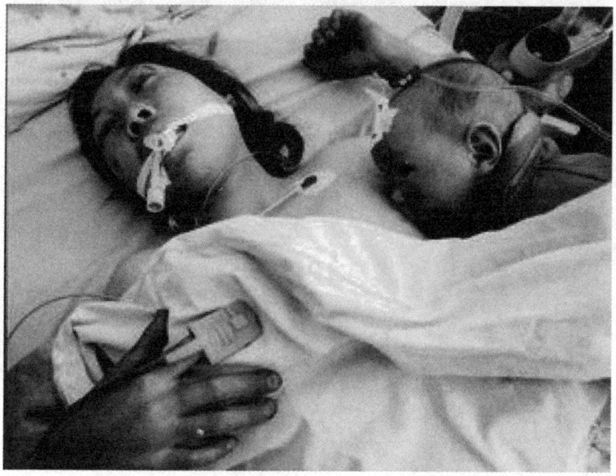

《伟大的母爱》　韩忠强摄

创造性思维的方式有多种，如我们常用的逆向思维、发散思维、超前思维等。至于要运用哪种思维方式，这都要从实际出发。如布勒松在拍摄《当加冕仪式进行的时候》时，众多的摄影记者把镜头对准了女王加冕典

① 周寅杰、唐佳丽：《数码时代的“决定性瞬间”》，载《中国记者》2006年第12期。

礼，而布勒松却反其道而行之，别出心裁地拍下了一个在扔满废纸的马路上倒头大睡的男人，从另一角度表现了加冕典礼的盛况和充满戏剧情节的场面。正像文无定论一样，摄影也没有完全一定的规则，但是，要从一般中发现特殊，从浅显中挖掘深刻，从单调中弹出和谐，这却是要动一番脑筋的，而不断培养自己的创新意识更是必不可少的。

《当加冕仪式进行的时候》(1936)，布勒松

(三) 提高审美情趣

新闻摄影虽然不是美术创作，但是，追求美的情趣却是题中应有之义。

新闻摄影的艺术性早已被人们所认同。但是，在 150 多年摄影的发展史上，其艺术价值始终受到绘画美学标准的影响。近年来，主张新闻摄影从绘画美学的束缚中解脱出来的呼声愈来愈高。有人主张不能生搬硬套地用绘画造型构图上的形式法则来评判新闻照片的艺术价值，而应该从新闻摄影的创作实践出发，重新确立一个适合于新闻摄影独特个性的美学标准。

新闻摄影在造型构图上受到事件现场、时空角度、光线位置等诸多因素的限制，尤其是突发性、事件性新闻现场，这种限制更为突出。新闻照片的艺术价值主要不是体现在外部构图手段上，而是表现在情节、细节、瞬间、环境氛围、人物个性和神态等内部结构中，这正是新闻摄影美学不同于绘画美学的地方。因此，我们在从事新闻摄影作品创作和评价新闻照片艺术价值的时候，应以作品的内容结构形式为审美价值（艺术性）的第一标准，这个标准就是新闻摄影的美学标准。这一观念的正确性正在被越来越丰富的新闻摄影实践所证实。国内外历届获奖的优秀新闻照片，都是冲破绘画美学标准的束缚，按照新闻摄影自身美学规律拍出来的。

以第56届荷赛当代热点类单幅一等奖的获奖作品《垃圾场里的读书者》为例，画面是肯尼亚首都内罗毕著名的丹罗拉垃圾场，一位拾荒的妇女坐在装有垃圾的袋子上静静地读书，嘴角露出微微笑意。显然那一刻，她已经忘记肮脏的环境以及贫困艰辛的生活，沉浸在书中的世界，周身充溢着幸福。这一瞬间被美国摄影师迈卡·阿尔伯特捕捉到，他的理念是生活再贫困、再艰辛，其中也有美好的东西，不要放弃你的追求和希望。荷赛评委

《垃圾场里的读书者》迈卡·阿尔伯特摄

Anne Wilkes Tucker 评论："这是一张极好的照片，因为它充满着希望，而这在新闻照片中并不多见。"正是摄影者自身的审美情趣，使他能发现这个场景中的美。①

怎样才能提高摄影记者的审美情趣，拍出既有美术价值，又能让最广泛的读者喜欢的新闻照片呢？著名美学家朱光潜教授有一句话，可以对此作出透彻的解释，他认为："创造和欣赏的成功与否，就看能否把'距离的矛盾'安排妥当，'距离'太远了，结果是不可了解；'距离'太近了，结果又不免让实用的动机压倒美感，'不即不离'是艺术的一个最好的理想。"②用上述理论来看看新闻摄影照片的审美问题。人们在接收新闻照片传达的新闻信息时，常常会触发自己的审美体验，接收新闻信息的同时，也获得一种美的享受，它可能是一种使人心灵震颤的悲壮感，可能是一种催人泪下的忧伤感，也可能是一种情绪畅快的愉悦感或崇高感。新闻照片的这种美感信息，就是新闻摄影美学标准的最高层次。当然，对于一张毫无美感信息量的作品，是不会对读者产生什么震撼力的。新闻摄影照片的新颖程度和可理解程度是辩证的反比关系，对读者来说，新闻照片的新颖度越高，其信息量也越大，而可理解度则越小，即越不易被人理解和接受；反之，可理解度越大，新颖度越低，自然，信息量也越小。如果完全可以理解，那意味着信息是陈旧的，毫无价值，信息量等于零。也就是说，人们对完全不可知、不易懂的信息，会采取置之不理的态度；对一目了然、全知都懂的信息，更是不屑一顾。可见，提高审美情趣，拍出最受读者欢迎的照片，其关键在于使作品的新颖度和读者的可理解度达到最优化的结合，即"不即不离"是新颖度和可理解度的最佳结合点。用这种美学标准衡量我们有些新闻照片，不难发现，它们不是距离太远，独创性太大，而是审美距离太近，可理解度太大，照片形象画面直来直去，一览无余，没有使人回味的余地，甚至令人望而生厌，更谈不上有美感信息了。因此，新闻摄影要创新，要突破呆板的模式，就应该在画面形象的可理解度和新颖度的巧妙而恰当的结合上下工夫，这是提高新闻摄影作品审美信息量的有效途径。

（四）加强文学修养

新闻摄影主要是画面的艺术，这是不错的。但是，一张好的照片，没有

---

① 郑晓群：《新闻照片如何讲个好故事》，载《中国记者》2013 年第 9 期。

② 朱光潜：《朱光潜美学文学论文选集》，湖南人民出版社 1980 年版，第 61 页。

一个好的标题和一段好的文字说明，它也是不完全的。而现在新闻界还不同程度地存在着只重视照片而轻视标题和说明文字的现象。有的照片根本就没有标题，或者说做不出好的标题来。这自然和记者拍摄的画面内容有关。但是，在有的单位，不重视标题或不擅长做标题的现象还是存在的。至于文字说明，也存在只是交代照片的拍摄过程和照片反映的实事就算完成任务了。这些问题都是报纸新闻摄影的一个薄弱环节。这里，除了领导和记者对这个问题的重视不够外，一个很重要的问题就是摄影记者的文学修养不够。

一幅成功的新闻摄影作品绝非仅仅取决于镜头前的景物，还取决于镜头后面记者的功力，这些功力除了对事实认识的深刻性外，还在于记者的文学修养。因为文学修养，不仅给记者提供了大量的知识和间接表象，而更为深刻的意义还在于综合记者以内在的理性的熏陶、情感的熏陶、美学的熏陶。虽然这些有时并不外露于新闻摄影中，但对新闻摄影的质量和格调，即它的高低、精粗、文野发生着巨大的影响。

《人民日报》华东版2003年2月25日在第19版的“华东写真”的专版上，就有这么一则令人忍俊不禁的新闻专题摄影作品《男妇女主任》。图片的内容是这样的：一位在浙江龙游当过兵的27岁男妇女主任童建平正在向一位适龄妇女发放避孕药品，因两人都是年轻人，年轻的少妇不好意思地拿起药品就低着头走人，而那位男“妇女主任”则低着头尴尬地笑着，只得用余光睨一下这位少妇，脸上流露出来的是一种尴尬无奈的神态。这本身就是一幅既具有深刻寓意又颇富滑稽色彩的图片。该图片反映了我国农村的年轻人已逐步地用一种科学理性的心态来对待生儿育女延续后代的新的观念，进而能更快地“发家致富奔小康”这一主题。应该说这是一个较为重大的题材，图片的拍摄者具有敏锐的新闻意识和对国家计划生育的国策的深入了解。就图片拍摄本身而言，已令人拍案叫绝；而其说明文字则更令人深感余味悠长，说明这样写道：“发放计生用品经常发生这样的插曲——发的人不好意思，领的人难为情。”短短几句，可谓文图并茂，情趣诙谐。图以文生辉，文凭图增色，两者相得益彰浑然天成，构成了一个绝妙的新闻珍品！①

新闻照片的文字说明，具体包含着标题与解释性说明两大部分。一般说来，读者看文字新闻，总是先看标题，后看正文具体报道。因此，醒目引

---

① 张秉政、马健：《图片报道的再开掘与创作》，载《安徽工业大学学报》2004年第3期。

《男妇女主任》 傅拥军摄

文字说明：2003 年 1 月 17 日，浙江省龙游县兰塘乡下平山村的男妇女主任童建平到村里发放避孕套。农村里发避孕套常是这样——发的人不好意思，领的人难为情。

人、提纲挈领是文字新闻标题第一位的要求。对新闻照片，读者每每是先看画面形象，后看标题和解释说明。因此，照片的标题就应起画龙点睛，揭示画面形象所包孕的主要内容的作用。这就要求照片标题做到题图一致、开门见山、简短生动。

成功的优秀的文字说明，对画面形象不仅仅是补白、解说，而应对新闻形象有所升华。既不随意游离画面，又不单纯复述画面，而是要有所充实丰富，或揭示内涵，或深化主题，或开拓意境。这就要求我们把摄影的造型技艺与文字表达的才能融为一体，把动与静、实与虚、形与声巧妙地结合起来，使照片形象与文字文采交相辉映。

现在大多报社对照片的操作方式是，由摄影记者写出简单的文字说明，当夜班的编辑再笔下生花。这样可以在一定程度上弥补摄影记者在文字功夫上的不足，这是好的一方面；另一方面，由于夜班编辑不知道画面上当时的背景、记者的感受等，可能越俎代庖，也可能产生虚假信息。更为重要的是，这样做会使摄影记者在文字功夫的锻炼上有了依赖，可能会影响他们的长进。所以，摄影记者必须有紧迫感、危机感，抓紧时间加强自己的文学修养，争取在自己手上实现“图文并茂”。

（五）恪守职业道德

新闻记者要讲究职业道德，这是毋庸置疑的。但是，对于摄影记者来说，可能会有特殊的更高的要求。这是因为，摄影是在瞬间完成的，它反映的是人物或事物的形象。

摄影记者恪守职业道德，首先要做报道的真实性。

《中国青年报》贺延光所拍摄的作品《面对生命》，作为一段历史的记忆，已经成为新闻摄影的一个不朽的典范。他的那种为史实留影，不讲形式的独特形式，不讲技巧的奇妙技巧，不讲构图的反常构图，不讲章法的自然章法，那种恰如其分的真情实感，是那无畏忘我直面生死以及一图胜千言的丰富的内容，使《面对生命》达到了新闻摄影的极高境界。这不是因为它

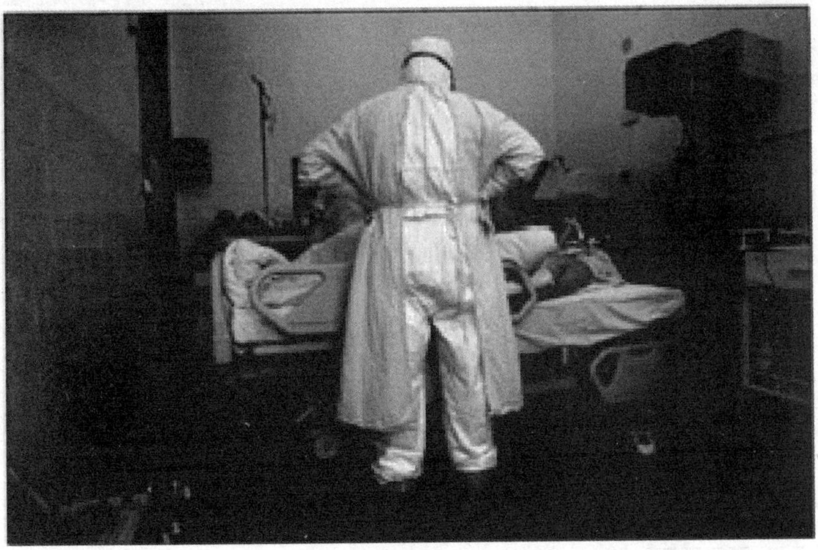

《面对生命》，《中国青年报》，贺延光摄

获了多么大的奖，也不是因为它的拍摄者是多么大的名家大腕，而是因为它的真实。新闻的生命在于真实，丝毫不能含糊。创出来的很“新”的照片只能是对自己对读者造成伤害。①

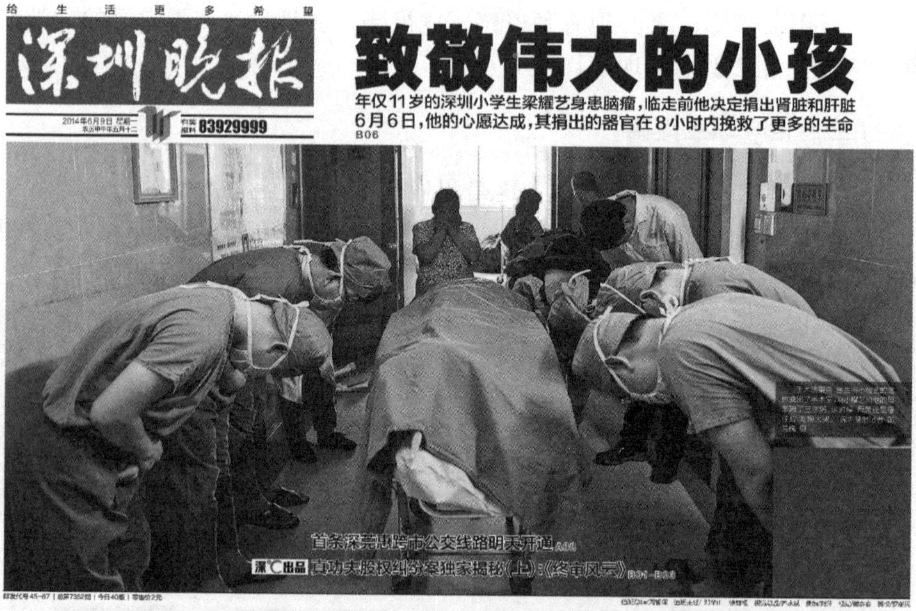

2014 年 6 月 9 日《深圳晚报》报道《致敬伟大的小孩》版面

新闻摄影报道中的失实现象有两种，一种是有意作假、摆布，造成失实；另一种是采访调查不深入或道听途说想当然而成。不论哪一种失误，都会对新闻记者和新闻单位造成一定的损失。摄影记者的工作虽然是“咔嚓”之间便可以完成，但在“咔嚓”之前和“咔嚓”之后却是需要做很多工作的，千万马虎不得。

在新闻摄影报道中，记者还必须增强法律意识，注意保护采访对象的名誉权、肖像权和隐私权。

有些当事人因所涉及事件的性质，可能会有名誉受损害的情况。出于人道主义考虑，应该隐去或不拍摄形象。如不满 16 周岁的少年犯，在使用照片时应该用黑线条“蒙”上其眼睛，对其进行名誉保护，有利于其重新做

① 杨晓东：《新闻摄影也创新?》，载《新闻知识》2005 年 11 月。

人。又如遭歹徒侮辱的妇女，将其形象曝光，会损害其名誉，给她以后的生活带来消极影响。对此，拍摄时的角度或事后照片处理时，一定要有意识地保护这些特殊人群的名誉。

根据我国的法律规定，公民拥有自己肖像的权利；有权决定同意或反对他人以各种方式使用自己的肖像；有权禁止毁损、恶意玷污自己肖像的行为；有权在自己的肖像受侵害时，请求司法保护并得到损失赔偿。同样，死亡的公民仍具有肖像权，因为他仅仅只丧失他使用民事权利的能力，他生前已经获得的民事权利仍受法律保护。只是他的肖像权的行使由其亲属代理。摄影记者要按此规定行事。

尊重新闻人物的隐私权，也是摄影记者要注意的一个问题。所谓隐私权，又称私生活秘密权，是禁止他人干涉的一种公民人格权。摄影记者未经当事人许可，拍摄时所站的位置不是公共场所，或者尽管身处公共场所，但使用了不得当的拍摄手段，在这种情形下拍摄照片并加以传播，即侵犯了公民隐私权。

2005 年 10 月 17 日，在西安召开的全国报纸总编辑新闻摄影研讨会上，针对近些年来，特别是媒体市场化程度不断加大后，出现少数记者为了追逐名利，不惜玷污新闻的真实性，甚至见利忘义、见钱眼开、见死不救等严重损害新闻摄影公信力的现状。为此，到会的 140 余名报纸总编辑、总编室主任、图片总监、图片编辑和摄影部主任，一致通过由中国新闻摄影学会发起、并得到中央和地方上百家新闻单位的摄影部响应的《中国新闻摄影工作者自律公约》。该公约分别在遵循新闻规律，尊重新闻事实；体现人文关怀；发扬团结协作；撰写文字说明；修改照片内容；杜绝见利忘义；反对恶性竞争；抵制庸俗之风等十个方面作了可操作性的刚性规定。它是中国新闻摄影界诞生的第一个行业性公约，也是中国新闻摄影人多年来在付出诸多代价之后自省的结果，是行业自我教育、自我约束、自我维护、自我发展、良性竞争、走向成熟的又一个标志性措施。①

◎ **思考题**

1. 进入 21 世纪后，我国的新闻摄影和报纸版面发生了哪些变化？
2. 新闻摄影报道中的深度报道有哪几种类型？
3. 战役性报道的策划中要注意什么？

---

① 于国文：《创新带动发展规律促进转变》，载《中国记者》2006 年第 2 期。

4. 对新闻摄影者的素质要求有哪些?

◎ **实践题**

如果你是某报摄影部主任，为庆祝当年国庆节，拟定一个有4个摄影专版的策划文案。

第十二章

广播电视新闻报道策划

策划上质量，策划出精品，策划在广播电视新闻报道实践中屡建奇功，已成为令业内人士关注的热点。那么，什么是广播电视新闻策划？什么样的人才能成为广播电视策划人？广播电视节目及广播电视栏目在策划中又要注意什么？应遵循哪些基本原则？本章将围绕这几个问题进行探讨和研究。

案例 1

2011 年年初，中央电视台《每周质量报告》栏目组根据内部线索，得知全国有不少地方还在违法使用“瘦肉精”，而且使用方式更隐蔽，使用程度更严重，甚至还涉及一些知名企业。而央视早就决定要在 2011 年首度推出“3·15 特别行动”专题节目，集中反映社会关注、百姓关心的民生问题。经过再三斟酌，选择瘦肉精问题作为报道重点。

在新闻中心的统一协调下，央视内部实行联动，共派出了三路后续报道队伍，三辆直播车，覆盖了专题节目所涉及的所有重要地区。

暗访记者弓弦（笔名）认为，做调查性广播电视节目就像写议论文，论据要充分可靠，论证要科学严密。比如，“健美猪”的饲料中加了“瘦肉精”，但不能由弓弦说出来，必须让养殖户直接说出口。弓弦当时就认定，能否拍到如下镜头，是这次暗访成败的核心：养殖户承认手里拿的粉末就是“瘦肉精”，再把“瘦肉精”加到饲料里，然后拿这个饲料去喂猪。“这是最为关键的一个环节，如果没有这个环节，后面的调查都没有意义，别人会以为你是瞎说。”他设法突破采访对象的心理防线，让采访对象拿出“瘦肉精”，并且告诉他是从哪里买到的，花了多少钱，让关键性内容终于留存在了他的镜头里。并经过深入调查，将潜在的利益链条呈现在受众眼前：“农户并非主谋，发财的是后面的利益链条。”生猪贩运经纪人“坐收渔利”，当地监管部门也“唯利是图”，结果层层监管失守，形同虚设。

整个采访过程，弓弦一共拍摄了 100 多个小时，结果播出的节目长度是45分钟，每个镜头都是层层遴选出来的。“节目播出后，至今没有人质疑说这个报道有假，或者说有瑕疵，有争议。”

3月15日，《新闻30分》、《焦点访谈》、《新闻1+1》等栏目都对此进行了跟踪报道和深入点评，整个新闻频道各个时段、各个栏目在当天及其后来的一段时间里，都将《“健美猪”真相》节目报道的内容和后续报道作为重点关注对象，扩充节目的辐射面和影响力。

【点评】

央视揭开的“健美猪”黑幕，让聚集在瘦肉精上的商业伦理失序、监管缺漏问题，曝光于公众的眼球下，彰显了央视舆论监督的力量。

前期策划、中期调查、后期跟进，这期节目以严谨的监督态度、缜密的叩问，让“瘦肉精”背后的利益链无处遁形。环环相扣的追踪拷问，也把问题的根源从“贩卖者”引向了深居幕后的“监管者”和“企业”。

广播电视新闻传播竞争激烈。2012年，全国共设立广播电视播出机构2579个，其中广播电台169个，电视台183个，教育电视台42个，广播电视台2185个（含县级广播电视台1992座）。截至2013年1月21日，共开办4165套节目，其中广播节目2831套（不包括中国国际广播电台的61种语言对外广播），电视节目1334套。在这么丰富的广播电视频道资源中，要想从中脱颖而出得到关注，就必须做好广播电视新闻报道策划。①

凡事预则立。广播电视是面向公众的事业，一个显著的特点是对象的广泛性和无契约性。它和受众之间既无金钱的约束，也无法律的控制，遥控器的发明更是大大扩张了广播电视和受众之间的“隔阂”。因此广播电视节目的良莠是其市场生存、发展与否的基准。美国时代华纳总裁特纳有一个著名的“传播≠传通”的理论，其意为：“传播只是单向信号的输出行为，而传通才算达到传者和受众之间的信息共享与沟通，才算完成了传播的目的。”基于这一理论，优秀的、严谨的，切实可行的策划无疑应该是广播电视生产、制作和竞争不可或缺的手段与方式。

一、怎样做好广播电视报道策划人

策划人的身份不是单一的。他们不同于普通广播电视新闻行业中的尖兵，仅仅去实践去打造广播电视节目，而不进行其他方面的研究。策划人是精明的战略家。策划本身就是讲谋略重安排，身处媒介竞争激烈的中国，面对千千万万的广播电视同行，如何最大限度地使用可利用资源，以最高效的方法，做出最夺人眼球最好销售的广播电视节目，是广播电视策划人最基本的战略课题。策划战略的制定，通常是一个靠人指挥的推理计算过程，通常分为三大步骤：（1）节目的目标受众是谁？这个问题是解决节目的定位问题。（2）目标受众有什么需求和潜在的需求？这是节目内容的问题。（3）如何满足目标受众的需求和潜在需求？这是节目表现形式的问题。策划人作为一个战略家时，必须小心翼翼，步步为营，来不得半点马虎，这三个基本步骤都要考虑通透。

策划人是左右逢源的社交家。策划人的社交能力的高低，在一定程度上体现了该策划人心态与行为开放的程度。社交能力较强的策划人，常常与社会接触，形成自己的社交圈，通过各种社会渠道树立自己的品牌，能吸引更多的企业个人与之保持联系，并从中获得大量的可利用资源，譬如资金、人才、思路、信息等。经常与他人来往的人，往往充满机智，应变能力强，跟着时代的发展潮流的演变而不断更新自己的思路。

我国的广播电视新闻策划，不论是策划机制还是策划队伍都处于正在发

① 《中国广播电影电视发展报告（2013）》，2013 年 7 月 4 日发布，中国广播网 http://www.cnr.cn/gundong/201307/t20130704_512976177.shtml.

展待成熟阶段。因此，一方面，我们应该尽快建立一套能对新闻策划进行有效调查、监督、评估、控制和优化的体系，从而把新闻策划建立在科学的基础之上，并及时根据情况的变化进行修正和提升；另一方面，我们要积极造就和挖掘思维敏捷、知识渊博、业务熟练的有全面综合素质的策划人才。只有如此，才能最大限度地提升广播电视新闻策划的正效应。

那么，怎样做好全面的策划人，才能适应广播电视事业的发展需要呢？

（一）相关的知识积累

1. 广播电视知识

广播电视知识是行业从业者必备的相关背景知识。什么是广播电视的采写编评，广播电视节目分哪几种，广播电视靠什么盈利，如何运营，等等，都是最基础的知识。另外，如何进行广播电视节目剪辑，针对不同的栏目如何选取广播电视叙事结构，也是非常重要的。

2. 媒介管理知识

策划人很少直接从事广播电视节目的采、写、编、评工作，更多地从事广播电视台经营方面的策划项目。一个广播电视台经营情况的好坏，与其内部的管理状况与水平是成正比的，掌握媒介管理的知识，有利于策划人了解广播电视台的运作，以帮助其更好地策划有价值的广播电视节目。在当今我国广播电视台大力推进制度创新的时代，不断更新的制度要求不断更新的管理理念和管理模式，这样才能适应广播电视行业运作日益市场化的需求。

3. 市场营销知识

为广播电视台作策划，主要是为了提高节目的收视率，提升广播电视台的知名度和影响力，这些都涉及经营的问题，因而对于策划人来说，市场营销的知识也是需要掌握的基础知识，它能帮助策划人开阔视野，提高策划能力。

4. 广告学知识

众所周知，广播电视台之类的媒体，很大程度上靠广告创收。另外，做出好的节目，或做出好的自我宣传的广告，对于广播电视台的知名度和美誉度都有不同程度的提高。策划人在策划广播电视节目和广播电视频道定位的同时，也在衡量着与广播电视台品位相符合的广告情况，有时候策划人为企业的广告提供一句绝佳的广告词，都能为广播电视台带来可观的品牌效益、经济效益和社会效益。

5. 公共关系学知识

这是每个企业都很看重的，广播电视台也是如此。为了推广广播电视台的品牌形象和产品节目，策划人必须提出一些公共关系的策略，一些有意义的活动方案。这些都要求策划人对公共关系的知识十分了解，对此类活动有比较丰富的实践经验，以促使策划方案可行性大大提高。

（二）创新思维培养

节目策划不是闭门造车，凭借策划人一己对于生活的观察和体悟，思路毕竟流于狭窄。在信息高度密集的今天，一个优秀的策划人必须善于利用各种信息来源，并加以分析提炼。

对于各种信息源的巧妙利用，成就了节目策划人的三头六臂：

第一，广泛收集各方面信息。报纸、杂志、网络，乃至广播电视本身，都是节目策划人获取信息最直接有力的来源。从大众媒介获取信息提炼选题的优势在于，大众媒介信息量大，覆盖面广，更新速度快。而不同的大众媒介又具有不同的媒介特色，这些又都是节目策划人可以借鉴的。

面对其他大众媒体，广播电视节目策划人需要结合自身优势具体条件进行创造性的改造，而非简单的复制克隆。广播电视节目需要将文字的抽样的素材，变成画面的具象的影像。做到这一点，对大众媒体的妙用就能让节目策划人如虎添翼。

第二，从信息的收集中获取灵感。学习也是一个创造的过程，在这个过程中不应照搬别人的一切，而是要从学习中产生新的灵感，产生属于自己的新创造。

对于尚未饱和的节目题材，策划人可充分予以考察并在相关题材上进行开掘，各个广播电视台有各自不同的资源优势和受众特征，这为开发同类题材广播电视节目提供了广阔空间。

对于同类题材的开掘，剑走偏锋，出奇制胜是从已有广播电视节目中获取灵感的另一种方式。如获第23届中国新闻奖一等奖作品《选择》就是一篇打破常规，创新立意的专题报道。这不是一篇新闻事件发生时的现场播报，而是时隔一个月，记者在北京召开的表彰大会上采访时，被“7·21”暴雨救人民工兄弟的故事打动后，由他们的两次“选择”启发了创作灵感而制作的专题节目。2012年7月21日，北京遭遇特大暴雨。盐城民工兄弟不顾个人安危，见义勇为，出手相助，一夜之间成为首都乃至全国的“新闻人物”。新闻报道、名嘴追捧、社会捐助……一时间，民工兄弟因“名人泡沫”迷失自我；但他们又很快自我修正，回归本我。主创者打破传统报道套路，着力表现民工兄弟从渴望社会尊重到反省自重的心路历程，凸显新生代民工群体自我意识的觉醒和社会可持续发展的正能量。

系统化的题材管理也是广播电视节目策划人必须具备的思维素质。广播电视节目破题之后，策划人就得为后续的节目做好充分的准备，一些题材谈得过多过滥，而另一些题材的开掘基本属于真空状态，这种情况在广播电视节目策划中比比皆是。一个广播电视节目既不能面面俱到，在自身节目定位的领域就需力求做到准确、全面。

第三，广交朋友，借助外脑。一个电视台，一个节目组，一个优秀的电视节目策划人，还应该是个杰出的交际好手。

广播电视节目的特征决定了它的题材来源应该是开放的，广泛多样化的社交圈不仅能为广播电视策划人提供多元化的视角，当题材涉及一些专业问题时，也能使策划人获得快速准确的解答。

政界、商界、学者、专家乃至市井小民，镜头所向，都将是广播电视节目策划人目光所指。当然这并不意味着策划人需要去和形形色色的人交上朋友，毕竟一个人的精力还是非常有限的，然而多去参加各种论坛、集会、派对等，对于策划人的创意思路必然是有帮助的。①

二、广播电视新闻报道策划原则

（一）客观性原则

新闻的客观性原则，是指新闻事实不能随策划人的意志而改变。策划人可以最大限度地拓展自己的思维活动空间和实践活动空间，但是绝对不能扭曲事实和虚构新闻。事实在前，报道在后，这是新闻最一般的常识。新闻策划是关于采访报道方式、方法和技巧的策划，而不是策划新闻事实，即无视新闻的客观规律去策划新闻、编造新闻。广播电视新闻报道策划的首要原则，就是遵循客观规律，反映客观现实。

比如，中央电视台《看见》栏目，就擅长以冷静的旁白、真实的镜头，向受众呈现一个镜头里的客观世界。这个创办于 2010 年 12 月 6 日的记录现实题材的专题节目，给自己的定位是：观察变化中的时代生活，用影像记录

① 项仲平：《广播电视节目策划》，中国广播电视出版社 2002 年版，第 91 页。

事件中的人，努力刻画这个飞速转型的时代中，人的冷暖、感知、思想与渴望，期待和观众一起，了解陌生，认识彼此；端详相似，审视自我。在2012年伦敦奥运会期间，《看见》栏目隆重推出奥运特别节目“静观英伦”。为了向中国观众呈现原汁原味的“英国”，栏目摄制团队在英国实地拍摄了一个多月。主持人柴静专访了英国文化和社会领域中七位知名人士，包括伦敦奥运大使贝克汉姆、戴安娜王妃弟弟斯宾塞伯爵、英国广播公司总裁马克-汤普森、剑桥大学校长博里塞维奇爵士、“达人秀”小女孩宾菲尔德、残奥运动员坦妮-汤普森、草地音乐节教父伊维斯。力求向大家客观展示一个多面的英国社会。

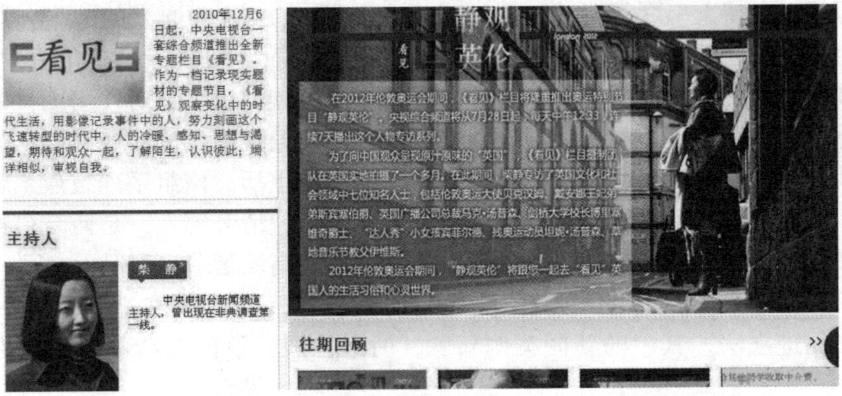

图为央视《看见》栏目的网页截图，来源：央视网

又如新疆人民广播电台在2012年12月25—27日刊播的“网络质疑背后的真相求证”，该作品获第23届中国新闻奖二等奖。当网民关于“最美乡村医生”居马泰事迹的质疑声不断出现的时候，记者冒着零下37度的严寒和暴风雪，行程800多公里，深入道路异常艰险的牧区采访求证。通过记者亲历和对新闻当事人的深入采访，采集了大量有说服力的新闻事实，以求真务实的态度，通过一步步地艰难求证还原了一个朴实、坚韧，充满治病救人情怀的乡村医生形象。报道力避高、大、全的写作模式，以求真、求实、接地气的方式，有针对性地回应了社会关切和网民质疑。

（二）导向性原则

在中国，广播电视是党和政府的喉舌，它不仅承载着传播信息的功能，还有舆论监督功能，这就决定了正确的导向是一个好的策划最首要的原则。

为造就一个有利于改革开放的、稳定的广播电视舆论态势，策划人应保持清醒的政治头脑，要吃透党和国家的大政方针，掌握实际工作情况和人民群众的愿望和要求。在国家法律、社会伦理和政治原则允许的前提下进行节目策划，不仅能给受众提供正确的舆论引导，同时也要满足受众的需要。

比如西藏人民广播电台 2012 年 8 月 13 日至 10 月 12 日刊播的系列报道“幸福在身边”，是西藏人民广播电台为迎接党的十八大胜利召开而精心策划、精心制作的，该作品获第 23 届中国新闻奖三等奖。节目从前期策划，到组织实施，汉语广播中心的同事兵分多路，从城市到乡村进行采访工作、从内容形式和采访制作都做到了精雕细刻。节目采取被采访者亲口讲述、采访短片、主持人串联等形式，讲述生活在西藏的 18 位普通人的故事，以他们生活、工作的变化来展示党的好政策，以点盖面，用独特的视角去发现、解读西藏人民的幸福生活，从而充分表达西藏各族人民对党对社会主义的无限感恩之情。为喜迎十八大召开营造了良好的舆论氛围，从而使人们更加热爱共产党，热爱社会主义，更加珍惜今天的幸福生活。该组系列报道主题突出，导向正确，编排精细，语言优美，真人真事，情节感人，是西藏台近几年来精心策划推出的系列报道节目中不可多得的高质量节目作品。

又如中央电视台的《今日说法》栏目，其宗旨是重在普法、监督执法、促进立法。其中的新闻案例新鲜，时效性强，争论也精彩。加之专家

图为《今日说法》网络首页，来源：央视网

评说，受众参与，让法律走进生活，让受众了解法律，自然赢得了受众和社会的好评。而大型科技板块节目《走近科学》，虽然采用的都是时效性较弱的新闻事件，但由于这些新闻事件具有一定代表性和典型性，经过该档栏目的深度挖掘后，成为有利于提高全民族科学文化素质，树立“学科学、讲科学、爱科学、用科学”的良好社会风尚，又有利于指导人们生活实践的好栏目。

实际上，受众的需求与导向在许多情况下一致。中央广播电视台曾经在不久前做过一个权威的调查，了解到中国受众看广播电视的三大目的：了解事实，娱乐消遣，增长知识。基于这一社会调查，中央广播电视台制作了大批知名度较高、老百姓拍手叫好的节目，如《焦点访谈》、《今日说法》、《新闻调查》、《东方时空》等，这些栏目既对黑暗腐败现象始终坚持无情揭露，代表了社会的正义和良知，同时大张旗鼓地运用个案宣传党的路线、方针、政策，反响很好。《焦点访谈》的主播水均益，曾经在一本书中这样诠释过“导向与策划”的关系：“《焦点访谈》和《东方时空》都是一帮哥们长期从事广播电视积累、沉淀的产物，都是策划出来的，但谁知道，孙悟空只在神话中才从石头里蹦出来，现实中所有的优秀作品都是十月怀胎的结果，是因为有了那帮哥们对广播电视事业的热爱，对新闻事业的忠诚，才有了后来的所谓名牌栏目。”

（三）心理原则

并非所有的广播电视节目都如同《焦点访谈》那样具有强大的“兼容性”，而《新闻联播》全面覆盖的节目特征更是其他栏目复制不来的。从本质上讲，广播电视新闻策划就是针对受众的需求而策划，为使受众满意而设计。在报道选题、报道内容、报道手法上多出创造性意见，把新闻做得真实、生动、精彩，让广大受众喜闻乐见。不同的广播电视节目有不同的受众细分，在目标受众确定之后，策划就需要针对这一特定人群，分析受众心理，适度把握节目的整体协调性和内容选材，以使其吻合目标受众的心理特征。

针对城市白领、居家女性推出的《生活》，采用了栏目受众关注的新闻事件和新闻选题，具有城市和现代气息，极浓厚的生活氛围；《夕阳红》以其恬淡、自然的节目风格，赢得了老年受众的厚爱。受众心理并非单单取决于年龄，各种差别需要节目策划人具备丰富的心理学知识并加以灵活运用。

只有巧妙地迎合受众心理，广播电视新闻节目才能获得强大的魅力，留

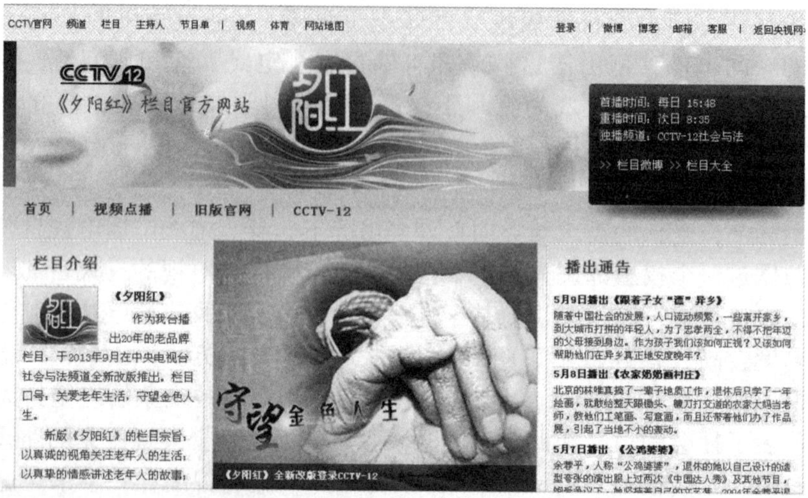

图为《夕阳红》官网截图，来源：央视网

住受众的视线。

（四）效益原则

好的广播电视新闻节目要同时兼顾市场效益和社会效益，充分发挥广播电视图、文、声、像并茂的优势。哪些地方可用图表、文字，哪些地方用前导、后导，哪些地方用现场直播或同期声表现，都要周密策划，讲究效益，把节目做得好看。市场效益是检验广播电视新闻节目是否受到广大群众喜爱的试金石，而社会效益则是对广播电视新闻节目的本质要求，是媒体领导舆论健康发展的必需，也是对社会健康发展的保证之一。

如贵州广播电台 2012 年 3 月 22 日—12 月 22 日刊播的系列报道“从揪心到放心——见证营养午餐之路”，该作品获第 23 届中国新闻奖三等奖，2012 年贵州新闻奖一等奖。自 2012 年春季贵州大力实施“农村义务教育营养改善计划”以来，营养午餐就一直是社会关注的焦点。该篇报道一改过去就某一件事情发生时聚焦关注，没有追踪后续的做法，记者通过一年里重要时间节点进行追踪关注，深入贵州多个市县大山深处的学校，从孩子们午餐的变化、到学校多手段的保障、到政府多部门的联动监督等不同角度反映贵州营养午餐之路，体现出从社会到政府对民生问题的重视。该作品虽然主题重大，但是报道角度精巧，以小见大，文字流畅，录音丰富清晰，场景感、画面感强，将一个个因营养午餐而改变的孩子、学校立体呈现出来。整组系列报道体现出了一种较强的社会责任感和媒体的监督力度。记者通过采访不仅仅是记录，更是重在落实、监督和调整。营养午餐在具体实施过程中的一些好的做法，当地教育部门表示要加以推广，一些不当的地方，相关部门也明确要严查，确保营养午餐能真正做到一个孩子都不能少。这种政府投入、学校低成本运作、多部门联动监督，让每一分钱都吃进孩子们嘴里的营养午餐“贵州模式”为全国“营养午餐计划”实施提供了一个可借鉴的标本。

要独树一帜，不要哗众取宠；要锐意创新，不要标新立异。没有市场效益节目必然无法长久，然而为了取悦受众而一味走媚俗路线，这样的节目也势必无法长存。寻求市场效益和社会效益的契合点是策划人进行节目策划时必须深思熟虑的，一个好的创意点，同时也一定就是市场效益和社会效益的契合点。

（五）受众为上

广播电视是大众传播媒介，因此策划时必须对受众心怀诚意，以受众为中心。受众具有如下特点：一是众多。二是差异。三教九流，众口难调。三是分散。既有时间的，也有空间的。四是流动。固定只是相对的。五是隐匿。广播电视台只能根据反馈来大致把握受众的特性。六是喜新厌旧。受众永远追求新鲜的信息，也从来不会对传媒矢志不渝。

传媒策划的理论界有一个著名的“皮下注射论”，意为传播就像给受众注射，要一针见效。要达到这一目的，难度较大，因为受众正日趋成熟，欣赏口味日渐多元化，欣赏水平也日渐提高。加之前面所提及的受众特点迥异，因此，围绕“受众为中心”的策划自然也无法面面俱到，关键是把握哪些节目最受受众注意，哪些内容受众最热心，哪些招人疼，哪些招人恨，然后再有的放矢。

以受众为中心的广播电视策划仅仅掌握受众的特点还稍嫌不足，应该了解到受众的反馈意见。广播电视受众的信息反馈，是指对播出节目的反应。广播电视台通过这种反馈，检验播出效果。对于策划而言，反馈的意义在于分析和判断受众新的需求，以便对症下药。受众的反馈是策划的重要依据。频道的总体布局，节目的构成比例和编排，节目或栏目的扩张或下马，节目的定位（包括对象、内容、形态的定位），节目的走向，节目的改版更新，特别节目的创制等，都可以从反馈中获得信息，从而调整策划思路和方案。

（六）重在创新

创新是策划者想象力的发挥，创造欲的行动，灵感的迸发，以及对项目目标好奇探索的行为；创新也是知识的升华。没有创新，节目失去其市场；没有创新，策划失去其价值。

广播电视策划的创新没有固定的法则，但有规律可循。

1. 从最简单处着手

中央电视台《东方时空》的《生活空间》，其设置的初衷是一个服务生活型版块，两个女主持人就一些日常生活话题，娓娓而谈，类似于生活顾问。由于其无新可言，故在相当一段时间内无声无息。后来新任制片人在几番冥思苦想后灵光一现，发明了一句经典的口号——“讲述老百姓自己的故事”，全新地确定了这个节目版块的基本特性，从而一炮走红。

2. 从其他行业借鉴

广播电视的栏目人化就是从平面媒体及广播电视台借鉴来的，曾经红极一时的广播电视小品，借用的就是戏剧学院课堂教学的手段。

3. 在生活中寻找灵感受

曾经为广播电视台赢得过数亿英镑回报的广播电视体育节目——《夺票》就是一个成功的范例。广播电视编导的灵感源于英国农村每年收割后的庆祝活动，稍加改造，搬上荧屏，便迅速走红。

4. 逆向思维

就是标新立异，打破常规，不循常理。凤凰卫视运作的“柯受良飞越黄河”正是敢于标新立异，才在全国造成轰动效应。

总之，创新是一种突围，有时需要打破传统知识结构和思维习惯，不受经验的羁绊。正因为它是一种特殊的创造行为，故无定法，亦无止境。

效益包括社会效益和经济效益两种。广播电视节目策划的“导向金不换”框定了社会效益的重要性，但经济效益也应当成为节目策划追求的结果和目的。

广播电视节目的日渐市场化，决定了它也应该遵守市场运作的规则。从策划的角度而言，受众需求和广告销售，是同一个策划坐标上不可或缺的两轴，无所谓谁大谁小，节目策划便是学会在受众和广告客户之间走钢丝，找平衡。其实，在正常情况下，节目策划的社会效益和经济效益总是结伴而行，能够吸引广告客户的项目，往往就能吸引受众——广告客户追逐市场的敏锐性使他们不会给那些注定遭受众冷落的项目投资。

三、广播电视新闻栏目策划

随着广播电视竞争的日趋激烈，广播电视节目策划应该告别过去分散、单一、小气、盲目的窠臼，认真总结提炼，促使策划升级提高，日臻成熟。

（一）策划方略

1. 知己知彼，出奇制胜

广播电视产业化的今天，广播电视节目早已商品化，如同企业策划一样，广播电视节目策划同样要寻找卖点。因为卖点是价值的商业体现，是一个项目对于广播电视传媒机构本身的价值，即项目能给媒体带来怎样的影响。

找卖点要知己知彼，避实就虚，挖掘市场缝隙。只有对市场、对受众、对消费者、对竞争对手都了如指掌，做到“人无我有，人有我新，人新我活，人慢我快”，找出来的卖点才会胜人一筹，最终成为策划制胜的“法宝”。

成功的广播电视节目都深入挖掘了受众喜爱的卖点，以凤凰卫视的《时事开讲》为例。它另辟蹊径，在午夜 11 点后非黄金时段开播，内容又关乎十分严肃的国内外时政问题，一反人们对午夜电视节目的印象，这不禁让人质疑它会有多少观众。但是出人意料的是，这个节目火了。原因就在于凤凰卫视知己知彼，非常清楚自己的目标受众是高学历、高收入的高端人群，这些人愿意在结束一天忙碌的工作之后，听《时事开讲》梳理、点评国际国内大事。凤凰卫视的老板刘长乐承认：《时事开讲》开创了华语媒体中的一个新的电视收视黄金人群和黄金时段。①

广播电视节目策划者在思考、研究其节目卖点时不妨参考以下几点：

一是节目的伸缩性，即节目是否可以炒作，因为卖点必须炒作放大，否则无价值可言，再好的金点子也只是纸上谈兵；二是节目是否有新意，从内容、形式到包装是否能给人耳目一新的感觉；三是仔细研究同一播出时间内各节目的“软肋”，趋利避害，以强击弱；四是正确评估自身的实力水平，投入和制作量体裁衣，恰到好处。

---

① 师永刚：《解密凤凰》，作家出版社 2004 年版，第 8~16 页。

2. 万事俱备，还借东风

节目的卖点找好后，还需适时适地借来“东风”。这个“东风”，也就是“势”。首先是造势。所谓造势，就是烘云托月，借日生辉；就是扬长避短，趋利避害；就是全面出击，独领风骚。

不同的媒体间虽然彼此存在竞争，但也不排除彼此借势的可能。比如报纸与广播电视，按常规思维的定势，可能还停留在开成一个经常的传播链，以一定时段或版面的宣传互换来达到共同宣传的目的，而实际上，还可以有更大胆更具挑战性的操性。比如说共同宣传选题，共同炒作招商，在报道和经营上取得双赢。这样在社会效益和经济效益上都有收获的策划，在业内的影响力也是超常规的。再如新生的媒体网络，以其互动多媒体的特性吸引了众多网虫，就目前广电系统推出的诸多网站、网页而言，其开放性尚待研究，它们完全可以拓宽思路，大大加强与报界以及门户网站的联动，这对母媒体本身有百利而无一害。如2012年4月2日湖南广播电台刊播的广播新闻专题“我对雷锋说句话——祥和中国节·清明祭雷锋”，该作品获第23届中国新闻奖三等奖。节目传播方式新颖，同时契合受众需求，创造性地开展线上节目与线下活动互动，多媒体、跨地域联动，并自始至终注重参与者的体验和感受，将微信和微博等新的传播手段融入节目为我所用。策划精心到位，广播特色鲜明，节目中大量的活动现场同期声、微信等声音元素，极大地丰富了作品的表现力与感染力。

避势，顾名思义，是避开其他媒体或成名栏目的强劲势头，扬长避短。如今的广播电视台，越来越多，节目内容与形式的雷同已到了考验受众的忍耐力的程度。在市场化程度日益加剧、竞争日趋激烈的情势下，如何另辟蹊径，无疑是节目生存下来的重中之重。在某些节目已成名牌之时，遵循广电市场开放之初的“拿来主义”，显然已行不通。避开名牌、品牌栏目的强势，并借助这些名牌、品牌的效应，从节目的内容、形式、选题上，琢磨出他们的前点和后点，这样才能真正站在他们的“肩膀”上，看得更远，以获得更好的效果。

3. 三个臭皮匠，顶个诸葛亮

随着广播电视节目制作环节的细化，在各公司、各栏目成立节目策划机构的同时，一批节目策划公司也将陆续发展壮大，成为广播电视界的一个节目策划“智囊团”。目前在我国广播电视业已经开始运用这些智囊团，与本单位的策划人才密切配合，不断给节目补充新鲜的元素，争取效益双收。最典型的例子是《实话实说》。《实话实说》栏目1997年3月开播，虽然2009

年9月在央视改版中停播了，但很多观众仍然对它印象深刻。早期的《实话实说》之所以成功，有一个很重要的因素就是它有很好的策划班子。这个策划班子直接由崔永元担纲领衔，同时聘请了几位不同年龄、经历、专业、性别的“外脑”一起出谋划策。社会学家杨东平、学医学出身而后从事广播事业的赵西苑、学影视的赵一工、学生物的严明、军人出身的海啸以及少数民族的乌尔汗等。他们专门负责节目选题的策划，与节目制作的编导、导演、主持一起精心策划每一期节目。一般程序是先由一两个策划提出选题，然后总策划和其他策划、总导演、导演及主持人开会讨论丰富和完善这个选题，然后策划再根据讨论结果写出详细提纲，再由导演、主持人、策划和执行策划细加酝酿，拿出细节性方案，最后分工实施。这种管理方式把选题与采编科学地划分，各司其职，采编从传统的一人统包前后期的困扰当中解脱出来，围绕一个主题，分工合作，实现了人的最优管理。

（二）策划措施

广播电视策划一浪高过一浪。策划之树长青，策划之果常新。然而，广播电视频道越来越多，节目却越来越千篇一律；广播电视节目越办越多，“克隆”的痕迹越来越深。广播电视人再一次陷入思索，思索着如何改变现状，广播电视节目究竟该如何策划和运作，以寻求又一次突破与腾飞：

1. 首推原创节目

目前有很多节目始于模仿，也终于模仿，因为模仿很容易使节目形成一种模式，特别是内容贫乏形式又难以创新时，节目必然会走向衰落。这一点在地方台尤为普遍。例如目前各地方台热衷的综艺节目。由于“翻版”的痕迹很浓，在全国大部分地区目前尚无法收看到来自境外卫星媒体节目的前提下，可能一时投机取巧，好评如潮，但太多、太滥也会令人倒胃口，况且不妨设想一旦某天境外广播电视堂而皇之地进入内地的有线广播电视网络，这些节目将何以竞争？抽冷钻空子不过只是一时得手的伎俩，长此以往，每一个牧羊人都不会再相信“狼来了”。

因此在节目策划方面，要首推原创节目，要有所创新。原创节目的推出可强化一个广播电视台的造血功能，增强媒体的竞争能力。那些具有地方人文特色、意识超前的原创节目，人家想模仿都模仿不了。

2. 细化传播市场，节目定位专业化

中央广播电视台推出了十二套专业频道，分工明确且各有特色，许多省市级广播电视台纷纷效仿办起了相应频道。这本来是好事。但是这些专业频道有些是“挂羊头，卖狗肉”，更加造成了节目风格雷同，节目资源浪费。像娱乐节目，在一个省级广播电视媒体就有5、6档类似的，再加上其他卫视的，每天一共有好几十档。这无疑是资源的重复和浪费，更办不出频道特有的风格。其实只有传播市场和节目真正地专业化了，频道和节目的定位、个性、风格才有可能真正“一枝独秀”，中国的广播电视业界才能做到百家争鸣、百花齐放。这一点正是节目策划者必须认真思考和仔细研究的课题。

3. 节目质量亟待提高

由于过多地模仿港台，一些节目为争取收视率一味迎合受众的口味，逐渐走向媚俗，节目质量越来越差。像充斥许多广播电视荧屏的“红娘”节目，虽然曾经引发过不少受众的好奇，但由于没有在节目内涵和品位上有所提高，演播室成为嘉宾卖弄自我、要嘴皮过瘾的场所。再比如广播电视综艺节目，除了男女主持人之间打情骂俏拿嘉宾“开涮”，似乎再想不出别的新招；名人访谈节目更是不遗余力地挖掘个人隐私；节目质量和主持人的水平日见低下，广播电视的娱乐功能似乎被开发到了极致，但其思想性和导向性却被忽略不计，这正是广播电视人的悲哀。

广播电视是党和政府的喉舌，因此，广播电视节目在质量上一定要严格要求，绝不能流俗，必须保证较高的文化、精神内涵和较高的格调。从这一点而言，广播电视节目策划者任重而道远。

4. 培养专业策划人才，建立良性循环链

随着我国广播电视体制改革的深入，制播分离制度的实施，社会性的节目制作公司将大量涌现，节目策划人将越来越走红。但各广播电视台内部的策划人员却良莠不齐，这就给广播电视管理者敲响了警钟，必须内部挖潜，培养专业策划人才，建立良性循环链；否则长期过分依赖“外脑”，广播电视节目和广播电视台发展前进的步伐将步履维艰。

随着广播电视节目制作环节的细化，“内脑”们的粉墨登场，相信各个节目制作公司、广播电视台、各栏目都会成立相应专业化的节目策划机构。可以预见，一个广播电视节目策划行业在近几年内将会逐渐形成并迅速完善。

四、广播电视新闻栏目策划的实施

栏目策划是从根本上回答做什么、怎样做、谁去做、如何提升、如何持久这几个问题的。具体可分为四个方面：栏目的定位和设置、机制建立和资源配置、包装和推广、咨询和创新。

（一）定位和设置

我们要策划的广播电视栏目，是什么样的一档栏目呢？一是栏目定位，二是栏目设置。栏目定位是任何一档栏目必须最先确定的基本特性。设置则是栏目的定位细分和实现途径。定位和设置都是从理性上回答这是一档什么样的栏目的问题。

1. 定位

（1）目标定位。这种定位通常是超越栏目正常运行范围的有战略意义的原则要求，是战略地位、任务性质、时间目标、空间目标定位的综合。例如："王牌栏目"、"名牌栏目"、"一流栏目"、"与……抗衡的栏目"、"两年后推向全国的栏目"、"覆盖全国城市台的栏目"、"向所有地面台发行的栏目"等。

（2）总体定位。相当于我们通常所指的栏目定位，即栏目内容、形式的基本类型和特性的定义。从内容上分，有新闻类、专题类、综艺类、社会类、经济类、生活类，其中新闻类还可细分为时政新闻类、社会新闻类、娱乐新闻类、体育新闻类、经济新闻类等；从形式上分，有纪实类、炒作类、益智类、谈话类，有条状栏目、块状栏目等。有些栏目以栏目的某一诉求点作为栏目的定位，如以受众定位作为栏目定位的女性栏目、少儿栏目等。一般而言，栏目定位与栏目名称是相呼应的，从名称就体现了其定位，如《焦点访谈》、《记者目击》、《大案纪实》、《欢乐总动员》、《3·15 演播室》等，定位要概念明确，忌含糊不清。

（3）属性定位。通过属性定位，对栏目作一个基本描述。栏目观念定位：适合哪个特定的收视人群以及他们的性别、年龄、职业、收入等因素的定位。栏目的时空属性定位：栏目时长、时段、播出周期、成长周期设计、媒体环境要求、制作水准和制作规模原则要求。这种定位常受客观环境和条件约束。因此，它常常成为栏目的基本属性。栏目的目标属性定位：品质的定位，如收视率、满意度、知名度的原则定位。

2. 设置

如果说定位是个抽象的概念，那设置就是个具体的概念了。设置是定位的细分，是栏目内容按定位的原则要求所作的设计，具有原则性、合理性、系统性、准确性、逻辑性。因为既要符合这些特性，又要具体、准确而完整，使得栏目设置成为栏目策划的第一个难点。

（1）总体设置原则。设置原则指以定位为指针，对栏目的整体构架，内容分类、表现形式、栏目特色和风格所作的原则要求。如对栏目的节奏、快慢有无要求：设置内部结构形态是逐条串编还是版块杂志式；主持人及其出像风格和频次如何；板块间是否作逻辑要求；小板块的制作形式是否作规范；栏目的统一风格、品格、标识、包装点的价值体现；栏目的目标属性定位的价值取向等。

设置是个难点，为克服这个难点，先应制定整体原则，一是通过它指导栏目设置，二是在完成设置后再用总体原则进行对照检查，微调修改。因此，总体设置原则其实就是栏目结构、内容、形式设计的根本指导原则。

（2）设置原理。栏目构成即栏目的结构形式和栏目的板块设置。包含的属性有：栏目内容的构成，不同内容的板块结构，不同板块的定位、表现内容、表现形式、表现风格；包含的操作环节有，确定板块间的呼应、对比、逻辑、轻重、虚实关系，确定单元板块的定位，确定板块名称，确定栏目的基本制作风格，设计正常的制作程序、制作量，测算人力物力财力的单期成本，考察栏目营销推广的基本卖点等。其中每个属性和操作环节都有深刻的意义。

例如板块名称的设置，既要考虑上下呼应和协调、起伏和递进，又要体现板块定位、富冲击力和感染力，还要考虑被市场接受的程度。通俗地说，名称要好听、好懂，又好卖。栏目策划人通常为栏目名或板块名犯难，有的干脆做社会调查、开座谈会、请朋友喝茶、到校园征稿。原因很简单，哪怕只有一百字的栏目推介材料也会列出板块名称。可见，这其中一个环节也是个小课题。又例如，对于栏目或子栏目的制作量和人员、设备的核算，要考虑质量与效率结合，需要与可能结合，科学与规范结合，成本核算与效益概算相结合。

对于多板块结构的栏目或杂志式栏目，栏目设置强调的是结构设置、板块设置、设置实施细则的有机结合；对于独立板块的栏目，通常定位把握，设置的重点是风格建立和实施思路，即形式、风格的规范与制作流程设计。

（3）设置说明。设置说明是对栏目设置的系统表述，通常指在设置原则指导下，设置的特点、亮点的提示和特定媒体环境或制作环境下的有利因素和不利因素的说明和注释。

定位和设置的关系是：定位指导设置，设置体现定位；定位抽象，设置具象。但定位和设置须结合出一个完整而丰满的栏目方案，像工厂作的产品设计，也为下一步策划确定对象。

(4) 机制建立和资源配置。以既定的栏目定位和设置为运行目标，合理整合可获得的人力、物力、财力资源，通过建立有效而系统的运行机制，包括控制与激励机制，实现栏目制作的正常化、秩序化，这就是机制建立和资源整合利用的功能。

(二) 栏目运行机制是栏目运行的灵魂

机制是建立一个运行规则，使得各种资源发挥的效能尽可能最大。机制建立的好坏涉及能否吸引人才、能否最大限度地激发和调动人员的积极性和创造性，能否有利于栏目的持续发展和创新。

基本运行机制。栏目的基本运行制度一般有目标责任制、准制片人制、制片人制、独立制片人、制片人合理制度。根本区别是人、财、物资源的属性界定和利用权限界定。对于人员来说，有指定人员或独自聘用的不同；对于资金来说，有现金投入、广告时间投入和看样购买的不同；对于设备、演播室、车辆等物力来说，有无偿提供、设备有偿租用和自找门路的不同。

考核机制。实际上就是制约和激励机制。重点是制订考核标准、绩效衡量标准、分配办法、制约办法、激励办法。掌握的原则是科学性、合理性、公正性。难点是量化标准和衡量手段。解决的问题是激励做精品、制约劣品；激励收视率高、社会反响好，制约收视平平、社会反响不好或一般；激励单位工作量成本低，制约单位工作量成本高；激励创新，制约平泛；激励经营和栏目推广价值实现，制约无人问津之庸作。机制决定了栏目运作的健康和可持续程度，关键是机制的实施细则、可操作流程，包括分配制的科学性、合理性。

资源整合是指人员素质的分析、定位，资金的有效获取和合理投放，节目制作各环节的物流设计。资源整合效果是直接提高运作绩效。

人力资源整合。人是栏目运作的主观能动资源，况且做栏目对广播电视从业人员的个人责任和团队总体素质有相当多的要求。因此，人力资源的开发和整合是一个必须始终重视的问题。试想，让每个人都定位在既擅长又喜爱的工作岗位，工作效率、积极性、主观能动性和创造性必然会大大增强，总体目标的实现程度也将全面提高，也就是人力资源整合的出发点。

人力资源整合的主要环节有：栏目所需人才的个人素质要求和团队素质结构要求的提出、发现和培养、人员素质分析、人员定位、整合效果评估和调整。广播电视栏目制作人员的素质要求具有行业多、业务精、合作精神好等特殊性，对于不同的业务门类，如主持人、文字编辑、复杂编辑制作人员等，还有较高的业务素质和心理素质要求。人力资源整合的结果应该是在环境因素不变的情况下，栏目成员数量尽可能小，完成节目制作的能力尽可能大。

资金。栏目制作大体分实报实销制、包干制、资金合作制、经费自筹制等几个类型。对经费自筹制，还可分为自有资金投入、播出机构审看通过后付稿酬、自主经营或合作经营广告时间。独立制片人机制下的栏目运行相当多地采用了这种办法，这在无形中增加了对制片人栏目成员总体结构素质要求，也增加了栏目的可持续运行的难度和风险。通过资金筹集和整合，将可获得资金作科学而合理的利用，最终测算出栏目运作的基本资金需求量或获得资金资源的需求量。资金整合的原理是，单位资金量实现节目制作的数量和质量尽可能大。其中，节目制作的数量和质量这个概念往往具有相对性。例如，生产成果可能表现在节目推广价值，即版权的开发价值上，一档省级版权节目一旦实现向全国发行或交换播出，其单位制作成本就大幅下降。

物力资源，关于栏目制作的物流设计，主要涉及成本消耗，对于前后期设备、演播室、交通工具，对于磁带和电池等消耗材料，使用效率高是关键。不管按次数还是按时长计费，操作不熟练、案头工作不充分、流程设计不合理都会导致成本上升。物力资源整合的意义在于通过分析、设计，科学地测算出栏目制作的基本消耗水平。

机制和资源整合利用，是栏目策划的又一关键，解决栏目怎么做、谁来做的问题的。尤其在机制的建立原则、量化标准、考核的科学性等方面，难以把握准确、难以兼顾科学、合理、公正的原则。激励和制约的措施只有做到系统而完整，才能发挥效力；人员素质分析、定位、开发利用实际上也是有效发现和激发人员潜能的途径。

（三）栏目包装和推广

将栏目看成一个产品，包装和推广也是栏目策划过程中的不可缺少的组成部分。并且可以说，栏目的形象提升，被社会和受众认同的速度和程度，在相当程度上取决于包装和推广。

栏目包装是指栏目的识别系统、视觉包装、音频包装等栏目文化识别系统。视觉识别是栏目的名称标准、标识、话筒标志、主持人背景、记者采访服、采访车装潢及其他识别元素。视觉包装是指栏目的片头、片尾、片花、子栏目片头、栏目宣传片、栏目定位宣传片等。音频包装是指栏目主题歌、主题曲、片头曲、片尾曲、标识音符等。包装在风格、流派、主色调、协调统一美的诸多方面的要求不同，难度上也有很大差别。

推广。推广即通过栏目主体和客体的全面炒作，尽可能快且深刻地被受众接受。

主体推广，是指有意识地培养和炒作主持人、记者、编辑和栏目本身，通过影视和平面媒体的宣传，加大栏目知名度的提高和满意平台的建立；也可以以栏目名义做公益活动，受众互动活动。

客体推广，在于生动、形象地反映节目主题。有意识地提炼节目内容的可炒作信息，以致节目内容形成社会热点、热门话题。有条件的，一年能有若干次热点形成，并有多家媒体加盟炒作。

（四）进行咨询和创新

顾问咨询系统和可持续创新能力可以增强栏目运行的控制水平和可持续竞争力。

顾问咨询。栏目运行后的保障系统之一是栏目的质量控制环节，是对栏目定位、设置、内容形式的具体反馈。顾问咨询职能分为：系统的建立、咨询制度、反馈意见、分析调整、再一次反馈评估。可以开展专项咨询活动，如召开研讨会批评会，也可以作专项社会调查，组织专家或受众座谈讨论，提出合理化建议。咨询形式不拘一格，但需法制度化、规范化。评估系统建立的要点是客观性、科学性、量化程度。

栏目的运作毕竟在媒体的大背景下运行。办得不尽如人意，得想办法反思和改进；办得火爆了，也被别人研究和晓以对策，常让人处在如履薄冰的感觉之中。实际上，如今广播电视栏目始终处在相同或相近类型栏目的竞争环境中，可持续创新能力是适应竞争形势的根本保障。

可持续创新能力的心理特征有：信息获取与分析、竞争环境分析、资源绩效分析。可持续创新能力的运行特征有：定期反省，适时调整、系统培训、质量控制、机制更新。

就栏目策划而言，策划方案的制定还与不同栏目所处的环境和情况不同，需作策划重点的提炼。对于新栏目竞标策划方案来说，还要重点做栏目运行的可行性、可信度和满意度认证；对独立制片人栏目方案还应重点阐述栏目运行的保障系统，如资金的有效组织和管理、抗风险能力、栏目质量可持续保障、制作场所设备的相对固定能力等；对于商业性栏目，应重点阐述广告推广、节目发行的价值及其可实现程度。这些都是栏目策划范畴的内容，往往还是栏目策划的特色部分。①

五、电视评论栏目策划

2003年5月1日，中央电视台在新闻频道首推“透过现象说本质”的电视评论节目《央视论坛》，这是中央电视台唯一以“央视”命名的新闻评论节目，影响颇大。但是该节目于2006年6月的新闻频道改版中停播了。笔者对其开播后100期和停播前100期栏目的调查，发现该栏目的运作与其所定宗旨相差甚远。本节通过对《央视论坛》的不足做一定的分析，探讨如何认识和把握新闻评论的根本属性，办好电视评论栏目。

中央电视台新闻评论部主任梁建增曾提出，中国电视节目一直以来的最大缺陷是“缺乏观点和言论”。电视一直被视为“感性的媒体”，大量充斥着的是画面等感性的东西，而从业人员对言论的认识不足，在一定程度上加重了“评论弱”的弊端。鉴于这种考虑，新闻频道开办了全台第一个冠以“央视”的栏目《央视论坛》。对该栏目，央视的寄望是“探索中国电视评论的表现方式”②。

2003年5月播出的《央视论坛》在形式上的确给观众耳目一新的感觉。首先，论坛设立了本台评论员。开播初期，白岩松以本台评论员的角色代表央视说话，同时，邀请了一批熟悉政府方针政策、具有深厚专业背景的专家组成相对固定的特约评论员队伍。设立本台评论员和邀请特约评论员毫无疑问能够增强栏目的公信力。正如肖·阿纳·奇拉什维里在其著作《宣传心理学》中所说：“如果听众认为传播者是一位很有威望的人，那么，他对听众的影响就会产生很大的强度。”③ 其次，论坛直接表达观点，公开表明倾向，这就不同于《焦点访谈》等其他节目，事实只是评论的依据，论坛的亮点在于其思想的深度而不是事实的具体和全面。《央视论坛》开播以来，以其观点的权威性和评论的深度受到了广大观众的喜爱。但在其运作过程中

---

① 《论广播电视栏目策划》，http://www.blog.edu.cn/user2/26987/archives/2005/215720.shtml。

② 中央电视台新闻评论部主任梁建增语，http://www.people.com.cn。

③ ［芬］肖·阿纳·奇拉什维里：《宣传心理学》，新华出版社1984年版，第8页。

也存在不少问题。①

（一）《央视论坛》的节目背离了其宗旨

"《央视论坛》是 2003 年 5 月 1 日开播的中央电视台新闻频道中一档纯粹的评论性栏目。它不采集新闻，而是对各种媒体提供的新闻事实中最引人注目、最具谈论空间的内容进行评论、分析和解读。在新闻频道中，它的功能相当于平面媒体的'时评'或评论员文章。如果用一句话来概括这个栏目的追求，那就是——透过现象说本质。"② 这是《央视论坛》开办之初定下的栏目宗旨。之后央视论坛的宗旨几经修改和补充，但是我们却看到，无论其宗旨怎样改变，节目离其宗旨却越来越远了。

1. "本台评论员"的实质性缺失

《央视论坛》在其宗旨中阐述："辩论色彩是我们新谈话方式的重要原则，主持人的职责不是发问，而是对话。他必须预设各种不同的观点对特约评论员的表述提出质疑，从而给谈话过程赋予辩论色彩，使得这一过程充满张力。"

《央视论坛》的节目常常是一个主持人同时采访两三个嘉宾，而这些嘉宾是在回答主持人的提问时更多的是在介绍有关问题的相关知识和政策，而不是提出自己的观点。而且，这些嘉宾往往身份相似，研究领域相近，思想认识相仿，很难表达出有差异的观点。这些嘉宾虽然能使话题的专业性和权威性得到保证，但同时也造成了话题过于专业，过于技术，讲的内容虽然都对，但是未能照顾到一般观众的接受能力，更没有能够在思想的多样性和深度上走得更远。这里一个重要原因就是没有观点的碰撞。一个观点一个思想想要站得住脚，是需要与很多不同的观点和思想碰撞之后才能达到的。而央视论坛在做节目的时候，很大程度上只是主持人和专家在玩自娱自乐的游戏，缺乏观点的碰撞，缺乏辩论的氛围，加之专家的观点本身很大程度上还停留在一个技术和政策的层面上而没有上升到一个更高的高度，这样的节目很难起到央视的"时评"或"评论员文章"的作用。

---

① 赵振宇、杨璇：《"央视论坛"百期调查》，载《电视研究》2004 年第 4 期；赵振宇、王黎丽：《是思想交流，还是政策咨询服务——"央视论坛"背离了自己的栏目宗旨》，载《采写编》2007 年第 1 期。

② 《〈央视论坛〉栏目阐述——透过现象说本质》，见中央电视台网站：央视国际 2003 年 07 月 07 日 15：00。

当主持人无法充当“本台评论员”，不能提出央视自己的观点，专家又无法从回答主持人的提问中解脱出来提出自己的旗帜鲜明的看法，专家们在参与中又无法形成意见的多元化，实际上就造成了央视论坛“本台评论员”的缺位。电视台缺乏了“本台评论员”，《央视论坛》的思想性和权威性就大打折扣了。

2. “述”的成分远远大于“评”的成分

《央视论坛》在其栏目宗旨中说道：“我们不采集新闻，但是我们发现新闻。对于您关注的新闻事实，很多媒体会告诉您‘什么’和‘是什么’；至于‘为什么’，由我们来回答。如果您仅仅需要对新闻事实的描述，会有很多媒体告诉您，那不是我们这个栏目的任务。我们不一定能提供独家的事实，但我们一定要表达独到的观点。”① 但是在具体的节目操作中，很多节目都不是评论，而是描述。在告知读者有这样的一些事和这些事情具体操作的过程，而没有就这件事情做出评论。事实并不是独家，更没有独到的观点，节目不像时评，也不像深度报道。看完这样的节目，给观众留下印象最深的不是观点的独到，而是知识的积累和对事实的进一步了解。这是与论坛的宗旨相违背的。

一般的电视评论节目基本上是采用“主持人以倒金字塔方式陈述事实——转入现场——介绍五个 W——以第三人称报道——引述当事人的话——让方方面面的当事人说话、陈述意见——主持人结束语”的手法。这种手法作为保证报道客观性上是可取的，但是对于电视评论节目而言，做到这一点只是成功了一半。作为评论节目，关键还是在于它的“主观性”。如何在客观性的基础上，给人以理性的启迪、感悟、窥见真理一隅，才是电视评论节目的使命所在。② 尤其是作为央视的节目，更应该做好电视评论节目的表率。

3. 政策解读取代了思想交流

《央视论坛》的节目介绍中还写道：“除国际新闻外，国内社会、政治、经济、文化等各个层面的热点新闻、热门话题都在我们的视野之内。当然我们可能更加关注各种有意味的社会新闻和时政新闻，对其他事实的关注可能也更加着眼于这类事实在大时代背景下的社会性含义。”我们很欣慰地发现，《央视论坛》评论的话题的确涵盖了生活中方方面面的问题，尤其是从

① 《我们是谁》，见中央电视台网站：央视国际 2005 年 10 月 25 日 11：13。

② 袁胜华：《新时期电视评论审视》，载《电视研究》1999 年第 6 期。

最初的政治类节目比例最大到后来各方面内容的节目都比较平均，央视论坛确实在贴近群众方面做出了努力。

但是，《央视论坛》政治方面的话题多为政府出台的相关政策的解读，以及会议精神和领导人讲话的传达，似乎只是在告诉我们发生了什么和怎样理解它们，而没有或少了一些观点的表达与撞击。

《央视论坛》对国家新出台的政策非常敏感，能迅速作出反应和阐释，政治指导性强。对政府政策进行解读，以便及时传达政府的相关政策文件，是媒体不可推卸的责任。但是这些政策解读的节目，不应当放在一个"功能相当于平面媒体的'时评'或评论员文章"的节目中。评论性的节目，还是应以"评"，以"论"作为主要内容，每天发生的政治时事不少，政治选题不一定要盯在政策解读上，这不是以"评论"为特色节目应有的本色。

（二）形势呼唤《央视论坛》重新开播

虽然《央视论坛》或多或少地存在着一些问题，但是2006年6月央视改版后《央视论坛》停播，还是让观众们觉得非常遗憾。因为它的政策解读的权威性和多角度凸显主题的表现方式是地方台所不能及的。

中央电视台新闻评论部负责人和中国传媒大学的同仁曾经对《央视论坛》的发展作过研究，他们说过十分精辟的话："在今天的社会生活中，一家电视台如果只有新闻报道而没有新闻评论，就不能称其为一家体制完备的电视台；一家电视台如果只有海量的新闻报道而没有独家深刻的新闻评论，就不能成为一家有重大影响力的电视台。当一个新闻事件发生后，人们对此形成的看法和意见是不一样的，面对着众说纷纭、莫衷一是的状况，人们更需要听到媒体的声音。电视新闻评论能够在第一时间，快速深入地对新闻事件发表意见和观点，阐明对事实的见解、态度。新闻评论节目作为一家电视台的旗帜、灵魂，是推动其走向国际性大台，迈上新闻最高台阶的关键所在，加强新闻评论的改革对社会的良性发展起到引导和监视器的作用。"①但在今天，《央视论坛》却没有了。有人说，《央视论坛》虽然取消了，但是，中央电视台加强了评论，这个评论表现在新改版的《360°》的全部节目中。笔者认为这种说法是没有根据也是不能说服人的。

中央电视台作为我国的第一大电视媒体，应该有像《人民日报》的

① 梁建增、王玮：《透过现象说本质——从"央视论坛"看电视新闻评论的发展要求》，载北京广播学院广播电视研究中心《媒介研究》2004年7月。

《人民论坛》、《光明日报》的《光明论坛》、新华社的《新华时评》等代表本媒体形象的专门评论栏目。《央视论坛》能否重新开播，重新开播之后应该注意些什么？这是值得我们予以关注和研究的。

（1）明确主持人、本台评论员和特约评论员的职责。

《央视论坛》的长期实践表明了主持人不能等同于“本台评论员”。在此档节目中，由于某些嘉宾仅仅是专业领域的学者，他们习惯于从技术层面去解读一些事实，因此主持人的设立是必需的。但是主持人不但要能够像其他节目的主持人那样充分调动嘉宾的参与性，而且还要能够“预设各种不同的观点对特约评论员提出质疑”。在这里，主持人应该充当使观点深入或持不同观点的角色，而不是所谓的“本台评论员”。

“本台评论员”一定要能发出电视台的声音，要有旗帜鲜明的观点，其水平的高低直接影响到电视台的形象。每一期的“本台评论员”可以不是同一个人，但是每一期节目最好只设置一名“本台评论员”。

“特约评论员”与“本台评论员”应该有一定的区别。特约评论员可以是专家学者，也可以是相关官员。他们或者有与本台评论员不一致的观点，或者能够为本台评论员评论事实提供技术层面或者理论层面的服务，也就是说充当“本台评论员”的“智囊团”。在这里要特别注意，一定要请那些既有知识又有思想的专家担任特约评论员；否则《央视论坛》就不是一个评论节目，而成了政策知识的服务台。

自然，这种角色的划分也不是绝对的。有的节目，需要主持人、本台评论员和特约评论员参加；有的节目，只需要主持人和本台评论员；有的节目，只需要主持人和特约评论员就行了，此刻可以由主持人同时担任本台评论员的角色，当然他需要具备这种角色所需要的素质。

在特邀嘉宾中，请什么人，讲什么，怎么讲，这是关系到评论节目的成败和优劣的关键。“一言堂”、“一边倒”不好，但是请错了人，而此人又“畅所欲言”可能效果会更糟。现在有很多媒体请了不是选题方面的专家，或请了不适于做电视嘉宾的人来做评论节目，效果是不理想的。选人用人是一项艰巨的工作，是一个过程，但只要用心事情总是可以向着好的方向发展的。

（2）将事件描述和发表评论相剥离。

发表评论不能脱离新闻事实，因此，在《央视论坛》中，用短片来回放事实是必不可少的，也是电视评论的一个特色和强项。但是，事件仅仅只是评论的一个由头，这个由头一定不能过长；否则，它就成了纪实片和新闻回放了。评论员的职责仅仅是发表评论，他们不需要对事件进行进一步的描述。也许会出现需要评论员对事件进行深层次解读的情况，但是即便在这种情况下，评论员也要明白自己的解读仅仅是为发表评论服务的，千万不能越俎代庖。而主持人则需要时刻记住描述和评论的关系，掌握好两者的比例关系。只有将事件描述从本台评论员的主要职责中剥离出去，才有可能从根本上解决"述"大于"评"的偏颇现象。

（3）政策类节目要将观点融于知识之中。

《央视论坛》作为央视唯一的新闻评论栏目，每年会有大量的政策类节目要做，这是中央电视台的职责，不能辜负中央的信任和人民的期盼。但是，即便做这样的节目，也要按新闻规律和新闻评论的要求来办，争取办好。宣导政策，一定要讲一些新知识，这是不错的。但是，知识不等于思想，知识更不等于力量。知识要转化为力量，必须有评论员的解读和阐释。评论员要对蕴含于政策中的新观念和新思想，用明确的语言表达出来，传播出去，这样才能起到其他栏目所不能起到的作用，达到它们所不能达到的目的，这也才是评论栏目存在和发展的理由。

对于一些比较枯燥的政策选题，可以从很多方面进行讨论。哪怕就是融入一些生动的例子，把政策融入具体的事例中进行分析和讨论，其趣味性就会强很多。

对于一些可讨论的选题，不妨做得宽松自由一些，节目嘉宾可以放开谈，有可能也可以请观众参与讨论之中，这对活跃气氛，深化主题是大有好处的。这也是新时期新闻评论需要研究和探索的新课题，中央电视台可以做一些尝试。

《央视论坛》虽然已经停播了，但是这档节目在中国电视新闻评论史上，留下了重重的一笔。它为中国电视新闻评论节目开辟了一条崭新的道路。在对《央视论坛》经过了深刻的总结和反思，汲取了经验和教训之后，央视应该继续探索这样的道路，不能停步。不管是《央视论坛》重新开播也好，或是另开一个电视评论类节目也好，这样的探索都是有意义的，因为电视新闻评论节目毕竟是推动央视"走向国际性大台，迈上新闻最高台阶的关键所在"。我们期待着这一天，希望这一天早一点到来。①

---

① 赵振宇、王婧：《电视评论该怎样做》，载《中国广播电视学刊》2008 年第 3 期。

◎ **思考题**

1. 什么是广播电视新闻策划？

2. 广播电视新闻策划在实践过程中需要把握什么原则？

3. 广播电视新闻节目策划和广播电视新闻栏目策划各自的相同点和侧重点分别是什么？

◎ **实践题**

请结合具体实例谈谈广播电视新闻策划的重要性。

第十三章

网络新闻的报道策划

2006年中国新闻奖首次将网络新闻作品纳入评选，且将网络新闻专题作为重点评选对象，这是网络新闻和网络新闻专题发展的里程碑。网络新闻专题的重要性和传播优势已经越来越不容小觑，而优秀的网络新闻专题需要精心的策划，如何灵活地运用网络新闻专题的策划技巧，并且同时做好网络新闻评论策划、网络新闻专栏策划，以获得更好的传播效果，是本章探讨的重点。

案例1

“地球一小时”是世界自然基金会应对全球气候变化所提出的一项倡议，希望个人、社区、企业和政府在每年3月最后一个星期六20:30—21:30熄灯一小时，来传递环保生活理念。“关灯，象征着我们为所有人提供可持续能源的承诺，”联合国秘书长潘基文说：“我们要用清洁、高效、价格适宜的能源点燃我们的未来。唯有付诸今天的共同行动，我们才能为更光亮的明天充电加油。”

自2007年开始，“地球一小时”这场超越地域界限的环保大行动都如期成功举办，每年都会引起各国媒体的关注，许多网站也会纷纷推出相关专题。

2012年，腾讯网和新浪网都精心策划了“地球一小时”的网络专题报道，新浪网在专题中，将“2012年地球一小时的主题为：每个人心中都有位环保家。活动时间是3月31日20:30—21:30”置于醒目位置，并在专题中设置了绿色生活经验分享、低碳节能生活指南、地球一小时宣传片、世界各地熄灯现场、微博关注等多个版块。新浪网还在专题中发起了“邀您为城市熄灯”活动。

腾讯网推出的专题，同样分为了多个栏目。其中包括：直击全国各地熄灯一小时精彩瞬间、2012年世界各地熄灯前后、亲历者说、视频：做出你的环保改变，以及下载QQ头像、皮肤等。专题中号召“不论是乘坐公交车、使用节能家电，还是节约用水、垃圾分类，甚至是种下一株花草，只要适合你，都是你超越一小时的行动宣言”。

各大网站推出的专题吸引了众多网友的眼球，造成了强大的声势。在各类媒体新闻传播的影响下，全球超过5000座城市的地标性建筑参与2012年的“地球一小时”活动，参加这个和超过1400家企业活动的中国城市也再创新高：截至3月30日，一共有124座中国城市加入“地球一小时”活动，并公开了自己的环保承诺。

图为新浪网2012年“地球一小时”专题

图为腾讯网2012年“地球一小时”专题

【点评】

综观新浪网与腾讯网的网络专题，其策划呈现出了内容丰富、主题鲜明的特征。新浪网在栏头中写下了“不只是一时的关注”，腾讯网则是把“每个人心中都有位环保家”置于顶端。

专题策划是一项系统工程。新浪网与腾讯网的“地球一小时”专题策划中，无论是专题结构、还是图片运用或是版面设计等方面，均呈现出诸多亮点。例如，两个专题中均选用了众多世界各地熄灯现场的大幅照片，具有极强的视觉冲击力，也让受众获得对于新闻的直观感受，从而加深其对新闻的理解和记忆。专题的编辑制作过程中，使得网络媒体的舆论引导功能得以充分发挥。

网络专题策划，离不开相关的活动作为载体。在互动环节设置方面，作为国内微博行业的翘楚，新浪网与腾讯都注重采用了微博参与的形式。无论是新浪网的“登入新浪微博分享你的观点”，还是腾讯网的“赶快通过腾讯微博广播 2012 地球一小时 加你的环保改变”，都在很大程度上提升了专题的互动效果。两家网站均推出的“联合多位明星邀你共同许下环保承诺”，也是利用明星的“辐射效应”，带动公众参与环保的有益尝试。

这些，对于两家网站提升其影响力和公众美誉度，均有着积极影响。

一、网络新闻专题概述

自从 1994 年中国正式全面的接入互联网后，中国网络媒体的发展也从此揭开序幕。网络新闻专题是深度报道的网络体现，需要做好策划、编辑等工作，优秀的网络新闻专题能够吸引大量的访问者，提高网站的点击率，增强网络媒体新闻传播的社会影响力。

网络新闻专题是伴随着网络媒体的发展和网络新闻业务的渐趋成熟而兴起的，按照报道的内容不同，通常可以分为：政治专题、经济专题、社会专题、教育专题、文化专题、科技专题、娱乐专题、体育专题等。

从第 23 届（2013 年）中国新闻奖获奖的情况来看，网络新闻专题得到了很高的认可度，在质量得到绝对保证的前提下，数字很能说明问题。

第 23 届中国新闻奖网络新闻获奖情况统计表

	网络专题	网络评论	网络专栏
特等奖	1	—	—
一等奖	2	1	2
二等奖	3	2	—
三等奖	4	3	—
总计（篇）	10	6	2

以上的数据充分证明网络新闻专题的分量与发展速度。作为网络新闻的一种重要表现形式，网络新闻专题是网络媒体以互联网为平台，以某一关注程度较高的或持续时间较长的新闻事件、人物、现象等为特定主题进行的集合式的报道。这种专题的主题是统一的，但体现的形式是多种多样的，通常运用消息、通讯、背景资料、评论等多种体裁，结合文字、图片、音视频等多种网络传播方式，调用电子公告板、在线调查等互动手段，对新闻主题进行多角度的、连续的、立体的、详尽深入的综合报道，因而被喻为最能发挥网络媒体新闻报道优势的表现形式。

（一）网络新闻专题分类

网络新闻专题的内容多种多样，按照这些内容的题材来划分，我们可以将新闻专题分为五个类别：新闻事件类专题、主题类专题、研究类专题、资讯服务类专题、典型人物专题。不同的题材，在策划上有所区别。

1. 新闻事件类专题报道

新闻事件类专题报道主要可以分为两类：社会性新闻事件专题和自然性新闻事件专题。社会性新闻事件专题通常以最近发生的社会新闻事件为主要内容，自然性新闻事件专题则常以大自然的奇特现象、自然灾害、动物的繁衍生息为主题。

（1）社会性新闻事件专题。2012 年 7 月 21 日，北京遭遇 61 年难遇的特大暴雨，京港澳高速南岗洼路段严重积水，数十辆汽车被淹，数百人生命受到威胁。大雨中，150 余名农民工伸出他们温暖而有力的双手，为被困者搭起了一条生命线。最终 200 多人获救，事后留下名字的有 182 人。

四川新闻网在最短时间内独家获知：这 150 名民工兄弟中，有 56 名是四川籍农民工。四川新闻网第一时间快速组织宣传报道，连夜派出记者飞赴北京，深入到这群民工群体中详尽采访，短短一周时间内，四川新闻网相继推出《大爱！北京 7.21 暴雨中舍身救人民工 56 人是川籍》、《农民工：暴雨中挺起“中国脊梁”》等 40 多条（篇）独家系列专访或通讯；组织编写了 10 余篇颂扬川籍民工无私大爱的文章，对事情进行准确定位；同时制作《四川为你骄傲——向 56 名川籍民工兄弟致敬》FLASH、《致敬！暴雨考验下的中国良心——献给 7.21 暴雨中那些伟大的平凡人》网络专题，全景报道了 56 名四川农民工在洪水中见义勇为、舍己救人的感人事迹。

与此同时，网站各部门迅速立体联动推进报道，麻辣社区发布相关帖文引导网友热烈讨论；官方微博和四川手机报刊登相关报道及时评扩大宣传深度和广度；地方频道赴南充、遂宁两地对救人民工家乡的干部群众、亲人进行深度采访，扩大了川籍救人农工群体感人事迹的社会影响力。

该专题和系列报道推出后，立即被新华网、人民网、中国网、央视网、东方网等 50 多家中央和地方重点新闻网站，以及新浪、腾讯、网易等知名商业网站共 100 多家网站转载，同时，《华西都市报》、四川电视台等众多传统媒体纷纷跟进采访。系列报道和专题还受到网友高度好评，川籍民工群体成为微博和论坛等互动领域的热门话题，产生了积极的社会影响。

这系列报道和专题，还直接推动救人农民工集体成功当选为 7 月“四川见义勇为好人”，并于 2012 年 8 月荣登“中国好人榜”，成为见义勇为类“中国好人”。

《致敬！暴雨考验下的中国良心——献给 7.21 暴雨中那些伟大的平凡人》网络专题荣获第 23 届中国新闻奖特等奖。

2013 年 11 月底，重庆发生了女童电梯内摔打男婴的惨案，这件社会性新闻事件引起社会广泛关注，新浪网特意为此制作了“重庆女童殴打婴儿”的网络新闻专题，分成视频报道、事件回顾、细节还原、各方反应、最新消息、互动参与、为男婴祈福几大板块，从各个角度立体报道此事。由于社会性事件最容易引起广泛关注，这个专题有 16.9 万人参与，很好地提升了网站的点击率和关注程度。

（2）自然性新闻事件专题。2010 年 8 月 8 日凌晨，甘肃省舟曲县因强降雨引发滑坡泥石流，堵塞嘉陵江上游支流白龙江形成堰塞湖，造成重大人员伤亡，电力、交通、通信中断。新华网立即启动专题制作，多部门会商专题内容，确定页面形式，从着手制作专题到推出上线，只用了 1 天时间。专题页面采用了新华网独创的“封面区”风格，主次分明、一目了然。救灾期间，新华网对该专题进行实时更新，动态整合相关报道，并多次在新华网首页头条位置进行链接，对温家宝总理赴舟曲视察救灾情况、天安门广场哀悼活动、白龙江胜利疏通等重要时间节点进行突出展示。专题既有《用智慧和忠诚创造奇迹——写在全面夺取舟曲白龙江疏通胜利之际》这样的宏大叙事，也有《舟曲县城夜间见闻》、《一对舟曲灾区兄妹的同学情、复学梦》等更加贴近灾区百姓生活的报道，从多种视角描绘了舟曲泥石流灾害发生、救援、灾后重建的全过程。

新闻事件类的专题报道要求网络媒体在第一时间捕捉到新闻事件的原貌，并经过快速而详尽深入的分析、解读和整合相关新闻资源，最终形成专题，呈现在受众面前。

2. 研究类专题报道

研究类专题通常基于社会对于某一新闻事件或某一种社会现象存在观点交锋的情况下产生。研究类专题的取材范围很广，如经济振兴问题、科技创新问题、教育问题、环境问题、社会保障问题、腐败问题等，都是很好的选题。这些问题的研究关系到广大人民的利益，受众需要了解新闻，更需要了解新闻背后的信息，了解新闻的意义，了解新闻的发展趋向。因而网络媒体在策划相关选题时，必须悉心准备，从新闻事件中提炼出观点，进行深入研究和系统总结，进而得出新的看法，最终达到让受众看到新闻背后的新闻，认识到新闻事件实质的目的，这样才能达到“运筹帷幄之中，决胜千里之外”的新闻传播效果。

2013 年，几乎各大城市的天气预报都离不开“雾霾”这个词，2014 年 1 月 15 日，新华网特意推出“呼吸保卫战——治理雾霾，中国在行动”的新闻专题，分成相关新闻集锦、各地在行动、科普知识、权威解读、重要评

图为新华网推出的以“雾霾”为主题的网络新闻专题

论、最新播报等板块，集纳了《国务院发布〈大气污染防治行动计划〉十条措施》、《近半省级地方两会召开“雾霾”等话题频被提及》、《31省份立“军令状”治霾》等中央部署，还有《济南发出“抗霾”宣言 千人宣言不放鞭炮》、《秦皇岛“人工造雪”抑煤尘》等各地报道，全面报道了中国进行呼吸保卫战的现状。

研究类专题所研究的问题通常关系到亿万群众的切身利益，关系到改革的进程和社会的稳定，处理时稍有不当，就可能制造矛盾，引起不必要的麻烦，成为党和国家的团结稳定与发展建设的阻碍。因此，策划此类专题时，网络媒体要注意集纳专家意见、受众呼声、业界反馈等多方观点，发挥各方面舆论合力的效应，使报道处处展现着权威的、正确的、贴近民众的观察视点和理念，引导受众对新闻事件进行理性的分析比较，进一步看清事件的本质和核心。

3. 资讯服务类专题报道

资讯服务类专题重在以新闻传播知识，不仅要坚持专题指导性的积极作用，还要注意专题的服务特性。此类专题若具有较强的传播知识与提供服务的功能，就能在网站与受众之间架起更贴心的沟通的桥梁，使受众感到自己登录的网站不但有新闻可读，还有资讯可用，从而产生更强的信赖感，网站也会获得更高的点击率。

资讯服务类专题的范围很宽广，主要可以分为三类：生活资讯服务类专题、军事科技类专题和体育娱乐资讯服务类专题。

其中，体育娱乐资讯类专题多注重体育界和娱乐界的信息，让受众掌握最及时的体育动态，追踪最新鲜的娱乐报道，是策划此类专题的基点。同时，如何避免娱乐新闻的恶俗化，符合网络媒体自身的定位，需要策划者掌握好其中的度。

总之，资讯服务类专题报道是一种具有直接可用价值的报道，都是尽量贴近网民生活所需、投资所需、日常所需，在体现社会化、生活化、平民化的共性基础上，讲究实时性、服务性、实用性。

4. 典型人物专题报道

典型人物专题报道是新闻宣传的拳头产品，一大批脍炙人口的优秀人物让读者难以忘怀，成为人生学习的榜样。典型人物专题报道的新闻传播效果好，但是也难做，一旦与受众的需求有距离，无法引起读者的共鸣，甚至引起读者的逆反心理，则会有适得其反的效果，不仅没有宣传好人，也砸了网络媒体自己的牌子。

时下，很多新闻媒体之所以做不好典型人物专题，关键是这些新闻报道有千人一面的倾向，典型人物高、大、全 的完美形象让受众敬而远之。放下写典型的心理负担，抛开典型头上的光环，轻松上阵，反而是专题策划者需要的状态。典型人物也是人，将其当做普通人来写，更容易拉近与普通民众间的距离，增强典型人与普通人的心灵互动，让网民对报道典型人物的网络媒体产生信赖感。

2012 年 5 月 8 日 20 时 38 分，在佳木斯市胜利路北侧第四中学门前，一辆客车在等待师生上车时，因驾驶员误碰操纵杆致使车辆失控撞向学生，危急时刻，本可以躲开逃生的教师张丽莉将学生推向一旁，自己却不幸被碾到车下，造成双腿截肢，骨盆粉碎性骨折，以致生命垂危。各路媒体纷纷报道张丽莉的英勇事迹，张丽莉被亲切地称为“最美女教师”。黑龙江新闻网因此制作了题为“最美女教师张丽莉——爱的壮举让你如此美丽”的网络新闻专题。专题内容紧紧围绕张丽莉的“磅礴大爱”，精心设计了“爱的回放”、“爱的留言”、“爱的评说”、“爱的故事”、“爱的传播”、“爱的回报”、“爱的榜样”、“爱的荣誉”、“爱的关怀”、“爱的抢救”、“爱的康复”、“爱的速递”等栏目，集中、全面、及时报道了张丽莉从受伤到康复的全过程。在所有关于张丽莉报道的专题中，这个专题是反应速度最快、报道最全、持续时间最长、主题最突出的一个专题。

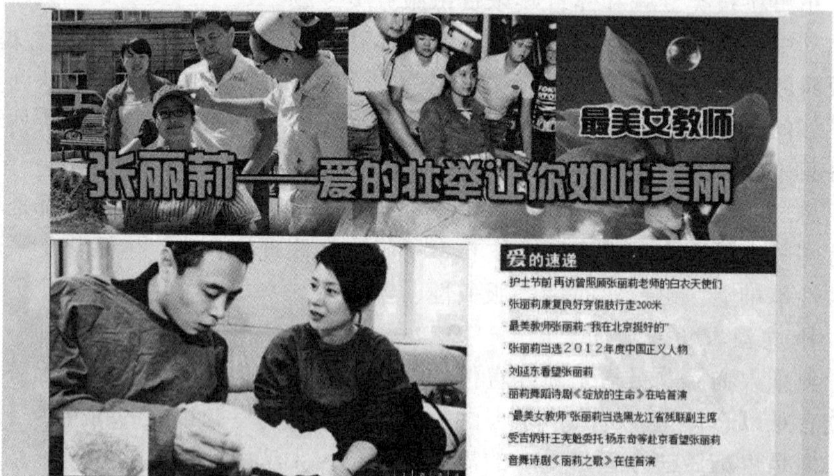

总之，典型人物专题报道要讲求人物的真实性和故事的细节化，点出普通人的非凡之处，以及非凡人的平凡一面，拉近与受众的距离，以更好地树立典型人物的形象，扩大典型人物的影响。

（二）网络新闻专题策划方法

1. 疑难解读法

疑难，即人们日常生活中的疑点、难点，是人们关乎其自身利益的问题。因为疑惑，人们不知何去何从，需要有人指点迷津。

2012年，陕西苹果滞销，陕西苹果似乎一夜之间成了无人问津的破烂货，大家对此议论纷纷。媒体、网民，就连延参法师也来帮陕西卖苹果。然而，陕西苹果真的全部滞销吗？滞销原因何在？网络助卖能解决多少问题？陕西新闻网为此特意制作了新闻专题《拿出市场的尺子——追寻陕西苹果“滞销”真相》。在记者实地采访基础上，力求还原2012年陕西苹果市场最真实的情况。专题用事实证明：陕西果业滞销只是非苹果优生区跟风种植的苦果，如果抓不住市场，就是所有媒体都来吆喝，也无法解决滞销问题。

网络新闻专题的策划，就是要努力寻找政府工作的关注点、社会群众的疑惑点，选好典型，抓住疑点和难点，透过现象展示事物的本质和事件发展的全过程，做好策划和专题制作，从而达到为广大民众答疑解惑的目的。

2. 冷热相融法

这里的冷和热分别指的是冷点新闻和热点新闻。热点新闻，毫无疑问，是大众最关注的新闻焦点，是极高价值的新闻，其受众面宽广、社会关注度高。而冷点新闻，看起来似乎不大为受众和社会关注，因而需要花大力气下真工夫去挖掘，正因为大家都认为冷点新闻不具有很强的新闻价值，所以不去理会，这就给有心人留有了极大的空间去挖掘冷点新闻，让冷点新闻冰点新闻转化成社会热点。

网络新闻专题的策划也是如此，要想使冷点转化为热点，就要好好策划。例如获得第17届中国新闻奖网络新闻组三等奖的新闻专题：《时代英雄交响曲——全国模范教师北大教授孟二冬》，就是一个好例子。光明网制作这个专题，是为了纪念北大的一位为国家教育事业呕心沥血鞠躬尽瘁的老师的感人事迹。事实上，全国上下，优秀的教师不乏其人，因病殉职的老师也不是寥寥几个，一个本来只有一小部分中国人感动的事件，因为光明网的精心策划，使之得以大放光彩，所照耀的地方，令众人皆是泪水和感动。

3. 正反交融法

这里的正反，是指从正面或从反面表现主题，正反对立法通常有两种情况：

第一，正反两个视角来展示同一个主题：表现一个主题的方式有多种，通常情况下，编辑都是正题正做，即单刀直入，从正面直接表现主题。而有些时候，采取逆向思维，不按常规出牌，正题反做，从侧面或反面去表现主题，反而出奇制胜，使得新闻专题标新立异，可读性强。

第二，正反两种观点展示同一个主题：运用这种方法策划的专题，通常是没有是非标准、争议性较大的问题。向受众呈现出两种观点显性或隐性的争锋，让受众找到属于自己的观点。给予受众一定的建议和指导，为受众留下广阔的思考空间，是这种专题策划的思路。

腾讯网的新闻专题《允许银行破产：好事还是坏事?》就从正反两方面来谈银行破产的利弊。一方面，政府为所有银行兜底，实际上扭曲了金融业，对储户和国家经济都有损害；允许银行破产，允许利率市场化，对储户收益有利。另一方面，民众对“银行破产”的疑虑也完全可以理解：“老百姓的血汗钱怎么可以放银行都不安全，政府凭什么不兜底”、“有钱人已经享尽了好处，不能这时候把风险让民众承担”。这个专题参与人数达到206万人次，跟帖一万多条，很受网友关注。

4. 综合归纳法

在新闻专题中，有着相同性质的新闻事件虽然不是同时发生的，但将它们归纳在一起的时候，我们明显可以看到一种特定的主题在其中，这种主题通常是某种社会现象以及这种现象带来的影响与反思，此类专题的策划需要编辑有很强的新闻敏锐力，将看似分散的新闻事件通过某种特定的主题穿针引线地连接起来，做好综合归纳的工作。

2010年上海世博会成了各个媒体的热门话题，几乎所有的网站都制作了相关的专题，这些专题往往都是做成综合归纳类型的，如上海世博会新华网上海频道专题，既有新闻快递，又有知识介绍，还有大量服务性信息，充分发挥了网络海量信息的优势，集纳各类资讯成一个专题。

网络新闻专题的策划，不应该仅仅限于某一次新闻事件，编辑也应该看到各个不同时间段的事件之间的紧密联系，过去的旧闻往往因为刚刚发生的新闻而再次浮出水面，并与新闻共同构成更加深刻的主题，这就要求网络编辑不能孤立地看待某个问题，而要掌握联系的方法论，抓住共同点，直捣问题要害，让受众备感耳目一新。

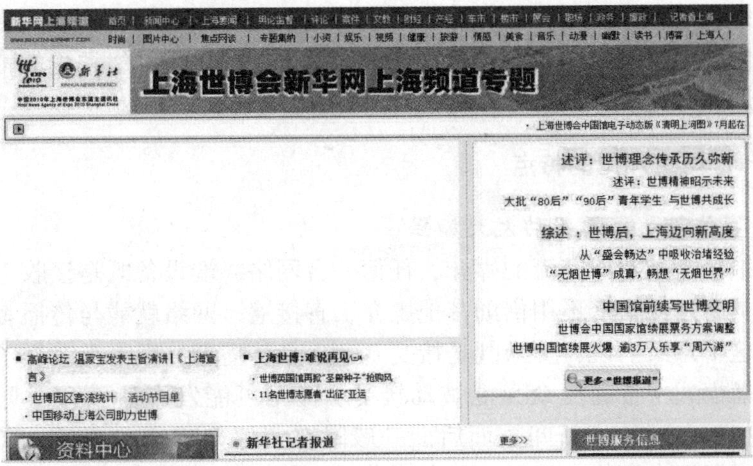

二、网络新闻评论策划

互联网与传统媒体相比最大的特点之一，当属互联网的交互性。基于互联网互动性之上的网络评论，已经是当前各大新闻网站的关注点和生长点。新华网的《发展论坛》和“焦点网谈”、人民网的“强国论坛”和“人民时评”、千龙网的“京华论坛”和“千龙评论”等在新闻媒体中已具有很大的影响力。

网络新闻评论较之传统媒体评论，无论其蕴含的内容、表现的形式，抑或承载的功能、社会的作用都有很大的区别。充分认识网络评论的特点，对于发挥新闻评论积极的社会作用大有裨益。①

（一）网络评论的特点

1. 媒体与受众的互动大大加强

网络是一种双向交流的媒介，任何一台网络终端设备既是接收工具又是传播工具，这使受众不用借助其他媒介，直接通过网络就能与传播者进行交流，从这个意义上说，受众既是接受者，也是传播者，根本上改变了传统的大众传播模式中普通受众只能被动接受，而不可能发布信息和意见这一状况。比如现在网站的新闻页面后面一般附有“评论”这一选项，读者如想对这条新闻发表评论，只需双击，把自己的意见输入即可。读者通过媒体了解了新闻，媒体通过读者了解了民众对新闻事件的看法及民众的思想动态等。这样，读者和媒体之间的互动就基本实现了。

2. 新闻时效性得到更好体现

时效性是新闻传播的原则之一。一条新闻从写出到见网，一般来说是相当快的，只需将所写的文章送到专用的发送系统就可以了，即使一条新闻远隔千山万水，只需指尖轻轻一点，就能到达发送系统的一端。新闻评论作为新闻的一部分，其时效性尤其重要，特别对于党的新闻媒体而言，由于媒体代表党进行发言，因而它对引导舆论起到举足轻重的作用。

3. 评论的深刻性开始增强

对于网络而言，由于其庞大的存储空间，又不受时间的限制，不仅可吸纳平面媒体的所有评论，而且还可在内容上进行深挖广掘，广开言路，让众多的读者参与其中，发表意见或评论，形成“百花齐放、百家争鸣”的氛围。当然我们不能以评论的数量来谈论评论的深度和广度，但在这么多评论中，我们不难发现很多文章具有深度；虽然有些评论的言论过于偏激，但我们还是能从中发现很多真知灼见；虽然论述或发言的角度不同，但却能开阔读者的思路，让人更容易看清事情的本质。

---

① 田勇：《浅论网络新闻评论的特点》，http://news.xinhuanet.com/newmedia/2004-04/05/content_1401603.htm,2015-03-18。

4. 网络评论为民意的表达提供了广阔的空间

许多网络评论表达了人民的心声，网络在为网民参与社会管理提供舞台的同时，也为民主法制的健全起到了促进作用。其实，很多网络评论是网民接触社会经过深思熟虑写出的，也可以说来源于实践，更能反映事物的本质并具有深度，因而是可以为决策者治理国家提供参与依据的。网络的隐秘性使人们敢在网上说出自己心里话，也敢于实话实说，真正表达了人民的心声。国家机关及其工作人员应当使用好网络媒体这一舆论阵地，多去论坛看一看群众在想些什么，他们当前最关心的是什么，他们迫切需要解决的问题是什么，争取做到对群众的心声心中有数，具体问题具体分析，能解决的立即解决，暂时不能解决的也应当以合适的方式告诉民众。网络评论不仅在于实现了网络的交互性，更重要的是为广大网民提供了对世界大事、国家大事、身边现象发表看法的重要场所。而网民的看法、意见可以在相当程度上反映民意，体现舆情。①

（二）网络新闻评论的类型及对应的策划方案

1. 编辑评论——从大处着眼，从网站的定位性质着手布局谋篇

编辑评论是由网站或与网站相关的传统媒体的编辑、记者或者网站的特约评论员所撰写的，代表整个网站的立场和观点，类似于传统媒体新闻评论的社论和评论员文章。

2. 专家评论——讲求专家的知名度和美誉度

专家评论是由网站邀请的各领域专家学者对某个新闻事件发表的评论。这里所说的专家，主要是指对某一领域或问题有专门研究的人士，并不仅限于专业的研究人员。专家评论既可以由专家来撰写，也可以由网站采访并撰写，还可以采取专家与网民直接的交流，如在线访谈、聊天室嘉宾座谈等形式。

3. 网民评论——在不出范本网站原则底线的前提下，让网民畅所欲言

就是由网民发表的各种形式、各种方式的讨论和意见，既有一两句话的简短评论，又有上千甚至上万字的长篇大论。与编辑评论和专家评论的相对权威性有所不同，网民评论带有一定的随意性和自由性。对于网民评论，我们现在要求更多的不是“有益”，而是“无害”。

---

① 姚永玲：《网络新闻评论的特点》，http://www.people.com.cn/GB/14677/21963/22062/2315088.html，2015-03-18。

三、网络新闻专题策划

成功的网络新闻专题需要精心的组织策划，一般来说，策划的过程中应该把握以下几个原则：

（一）选题的重要性原则

重要性是指对社会产生的影响力大，并能引起人们广泛关注，即抓住社会的热点所在，这种热点又可以分为新闻热点和宣传热点，二者都具有重要性。

对于新闻热点，即社会上发生的重大新闻事件，网络媒体应该及时予以关注。2012 年 7 月 28 日，第 30 届夏季奥林匹克运动会在伦敦举行。此次奥运会，中国网络电视台是全球唯一一家全程直播 32 大项 302 个小项，共计 5600 小时完整赛事的新媒体，全程直播赛事 3000 场，制作点播视频 1.5 万条，发布图文资讯 15 万条。推出奥运赛程、奥运项目、每日看点、精彩回顾等内容产品。日均独立访问用户 3515.5 万人，最高单日独立访问用户达 4069 万人，均列居本次互联网媒体奥运转播首位。

中国网络电视台借力奥运，打造“5+体育”新品牌，推出了 5+体育客户端和 5+VIP 两大全终端产品矩阵。5+体育客户端有桌面版（Win&Mac）、Pad 客户端、手机客户端，提供用户项目、栏目定制功能，每个用户都有自己个性化的首页。5+VIP 直播独有高清画质、多屏模式、事件标注功能，为受众提供了全新的交互式观赛体验。

新媒体奥运盛典《5+北京奥运夜》8 月 8 日晚 8 点在水立方举行。打造国内晚会前所未有的演艺明星与体坛名将的组合，推出全新的“文体 1+1”。原创访谈《奥运下午茶》，以演艺明星、文化名人和国际名流的视角看奥运，节目贯穿伦敦和北京两地，邀请英国 48 家集团俱乐部主席佩里、F1 冠军汉密尔顿、小萨马兰奇、田亮、杨幂等众多国内外明星，制作 20 场系列明星奥运访谈。

中国网络电视台充分利用伦敦奥运会赛事新媒体独家资源及多终端立体化覆盖的优势，通过“一云多屏”的全媒体传播体系对伦敦奥运会赛事和节目进行了立体交互传播，访问量创新高，形成了“新媒体、新品牌，全媒体、全覆盖”的传播格局。

对于宣传热点，网络媒体，尤其是国家门户网站的网络媒体，应当做好

图为 2012 年伦敦奥运会的网络专题新闻

此类专题的选题，我们在设计选题、进行选题策划时，绝不能单纯强调新闻性，而忽视舆论引导的作用。策划者应具有敏锐的政治、时局眼光以及把握事物发展变化进程的能力。

2012 年 8 月 10 日上午，重庆沙坪坝区凤鸣山康居苑中国银行储蓄所门前发生一起枪击抢劫案，后警方查明，案犯周克华系苏湘渝系列持枪抢劫杀人案制造者，公安部 A 级通缉犯。重庆“8.10”案引发全球关注，华龙网

图为华龙网推出的周克华事件网络专题

在第一时间大量原创报道的基础上，及时推出专题，以图、文、音视频，Flash 等多媒体手段和多种新闻形式，及时发布案情动态、侦讯细节，回应网友关注热点，澄清了网络猜疑与谣言，以及时、准确的报道取信受众，以正面舆论引导网友，为政府公信和为重庆“正名”起到了积极的宣传引导作用。

（二）信息的有效性原则

网络新闻在信息海量化和即时化上是其他媒体所无法比拟的，但一条新闻在时效性、纵深性等方面做得再好，一旦失实，便毫无价值，甚至产生相当大的副作用，引起受众对该媒体的抵触心理。

网络媒体需要海量的新闻加以支撑，俗话说得好，林子大了，什么鸟都有。这些新闻的来源非常复杂，除了大部分来自传统媒体，还有的来自处于隐蔽处的众多网友；海量的新闻需要及时传播，甚至需要追踪新闻事件的发展进行即时传播，否则就可能被其他网络媒体抢占先机，在激烈的竞争中处于弱势。与此同时，网络媒体进行的是全球化的传播，无效的、不真实的新闻一经发出就几乎是失控的，无法收回，即使立即删除了，也可能在发与删的时间差内早已被其他网络媒体广泛地转载。可见，在海量、即时的前提下，网络新闻的有效性是一个很难把握的问题。

我们应该看到，目前，网络媒体已成为假新闻的泛滥之地。当重大新闻发生时，许多人最早是从网络上获取信息，但他们往往还要到有传统媒体背景的权威网站去核实，或者等一些时间再到传统媒体上去核实。这充分体现了一些网络媒体的新闻信息之无效性现象有多么严重。

信息海量化本来是网络媒体的一大优势，但没有得到有效展示的新闻，数量再多也没有多大的传播效果，如果是虚假的新闻，还会产生传播的负效果。此点特别需要注意。

（三）对象的需要性原则

该原则是指专题的选择一定要与受众需求、社会效益紧密联系，以受众的需要、社会的需要为选题原则。

选题策划绝不是就选题论选题，选题策划是一个系统工程，是网络媒体组稿、编辑、设计、制作等各个环节策划的总和。在网络媒体中，一个成功的选题策划总是离不开网站生产经营活动的每一个环节。具体说来，设计选题时，要考虑网民的需要，网民就是市场，没有市场需要，或者市场同类专题已经饱和的选题，就不能采用。而一旦采用，就要使选题有比其他网络媒体的同类专题具有更高的质量和鲜明的特色。只有对选题作全面系统的策划，才能使选题的最佳效益最终得以实现。

满足受众需要，就是要为受众服务，同时也要考虑社会的需要。尤其是国家的重点门户网站，时时刻刻代表着党和政府的形象，传递着党和政府的声音，要以正确的舆论导向指引人，使网络新闻媒体在推动社会主义物质文明、政治文明和精神文明建设中发挥更大的作用，这就是社会对网络新闻媒体和其他所有新闻媒体的需要。

（四）操作的可行性原则

该原则是指编辑根据现有实际情况和条件，判断经过努力是否有可能达到预期目标。提出选题的过程中就应该多考虑出成果的现实可能性。当下，媒体的数量在增加，质量在提升，由于网络的传播速度之快，出新闻报道的周期越来越短，媒体间处于激烈的竞争阶段，不顾选题的现实可能性，则或者无法进行，或者半途而废，或者不见成效。这会挫伤新闻从业者的锐气，影响网络媒体的传播效果和形象。

在考虑选题的可行性时，从客观条件看，策划者应当充分注意和考察选题得以完成的客观物质技术基础，从人力、物力、财力三个方面确保课题顺利进行。从主观条件看，策划者应当充分考虑自身的条件，做到量力而行和扬长避短。

◎ 思考题

1. 什么是网络新闻策划？
2. 为什么要进行网络新闻策划？
3. 网络新闻策划的一般方法有哪些？

◎ 实践题

请结合具体实例分析某一次网络新闻策划的成功之处。

第十四章

不良报道策划典例评析

当今处于社会转型期的中国，社会问题此起彼伏，不和谐现象屡屡发生，在这种形态下，人们对信息的渴求也呈现出多样化的趋势，这对媒体来说可谓是一个巨大的挑战。众所周知，在中国的媒介生态环境之下，媒体的责任本应该是坚持正确的舆论导向，满足人民日益增长的精神文化需求，最终促进国家和社会的不断响起发展。然而近年来，虚假新闻、低俗色情等报道屡禁不止，严重违背了新闻媒体本该坚持的操守，俨然已经成为新闻界的一大公害，不仅损害了新闻媒体的公信力，还对社会产生极大危害。因此，杜绝不良性报道策划，还原公众新闻事件的本来面目，并在此基础上给公众以正确积极的引导，是当前十分迫切需要解决的问题。

案例 1

2013 年 8 月，一张照片在网络热传，照片内容为一名环卫工因为中暑在路边晕倒，旁边有一个小女孩为她打起了一把伞。这张照片感动了众多网友。随后，有网友指出，这张照片是摆拍而成的，事件是假新闻。

同时，向媒体报料此事的霍先生也坦承该新闻事件确为造假，称新闻是自己自编自导的。他数次道歉，希望能获得谅解。但是，由于“小女孩撑伞”图片中出现的 Logo 很“碰巧”与一家公司扯上关系，这就引起了网民的怀疑。对此，霍先生否认自己是有意为之，称那把伞只是朋友“随便”拿来用的。至于是否随便，没有旁人的佐证。再加上爆料人策划者电话来自同一公司，致使女孩撑伞事件疑云重重。

后来霍先生接受了媒体的采访，称自己造假是因为之前看过一条新闻，上海有十多人中暑死亡，令他感到震惊。他觉得清洁工最为艰苦，很可怜，也没有多少网友关心，而霍先生自己以前也是农民工，所以，他觉得社会应该帮他们一把，多关心他们……

但是霍先生也明确表示自己并非炒作，否则不会自己踢爆这件事。

至于照片中的伞也并非为企业做推广合作，仅仅只是朋友随便拿来用的。

而中央电视台《新闻 1+1》栏目则直斥事件策划者，人为制造的这种正能量，变成让人非常愤怒和震惊的“震能量”。在这种“震能量”的背后，给我们带来的伤害是多方面的，对公众而言，他们的情感被欺骗了，大家感觉被忽悠。另外两个最受伤害的是清洁工汤大姐和撑伞小女孩，当事件真相被报道出来后，小女孩的心灵会受到什么样的影响，她将怎样看待成人的世界？①

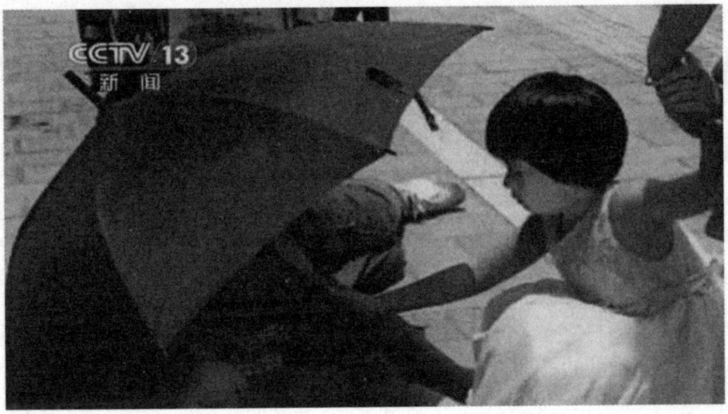

图为央视相关节目截屏：报料者提供的女孩为晕倒环卫工撑伞照片，来源：央视网

【点评】

每一年的夏天，高温天气都会导致环卫工人病倒甚至被热死，作为弱势群体的清洁工，必须在这个特殊的岗位默默忍受酷暑寒冬。所以，“清洁工中暑，小女孩撑伞”的报道能够传递正能量，唤醒人们对清洁工这一弱势群体权益的重视。

但是随着该新闻事件进一步发酵，却发现所有的感人情节，都是精心策划出来的。得知真相后的公众一片哗然，舆论纷纷谴责这种爱心造假的行为。据了解，该策划肇始于某公司发起的一项寻找爱心小宝宝的感恩公益活动，宗旨是传递感恩、爱心互助的理念，唤起公众的公益心和荣誉感。然

① 《楚天都市报》:《女孩为晕倒环卫工撑伞系造假》, 2013 年 8 月 4 日。

而，公益事业是高尚的，绝不能被卑劣的假新闻策划玷污。

诚然，当今社会确实出现了道德滑坡的现象，但是“清洁工中暑，小女孩撑伞”的假新闻策划，根本无助于人们道德的提升，反倒是变相激励爱心设防、透支社会信任，其危害性是不言而喻的。而如今的社会，爱心和信任敏感又脆弱，经不起折腾，更容不下欺骗，这种对公众“爱心”的消费行为本身就是可耻的。

回想近年来的假新闻，2012 年有过“跪爬母亲”事件，2013 年 3 月也发生过“深圳 90 后女孩当街给乞丐喂饭”的商业策划，都将爱心当做费尽心机的炒作对象，看成待价而沽的商业富矿。这样的假新闻不仅让公众失望，更令公众伤心，其如同以免镜子，照出人们爱心的迷惘，照见了公众良心的蒙尘，也照见着社会对人性美好的渴望。震惊和谴责之余，我们不妨好好反躬自省，找回人性本真，矫正行为坐标。

假新闻总是让人防不胜防，其也是一个“老生常谈”的题目，也是一个“不得不谈”的题目，更是一个“常谈不老”的题目。常谈，根本原因在于假新闻“常新”，危害“常在”，而且随着传播科技的发展，变得越来越隐秘，越来越不容易被人们发现。这就要求我们必须要有直面假新闻的勇气。在当今的媒介生态环境之下，认清假新闻的根本面目及其新特征，是我们防止和治理假新闻的前提。

一、不良报道策划的界定及其类型

真实性乃是新闻的生命，若要规避不良报道，就必须以尊重客观事实为前提，对此，我们很有必要来认清不良报道的含义及类型。

（一）什么是不良报道策划

近些年来，媒体关于低俗娱乐新闻的报道呈现递增的态势；大量暴力犯罪事件的报道以及色情信息充斥着公众的眼球；虚假新闻接连不断地发生……诸如此类不良报道策划出现的原因有其深刻的社会根源，这不能仅仅归咎于媒体从业人员在利益驱动下缺失操守，从某种意义上来说，需求决定供应，所以，人们的猎奇心理可谓不良报道的诱因。

通俗地讲，“不良”也就是不好的意思。不良报道策划，就是内容不佳、传播效果不好的新闻报道策划，是与建设性报道策划、优秀新闻报道策划背道而驰的。不良新闻报道策划不仅没有起到促进社会和谐的作用，反倒给社会造成了巨大的负面影响。另外，就其行为本身来说，不良报道策划不仅违背伦理道德，有时候甚至是违法的，给受害人带来了不良的影响。

毋庸赘言，不良报道策划不仅仅体现在娱乐新闻报道方面，然而，总体上来说，所谓“不良报道策划”，是指媒体违背基本的新闻伦理，甚至是触犯国家相关法律法规，在狭隘利益观的驱使下为了迎合受众的信息需求而给当事人、社会和广大人民群众造成了负面影响的新闻报道策划。

（二）不良报道策划的类型

互联网的普及以及新兴媒体的兴起为信息的传播提供了更高的平台，随着媒体之间竞争的加剧，信息传播更呈现出了同质化的趋势，为了抢夺信息源，迎合部分受众的“多元化”需求，致使部分媒体从业人员缺乏职业操守，从而进行不良报道策划，其内容基本上是围绕着虚假新闻以及低俗新闻而展开的。

1. 虚假新闻报道策划

世界上自有新闻之日起，假新闻就相伴相随，可谓无孔不入，令人防不胜防。在西方，专门刊登小道消息的小报自不必言，就连以严肃著称的名牌大报也未能幸免，如1980年，《华盛顿邮报》黑人女记者珍妮特·库克曾报道过一个8岁儿童染上毒瘾的故事，该报道因生动感人而获普利策奖，但随后被揭露出整篇报道全是编造的。2003年，有着150多年历史、号称“世界上最有声誉和影响的报纸”的《纽约时报》更是曝出惊天丑闻，该报记者杰森·布莱尔被揭露杜撰了36篇新闻报道。①

真实性是新闻的第一要义，新闻必须基于事实，徐宝璜曾言：“新闻者，确实者也，凡不确实者，均非真正新闻。”

就表面上来看，“假”就是不真实的意思，“假新闻”顾名思义也就是不真实的新闻，虚构出的“新闻事实”。

近些年来，虚假新闻不断出现，而且越来越不容易被察觉，使得广大受众难辨真伪。《新闻记者》基本上每一年都会评出“十大假新闻”，而刊登虚假新闻的媒体又以都市报居多。如《天府早报》、《南方都市报》等都市类报纸都不止一次进入“十大假新闻”的行列，由此可见，市场利益的驱

---

① 廖向东：《假新闻的社会危害性及根源分析》，载《浙江传媒学院院报》2006年第2期。

动是虚假新闻出现的直接诱因。

党报虽然以严谨务实著称，但是仍因为部分记者专业素养较低，缺乏基本常识，再加上编辑把关不严等原因，也会出现虚假新闻。《甘肃日报》在2010年关于“西安直辖”的失实报道，就是因为记者缺乏基本常识，误解信息而导致的。无独有偶，《济南日报》也曾因为对虚假由头不加核实而刊登了《国家文物局等再次研究是否要大规模勘探武则天墓》这则虚假新闻。

2. 低俗新闻报道策划

低俗新闻报道策划是媒体从业人员片面迎合部分受众的低俗趣味，为追求新闻点击量而进行的报道策划。这种行为放弃了基本的职业操守，违背了新闻伦理道德规范。

低俗新闻报道策划主要是将名人隐私、暴力凶杀、色情、金钱、重大灾难报道等负面事件放大，以渲染细节、追求感官刺激、吸引眼球为目的，并在此基础上而获取经济利益。低俗新闻报道策划在整个新闻产出的采编过程当中都缺乏严格管制，“过分强调故事性、趣味性，片面追求刺激和悬念……印刷媒体在标题的设置上极具煽情化，在版面的处理上追求感官的刺激，电子媒体则以色情的画面、挑逗的动作和粗俗肉麻的语言来迎合低级趣味”①。

低俗新闻报道策划主要有以下几种：

(1) 娱乐新闻报道策划。娱乐新闻报道策划在整个新闻报道策划当中是很有必要的，能满足受众对于娱乐新闻信息的需要，是新闻工作所不可或缺的。但是，却不因此而毫无顾忌地对名人进行报道，甚至侵害名人的合法权益。

犹记得前几年冯小刚因实在难以忍受娱乐记者对其私生活的骚扰而破口大骂，或许会有人谴责其没有风度，但是透视这一事件，我们确实看到了一些娱乐记者为了取得消费热点确实已经严重影响了名人的正常生活，甚至突破基本的新闻伦理底线，让当事人忍无可忍。身为公众人物，破口大骂影响确实不好，但是面对媒体毫无底线、“扒光”、破口大骂的同时又蕴含着多少的无奈。这种对名人私领域的生活进行毫无限制的“挖掘”俨然已经到了比较严重的地步。

退一步来讲，名人也是普通人，有自己的喜怒哀乐与悲欢离合。公众对娱乐信息虽有消费需求，但却是短暂的，不能持久的，更何况对名人悲

① 孙小兵：《对传媒低俗化倾向的理论思考》，载《中国广告》2008年2月。

情信息的追踪未必会给公众带来快乐。因此，娱乐媒体为了片面追求新闻点击率，吸引公众眼球而进行毫无底线的报道刺痛人心，其实完全没有必要。

(2) 暴力新闻报道策划。暴力新闻报道策划是指采用新闻报道的方式对新近发生的暴力事件进行报道策划。暴力新闻本身就具有很强的吸引力，这是其他类型的新闻所无法比拟的，在这种语境下，媒体对相关的暴力事件进行报道就有很大的市场。

当然，媒体对暴力事件的报道可以引起人们的警示，其不仅是对受众知情权的尊重，更在某种程度上激发着人们的反暴力共识。所以，其实就是具有积极意义的。但是，部分媒体单纯为了吸引受众眼球，增加信息点击量，有选择性地进行信息传播，甚至过度夸大暴力事件本身，给社会造成的负面影响是巨大的：清晰刊登车祸现场照片；暴力犯罪情节过度渲染；灾害现场惨不忍睹……

所以，暴力新闻报道俨然已经走上了娱乐化的道路，暴力新闻信息的过度泛滥不仅影响受众的心情，而且对公众尤其是青少年的行为都有着潜移默化的不良影响，这对整个社会的和谐进程都具有负面的影响，值得我们警惕与反思。

(3) 色情新闻报道策划。“黄色新闻”的概念其实是来自于普利策和赫斯特的竞争，普利策的《纽约世界报》和赫斯特的《纽约新闻报》为争夺报业市场，采用煽情、渲染、夸张的手法报道新闻事件。随着该词传入中国中国之后不断演变，现在一般用来指淫秽色情新闻。

色情新闻报道策划更倾向于在新闻报道过程当中断章取义，过度渲染信息内容，很多情况在配发图片带来视觉冲击，从而吸引公众眼球，获取点击量，而内容着实低俗而不堪入目。例如广州视窗网上一则题为“赵薇激赞陈坤床上真男人”的新闻，标题暧昧地加入淫秽色情的元素，实则只是报道电影《画皮 II》的广州记者会和全球首映礼。

色情新闻不断充斥公众的眼球，仍旧是媒体在利益的驱使下为了片面追求经济效益而忽视社会责任的结果，不仅不利于社会风气的净化，更对青少年的健康成长产生了不良的影响。在这种语境下，媒体以及相关部门必须负起责任，在整个新闻的采编过程当中一定要勇于承担社会责任，做好把关人，从而净化媒介生态环境，促进社会主义精神文明建设。

(4) 猎奇新闻报道策划。单从字面意思我们就可以看出，所谓猎奇新闻报道策划将奇闻异事作为由头而进行的新闻报道策划，其内容更呈现的是反常性与特异性。

当然，媒体对猎奇新闻进行报道策划是很有必要的，在让公众增长见识的基础上也获取的点击量，增强了该媒体的影响力，但是这并不等同于媒体可以歪曲新闻事实，甚至是人为捏造新闻事件来吸引受众关注。在进行相关报道的过程当中，媒体从业人员对信息不加核实，单凭是否能够吸引受众为标准来进行报道，甚至凭借自己的主观臆断来猜测新闻事实。

曾经有一篇报道《湖南捕获活的“野人”!》轰动了海内外，最后却证明那只不过是一只短尾巴猴，该报道只不过是采用比较吸引人的标题来提高信息传播率。

2013年9月，南风窗杂志社致函三门峡市委宣传部，承认该刊当年第18期报道《村官腐败透视》一文存在问题，并向广大读者致歉。其表示该文存在采访不够深入，把关不严的问题，文中村支书的一句话“这个村，有一半都是我的娃”乃是私下吹牛的话。可是，各大网站居然都以此为标题进行转载。不论对当事人，还是对当地，都产生了负面的影响，从此事件足以看出媒体为了吸引受众眼球可谓“不择手段”。

二、不良报道策划的社会危害

就目前的中国来说，不良报道策划呈现出愈演愈烈的态势，从全国性媒体到地方媒体，从都市生活报到党报，从纸媒到网络平台，基本上在报道策划内容所涉及的各个方面不良报道策划均时有发生。但是因其手段逐渐高明，受众难以辨别。所以，其造成的危害是潜在的，更是严重的、不能忽视的、亟待解决的。

不良性报道策划对社会产生了很多负面的影响，虚假新闻、低俗等报道策划不仅损害了有关各方的利益，其更是对媒体本身公信力的透支，也影响着媒体从业人员的形象，而不良报道策划所造成负面影响也远远超过其行为本身。总体来说，不良报道策划主要表现在以下几个方面：

（一）误导公众舆论，侵害公众利益

舆论是民意表达的一种方式，作为政治正义的一个内在组成部分，是公民依法行使参与权与监督权的一种形式。

媒体与舆论紧密相关。媒体要反映舆论，反映真正的民意，维护公众利益。如果不良报道策划误导了公众舆论，势必会带来很多负面影响，混淆视

听，误导公众，严重时会危及社会稳定。例如，2003年5月21日的《青年参考》刊登了记者的实时报道《女大学生卖淫现象调查》称：湖北高校女生8%~10%存在卖淫现象，25%存在陪侍活动。该文一经刊出就被多数网站转载，严重损害了湖北高校师生的名誉，造成了极其恶劣的负面影响。这些教训都是极为惨痛和深刻的。

从某种意义上来说，不良报道策划本身就是对公民知情权的践踏，其造成的结果肯定误导公众，损害公众利益，误导舆论导向。比如前些年发生的长城非法集资案中，沈太福与新闻界部分失德的媒体从业人员狼狈为奸，炮制虚假报道，从而误导了公众。

（二）报道内容相关各方利益受损

不良报道策划不仅会损害当事人的利益，同时也会危及相关行业以及相关人员的切身利益。

戴安娜王妃之死就与“狗仔队”为获取报道信息围追堵截有关，最终致使其为摆脱一帮摄影记者的追逐，在巴黎发生车祸，当场毙命，似此种毫无底线的不良报道策划直接导致了当事人的丧命，实在是令人痛心；2002年4月，先后有600多家媒体刊载了《微波炉是恐怖杀手》的报道，致使整个行业陷入困境，微波炉的销量同比下降40%；2007年11月，一则标题为“男子拒绝手术签字致使孕妇死亡”的报道称：一名孕妇因难产生命垂危被其丈夫送进医院，丈夫拒绝在医院的剖腹产手术书上面签字。医院几十名医生、护士束手无策，在抢救了3个小时后，医生宣布孕妇抢救无效死亡。对此，而网友则纷纷谴责当事人精神偏执、顽固、愚昧。在事后记者的采访手记中写道：当我们以人道的名义谴责该丈夫和医院的时候，又为满足自己的窥探欲而不断消费别人的痛苦，这是否同样违背了人道主义精神呢？是的，无论我们的愤怒出自什么，不可忽视的是，事件的最后，议论者都会渐渐淡忘，而唯有事件的主角，或许才是最最痛苦难以释怀的人，他失去了爱人，失去了整个世界。所以，这则新闻虽然传递出来了信息，但是却缺乏人文关怀，对当事人私生活领域进行无限制的挖掘，严重侵害了当事人的利益，给当事人造成了巨大的心灵创伤。

因此，不良报道策划若是仅仅为了获取信息，吸引公众眼球而毫无底线地进行报道，所造成的负面影响实在是巨大的，不仅是经济利益受损，给当事人造成了正常生活的困扰和不便，其所造成的心灵创伤才是不易恢复的。

（三）透支媒体公信力，影响媒体人形象

所谓媒体公信力，是指媒介报道信息的可信度在受众中产生的影响力，是媒体内在品格的综合反映。马克思认为：“人民的信任是报刊赖以生存的条件，没有这种条件，报刊就会完全萎靡不振。”① 而不良报道策划影响的不仅仅是媒体人的形象，更是对媒体公信力的透支，甚至是对民众信仰的透支。

媒体的社会公信力可以说是整个社会信仰体系的基石，如果所有的媒体都丧失了社会公信力，社会信仰体系必将坍塌，整个社会将陷入极度极度的混乱之中。② 所以，从某种意义上说，媒体的公信力是一种隐性的资产，一旦透支，其所造成的负面影响不仅仅是对媒体以及媒体从业人员自身而言的，其更是关乎整个社会的信仰。

不难想象，一个经常进行虚假新闻、低俗新闻报道策划的媒体，如何让公众信服。面对每日海量的信息，媒体更需要做好把关人的角色，核实信息的准确性。例如，张悟本这个人物的塑造，媒体就典型地起到了推波助澜作用。最初对张悟本神乎其神的宣传，有相当一部分人确实是半信半疑的，但是随着一些有影响力的媒体介入并不断地为张悟本鼓吹呐喊，最终让广大受众深信不疑，所以，张悟本的最终“倒下”实际上给了那些鼓吹的媒体一记响亮的耳光。

2007 年 3 月，国内众多媒体参与策划杨丽娟追星刘德华的事件。3 月 26 日，杨家父亲因刘德华不能满足女儿要求投海身亡。香港《文汇报》就此发表社论指出：“内地部分媒体早就介入杨丽娟追星事件的全过程，推波助澜之下，令事件愈演愈烈。在助长杨家追星疯狂行为乃至酿成杨父蹈海身亡方面，部分媒体难辞其咎。……在所谓新闻策划下，一幕悲剧被传媒利用为炒作和扩大销路的对象，这亦显示内地部分传媒素质下滑。”

媒体应该在维系社会道德、保障公民知情权、促进社会和谐等方面发挥积极的作用。这一点毋庸赘述。但是如若媒体在进行报道时扮演了破坏者的角色，虽然获取了短期的经济利益，但却失去了更为重要的东西——媒体的公信力。如果受众对一个媒体所传递的信息不再信任，那么这个媒体基本上

---

① 《马克思恩格斯全集》第 1 卷，人民出版社 1956 年版，第 234 页。

② 廖向东：《假新闻的社会危害性及其根源分析》，载《浙江传媒学院院报》2006 年第 1 期。

也就失去了存在的价值，这将是一种毁灭性的打击。因此，媒体一定要拒绝不良报道策划，莫等到公信力透支之时再反思怎样做好新闻报道策划，那就真的是追悔莫及了。

三、多方联动，规避不良策划

《羊城晚报》用“策划”两字来概括新闻竞争策略的核心；《华西都市报》曾提出“策划是都市报的精魂和制胜法宝，并把策划当做报纸发展的助推器”；《新民晚报》则提出了“编辑策划本位论”，也就是说编辑在新闻策划中的本位职能必须强化，改变过去重采轻编的现象，从而逐步走向以编辑策划为中心、记者采写为依托的联合运作机制。由此可见，实施科学的新闻报道策划越来越被媒体所重视。

然而，进入21世纪以来，随着网络以及新媒体的兴起与普及，客观上使得新闻媒体的竞争越来越激烈，要想获得有利的地位，媒体就必须发挥主观能动性，而非唯利是图，做好新闻策划，实施科学策划，规避不良策划。

（一）媒体加强自律，捍卫职业操守

事物的发展是由内外因共同作用形成的，内因是根本，外因是条件。内因决定着事物的根本属性，外因推动事物的发展，所以，加强媒体自律，捍卫新闻人应该持有的操守才是规避不良策划的首要前提。

2003年8月，山西繁峙金矿发生矿难之后，11名记者受贿丑闻轰动全国，唤起了人们对新闻从业人员职业操守的重视；2008年10月，山西霍宝干河煤矿矿难发生后，众多记者（事后证明部分为假记者）排队领取封口费，再次震动全国；2007年《扬州晚报》的假版面以及中央电视台某栏目使用假照片能够通过层层把关报送中国新闻奖并获通过（公示期间被揭露）……这些暴露出：部分媒体从业人员不仅仅缺乏职业操守，更欠缺最为基本的新闻业务素质与职业水准，实在令人扼腕叹息。

向记者采访发放“车马费”、对明星隐私领域毫无底线地“扒光”、有偿新闻、软新闻……在现实当中，这些俨然已经成为一种虽不合理但是却被默许的常态，甚至有些媒体从业人员可谓是不以为耻反以为荣，为了获取所谓的“独家新闻”、追逐经济利益而采取强制手段对当事人进行“暴力采访”。这些足以证明新闻行业道德失范现象亟待解决。

新闻职业是神圣的，新闻从业人员不仅仅是人民的代言人，更是历史的

记录者和真理的捍卫者。在中国特殊的媒介生态环境中，媒体应该是党和政府的喉舌，新闻从业人员依法享有采访权和报道权，但是却不能将其扭曲为一种个人权利，所以，媒体的报道必须经得起历史和人民的检验。

当然，媒体从业人员也并非万能，并不是在什么方面都是专家式的人物。对于一些难辨真伪的信息，或许我们不应该去苛责记者不去核实，因为一些信息的隐蔽性使得记者也没有意识去核实，但是我们不能将这当做拒绝信息核实的借口。

所以，对于一些明显为了经济利益而未违背新闻伦理道德的行为，媒体从业人员必须要"明知其不可为而不为"，对于一些技术层面或者专业知识层面上的信息则需要在不断加强自身学习的基础上，本着新闻人所应具备的求实精神，去探究事物的真相，将其还原给公众，也只有这样，才能够最大限度地规避不良报道策划。

（二）注重人文关怀，拒绝视觉冲击

所谓人文关怀，即在于尊重人的人格、尊严、思想和情感；肯定人的价值和主体性，以人为目的；关怀个体的自我实现与自由，追求人性的完善，实现人的最大发展。

我国的媒体需要强调人文关怀。其一，我国的媒体在新闻传播上有着程式化、片面性的历史传统，普通民众的生存状态和精神现状则往往被忽视；其二，在我国，媒体作为党和政府的喉舌，需更加关注普通民众的需求；其三，自从改革开放以来，我国经济取得了飞速发展，整个社会更加崇尚经济利益、消费主义和物质主义。所以，在这种语境下，更需要我们的媒体增加人文关怀，关注普通民众。

2008 年 7 月，一则母亲偷肉给儿子吃的新闻引起了广泛的热议，这位母亲受生活所迫，在郑州市一家双汇连锁店内偷肉被抓。这名妇女看见记者拍照就以头撞墙，说自己儿子正上高中，怕儿子看见了以后没法生活。她告诉警察，自己供养儿子上高中花费很大，家里已经两个月没吃过肉了，偷肉是为了让儿子吃好一点。"偷肉母亲"的故事次日经《河南商报》报道后，引起了全国读者的关注，偷肉母亲也得到了社会的普遍同情。而在记者的采访手记中，这位记者却这样记录：民警跟我说，有她留的一个电话，你要不要和她对话？我说，算了，我宁肯相信她说的是真的，也不愿意让我的举动给她的生活造成不可挽回的伤害。我不知道她的名字，派出所也不知道，店员也不知道，我们都没有去问，没有去记录，只是希望她回去后能恢复正常

生活。希望她的儿子在别人面前说话时，可以骄傲地说：“我有一个好母亲。”所以，不去给当事人的正常生活造成影响才是最为基本的人文关怀。

然而，一些媒体为了吸引手中眼球却不择手段，尤其以暴力新闻、娱乐新闻以及灾难新闻的报道策划最为突出。在媒体对“马加爵事件”的报道当中，使得一个严肃的话题奇异地充满了娱乐性。以媚俗和无立场为立场的传播成了社会心理的最高权力，多元化最终沦为单一化的不关己事不正经不负责的娱乐。五个支离破碎的家庭，四条风华正茂的年轻生命，苦涩悠长的社会反思——如果脱离了马加爵案的这一现实基础而去力图搞笑，除了毫无价值的泡沫，还有什么呢？

无独有偶，《旅游新报》第 60 期：该报推出汶川抗震特刊是典型的缺乏人文关怀的体现。为了追求传播效果，吸引公众眼球，该期报纸居然以娱乐的背景来做灾难性新闻报道策划，过后该报社对外立刻做了致歉。然而，对于受害者的亲人来说，其所造成的心理创伤并非一朝一夕就能够抚平的。作为公器的媒体在报道灾难事件时缺乏最基本的人性关怀，缺乏对生命最起

2008 年 5 月 26 日《旅游新报》第 60 期封面

码的敬畏。

而对于灾难性报道策划，绝不能过多地纠缠于画面细节上而引起不必要的痛苦；对于电视而言，不应该过多地在痛苦和受难的景象上拖延时间，而应该把这样的镜头缩短，把拍摄角度放大。切不可单纯为了追求传播效果，而把受害者血淋淋的镜头放大，更应该把镜头从受害者身上挪开以显示尊重，这些都是最基本的人文关怀。

（三）弥补制度漏洞，予以坚决打击

要规避不良报道策划，单考媒体行业的自律还不够，必须采取联动机制，各方一道来对新闻行业进行规范。首先要形成社会舆论对新闻行业的评价机制，将其内化为一种舆论监督；其次，还需要相关部门完善法律法规，在制度层面上规避不良报道策划。

一套完整、严密、无懈可击且可操作性较强的规章制度对规范新闻报道策划来说是十分重要的，不仅包括不良报道策划追责制度，还需明确所有相关人员的责任。不仅是不良报道策划实施者应承担责任，对于把关不严的值班编辑也需要承担责任。另一方面，媒体应该公开举报电话，勇于接受外界的监督，媒体内部还需要建立监管机构，从而内外联动，共同制止不良报道策划的生成与传播。

美国新闻职业道德建设经过200多年的发展，已经形成了全方位的新闻监督体系。例如：细化明了的新闻道德规范、新闻评议会等新闻道德监督机构、专门的评判刊物等，这些都对我国建立健全新闻伦理道德规范有着很强的借鉴意义。

我国也不乏相关法律法规，前国家新闻出版总署曾先后出台了《报刊刊载虚假、失实报道处理办法》、《报刊管理暂行规定》、《广播电视管理条例》、《互联网内容管理办法》等法规，已经将一些失范行为列入行政处罚之列。《新闻采编人员从业管理规定（试行）》第一条就明文规定：新闻采编人员要坚持真实、全面、客观、公正的原则，确保新闻事件准确，要认真核实消息来源，杜绝虚假不实报道。

虽然我们有很多规范媒体从业人员的法律法规，但是现实生活中违背新闻法或新闻职伦理的事件仍旧接连不断地发生，这足以说明国家的相关政策并没有落地。所以，必须建立相关的制度规范，并且能够使得相关政策落地，才能真正意义上起到规范新闻从业人员行为的作用。

四、不良报道策划典例评析

（一）新闻策划切勿过犹不及

——中央电视台《焦点访谈》"茶水验尿"报道策划评析

事件概述：

2012年7月29日，中央电视台《焦点访谈》节目以"男科门诊的秘密"为题播出了一则关于"茶水发炎的新闻"，以下为节目的部分文字实录及事件概述：

敬一丹：您好观众朋友，欢迎您收看《焦点访谈》，有些病对有些人来说是难言之隐，比如男科病，到哪去看这些病呢？过去电线杆上的小广告，城乡结合部的黑医院，还有街边的诊所，没少坑人，现在人们都有了提防。但是如果病人去的是一些大医院，医院规模不小，科室齐全，设备完善，流程正规还有专家，这样的医院总该靠谱了吧？但是记者调查的结果却让人意外。

解说：江西的王先生，前不久因为身患性病，按照广告去一家男科医院治疗，结果钱花了不少病没却治好。

王先生：他跟我讲，他说你这个病他跟我讲，说得蛮严重，说的把我吓了一大跳，他就给我推荐，譬如说打吊针、吃药这方面的治疗。还推荐我去把药水倒到浴缸里叫我去泡澡，这样本来我原来以前还存了10多20万，就治疗这个病全部都花掉了。

解说：给王先生看病的医院规模不小，看着也挺像模像样，可是花了这么多钱病没治好，这中间到底有什么问题呢？记者决定对一些大做广告的男科医院进行暗访，暗访之前，记者专门在北京的一家三甲医院做了全面的男科检查，所有的指标都是正常的。

……

当记者在来到了网上号称石家庄最好的男科医院博大医院后却被告知要做一系列的检查化验，在尿检的时候，记者故意做了点文章，送检的样品并不是尿液，而是一小杯绿茶饮料。之后的检查结果却是记者肾虚比较厉害，还有前列腺炎、附睾炎，而且至少需要一周治疗的治疗时间，手术费要4000元左右。

……

图为2012年7月29日《焦点访谈》节目截屏：记者假装患者前往男科医院看病，检查时将绿茶饮料冒充尿液送检

【点评】

2007年4月，国内某新闻社记者为了“考察”医德医风，策划了一起“茶水验尿”事件。记者以茶水冒充尿液，到10家医院化验，竟然有6家医院查出茶水呈阳性。此事经媒体报道，舆论一片哗然。5年之后，同样的策划又被中央电视台搬上《焦点访谈》，舆论同样哗然。

卫生部新闻办相关负责人称，5年前已有类似案例，当时卫生部组织专家研究认为，该报道有悖于媒体记者职业道德的规范要求，是误导公众。现在，卫生部态度没有改变。

《人民日报》署名评论称：新闻报道要真实、全面、客观、公正，这是应有的职业道德和职业精神。个别记者热衷主动“策划”各种新闻，只求“轰动”不顾后果，不关注科学常识和客观实际，走入了“新闻娱乐化”的误区，这也是少数媒体为追求“眼球经济”的表现。评论指出，不管出于什么样的初衷，“茶水验尿”都是值得媒体反思的一个事件。

还有的媒体质疑，这种“茶水发炎”式的新闻策划何尝不是钓鱼执法？并称“用绿茶替代尿液，以这种失实的事实来检验医德，偏离了舆论监督的本义，不但恶化了本就失常的医患关系，而且有失媒体的社会责任”。

《人民日报》署名评论称：“舆论监督的目的不是逞一时之快，而是为了揭露问题并解决问题，最终推动社会进步、促进社会和谐。因此，记者必须出于公心、出于良心、出于诚意、出于善意。舆论监督的出发点和归宿点都应是建设性的，这是媒体的社会责任。如果媒体盲目追求‘卖点’，随意策划‘茶水验尿’之类的‘新闻事件’，将丧失公信力。”对于热衷新闻策划的“新闻人”来说，这样的劝诫是大有裨益的。

（二）新闻策划要有底线

——北京电视台《纸做的包子》报道策划评析

事件概述：

2007年6月，北京电视台生活节目中心《透明度》栏目临时工作人员訾北佳通过查访，在未发现有人制作、出售肉馅内掺纸的包子的情况下，为显示工作业绩，化名“胡月”，纠集本市无业人员张沄江，冒充工地负责人，多次到北京市朝阳区太阳宫乡十字口村13号院内，对制作早餐的陕西省来京人员卫全峰等四人谎称需定购大量包子，要求卫全峰等人为其加工制作。后訾北佳伙同张沄江携带密拍设备、纸箱及购买的面粉、肉馅等再次来到13号院，訾北佳以喂狗为由，要求卫全峰等人将浸泡后的纸箱板剁碎掺入肉馅，制作了20余个纸馅包子。与此同时，訾北佳密拍了卫全峰等人制作纸馅包子的过程。在节目后期制作中，訾北佳采用剪辑画面、虚假配音等方法，编辑制作了虚假电视专题片《纸做的包子》播出带，并隐瞒事实真相，使该虚假电视节目于2007年7月8日在北京电视台播出，造成恶劣影响，严重损害了相关行业商品的声誉。

图为北京电视电《透明度》栏目2007年7月8日晚报道“纸馅包子”的截屏

北京电视台生活频道《透明度》栏目播出《纸做的包子》报道后，被各界媒体广泛转载，引起社会广泛关注。北京市工商、食品安全部门对此报道高度重视，迅速组织执法人员，每天对北京早点市场进行彻底检查，均没有发现早点市场存在“纸馅包子”。北京市公安部门介入后组成专案组全力核查。

2007年7月11日至14日，北京市工商局等单位迅速部署，在朝阳区范围内组织开展了拉网式专项检查行动，重点检查有形市场内的小餐饮摊点、小吃店，同时，重点抽检了太阳宫、定福庄、团结湖、芍药居、大洋路、双井、六里屯、麦子店等地区经营包子摊点的包子及肉馅样品。经北京市食品质量监督检验三站检测，检测结果全部合格，没有发现包子馅中含有纸纤维及其他违禁成分。

2007年7月18日，北京电视台承认《纸做的包子》为假新闻，称报道播出后造成了恶劣的社会影响，表示要“高度重视这一恶劣事件，深刻汲取教训，严肃查处相关责任人员”。2007年8月，訾北佳以涉嫌损害商品声誉罪被判处有期徒刑一年，并处罚金1000元。

【点评】

从视频上看，北京电视台《透明度》栏目策划的“新闻”《纸做的包子》似乎很“真实”：荧屏上，几十平方米的小黑屋子，黑屋子里一人多高的废纸箱以及从泡纸箱到制成包子出售的全过程，所有细节都很翔实。以至于有些具有多年从业经验的记者当时都未看出该节目是个假新闻。新闻报道与新闻策划并非水火不相容，好的策划会使新闻报道更精彩，但新闻策划绝对不能做假。“策划假新闻”就是制造“假新闻”，其社会危害绝不亚于制售假冒伪劣商品。

新闻工作者在策划新闻时，一定要反复提醒、告诫自己：新闻策划要有底线。所谓底线，就是指做事情不能逾越的一个原则，而在这里底线就是“不能造假”。无论在何种情况下，都不能越过这条底线；否则，不是违规，就是犯罪。

此次北京电视台做的《纸做的包子》不良策划就是触碰了法律这根“高压线”，该报道策划产生了严重的负面影响，其不仅欺骗了消费者，误导了公众舆论倾向，更是损失了报道策划所涉及各方的利益，严重损害了相关商铺的形象，并且给相关经营人员造成了巨大的经济损失。在法律面前人人平等的原则下，任何人触碰了这根“高压线”，都势必会受到法律的严惩，正如这位不良报道策划的主角訾北佳，不仅依法承担了刑事责任，也受到了相关的经济惩罚。

所以，媒体一定要从北京电视台的这期不良报道策划案中吸取教训，切不可为了吸引公众而选择去违背常理，从而变相地炮制新闻，若是这样，必然会危及相关各方的利益，给他们带来损失。不良报道策划的始作俑者也必然会被公众揭发，真相也必然会还原给公众，届时，其也必然是难辞其咎，违法者难逃法律的制裁！

（三）新闻媒体不能被策划

——广东部分媒体对“母亲跪行求助”事件“策划”报道评析

事件概述：

2011年3月，“天涯”广州版版主石金泉（网名“金泉少侠”，又化名“广州的富家公子”），通过“天涯”论坛策划炒作了一起“女儿患眼癌母亲跪行千米求助”的事件，被各大门户网站和纸媒予以报道，后来经网友揭发，这是一起由石金泉策划的网络事件。

2011年3月23日，《广州日报》推出第一篇报道——《敢问无聊无良网友为何作弄这苦命人》，讲述了一位母亲的不幸，其两个月大的孩子患上眼癌，为治病花光家中积蓄，无奈才在网上求助，而“广州富家公子”回应，跪爬一千米将捐2万元，结果在记者的“追踪”之下，这位“广州富家公子”却表态“不捐钱”，并且还说出“钱我是不会捐的，那是她自己作贱”这样的话。

3月25日，《广州日报》又推出第二篇报道——《眼癌宝宝治病钱已足够，幕后推手有人骂有人挺》，报道称“富家公子”就是“金泉少侠”，谢三秀表示不需再捐款，并感谢好人。而天涯公告称“金泉少侠”已被撤职，且否认此事是天涯所策划。当天，《羊城晚报》也推出报道——《“母亲抱病婴跪爬千米，网友食言2万捐款未兑现”一事确属策划，策划者称——想帮“苦命妈妈”无奈出此下策》，该事件的策划者“金泉少侠”说：“如果我不做这个策划，这对母女就得不到关注和帮助！人生最痛苦的事，就是看到一个人走向死亡却帮不了。”

3月27日，《南方都市报》推出报道——《母亲跪爬救盲女，网络推手向公众道歉》，报道称事件策划者石金泉给所有人说声对不起，而谢三秀也说：“我不是骗子母亲。”

事后查明，从湖北省荆州市江陵县来到广州的农妇谢三秀，其6个月大的女儿患眼癌得不到救助确有其事。“天涯”广州版版主石金泉在

“金泉少侠”捧出策划
“跪行妈妈”无奈配合
两人QQ聊天记录显示，谢三秀被动参与时一直忐忑不安
完善制度 让更多珊珊获救
“她只是为了救孩子”

“金泉少侠”登门道歉
谢三秀愿退所有捐款

2011年3月26日新快报报道 2011年3月27日广州日报报道

2011年3月27日

周日

南方都市報

刊号CN44-0175

-办·中·国·最·好·的·报·纸-

黑龙江检出极微量放射性碘

初步确认来自日本，专家称无需防护，不影响公众健康

广州大道跪爬事件推手

面见"跪行妈妈"谢三秀

"金泉少侠"

洒泪道歉

图为2011年3月27日《南方都市报》一版

网站上看到其悲惨遭遇，为谢三秀策划“跪行求助”事件：自己化名为“广州的富家公子”的网友，声称谢三秀如果从广州大道抱着孩子一直跪爬到体育中心，立马让人当场捐钱两万元。待谢三秀跪爬之后，又通过媒体发布消息，称“广州的富家公子”并不打算兑现承诺，以此点燃公众的愤怒，激发公众的同情心，达到为谢三秀多捐款的目的。

事后，石金泉称自己策划此事“纯粹帮人”，“整件事我一分钱也没拿，自己还捐了300元”，并认为媒体不应该揭露真相，应该让他一直骗下去，达到捐款给当事人的目的。但相关媒体报道显示，在谢三秀“跪行求助”的前一天，这一策划的完整方案已经登上了“金泉少侠互动营销策划”网站。

【点评】

“天涯”广州版版主石金泉策划的“母亲跪行求助”事件，扑朔迷离，一波三折，甚为“热闹”，也让人感慨。

石金泉并不是新闻报道的策划者，他是新闻事件的策划者。从策划技巧的角度讲，石金泉的策划还是有些“技术含量”的。面对相当数量的穷困者需要救助，而公众的注意力、同情心难以一一顾及的现状，石金泉通过策划“无助母亲跪行求助”、“富家公子言而无信”的事件，点燃公众的愤怒，激发公众的同情心，其“捐款效应”马上显现。

石金泉说他策划此事的初衷是出于同情心，但谢三秀“跪行求助”的策划方案提前一天出现在“金泉少侠互动营销策划网站”上，却让我们有理由怀疑，石金泉的策划本身就是有着“营利”的商业目的。公益策划应当与商业策划划清明确界限，若假“公益”之名，行“商业”之实，哪怕这种策划技巧再高明，终会被人看透。

作为此事的主要“参与者”，广州某些媒体的报道更需反思。此事，虽经媒体报道然揭穿了事件真相，但其社会效果并不理想。有些媒体在对此事进行报道中处于“被策划”的地位，缺乏对新闻报道的驾驭能力与对新闻舆论的引导能力。

新闻媒体在进行新闻报道策划之时一定要掌握主动权，不能处于“被策划”的被动地位，被事件牵着鼻子走。

(四) 新闻策划要基于真“由头”

——《济南日报》虚假新闻“国家文物局等再次研究是否要大规模勘探武则天墓”策划评析

事件概述：

2012年1月12日《济南日报》刊发报道《武则天墓何以“固若金汤”》中说：近日，有关专家透露，国家文物局、陕西省文物局、乾陵博物馆等部门再次研究是否大规模考古勘探乾陵的文物遗迹，持续了半个多世纪的陕西乾陵能否开掘的争论又起，备受瞩目。武则天的陵墓，被冷兵器时代的刀剑劈过，被热兵器时代的机枪、大炮轰过，甚至出动40万人去挖过。然而，没有人能打开乾陵。汉武帝的茂陵被搬空了，唐太宗的昭陵被扫荡了，康熙大帝的遗骸都凑不齐，为什么武则天乾陵独善其身？

……

濟南日報

企业质量失信
要进“黑名单”

强力推进十艺节重点工程建设

王敏到工地察看工程进展情况，强调确保工期确保质量确保安全

山东省美术馆奠基

把发扬民主贯穿十八大代表选举全过程

A股弱市刮起增持暖风

高峰时段交警定点设置清障车

武则天墓何以“固若金汤”

讨薪遇扯皮，40米高塔吊上苦守俩月

质量没问题，黄金饰品一般不能退货

私开服务器 牟暴利被抓

调查涉黑案 警方遭追砍

伊朗核专家 车中被暗杀

重视群众来电 督促有效解决

紧缺药物试行 定点定价生产

济南今年新增 32个山东名牌

城管携手慈善 救助困难摊贩

济南学区房价 未见明显松动

山东黄金男篮 客场不敌宏远

2011济南教育 十件大事评出

购买帝豪EC8 可享超长保养

图为2012年1月12日《济南日报》头版报道《武则天墓何以“固若金汤”》

【点评】

此新闻是2012年1月12日《济南日报》刊发的一篇虚假报道。令人匪夷所思的是，该报居然将新闻来源捏造为《中国新闻周刊》，而后中国新闻周刊网很快就此事作出声明，予以否认。

此次报道策划之所以被称为不良报道策划，主要在于并没有基于真实的“新闻由头”进行报道策划，即“近日，有关专家透露，国家文物局、陕西省文物局、乾陵博物馆等部门再次研究是否大规模考古勘探乾陵的文物遗迹”。其实，公众对这一选题还是感兴趣的，因为其满足了公众的好奇心，如果是真实的话其本身当然是具有新闻点的。然而，如果不编造假“新闻由头”，而是通过策划新的“由头”对此事进行报道，是可以避免授人以柄，沦落为“假新闻”，最终成为一个笑料的。由此看出，缺乏智力含量的新闻策划，不仅策划不出好新闻，还可能莫名其妙地搞出一个由头，进而策划出一则“假新闻”。

当然，新闻的策划需要记者去挖掘，需要记者去提高发现新闻的能力，在日常生活中发现可供选择的由头，进而进行真实的新闻报道策划。但是，在进行由头的发现、筛选与确定之时必须保证由头来源的可靠性以及由头本身的真实性，假的由头肯定策划不出真的新闻。在这种语境下，媒体从业人员必须掌握广泛的知识以及科学合理的新闻报道策划方法，提高辨别假由头的能力，恪守新闻职业操守，而非为了“偷懒”，甚至是捏造假由头。

（五）基于常识的基础上做好前期策划

——《甘肃日报》“西安直辖”报道策划评析

事件概述：

2010年7月7日《甘肃日报》发布新闻：“西安已被确定为国家第五个直辖市。”

报道中说：在西部大开发10年的节点上，我们沉浸于西部巨变带来欢愉的同时，同样接纳着理性的敲打。面对改革开放30年后中国经济增长模式的转型，面临新的10年征程，在中国未来发展的路上，甘肃、兰州如何找到自己的定位？北京财智经济战略研究院院长、著名战略咨询专家王志刚今天为我们带来了他的声音。

要知道，国家规划的3个国际化中心城市中，就有西安，而且，西安已被确定为国家第五个直辖市。这更能够印证一个命题，那就是，天水、甘肃融入陕西后，将会得到更多的发展机遇。反之，则很可怕——西安、陕西面朝东部发展时，天水、甘肃就会成为少人问津的背部，经济盲区也会由此产生。

……

【点评】

《甘肃日报》关于“西安已被确定为国家第五个直辖市”的报道内容失实，该报编辑部在“重要更正”中称：“系记者在某论坛采访时，对演讲者的演讲内容理解和文字表述有误，值班编辑审稿不严。”事实上，作为一家省级党委机关报，任何一篇新闻稿刊发出来，都要经过例行的审稿流程。此假新闻之所以顺利“出笼”，一个重要原因在于采写与编辑人员缺乏应有的新闻工作常识。

西安作为国家的中心城市之一，地位确实重要。但是倘若西安被确定为国家第五个直辖市，如此重大的新闻，其来源必然是官方权威渠道。陕西媒体及官方都没有发出“西安直辖”的声音，该记者却仅凭一个专家的演讲就写稿，在此基础上，编辑部却未经核实便擅自刊发，显示出一些新闻单位的部分采编人员缺乏应有的政治常识，政治素养低下。

从这个意义上讲，《甘肃日报》的采编人员不仅因为常识的缺乏刊发了假新闻，还因为策划不到位丢掉了一个不错的新闻选题。

其实，以“西部大开发10年”为背景，探讨西安这座城市对于西部大开发的重要地位与作用，如果策划得好也不失为一个好的选题，完全可以在此基础之上进行一个非常好的新闻报道策划，这个选题可以由陕西的媒体来做。而甘肃的媒体也完全可以借助西安的发展模式及其优势“依样画葫芦”，为省会兰州做一个优秀的新闻报道策划，从而彰显兰州在西部大开发中的重要地位，提高兰州及甘肃省的知名度，从而为地方经济的发展赚取资本。遗憾的是，《甘肃日报》的这位记者犯了若此荒唐的错误，不仅损害了《甘肃日报》的媒体形象，更错失了新闻报道策划选题，损失确实十分惨重。

（六）新闻策划要注意核实基本信息

——《南风窗》三门峡村支书性侵村民妻子报道策划评析

事件概述：

“这个村，有一半都是我的娃。”在三门峡市西南方，距离市区90公里左右的一个小村里，村支书张大万（化名）笑嘻嘻地对市里来的驻村工作队员说。本村的青壮劳力都外出打工去了，他们的留守妻子竟然成为张支书的猎艳对象。

但农民们对村干部普遍和最大的愤怒，并非来自男女作风甚至性侵方面。他们最在意的，是自己和集体的财产受到了村干部的不法侵占。

……

（来源：2013年8月28日《南风窗》）

2013年9月8日《河南日报》头版刊发了《南风窗》就“村官腐败透视”一文的致歉。《南风窗》的致歉信，立刻引发网友“围观”，截至9月8日18时，该条微博被转发1096次，评论437条。人民网、新华网、新浪网、搜狐网、腾讯网、网易、东方网、大河网及新浪官方微博等进行了转发，网友对此事评论如潮，仅新浪新闻跟帖，就有38000多名网友进行评论。与此同时，《河南日报》刊发《莫让谣言损害媒体的生命》的评论。评论说，真实性是新闻报道的生命，不哗众取宠、传递真实信息是新闻人的基本操守，讲大局、讲公德是主流媒体应有的责任和担当。舆论监督当然应该提倡，但如果把眼光仅仅盯着危言耸听的负面信息，热衷于猎奇，就会用虚假的“小道消息”误导舆论，透支和扭曲主流媒体的公信力，对他人和社会造成严重的损害，对此不可不察、不能不慎！

【点评】

该报道之所以引起轩然大波，在很大程度上是因为文章开头的那句话，即“这个村，有一半都是我的娃”，致使众多网站干脆以此为标题进行转载，其在某种程度上转移了舆论的焦点，甚至掩盖了新闻的基本事实。再加上《南风窗》素以坚持严肃的新闻理念著称，实在令读者很难想象能够出现这种很低级的报道失误。

新闻报道必须基于客观事实，这一点毋庸置疑，假新闻的出现不仅说明部分媒体人缺乏基本的职业道德操守，其更是对媒体公信力的一种透支，这也就要求媒体在行使监督权的同时必须要谨慎，做到严格把关，核实基本的新闻事实。就拿《村官腐败透视》这则报道来说，“这个村，有一半都是我的娃”虽是为了呈现村干部性侵妇女这一基本事实，但是总给人以“吸引公众眼球，夸大新闻事实”之嫌，其符合了新闻报道的“趣味性”，但是就某种程度来说却是对新闻报道“真实性”的践踏，更何况这种措辞无疑是对受害者心灵的一种“二次伤害”。

此则报道策划本身并无不妥，因为其反映的是当今农村基层自治组织的腐败问题，这则报道引起了强烈的反响，让人们认识这个权力真空区的权利过度泛滥。但是该记者把一句明显不符合事实的话不加核实，甚至放置于文章开头，不免给人以博取受众眼球之嫌，使得本来一个很好的新闻报道策划案例俨然成为不良报道策划的典型。

真实性是新闻报道的生命，媒体切不可为了不哗众取宠而对信息不加核实。舆论监督当然应该提倡，但是绝不能把眼光仅仅盯着的负面信息，热衷于猎奇，就会用虚假的“小道消息”误导舆论，最终不仅误导了公众，混淆视听，而且还透支和扭曲主流媒体的公信力，对他人和社会造成巨大的负面影响。对此，媒体必须勇于承担社会责任，严格核实一些很容易判断出的虚假信息，而非单单为了吸引受众而进行不良报道策划。

（七）新闻策划要寻求较高定位

——《安徽商报》“无名尸体”报道策划评析

事件概述：

2013年1月8日《安徽商报》报道：《无名尸体牵出一个少妇与两个男人的私情》。

宿州市一已婚妇女先后与两名男子发生婚外恋，后来为了摆脱其中一人，竟然伙同另一情人将其杀死，随后，两人将尸体抛至一机井内，并扔了几只死鸡作为掩护。

一个月后，村民在打水时发现尸体，这起由于畸形三角恋导致的命案被引出。日前，宿州市中院公开审理了此案，女子刘某与其情人黄某某被判处死刑，缓期二年执行，剥夺政治权利终身。

文章的小标题是：“机井内惊现无名尸”、“两‘情人’供认杀人”、“杀身祸源于婚外恋”。

【点评】

《安徽商报》这起报道策划是典型的一次格调低下、定位不高的不良报道策划。在此次报道中，记者过度渲染死者死亡细节，不仅具有潜在的“示范效应”，更是对青少年的健康成长产生不利的影响。死者的死亡细节可以公布，毕竟其属于新闻的一个有机组成部分，但是媒体绝不可以凭借这一点来给受众带来视觉冲击感，从而以此为卖点，传递低俗信息，从而污染公众视野。

都市报虽然是面向知识文化水平相对来说不高的广大市民，但正是由于其面对着占社会人口绝大多数的普通老百姓，所以其更需要注意自己进行新闻报道策划所产生的社会影响。《安徽商报》的此次新闻报道策划，其给社会带来的负面影响要远远超过这则事件本身。互联网日益普及的今天，信息传播呈现高速化的趋势，在这种语境下，势必会放大这则新闻报道的影响力，那么媒体从业人员在进行新闻报道策划的同时更需要寻求高的定位，从而为社会营造一种和谐的氛围，为社会的进步增添“正能量”。

(八) 新闻策划要注意其“潜暴力”

——《重庆商报》“民工讨薪”被围殴报道策划评析

事件概述：

2005年10月18日《重庆商报》报道：《重庆民工广东讨薪遭200凶徒围殴24人伤1人亡》。

16日下午，46位开县民工代表在广东惠州一工地讨要工资时，遭到200名统一着迷彩服、戴红头盔、手持钢管的青年围追袭击。民工被穷追，被迫跳江逃命，其中一人溺水身亡，一人生死不明，另有24人在事件中受伤。16日下午，负责办理此案的人员说，还没有凶手落网。

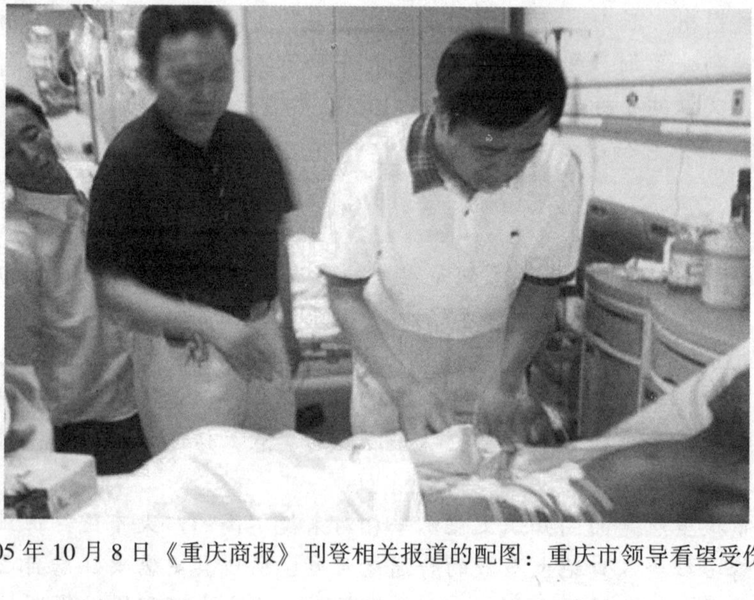

图为2005年10月8日《重庆商报》刊登相关报道的配图：重庆市领导看望受伤农民工

【点评】

《重庆商报》有这篇报道中，对文章暴力元素可能引起的负面影响不加顾及，对具体的涉事经过并未有针对性的省略。从农民工催债间隙的等待到被200名行凶者围攻，再到农民工被打，接着是逃亡的细节，作者了解得不可谓不详细。但却较少考虑到文章对社会上民众进行的负面引导，及其对受害者家属所造成的二次伤害。

新闻是一种文化产品，它在某些维度上和电影、电视剧、小说是契合的。作为社会文化的一个有机的组成部分，我们不得不抑制它本身负面属性对整体构成的影响。我们更要防范其对某类人群，特别是18岁以下的儿童青少年、精神病患者和未被缉捕的犯罪分子等人群的不良导向。尤其像报道中“兄弟们出来，给我打”、“迅速从一辆货车内取出明晃晃的钢管，朝民工们扑过来”、“黄明忠他们被钢管打了，跑的时候身上还在滴血”等语句的使用，可能会引发某些人对暴力的崇拜。

媒体在进行暴力新闻报道策划的时候，更需要注意其本身是否具有“潜暴力”的倾向，切不可单纯为了追求视觉冲击而对暴力情节过度渲染。只有对暴力新闻做出过细的考虑，并在此基础上做出判断才能避免变相暴力新闻的出现，从而对暴力新闻进行科学合理的报道，最终规避不良报道策划。

第十五章

新闻策划人的素质要求

2013 年 3 月 25 日，中国新闻网刊发了一则《深圳 90 后女孩当街给残疾乞丐喂饭感动路人》的新闻。在配图照片中，一名身穿粉红格子衬衫、扎着马尾辫的女孩单膝跪地，在给一位患有残疾的老人喂盒饭。报道称：女孩是湖南新化人，出生于 1991 年，目前正在深圳打工。3 月 24 日下班回家路上，女孩看到老人盯着快餐店里的盒饭后便掏钱为老人买来了盒饭，然后亲自喂饭。

这则图片报道随后在各大新闻网站与微博上疯转，众多网友为女孩竖起大拇指，称赞此举是社会正能量。但很快就有网友指出新闻是策划团体炒作。经深圳媒体证实，整个行为其实是某商业展的炒作。附近一位目睹拍摄过程的报刊亭老板称，女孩只喂了几口饭，便随拍照的男子离开。此后，策划者出面致歉，承认照片是摆拍。首发媒体中国新闻网也表示歉意。这篇报道的作者郑小红是中国新闻社广东分社副社长、深圳记者站站长，在媒体开始质疑新闻的真实性时，她一再否认，再三追问后才承认是通讯员发来的稿子，自己并不在场。但她所说的通讯员石金泉，本是一名知名拍客加网络推手，曾为广东电视台以及深圳当地多家媒体供稿。2011 年，他因策划《眼

来源：《新闻记者》2014 年第 1 期，阿仁/图

癌宝宝母亲跪爬，被“富家公子”戏弄》的虚假报道，公开向社会道歉。在事件水落石出后，郑小红发布了一则“致歉声明”，承认自己“未严谨地核实新闻事实，没有善尽一个新闻记者的责任”①。

这样的事件提醒我们，新闻策划人应该具备相应的素养，否则就可能将“新闻策划”变成了“虚假新闻”，不仅给接受新闻信息的群众带来了困扰，更严重的是侵害了传媒的公信力，有的甚至会直接造成巨大的经济损失。比如2008年9月11日，《京华时报》在B40版刊发了一篇题为“招行投资永隆浮亏百亿港元”的300多字的消息，直接导致当日招商银行股价暴跌，并带动银行股板块下跌，当日招行A股流通市值就损失了127.5亿元，同日招行H股跌5.161%。虽然《京华时报》于9月12日进行了更正，但招商银行的股价并没有得到相应修正，当天招行A股继续下跌。这样的教训是惨痛的。

新闻报道策划是一种创造性的劳动，是建立在事实基础上的创造性劳动。它要求策划者出新求异，涉足别人未曾涉足的领域，报道别人未曾报道的内容，选用别人未曾选用的主题，采取别人未曾采取的形式；它要求超前预测，未雨绸缪，对将要发生和已经发生的事进行未来报道的设计；它要求熟悉各种政策法规，按照社会发展规律和新闻报道规律，制定一定的目标和实施措施，保证策划方案的实现；它要求参与策划的各个部分做到科学有序，调动参与者的积极性，产生最佳的报道效果，等等。新闻报道策划是一种创造性的劳动，但并不意味着策划人可以为了独树一帜、为了取得轰动效果而制造新闻。每年年底，媒体都会评选出“十大假新闻”，这些“假新闻”中，有一些就是“策划”出来的，种种现象表明，新闻策划人的素质亟待提高。

一、提高责任意识

所谓责任意识，就是记者的报道要具有强烈的责任感、使命感，对整个社会负责。而对社会负责就是对最广大的人民群众负责，对代表最广大人民意志和利益的党负责。新闻工作者是传播思想和信息的特殊人群，他们所从事的传播工作，最重要的功能就是促进社会文明进步。所以，他们应该是人类社会基本道德的维护者和监督者，应该具有献身维护人类社会正义、推动

---

① 年度虚假新闻研究课题组：《2014年虚假新闻研究报告》，载《新闻记者》2015年第1期。

社会进步的使命感。他们不盲从社会潮流，不迎合低级趣味，富贵不能淫，威武不能屈，以高尚的品质、独立的精神和正确的思想使社会公众受益于他们所从事的事业。他们深入生活、体察生活，但决不沉溺于生活，而是永远保持着超越于生活之上的理念和思索。他们不会贪图享乐，新闻岗位绝非他们谋一己私利之“近水楼台”，而是一股挟其行万里路、吃万般苦、不得“真经”不罢休的神圣力量，使他们从生活中吸取营养而又加倍地报偿社会。新闻工作，将成为一个守望与捍卫人民利益的神圣岗位。

纵观近年来出现的一系列问题报道，大多是策划者没有坚守或一开始就失去了社会责任意识所致。从“注水西瓜”到“香蕉致癌”，从“茶水发炎”到“纸馅包子”，越来越将一个严肃的问题摆到新闻工作者的面前：我们的一切报道，我们的一切策划到底是为了什么？看似一个老生常谈的问题却在很多新闻媒体老总和工作人员身上屡次重犯，说到底，还是对新闻工作职责认识的不清楚。2007 年 3 月，在报道兰州女孩杨丽娟事件中，可以说是媒体责任意识丧失的一次集中表现。

我们的一切报道都是为大众服务的，不允许有个人或小团体的私利。虽然也有媒体在报道后说自己是为了“公共利益”，但这绝不能只由新闻工作者说了算，而是由全社会来监督来评价。当今社会缤纷多彩也变幻莫测，很吸引人也有时使人很无奈。媒介的社会责任要求记者摆正自己的位置，承担起新闻工作者应尽的职责，同时，又不滥用手中的权力。这就要求新闻记者要具有较高的道德水准和社会责任感，努力避免我们的报道策划在道德层面上产生负面效应。

（一）坚持全心全意为人民服务的原则

新闻工作者的职业特殊性决定了他们的特殊活动方式和特殊的社会地位，到底如何看待这一社会角色呢？笔者认为新闻工作者作为搜集与报道新闻信息的社会活动家，其实质是社会的公仆、人民的公仆。为人民服务是社会主义道德建设的核心，是社会主义道德的集中体现，也是我国新闻工作的根本宗旨。因此，在新闻策划的过程中也必须遵循这一根本宗旨。

2007 年，以山西省洪洞县曹生村黑砖窑为核心的“奴工”丑闻能够被彻底揭露，引发中央政府高度关注，从而拉开彻底清查序幕，河南电视台都市频道及记者付振中的作用无疑最大。这一“黑砖窑事件”，无疑是 2007 年最让国人震惊的黑色新闻。

正是这个 39 岁的记者，从 5 月 9 日开始，一个月内三赴山西，和丢失孩子的家长一起辗转山西各地黑砖窑寻找孩子，那些被摄像机偷录下的场景，在河南电视台都市频道播出后，令所有观众怒不可遏。后来在网络、电视、报纸上出现的所有黑砖窑的影像，几乎都是以付振中偷偷拍下的黑砖窑为蓝本，他镜头里的那些人间地狱般的工人工作场景是此事能够激起舆论强烈反响的最重要的导火索。①

这个事件最早的线索，是五名丢失孩子的家长向河南电视台发出的紧急求助。之前这几位家长已经苦苦寻找了很长的时间，结果是帮别人找回了四五十个孩子，自己的孩子却杳无音讯，在万般无奈的情况下，这些家长选择了向都市频道求助。记者刚开始介入采访报道的目的，是本着电视台一直秉承的人文关怀精神，去帮助这些丢失孩子的家长寻找孩子，让那些可能遭遇生命危险的孩子回到安全的地方，回到父母身边。在进行报道的过程中，他们最关心的问题是如何尽快地把被困在黑窑场的孩子解救出来。

顺着家长提供的线索一步步深入采访，他们很快意识到，这远远不是五个孩子、五名家长的问题，还有很多的“黑窑工”合法权益甚至人身安全正遭受着严重的威胁。问题之严重，涉及面之广，已经严重超出了他们最初的想象。怎样帮助这样一个群体，怎么来解决这个错综复杂的难题，一下子摆在了他们面前。

首期《罪恶的“黑人”之路》播出后的反响印证了他们的判断，一批又一批的寻子家长涌向频道寻求帮助。怎么办？台领导和记者们很快达成一致意见，不计代价，参与解救！电视台一方面迅速派出记者陪同家长们深入黑窑场去寻访，一方面紧急向河南省委、省政府报告他们掌握到的情况。他们很清楚，这么重大的案情，仅仅依靠一个地方媒体的力量是远远不够的，问题的解决最终要依靠党和政府。一线记者的后续报道引起了更大的反响。更重要的是，他们反映的情况得到了河南省委、省政府极大的重视。省政府秘书长当场批转报告，出差在外的副省长迅速责令省公安厅向公安部紧急报告，随后就有了全国众多媒体的跟进报道，并引起中央高层领导的密切关注，纷纷作了重要批示。存在了相当长一个时期的黑窑场大规模非法用工强制劳动案件终于大白天下。②

---

① 田磊：《付振中：揭开“罪恶的黑人之路”》，http://www.chinavalue.net/Media/Article.aspx? ArticleId=18696。

② 王向愈：《策划不是谋划——新闻策划切莫误入歧途》，http://www.baoye.net/bencandy.php? id=41989。

（二）追求新闻最大值不能以损害公共利益为代价

在市场经济发展的过程中，新旧体制的交替必然会带来人们思想和价值观的变化，利益追求也呈现多元化的趋势。近些年来，国内的新闻媒体为了应对日趋激烈的竞争市场，纷纷拉开改革的大旗，把追求新闻的最大值放在了重要的位置，并视为媒体的生命线。当然，这一举措本身并没有什么错，因为没有新闻的最大值，就没有阅读率或收视率，也就必然会影响到媒体的生存与发展。但是，在高阅读率或高收视率的刺激下，一些新闻工作者认为，市场经济下就得追求经济利益的最大化，却忽视了市场经济客观上是要求把追求自身利益与对方的利益结合起来。而新闻媒体作为党的喉舌，作为联系群众的纽带，在新闻策划过程中，任何人在实现自身价值时都不能忘记追求新闻最大值都不以损害公共利益为代价；否则，最终的苦果只有自己吞。我国著名记者范长江认为，记者在精神上应当念念于职业的神圣，一管笔除了服务于国家人民的公共利益之外，不容曲用。

2007年年初，某电视台播出了一则《路不拾遗，能做到吗?》的新闻。新闻中，记者通过假扮“某行人”故意掉钱的手法，设下“陷阱”，对13名路人随机进行“公德测试”。记者还对一些“公德测试”不及格的人（即捡到钱拿走的人）进行了紧逼式采访。在采访对象不知情和不同意的情况下，记者们先是通过隐蔽拍摄和诱导的方式，继而利用媒体的强势地位进行采访，最后还通过电视媒体公开报道，且未加任何处理地进行真实展示。这种做法，无疑超越了媒体伦理道德的底线，是对被访者的精神伤害和名誉权侵害，甚至可能招致法律纠纷。浙江省广电局《视听动态》认为这组策划有违媒体伦理道德，有违公共利益，专文对此提出了严肃批评。①

（三）新闻策划要体现人文关怀

人文关怀是一种从文化角度对人的观照，对人的生存状况及历史境遇的关注、对人的尊严、人的价值及与符合人性的生活条件的肯定和对人类的解放与自由的追求等是其核心。而从受众的心理角度来说，人文关怀是现代受众的深层次需要。美国报道学者施拉姆认为，受众收看、收视新闻“是为了获得新闻所提供的或早或迟的补偿”，这种补偿分为即时性补偿和延时性

---

① 石小兵：《恪守新闻职业道德，提高社会责任意识》，载《中国广播电视学刊》2007年第9期。

补偿。前者主要满足受众对信息的需求和好奇心理，而后者是一些关系个人生存、发展的重要内容。对于受众来讲，后者对其心理的作用更持久、体验更深刻，更弥足珍贵。

现代文明丰富了受众的视野，提升了受众的文化品位和境界，与此同时，社会的变革、生活节奏的加快及竞争的加剧给人们带来了前所未有的精神紧张、焦虑与压抑；与之相应的是“受众本位”观念的崛起，受众不再是信息的被动接受者，他们也不再满足于媒体所提供的满足于物质生活方面的服务信息，而是希望媒体从受众的长远需求、长远利益出发，拓展信息文化的人文内涵，关心人类心智的成长，注重人的价值来满足人的精神需求。尤其是当社会处于剧烈的变动之中，不同文化形态发生碰撞和递变的时候，处于彷徨、困惑境遇中的受众渴望从新闻报道的人文关怀中找回迷失的自我，他们希冀于媒体引导舆论，建构新的、符合时代精神的道德、伦理、价值体系，使“人”真正成为社会和命运的主宰。

新闻报道活动是人类最主要的文化报道方式，始终处在社会文化最敏感的部位，对社会文化的变迁具有极强的敏感性；它并不是要简单地见证、记录社会历史发展进程的层面，而是要实现缔造人类精神文化的根本任务。正因为如此，媒体的见证和记录，不可避免地需要体现这个时代的价值标准与道德认同，媒体不可避免地要成为这个时代进步精神的弘扬者和积淀载体。在这个意义上，新闻报道活动与人文精神相契合，同样要受到人文精神的制约，从文化的角度肯定人的主体性、人的意义和存在的价值，是新闻报道的“魂”。因此，在新闻策划的过程中，新闻策划人应该注重体现新闻报道的人文关怀。

二、遵循新闻规律

新闻策划者的社会责任，一定要体现在遵循新闻规律上，即只有这样才能制定和实施相应的政策和策略，以求得最佳效果。

（一）真实性与新闻策划

新闻报道的真实性，决定新闻策划也必须以新闻的真实为第一原则。真实性，即指新闻报道必须反映事物原貌。从根本上来说，新闻的本源是事实，事实是第一性的，反映事实的新闻报道是第二性的，有了事实，才有新闻，也就是说，事实在先，新闻在后。新闻策划必须以客观新闻是否存在为前提条件，虽然在具体的新闻报道中可以发挥主观能动性，但总体上应该是一种客观的、被动的、“第二性”的行为，是新近发生的事实的报道，符合新闻的本质意义。

以2007年的“蕉癌风波”为例，3月13日《信息时报》推出广州香蕉感染“蕉癌”的重头报道，一些媒体报道也跟进报道，称香蕉“巴拿马病”不但是癌症，也是香蕉世界的SARS，还有媒体报道香蕉是“毒水果”。不少消费者误解为吃了香蕉易患癌症，导致大家谈蕉色变。其实这种巴拿马病毒只是香蕉树生长过程中的一种病害，只要采取严格的控制措施，这种病就不会继续蔓延，而且患病香蕉树是不会结香蕉的，只要香蕉能够生长成熟就说明香蕉树没有染病，更不存在“吃香蕉得癌”的情况。导致这件风波的最终原因在于策划人只是掌握了部分事实，并且夸大了事实，事实一经过策划包装就偏离了正常的轨道，背离了真实性而变成了谣言。

2013年年初，北京市卫生局和北京科技记协联合组织了为期三个月的卫生记者挂职体验活动。27名来自中央和北京市属媒体的记者与近20家医疗机构结成对子，进行为期三个月的挂职体验，在不影响医院正常医疗运行的情况下，深入医院最核心岗位，发现医院管理运行中的问题，也体会医务人员的辛苦与不易。

《北京日报》派出记者方芳，到急诊量居全市前三的朝阳医院急诊科蹲点3个月，挂职“急诊科主任助理”，同时在一版开设栏目《我在基层蹲点——方芳看急诊》。在挂职过程中，记者前所未有地贴近医生、贴近患者、贴近真实的生活，采写了《16张床的抢救室挤进47位病人》、《深夜，100分钟的心外按压》、《一台意外的加急手术》、《无人认领的病人》、《一个在急诊住了两年的病人引发的思考》、《不急的急诊病人》等报道。这些真实生动的事件，有的表现了医生的辛劳和压力，有的描绘了患者压床的无奈，也有的反映了医院软硬件不匹配、医疗资源配置不合理等一系列深层次问题。

记者到医院进行为期三个月的挂职蹲点，这在北京卫生界和新闻界都是第一次。记者跟医生护士一起上白班，一起值夜班。近4个月时间，记者采访了急诊室的医护人员、患者家属、护工、保安，记录下在急诊室里目击的一个个真实的故事，同时还采访了卫生行政管理部门、其他医院急诊科医生，深入了解整个行业急诊管理运行中的问题，写下了记者的思考。①

① 《我在基层蹲点——方芳看急诊》，第24届中国新闻奖参评作品推荐表，中华传媒网，http://news.xinhuanet.com/zgjx/2014-06/18/c_126637712.htm，2014-6-21。

《北京日报》的这起新闻策划就是本着尊重事实、追求真实的原则，来深入基层，真实反映了医务工作现状，让广大群众看了更能理解医院、医生的辛勤和难处，为缓解医患矛盾起到了很好的作用。

（二）客观性与新闻策划

新闻的客观性是指新闻事实不依人的主观意志而改变的基本特性，报道者在从事新闻报道时，要尊重事实，要如实地反映事实的本来面目。① 为何新闻策划要以新闻的客观性为基础呢？新闻报道的目的在于将事实的真相告诉受众，为人们正确地认识世界、改造世界提供认知工具。新闻报道的客观性，不仅要求新闻的内容要客观，对客观事物的报道要符合事物的本来面目，而且要求新闻报道的表达形式也要客观，力戒主观臆断。

《新文化报》2013年4月7日以《长春老人因脑梗塞摔倒 白衣女子坚守救护》为题，报道了长春一位老人菜市场晕倒，178人无视跨过，仅有1人施救的事情。报道称：4月5日，在长春市财神大厦2楼的市场里，一位老人突发脑梗塞摔倒在地，一名商户见状拨打了120电话，但在这期间却有52人陆续从老人身上跨过，大多面容平静。约5分钟后，一名路过的“白衣女子”守在老人身边，守护并安慰老人，直到急救人员赶到才离开。而这段时间里，又有126人从老人身上跨过。整个过程中，共有178人从老人身上跨过，只有白衣女子一人帮忙看护老人。178∶1的巨大反差，引发大量网民议论，甚至得出“世风日下、人情冷漠、道德沦丧”的结论。

但《工人日报》、新华网等媒体针对新文化报的报道进行调查发现，这段视频是事发现场的监控画面经过加速、剪辑处理之后被人放到网上的，并不是真实情况的反映。

据其他媒体追踪报道：在老人晕倒后，第一时间拨打了120电话的菜市场业户杨先生告诉记者：“有好心人要扶，当时我告诉别扶，这时扶容易脑出血。还有人要拨打120，我告诉他们已经打完了。”而据财神大厦负责物业管理的王经理介绍，老人摔倒的地方，是一条重要通道，不足两米宽，因为人特别多，有人就从老人腿上“迈”了过去。

“跨过和迈过，一字之差，谬之千里。”王经理特意说明，多数路人都关切地询问老人的伤势，直到那位看似有一定医疗经验的白衣女子出现。

---

① 吴飞：《也谈新闻的客观性》，http://media.szu.edu.cn/Article/ShowArticle.asp?ArticleID=3438。

4月9日，《新文化报》以“老人脑梗摔倒后看正能量如何传递”为题，委婉地为该报之前的报道纠偏。

从《新文化报》刊登的记者手记可以发现，记者在采写报道时只是看了监控录像便已经预设了立场，将冷漠的行人与热心施救的“白衣女子”对立起来。因此，他的采访也只将焦点放在“白衣女子”身上，《新文化报》随之开展一场全城寻找“白衣女子”的新闻策划。①

图为《新闻记者》配发的长春老人摔倒失实报道的图片　阿仁/图

《新文化报》记者如果多一点尊重客观性的精神，是不是就可以避免出现这种失误？更不会被列入2013年十大假新闻之中了。

麦尔文·曼切尔试图从新闻实践的角度来回答客观报道这一问题。他在《新闻报道与写作》中提出了三层报道的概念：一是对事实进行直截了当的报道；即记者只严格地照搬新闻来源提供的原始材料；二是发掘出现象背后的实质的调查性报道，即记者对重要事实深挖消息来源提供的情况，以求获得隐藏的真相；三是在事实和调查性报道的基础上所作的解释性和分析性的报道，力求提示事实所蕴含的意义。麦尔文·曼切尔认为第一层报道是纯客观的报道，第二层报道中已经包括了记者的主观认识，而第三层报道中记者的主观认识表现得比较鲜明了；但即使如此，由于后两层报道仍然是基于事实和运用背景材料等，因而它们仍然属于客观报道，尽管与第一层报道有所不同。② 在客观报道新闻的问题上，德国学者沃特·拉罗奇则从理论和实践

① 年度虚假新闻研究课题组：《2013年虚假新闻研究报告》，载《新闻记者》，2014年第1期。

② 吴飞：《也谈新闻的客观性》，http://media.szu.edu.cn/Article/ShowArticle.asp?ArticleID=3438。

相结合的角度提出了一种所谓“外在客观”与“内在客观”的观念。他认为麦尔文·曼切尔所说的第一层报道充其量只能是一种“外在客观”，而第二、第三层报道则属于“内在客观”的报道，但由于在第二、第三层报道中必然有报道者思想、意志与感情等因素的干扰，因而“内在客观”是做不到的。不过拉罗奇在著作中提出了“客观描述现实”的七个标准，他认为报道者若能恪守，是能达到“外在客观”的。这七项标准是：（1）所有报道的事实必须准确无误；（2）不确定的事实须留待确定后再报；（3）准确无误包括全面和平衡；（4）作者不发表自己的见解；（5）避免华而不实的表达方式；（6）在报道中表达观点时必须明确指明；（7）不给事实添枝加叶，粉饰打扮。①

（三）新闻价值与新闻策划

一般而言，新闻策划选题的题材意义比较重大，也讲究时机，不做则已，要做就做得淋漓尽致，使选题中的新闻价值、社会价值得以充分显现，提高新闻的效果。新闻价值一般表现为新闻事实“社会关心程度强、社会影响程度深、对社会的贡献程度大”，而新闻策划则是在对这类具有重大新闻价值的素材进行更深入、更大规模的加工，以求达到更佳的报道效果。

新闻策划是把新闻报道过程中的某个元素和现实中其他与新闻报道密切相关的元素连接组合起来，形成更有效的报道结构的创造性智力劳动。它包含以下几个要点：第一，新闻策划是围绕新闻报道过程而进行的策划。所谓新闻报道过程，是指新闻从采集、传输到接收的整个过程。用信息论创始人申农的观点来说，就是信息由信源发出，经由信道而到信宿的过程。而从传媒来说，这个过程的任何一个环节都有自己的特殊性，这个特殊性可以用克拉帕关于信息的选择性理论来阐述，那就是任何一个媒体对信息都是根据自身定位、根据目标消费群体的需求来注意信息、选择信息和理解信息的。因此，如何选择就成了一个策划问题，在“如何选择”的过程中，各个环节还包括许多特殊的定位，这些定位也决定信息选择的方式和道路。第二，现实中的其他元素必须与新闻报道过程“密切相关”，它们之间的连接才能进入新闻策划的视域。第三，策划出来的结果是一个“更有效的报道结构”。所谓更有效的报道结构就是指，通过策划，新闻报道过程中的某个元素和现实中其他与新闻报道密切相关的元素连接组合起来以后，这个新的组合能够

---

① 何光先：《现代新闻学》，重庆出版社1991年版，第83页。

使媒介的新闻报道效果更好，新的组合是一种“更有效的报道结构”。第四，这种策划在本质上也必须体现创造性思维的特点。简单地说，有三个特点：一是新颖性和独创性，就是从“旧中求新”，在现状中求发现和创造。二是灵活性和跳跃性，就是在遵循抽象思维和形象思维的基础上，随着条件的变化迅速地超越抽象思维和形象思维的轨道，在思维活动中表现出非逻辑的思维形式；在直觉判断、直觉想象和直觉启发下产生直觉的思维成果。三是结合性和综合性，即把集中性思维和发散性思维结合起来；把直觉思维和逻辑思维结合起来，把推理和想象结合起来；同时又是逻辑思维和形象思维的综合，是逻辑思维方法和形象思维方法的综合；当然这种综合是有机的，协调的综合，而不是僵化生硬的拼凑在一起的。①

闻名全国的“信义兄弟”系列报道，差一点与记者失之交臂，但得益于该报深入采访挖掘新闻价值，并进一步策划报道思路、报道主旨，将其中蕴含的新闻价值放大到最佳状态，最终在全国范围内造成影响，并荣获第21届中国新闻奖一等奖。

这条新闻线索最先来自于《楚天都市报》新闻报料平台。2010年2月20日上午，报社接到一个读者打来的电话称：2月10日凌晨，在南兰高速河南兰考境内，发生一起重大的交通事故，武汉市黄陂区泡桐街在京建筑商孙水林一家5人，在回老家过春节的途中遇难。这个打电话的人正是孙水林的弟弟孙东林，即“信义兄弟”中的弟弟，他打电话是为了向《楚天都市报》寻求帮助。类似这样的新闻求助线索，在《楚天都市报》新闻报料平台中几乎每天都有。就孙东林的报料情况来看，此事新闻价值不大：一是时效性差。发生在10多天前的一起交通事故，很难让读者有阅读的兴趣。二是接近性差。事情发生在河南兰考，与武汉读者相隔甚远。

但是《楚天都市报》认为，从媒体责任、情系民众的办报宗旨出发，有责任和义务关注此事。于是派相关记者积极对此事进行了调查介入。记者赶到孙东林老家，在孙东林的悲诉中，捕捉到一闪而过的一个细节：孙东林在哥哥遇难轿车的残骸中，发现26万元现金。回家过年为何要带这么多现金？在记者的追问下，隐藏在车祸背后的一个感人故事浮出水面：原来，孙水林急着赶回家，还有一层更重要的原因，就是要赶在春节前将自己欠工友的几十万元工钱发给大家过年。接着问下去，更让人感慨的事实浮现出来：弟弟孙东林在哥哥一家的后事尚没有办，也不知道欠工友们多少钱的情况

---

① 张帜然：《新闻策划放大新闻价值》，载《传媒观察》2005年第6期。

下，他竟然与家人决定，让民工们凭着良心领工钱，工友们说多少钱就是多少钱，最终在大年三十的前一天，帮哥哥偿清了欠60多名工友的33.6万元工钱。至此，这起车祸背后的重大新闻价值被记者发掘出来了。2010年2月21日，《楚天都市报》头版以《为了哥哥的遗愿 弟弟代兄发工钱》为题重点介绍了孙家兄弟的感人故事。

然而报社并不满足于做一篇两篇报道，该报编委会认为，在社会诚信体系不健全的背景下，孙氏兄弟的所作所为，值得放大和宣扬。报社启动“重大报道应急反应预案”，并邀请省内的专家、学者到该报会谈，确立了“信义兄弟、接力送薪”的主题和基调，在连续半个月的时间内，用多个显著的版面，采用消息、通讯、图片、评论等多种立体的报道形式，对这对兄弟生死接力送薪的感人故事进行了报道。报道吸引了全国各地媒体的关注，其中，中央电视台“新闻联播”前后6次聚焦，人民日报社、新华社等媒体也纷纷开辟专栏持续进行升温。在此后的两会上，“信义”也成为年度热词。①

三、讲求科学方法

新闻策划是实践工作，但是，它又是一项以深刻的理论指导为前提的。新闻事业的日益发展变化，要求新闻报道策划者不断开拓新视野，发展新观念，进入新境界，这一切都离不开深厚的理论根底。

策划者要时刻把问号装在自己脑子里，不停地思考、不停地比较。在具体策划中，我们还可以不断地向自己发问，如这样的选题换一种方式行不行？增加一部分行不行？减少一部分行不行？合并一部分行不行？暂缓一下行不行？提前一下行不行？等等。

（一）由表及里，剖析新闻背后的变化与趋势

新闻工作者不应只满足于简单地报道新闻事实本身，而要努力做到剖析新闻背后的变化与趋势。关键是要坚持运用马克思主义新闻价值观去观察社会、分析问题，在社会现实的风云变幻中分辨主流与支流。

2013年4月8日，国家主席习近平来到了海南省琼海市谭门镇视察。

① 舒均：《中国新闻奖一等奖“信义兄弟”采写幕后》，载《新闻与写作》2012年第3期。

这看起来只是一次很普通的视察，但《中国产经新闻》报却从表象入手，剖析新闻背后的变化与趋势：习近平视察潭门镇这样一个世世代代以南海为祖宗海的中国渔民聚集地，还发表了“造大船、创南海”的讲话，这个事件背后一定另有深意。

由中国产业报协会主办、中国产经新闻报社承办的中国记者“走转改”海疆行报道组从国家战略层面，敏锐地发现了这个新闻事件背后传递出“国家战略向海洋经济转移”的新信息。于是以此为切入点，于2013年11月再次启动中国记者“走转改”海疆万里行第二个阶段报道策划，推出“海洋强国梦”大型系列专题报道，以探测在海洋战略发展过程中隐藏的经济陷阱，发现失落的海洋精神，寻求明智的发展良方，为海洋强国战略的实现贡献一份力量。报道历时一个多月，记者足迹遍及东海岸，对海洋经济进行了大量的实地调查采访，真实生动再现了我国海洋经济发展的现状，抓住当下海洋经济三个重点领域——海洋污染、港口经济、海洋人才，深度剖析其中存在的难点焦点问题。①

（二）应随着事物的变化而相应改变策略方案

事物总是不断变化的，而新闻策划也应伴随事物的变化而调整。策划不是可以一次到位的，在报道过程中策划者必须随时接受实施中的信息反馈，据此调整原来的策划方案。所以，新闻报道策划实施之前先期运作形成设计方案；在报道实施过程中报道策划仍然与报道同步推进，一方面，接受反馈；另一方面，修正方案直至报道结束。在报道进行过程中，常常会出现前期报道策划中没有预料到的情况，如报道个体发生变化、报道的外部条件发生变化、受众对报道的态度发生变化等。这就需要策划者在报道实施过程中适时修正方案。

由《中国青年报》推进的关于浙江省高考加分乱象的系列报道，就是记者在报道过程中根据事态发展、情况变化，不断调整修正报道策划思路的结晶。

2009年4月，浙江读者陆续向《中国青年报》举报该省高考体育加分乱象，但都是一些非常零乱、模糊的只言片语。报社派记者赶赴浙江调查摸底，发现浙江一些家长用权势打通的“三模三电”加分项目成为高考隐性

---

① 第24届中国新闻奖参评作品推荐表“海洋强国梦”系列报道，中华传媒网，2014-6-21，http://news.xinhuanet.com/zgjx/2014-06/10/c_133396995.htm。

的腐败通道，披着国家二级运动员等级证书“合法外衣”的舞弊之举。他们只要交1.5万元培训费，就可以轻松换来高考中加“20分”的筹码，令不少权势家庭的学生、家长趋之若鹜，而普通家庭孩子想报名参加根本无门。2009年5月15日，《中国青年报》以“浙江高考航模加分者被指多来自权势家庭”为题，在国内率先报道该省高考体育加分乱象。2009年6月16日，浙江省教育考试院公布新一轮高考加分公示名单。次日，考生家长向《中国青年报》记者报告：“与2008年相比，今年只简单地公示加分名单，少了很多内容。”记者紧急跟进，采集证据，分析整理。6月20日，刊发《今年浙江高考加分公示名单“删繁就简”》报道，再揭浙江高考体育加分乱象。就在浙江高考加分成为舆论中心的时候，浙江省为2010年高考加分进行的航模测试又开始了。浙江读者向中国青年报社电话举报说“太嚣张了”。记者再次受命赴浙江采访，现场记录了这次航模测试的全过程，采写了两篇报道《浙江航模锦标赛疑为高考加分热身赛》、《浙江航模赛教练裁判联手“放水”》。

经过2009年《中国青年报》持之以恒的报道，浙江省在2010年1月6日对全省高考加分政策作出重大调整。记者追踪采访，发现高考加分乱象依然存在，2010年7月15日刊发了《浙江高考体育加分为啥不敢光明正大》，2010年7月26日刊发了《浙江高考体育加分运动员证书从天而降》。为了报道客观，记者还专访了浙江省体育局，该局副局长透露了浙江正在紧急部署高考体育加分项目“减肥瘦身”的工作。《中国青年报》据此分别在7月27日、29日刊发《浙江暂停足球与“三模三电”国家二级运动员审批》、《浙江体育局副局长：高考加分扩张必须遏制》等报道。

然而，令浙江省官员们意想不到的是，记者从浙江回京，直奔国家体育总局宣传司、竞体司与航空无线电模型运动管理中心采访，得到的第一手证据与浙江省体育局的说法截然不同。总局航管中心主任李正梅说：“我没有接到过浙江省体育局加分项目与赛事计划的任何请示。”8月6日，《中国青年报》刊发了《浙江不查处高考体育加分造假考生有猫腻》、《国家体育总局：高考体育加分出问题 主要责任在地方》。

随后，浙江省纪委介入调查。教育部要求严查高校新生入学资格，对骗取高考加分的学生，发现一个查处一个。浙江省教育考试院宣布，从2011年起对高考加分进行大幅“瘦身”，其中包括取消此前备受质疑的“三模三电”体育加分项目，使该省高考加分总人数大幅度减少，所有奖励类项目加分分值由20分降为10分。对这样的结果，浙江考生家长表示：“很满意，感谢《中国青年报》的正义报道!”

《中国青年报》浙江高考加分系列报道时间跨度达 2 年多，共刊发 25 篇、近 8 万字稿件，被国内 100 多家媒体转载；并与中央电视台、人民日报社等媒体联手，形成强大的舆论场，最终推动了高考加分走向公平公正。①

中國青年報

中青在线 WWW.CYOL.NET

让藏区青少年感受温暖

教育部等五部门规范高考加分政策

奥赛不再吃香 严控体育加分

高考加分就该瘦身

奥赛科技竞赛不能被泛化为“必修课”

图为《中国青年报》关于浙江高考加分的报道版面

新闻策划作为一个运动的过程，这就要求新闻策划者在掌握实际情况的前提下，发挥主观能动性和创造性，预测事件的大致发展方向，提高新闻报道的深度。新闻策划者的应变能力是策划持续性的有力保证。“报料新闻”是新闻报道策划的一个重要来源，但也存在不少的问题。如《南方日报》通过对该报《“北边”忏悔引发的新闻》等 8 篇成功的系列报道进行总结，提出，在报道时机上要处理好“抢”与“压”的关系；在报道方式上，处

① 李剑平：《一组报道怎样推动了全国高考加分政策的调整》，载《新闻战线》2011 年第 2 期。

理好“抢眼球”与“深度价值”的关系，避免策划流于肤浅猎奇；在报道目标上，坚持新闻专业精神与社会责任感的高度统一，既保证新闻事件的真实可靠，同时确保正确的舆论引导和良好的社会效果。为此他们还制定了相关的九条把关制度。①

（三）在事物发展过程中抓住典型

任何事件的发生都不是孤立的，而是与相关的方方面面发生这样或那样的联系。在纷繁的线索中，策划者应该保持清醒理智的头脑，从众多线索中的关键下手，以典型为突破口进行策划报道。

2013年1月11日，一位名叫“无帆也可远航”的网友，在鹿泉贴吧以“我的父亲是一个收棒子（玉米）的——以此献给天下所有父亲”为题，讲述了一个非常感人的故事。这个故事展示了一位刚刚大学毕业的农村孩子，在等待上岗之时，和父亲一起走村串户收购玉米的过程。他身穿破旧的衣服，像农民一样跟父亲收购玉米，每天弄得灰头土脸，羞见同学。可他后来消除了虚荣心，勇敢地向众人坦承自己和父亲都是“收棒子”的，感觉用劳动创造价值不但不丢人，而且还很光荣。

因为理解了父亲的艰辛，他每天晚上给父亲泡脚、按摩，甚至萌生了放弃到国企上班的想法，陪父亲终老一生；因为理解父亲劳动的苦累，他发誓要用第一年的工资为父亲买断两年工龄，让父亲在家里休养身体；因为理解了每一分钱的来之不易，当他汗流浃背地跟父亲坐在路边小摊吃板面的时候，却吃出了在豪华饭店未曾有过的味道……

帖子最后写道：“在马路边的板面摊上，穿着后背被汗浸透了的衣服的爷儿俩，一人端着一碗板面在寒风中吃着。父亲不时地向马路上停着的装满玉米的车张望，然后看看吃面的儿子，前者是他今天的收成，后者是他这一生的希望……”

“无帆也可远航”没想到，自己用手机熬夜敲出的3000多个汉字，竟感动了许多人。截至1月31日，该帖点击量达7200多人次，180多人跟帖留言，力挺这个帖子是现代“孝道文化”的标杆，楼主“无帆也可远航”是年轻人学习的楷模。

《燕赵晚报》记者在贴吧看到这个帖子时，凭借20多年的新闻从业经验，立即意识到这是一个倡导正确人生观和价值观的好帖子，便及时联系到

---

① 参阅2007年第5期《岭南新闻探索》“报料新闻专题”。

发帖人李贺，并到他家采访了他及其父母。在采写第一篇报道的时候，记者敏锐地捕捉到“炫父”对抗“炫富”这样的字眼，提炼成副标题和小标题，发表《大学生炫“收棒子父亲”网友泪奔——一篇热帖：用“炫父”对抗“炫富”；一个倡议：年轻人春节多帮父母干家务》。之后，记者又连续采访了三篇新闻追踪，不仅报道了社会反响和事情进展，而且还报道了读者和网友向李贺学习、纷纷对父母尽孝心的情况，彰显了媒体的社会责任和巨大影响力。①

图为《燕赵晚报》2013 年 2 月 2 日对“炫父”事件的报道

（四）掌握科学技术，防患于未然

现代科学技术的发展，为我们的新闻传播带来极大的快捷与方便。但

---

① 《大学生炫“收棒子父亲”网友泪奔》，第 24 届中国新闻奖参评作品推荐表，中华传媒网，2014-6-21http://news.xinhuanet.com/zgjx/2014-06/18/c_126638168.htm。

是，有时现代科学技术在关键时刻无法运用，让一切精心的策划都成为泡影。《湖北日报》社记者的一次教训是十分深刻的。2007 年 9 月 3 日下午，俄罗斯中国年“湖北日”主体活动在莫斯科举行。这是我国当年在俄罗斯200 余项友好活动的重头戏之一，是湖北省对外开放的一个大举措。湖北日报社的随行记者，在现场采访了这次活动。遗憾的是，次日《湖北日报》刊发的不是本报记者的报道，而是用的新华社的电稿。

其实，当日的“湖北日”开幕式活动在莫斯科总统大饭店举行后，《湖北日报》记者顾不上吃晚饭，立即赶往下榻的莫斯科大都会饭店写稿。此时时间是当地下午 5 点多，北京时间夜里 10 点多。就是说离截稿时间还有2 个多小时。照说，这时写稿、发稿以供编排、付印以在新的一天与读者见面，完全来得及。于是，他们按事先的策划，争分夺秒，一气呵成，迅速完成了主消息稿《江汉涛声激荡在莫斯科河畔　俄罗斯中国年“湖北日”盛大启幕》，意在向读者报道这一重大新闻；采写了《我省在俄隆重推介“好运湖北”》，介绍了省政府代表团及各分团在远赴俄罗斯后所做的方方面面的工作，特别是大张旗鼓地宣传介绍湖北经济政治文化大变化的工作，还特意采写了一则小消息《我驻俄使馆谈扩大中俄地方合作　湖北迎来新的发展机遇》，旨在以我驻俄使馆官员的目光、口气，谈湖北在风云际会的中部崛起战略中发展对俄经贸、文化、教育、旅游等合作与交流，潜力巨大。3 条稿件，有主有次，分层次报道了新闻、宣传工作、揭示了俄罗斯中国年“湖北日”对湖北省开放发展的现实意义和历史意义。

但是，全没料到，成稿的喜悦渐渐被着急、困惑、烦恼、沮丧所取代——传输稿件时卡了壳。随着时间一点一滴地过去，待他们忧心如焚明白面对的困难和失败的结局时，悔之晚矣。

他们入住的是莫斯科乃至全俄罗斯最好的宾馆之一。这家靠近红场、克里姆林宫的五星级酒店，看上去一应设施齐全，尤其是房间内电视机电脑屏两用，使人觉得信息畅通。但细细一问，只是电视内部网络，无法接入互联网。晚上传稿怎么办？面对担心询问，导游兼翻译——莫斯科大学新闻系的一位中国留学生不以为然地告诉他们：酒店内的商务中心可以上网。稿子写成后，到商务中心上网传送，鼠标一点不远万里就通了，无非多花点钱而已——他们放下心来，放弃了另选渠道的努力。可更没想到，俄罗斯的信息产业相对落后那么远！当他们搬着笔记本电脑，和翻译一起来到酒店二楼的商务中心时，几番交涉才弄清楚：商务中心的互联网线不是宽带（事后得知，俄罗斯全境尚未启用宽带系统），只能电话拨号上网，流量很小；而且该国的接入系统与中国的电脑不能兼容；将文件用U盘下载后，俄方的电脑又不能识别和显示汉字……一番折腾下来，已近北京时间凌晨1点，后方截稿时间不允许再拖延！最终，前方省委宣传部领导和后方编辑部值班领导只能做出无奈的选择：选用新华社不到400字的电稿！

尽管有客观原因，但采访前对复杂情况预判不足，没有相应的变通措施是失误的主观原因。“前车之失，后车之鉴”。反思此次失误，他们认为，对一线记者，特别是出国出境采访的记者，有备无患的“备”，既是准备的备，更是完备的备——要完完全全、无微不至地做好准备。要确保万无一失，以下几个“课前功夫”是必须做好做足的：一是采访前对他国国情的了解越详细越好；二是“耳听为虚，眼见为实”，亲手试试才知道虚实；三是注重借用多种发稿渠道；四是灵活运用多种传稿方式，其实最简单最实用就最好。①

四、发挥创造精神

新闻策划是一项创造性的智力活动。为何新闻策划人需要创造精神呢？首先，没有创意，没有卓越的构思，只能是一种常规、平庸的计划。其次，人们对新闻报道活动进行种种策划，基本目的之一在于谋求新闻资源的最优配置，从而使新闻事实中蕴含的新闻价值得到更充分的展示，没有创造精神是不可能达到新闻价值的最大值的。再次，新闻报道策划的另一个基本目的是对隐性新闻资源进行积极主动而富有价值的开发。这种对隐性新闻资源的开发至少必须具备两个前提条件，一是要有超越一般人的新闻眼光，在未被别人关注的领域发现新闻线索抑或潜在的新闻生长点，并能准确地判断出它的新闻价值；二是能别出心裁，别具匠心，采用新的形式、新的手段、新的途径展开报道活动，以激发受众的接受兴趣，形成较大的冲击力和影响力。这两个前提条件的实现都需要创造精神的驱动。循规蹈矩，满足于过去怎么做，现在就怎么做；人家怎么做，自己就怎么做的人，是难以产生这样的策划构想的。②

在新闻策划中，客观的诸多素材是否充分表现出来，是表现不足，还是

---

① 蔡华东、张晓峰：《重视采访的全方位准备》，载《新闻前哨》2007年第11期。

② 蔡惠福：《创新，新闻报道策划之魂》，载《新闻与成才》2001年第10期。

扭曲的表现，这些都需要策划者用心地去研究一番。在新闻传播策划中，我们可以常常问一些“为什么”：为什么同样一条新闻别人那样处理而我要这样处理？为什么别人那样处理了有好的效果而我的却平平一般？为什么别人想到如此策划而我没有想到？为什么我想到了又没有别人做得好？为什么别人先行了而我总要慢一拍？为什么我先行了别人又会后来者居上？为什么我后来想到又超不过别人？类似这样的“为什么”还有很多很多，一个聪明的策划者要时刻把问号装在自己的脑子里，不停地思考不停地比较。在具体的策划中，我们还可以不断地向自己发问，如这样的选题换一种方式行不行？增加一部分行不行？减少一部分行不行？合并一部分行不行？暂缓一下行不行？提前一下行不行……

《检察日报》在国庆60周年推出的“60年60部法律”系列报道策划，就体现了这种创造性的思考。检察日报社认为，通过记述新中国60年法治进步的一些细节和片段，能够显现中国特色社会主义法律体系从无到有、从有到完善的进程；同时这组报道应是“60年国家法制建设和公民法律意识共同成长的记录”。

这组报道策划首先追求角度创新：如果事无巨细地、全景式地重现一部法律的产生和实施过程，其广度和深度远不是一篇报道所能承载的。因此策划从细节入手，选取其中重要的、生动的片段，不仅增强文章的可读性，又不失去要点。比如《宪法：是幸福生活的保证》一文，开头引用了中央文献研究室编纂的《毛泽东传》的一段记录：“1953年12月24日，毛泽东带着起草小组的几个成员陈伯达、胡乔木、田家英乘专列离开北京，于27日夜来到风景如画的杭州，开始做一项为新中国法制建设奠定千秋基业的大事，起草中华人民共和国宪法。”这段史料一下子把读者拉到了当年起草宪法的氛围中。

这组报道的策划还注重一致性，用“国家法制建设与公民法律意识共同成长的记录”这根主线串联起一篇篇独立的报道，使系列报道形散而神不散。比如，《婚姻法：为了婚姻自由》，与每个公民、每个家庭息息相关的婚姻法，两次制定，一次修改，在国家层面上完成了反对封建、拨乱反正、满足市场经济条件下婚姻家庭实践需要的历史任务，对公民个人来讲，则体现了不同时代婚姻观念的演变。①

---

① 张立：《一个成功策划应具有的品质——以〈检察日报〉大型系列报道“60年60部法律”为例》，载《今传媒》2011年第11期。

新闻报道策划，主要是从新闻报道的内容、形式和方式三个方面来策划。新闻策划人要有创造精神，并不意味着为了谋求报道内容的新鲜深刻而凭空臆想，无中生有地创造或“导演”事实，而是用新的视角观察和透视新闻事实，发掘蕴含在这一事实之中的新闻价值，或是通过新的整合使新闻事实中的价值得到更充分、更全面的展示。

新闻无处不在，关键在于有人会发现它。策划人们都在喊，但有新意的策划却不是随意就可以采撷的。它需要有创意的新闻人时时处处精心留意，才可能在不经意处策划出不同凡响的报道来。创造精神是新闻人特别是策划者需要精心培育、刻苦锻炼的。

新闻策划人在新闻报道中所起到的作用是不可小觑的，新闻策划人的素质往往就决定着新闻报道的成败，决定着新闻媒体的品质。近些年来，新闻报道中经常出现一些为人所不齿的虚假新闻，这些虚假新闻给社会给人们均造成了极坏的影响，也影响了新闻媒体的信誉。新闻策划人的素质问题因为新闻事业的快速发展而受到越来越广泛的关注，如何提高新闻策划人的素质也成了专家学者研究的课题。社会责任、新闻规律、科学方法和创造精神，这是当今新闻策划者必不可少的素质要求。它们相互联系，相互促进，互不可分，相得益彰，是一个有效的素质整体。新闻策划人的社会责任意识来源于策划人自身的人格修养和对新闻事业的热爱；新闻规律是新闻人的职业特性使然，就像一位指战员在战场上按战争规律指挥战争一样，新闻人的策划也必须按新闻规律办事；新闻策划是实践性很强的创造性的智力工作，在策划的过程中，无一不是新闻人特质的展现，新策划者应有这种不懈的追求；新闻策划是将新闻的各要素进行最佳组合，因而要讲求科学方法和艺术，从而达到新闻报道的最佳效果。新闻报道策划是一个理论研究的过程，也是一个不断摸索、总结和提高的实践过程，这个过程将是永无止境的。

正当笔者在校对这本书稿时，在学校开设的“媒体策划问题研究”的课堂上，同学们对刚刚发生不久的姚贝娜事件进行了热烈讨论。参与同学们的讨论，看看同学们的思考，或许会对我们更好地握新闻报道策划，不断地提高新闻人的策划素质，是大有好处的。

事件回顾

2015 年 1 月 16 日下午，青年歌手姚贝娜因乳腺癌复发，病逝于北京大学深圳医院。在姚贝娜去世的前两天，医院的门口就挤满了记者，他们在等待，等待第一时间把姚贝娜生病的各种消息报道给受众。在这期间，《深圳晚报》的三位记者跟随姚博士（姚贝娜眼角膜摘取医生）进入太平间拍摄姚贝娜摘除眼角膜手术的过程，因为没有获得家属的同意，被姚贝娜的家属制止后删除所有照片。

此后，有微博发文《记者们在病房外，焦急地等待着她的死亡》，随即该文“刷爆”了朋友圈：“时至今日，那只贪婪的秃鹫还未离开，它变成了一个个记者，虎视眈眈地盯着你，我，他，所有人。有人说，世界总有人不幸，记者只是记录不幸。但是我觉得，有些时候，记者在记录不幸的同时，也在制造新的不幸。”

第二天，姚贝娜的经纪人也在微博上连发两条微博怒斥《深圳晚报》没有良心，并让《深圳晚报》主动道歉。该事件随即引起了轩然大波，有关媒体的伦理道德也引起了各方的争议。

随后《深圳晚报》在1月17日、18日、22日分别对事件进行了回应、道歉和还原，并称有营销账号对这一事件进行炒作。

人民网、新华网也分别对“晚报发文否认偷拍姚贝娜当事记者还原事件真相”进行了报道。

事件分析

姚贝娜出道已久，出名却是近几年的事情。她患乳腺癌治愈后复出，参加中国好声音，甚至登上春晚的舞台，可谓风头正旺，可正是这风头可能成为她癌症复发的一个原因。姚贝娜还没能好好多唱几首歌，就这样香消玉殒，实在令人痛心。可更令人痛心的是，由《深圳晚报》“独家采访”引起的全民声讨，网络上的口诛笔伐硝烟四起，姚贝娜捐献眼角膜这件十分有意义的事情反而变得不那么重要。

有位笔名为“掀起你的头盖骨”的自称新闻系学生的网友发文《记者们在病房外，焦急地等待着她的死亡》，在社交网络疯狂转载，迅速激起了人们对于新闻媒体在这件事情中表现的冷血提出的声讨。人们认为新闻记者在这件事件中，毫无人性，为了获得独家新闻丧尽天良。记者这一职业形象再次跌入谷底，《深圳晚报》一时为千夫所指。

对此，《深圳晚报》发文承认自己有一定的错误，但是它似乎也很委屈。它说当天晚上在临时手术室里发生的一切，并不是网络上某些营销账号和网络水军所说的那样——我们的当事记者没有穿着白大褂伪装成医生，没有偷拍遗体，也没有高呼“新闻自由”，更没有推倒姚贝娜的母亲。它一再发问，为何我们的良苦用心会换来污语滔天的局面？为何一个善良庄重的义举会招来连绵不绝的攻击？为何我们始终冷静克制却仍然深陷舆论漩涡之中？此事究竟谁对谁错？其实这也是我们研究新闻报道策划者应该和需要探究的课题。

对媒体策划的讨论

1. 媒体报道姚贝娜事件是否有违行业道德

姚贝娜作为一个公众人物，本来就带有常人无法享有的光环，因而对于姚贝娜特别关注的报道也属正常。对于姚贝娜的粉丝来说，他们需要通过媒体获得姚贝娜生病的整个过程。他们对于姚贝娜的关心是出于真心，出于热爱，而媒体正好满足了他们这方面的信息需求；而对于整个深圳来说，眼角膜捐献稀缺，而姚贝娜作为一个公益人物，作为一个娱乐圈的明星，姚贝娜捐献眼角膜事可以通过明星效应让更多的人加入到眼角膜捐献中来。对于姚贝娜的家人来说，虽然媒体在之前并未获得家人的同意就擅自拍姚贝娜眼角膜摘取过程，但是在家长拒绝拍照之后，他们也在家长的要求下删掉了所有的照片，报纸上也没有一张关于姚贝娜摘取眼角膜的照片。

所以人们觉得媒体拍摄姚贝娜摘取眼角膜的过程并没有违反职业道德，事后经过《深圳晚报》的澄清也发现，他们并没有进行偷拍，也没有伪装成医护人员潜入太平间，虽然他们考虑得不周到，方法有些不妥，但是并没有像网络上描述的那样等待着姚贝娜死亡。

2.《深圳晚报》回应姚贝娜风波显示了该报独特的智慧和担当责任意识

在本次还原事实的过程中，《深圳晚报》一直处于风口浪尖，网民的集体声讨中。面对这个尴尬的身份，《深圳晚报》步步为营，积极主动地化解矛盾，他们的三次回应正好反映了该报的智慧与责任。

第一次是 1 月 17 日，《深圳晚报》对该事件并没有直接进行回应，而是说了声“在众声喧哗之中，请让我们安静地为姚贝娜致哀”。此时如果《深圳晚报》过多地对此事件进行解释，反而显得报社不近人情，而且此时无论网民还是媒体同行都处在义愤填膺、过度激动之中，过多地解释反而会起到相反的作用。而《深圳晚报》的一句“在众尘喧哗之中，让我们安静地为姚贝娜致哀”，既显示了《深圳晚报》对姚贝娜逝世的惋惜与悲痛，也显示了《深圳晚报》的智慧与担当。

第二次回应是1月18日，此时无论是纸质媒体还是网络媒体或者是自媒体都在集体声讨《深圳晚报》不顾传媒的道德只为获得头版新闻不择手段。在压力之下，《深圳晚报》18日凌晨，深晚官方微博就记者偷拍姚贝娜发布致歉声明。

在致歉声明中《深圳晚报》首先承认记者确实曾进入临时手术室拍摄眼角膜手术过程，但强调当亲属表示拍照不妥时，记者当即删除了所有照片，从而获得姚贝娜父亲的谅解。此次回应也显示出了《深圳晚报》的敢作敢当，敢认错有担当。

第三次声明是在1月22日，此时，无论是网络还是自媒体对此事件的关注已经没有之前那么高了，也没有之前那么激动愤怒了。《深圳晚报》在头版头条以“姚贝娜眼角膜捐献采访过程还原”为主题，通过多篇组合回应稿件，对舆论质疑进行全面回应。此时真相才逐渐浮出水面。

3. 对新闻报道策划中职业素养和人文关怀的反思

新闻职业道德与人性关怀并非不能两全，作为瞭望者，报道事实是新闻记者的职责所在。姚贝娜作为公众人物，记者们守在手术室外期待获得她的最新消息，为关心她的人们带去最新信息，毫无疑问具有十足的新闻价值。正如一位记者写道：“一位在灾难报道中，罹难者家属的情绪，他们的悲伤、愤怒，本应是灾难事件的一部分。真实记录家属的情绪，能够更有力地向公众传达事件的影响与状态；与此同时，家属很可能会有诉求，陈诉求，传回应，媒体应该成为政府与家属间的桥梁和缓冲地带。”

也如同《深圳晚报》所讲的，他们是希望通过拍摄姚贝娜去世后的照片让广大受众了解捐献眼角膜这一公益行为，如果真如《深圳晚报》所言，新闻媒体的报道是十分有意义的。可是为什么却会频频引起受众的反感？既然是为了公平和道义，为何不找到最妥善的方式？为何让“铁肩担道义，妙手著文章”的新闻人的高尚情怀渐行渐远？

在此次事件中，也有不少学者发表了自己的意见。如中山大学张志安认为：（1）手术室采访前应提前获得家属应允，若记者态度诚恳、不宜过度批判。（2）进入手术室未必侵犯隐私，要看具体拍摄了什么及刊登了什么。（3）看报道，并未违背新闻伦理。（4）经纪公司如未有事先契约，姚贝娜去世消息由谁先发布则无妨。

清华大学王君超：一般来说，为了公众利益在现场采访，只要不构成对当事人的骚扰和对其隐私权的侵犯，就不应受到指责。

浙江大学吴飞：记者在医院里等待抢救结果没啥过错，只要不影响对病人的抢救。

《新闻记者》主编刘鹏：在此类事件采访中，也有一个一定要遵循的原则，就是避免侵扰悲痛，这是一项国际通告的新闻职业首先原则。

报道事实是新闻记者的职责所在。姚贝娜事件中有文章称记者们在手术室外“焦急地等待死亡”，可能言过其实。但也应看到新闻单位在策划报道新闻事件时，除了追求新闻时效性、挖掘独家新闻，更需要学会考虑到留给公众人物正常生活的权利。面对不幸者的伤痛，应该给予他们平静生活的空间，提前做好沟通工作。即使在突发事件中，也应该审慎的考虑各方情绪。

从姚贝娜事件当中，我们可以看到新闻单位在策划报道新闻事件时，除了追求新闻时效性、挖掘独家新闻，更需要学会考虑到留给公众人物正常生活的权利。记者、编辑虽是新闻从业者，有着新闻人为公众客观公正的展现事实的职业使命，但人性中的良知与恻隐之心，始终应该放在职业素养考虑之前。面对不幸者的伤痛，应该给予他们平静生活的权利，提前做好沟通工作，即使在突发事件的巨大压力中，也应该审慎和周密地考虑各方情绪，这才是大家所希望看到的景象。

深圳晚报

83929999

光明重生

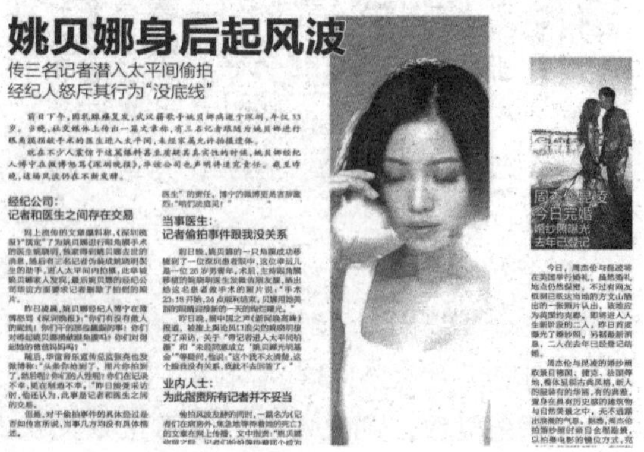
A17 文体 文娱头条

楚天都市报

2015.1.18

姚贝娜身后起风波

传三名记者潜入太平间偷拍
经纪人怒斥其行为“没底线”

前日下午，因乳腺癌复发，武汉籍歌手姚贝娜病逝于深圳，年仅33岁。当晚，社交媒体上传出一篇文章称，有三名记者跟随为姚贝娜进行眼角膜捐献手术的医生进入太平间，未经家属允许拍摄遗体。

就在不少人震惊于这篇爆料甚至质疑其真实性的时候，姚贝娜经纪人博宁在微博怒骂《深圳晚报》，华谊公司也声明将追究责任。截至昨晚，这场风波仍在不断发酵。

经纪公司：记者和医生之间存在交易

当事医生：记者偷拍事件跟我没关系

业内人士：为此指责所有记者并不妥当

周杰伦昆凌今日完婚 婚纱照曝光 去年已登记

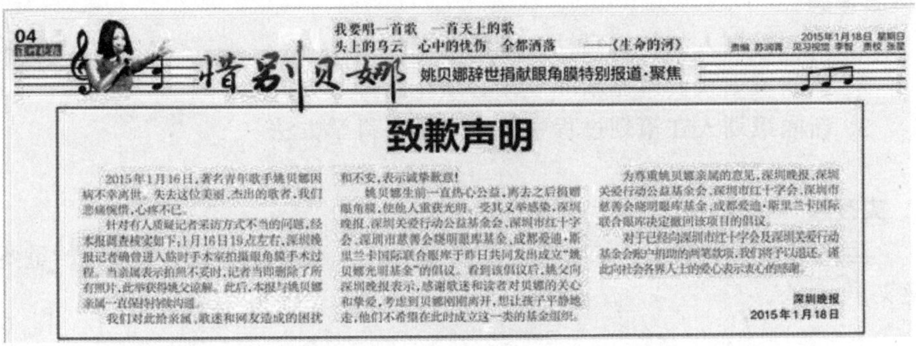

04

我要唱一首歌　一首天上的歌
头上的乌云　心中的忧伤　全都洒落　——《生命的河》

惜别贝娜　姚贝娜辞世捐献眼角膜特别报道·聚焦

2015年1月18日 星期日

致歉声明

2015年1月16日，著名青年歌手姚贝娜因病不幸离世。失去这位美丽、杰出的歌者，我们悲痛惋惜，心疼不已。

针对有人质疑记者采访方式不当的问题，经本报调查核实如下：1月16日19点左右，深圳晚报记者确曾进入临时手术室拍摄眼角膜手术过程。当亲属表示拍照不妥时，记者当即删除了所有照片，此举获得姚父谅解。此后，本报与姚贝娜亲属一直保持持续沟通。

我们对此给亲属、歌迷和网友造成的困扰和不安，表示诚挚歉意！

姚贝娜生前一直热心公益，离去之后捐赠眼角膜，使他人重获光明。受其义举感染，深圳晚报、深圳关爱行动公益基金会、深圳市红十字会、深圳市慈善会光明眼库基金、成都爱迪·斯里兰卡国际联合眼库于昨日共同发出成立"姚贝娜光明基金"的倡议。看到该倡议后，姚父向深圳晚报表示，感谢歌迷和读者对贝娜的关心和挚爱，考虑到贝娜刚刚离开，想让孩子平静地走，他们不希望在此时成立这一类的基金组织。

为尊重姚贝娜亲属的意见，深圳晚报、深圳关爱行动公益基金会、深圳市红十字会、深圳市慈善会光明眼库基金、成都爱迪·斯里兰卡国际联合眼库决定撤回该项目的倡议。

对于已经向深圳市红十字会及深圳关爱行动基金会账户捐助的两笔款项，我们将予以退还。谨此向社会各界人士的爱心表示衷心的感谢。

深圳晚报
2015年1月18日

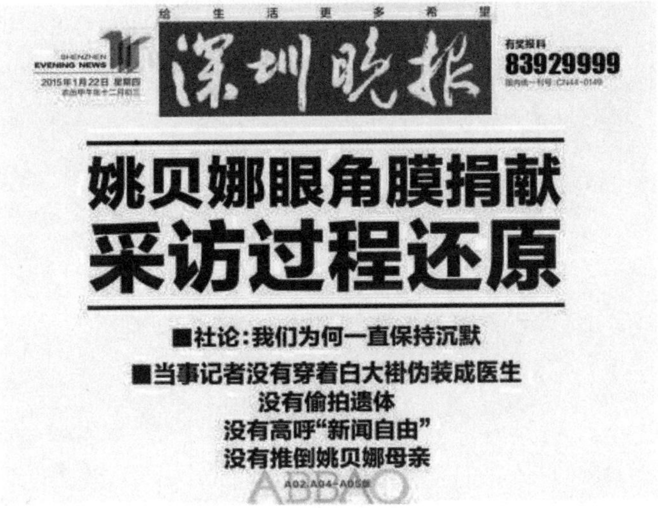

给 生 活 更 多 希 望

SHENZHEN EVENING NEWS
2015年1月22日 星期四

深圳晚报

有奖报料
83929999

姚贝娜眼角膜捐献
采访过程还原

■社论：我们为何一直保持沉默

■当事记者没有穿着白大褂伪装成医生
没有偷拍遗体
没有高呼"新闻自由"
没有推倒姚贝娜母亲

A02、A04-A05版

姚贝娜事件系列报道

同学们结合课堂教学，关注新近发生的重要事件，并进行研讨，虽不那么周全，但是有意义。姚贝娜事件在网络传播中，几天就过去了。对于从事新闻报道策划的研究者来说，却有许许多多的教训是需要时时记取的。但愿我们能在学习的实践中越来越聪明起来，一起将媒体的新闻报道策划做得既符合新闻的规律，又符合事物发展的规律。这是新闻人的社会责任，也是社会大众对我们的职业要求。

◎ **思考题**

1. 新闻策划人如何提高社会责任意识？
2. 新闻策划人要遵循新闻规律必须注意哪些方面？
3. 新闻策划人在策划过程中要注意哪些科学方法？

◎ **实践题**

运用本章所学知识，结合自己的媒体实践，谈谈提高策划者素质的重要意义。

附录

策划文案

“告别车窗抛物”报道策划方案

（《楚天都市报》　社会部）

【选题背景】

随着经济的发展、生活水平的提高，城市里买车开车的人越来越多，中国正步入汽车时代。物质生活改善提高了，人们的文明素养是否能跟上？党的十八大提出，要建设“美丽中国”，我们理解，这里面不仅包括城市、乡村的绿化和环境的美丽，更包括人的行为举止的文明，精神面貌的良好状态。

从车内往外扔垃圾，不仅在武汉，在全国很多城市都不是一件新事物。然而很多人对其危害性认识不够，常以为无伤大雅；但这类行为，实则既损害环境整洁，又威胁行车安全，甚至会危及环卫工人和行人的生命。跑线记者在采访中得到一个数据，武汉市一年内有10余名环卫工因为清扫马路上的垃圾而不幸遭遇车祸，甚至因此失去生命。

车窗抛物看似小事实则不小，其背后关系着生命安全和社会精神文明建设这一大主题。

【报道设想】

从小切口入题，主动设置议题，组织力量，策划报道，并步步推进，同时策划活动，让活动和报道相互促进，最终形成强大的报道声势。本次报道从2012年10月21日开始。

第一天：

1. 现场探访；
2. 车窗抛物的危害，以环卫工的不幸遭遇来反映；

3. 车窗抛物管理上的问题难度分析。

第二天：

1. 报道引起的反响；

2. 各方代表性意见；

3. 组织言论，通过言论引导市民把车窗抛物行为上升到损害城市文明的高度上认识，深化“美丽中国从我做起”的主题。

第三天：

1. 主动联系相关管理部门，与相关部门联合行动，促进对这一问题的解决；

2. 发起倡议，征集志愿者，策划活动，引导市民参与到治理车窗抛物的行动中来。

第四天：

密切关注事情进展和动向，与中央媒体、地方媒体适时互动，在全国范围内放大报道影响力。

第五天：

回访，保持报道热度。

后期：

1. 举行志愿者上街劝阻和万人签名活动；

2. 策划市民和专家共同参与的研讨会，探讨如何从细节做起，从自己做起，共建城市文明。

告别车窗抛物反响：

武汉市城管局迅速出台了相关管理措施。逾10万江城市民参与本报发起的签名活动，更多的市民加入到劝阻举报车窗抛物行为的队列。江城掀起文明热潮。

至2012年10月30日，这一系列报道推出24个版，刊发消息、通讯、图片共计近百条（幅）。

《告别车窗抛物》系列报道推出后，引起了新华社、中央电视台、人民网、中国新闻网、光明网等中央媒体的关注，纷纷跟进报道。新浪网、腾讯网、搜狐网、网易、凤凰网等门户网站，也在显要位置转发《楚天都市报》的报道，网友跟帖达数十万条，迅速形成了强大舆论场。

中央电视台《新闻联播》、《焦点访谈》、《新闻直播间》、《24小时》等栏目4次聚焦《楚天都市报》发起的“告别车窗抛物”活动及其成效，并介绍该报相关报道。示范效应之下，上海、吉林、湖南等省市都先后出台措施，整治车窗抛物行为。

中宣部新闻局专题阅评认为，《楚天都市报》的《告别车窗抛物》系列报道，从人们习以为常的细小行为切入，深度挖掘，多方互动，负面新闻正面处理，做出了一篇城市文明大文章，不仅在当地具有针对性，而且在全国产生了示范作用，充分体现了主流媒体正确引导舆论、推动社会进步的责任使命。

本次报道获当年湖北新闻奖一等奖，中国新闻奖三等奖。

楚天都市报

倡导马路文明 告别车窗抛物

地下作坊日产 数千斤问题鸭血

2亿元大派奖今天开始

活动持续40期 每期加奖500万

《楚天都市报》
2012年10月15日

告别车窗抛物

遏止车窗抛物 武汉将出台奖励办法

三天内发布车窗抛物举报奖励办法

《楚天都市报》
2012年10月16日

央视聚焦“告别车窗抛物”

列车在武汉长江大桥上紧急停车8分钟

地铁2号线提前与市民“面对面”

《楚天都市报》
2012年10月21日

一扇“天窗”引来“亮话”多多
——本报改版策划

（《武汉晚报》　　陈志远）

《武汉晚报》复刊三十周年之际，恰好赶上智能手机普及的时代。尽管社会大众对新闻的需求空前巨大，但纸媒也遭遇了前所未有的挑战。报纸何去何从？《武汉晚报》该如何办才能赢得读者持续的关注？

正所谓“打开窗户说亮话”，2014年10月8日，《武汉晚报》破天荒地在一版开“天窗”，就报纸改版公开征求读者意见建议。这一大胆创举，石破天惊，在读者和业界引起了强烈反响。

读者说：看到了晚报的诚意

武昌蓝湾俊园读者陶驷来电说：现在社会讲究专业人做专业事，国内一些报界当家人认为怎么办报是报人的事，他们“从不向读者征求意见”。事实上，读者对哪些内容感兴趣，对哪些不感兴趣，办报的人不一定完全了解。《武汉晚报》放低身段，开门办报，开天窗征求读者意见建议，这让我们看到了晚报的诚意，这也是对读者的尊重。

常青花园读者黄小俊说：确实想给晚报提些意见和建议，原来总担心晚报瞧不起读者的意见，没想到晚报这么谦虚坦诚，看来是我们多虑了。这次他一口气写了七八条意见。

同行说：是创意，更是勇气和决心

当天第一个@《武汉晚报》，发出第一封改版意见建议信的，是微博认证为中国摄影家协会会员的邱新明，他于早上8点44分转发本报改版微博并上传意见建议信照片：《武汉晚报》今天头版开“天窗”纳言，是真正的开门办报！史无前例开“天窗”，只为吸纳读者好建议，第一次看到报纸这么贴近读者接地气！

《达州广播电视报》记者部主任靳廷江评论说：值得推广学习！读者就是主编，我们也要这样做！

资深媒体人、《潇湘晨报》副总编辑杨耕身点评：创意头版，值得借鉴。

华中科技大学新闻评论研究中心主任赵振宇教授认为：新闻策划是媒体竞争的制胜之宝，晚报此举就是一个极好的策划，吹响了改版的号角，向读者发出了邀请函。只有清楚读者需要什么，喜欢什么，才能把报纸办得更受读者欢迎。

我们说：读者的热情令人感动

截至活动结束，我们共收到读者关于改版意见建议的书面来信 1258 封、电子邮件 568 封，"《武汉晚报》开天窗征集读者建议"的微博阅读量逾 480 万人次，1300 多位网友热情点赞。

广大读者表现出的热情，让我们感动不已。

前后有上百位铁杆粉丝亲自将改版建议信送到报社。为什么愿意劳神费力跑一趟？

他们说，一是表明自己对这事的重视，二是要让报社重视他的意见，三是到报社走一走，看一看，会会熟识的编辑记者朋友。

新洲读者魏斌打来电话，要过记者手机号，发来一条宣称"能给晚报带来持续增长"的建议短信，唯一的要求是："如果采纳，请贵报总编亲笔签名赠书一本。"

汉阳钟家村读者邓先生在微博上留言：晚报上的新闻有许多独特的东西，相较于网络上的新闻有一定的不可替代性。晚报还是一个负责任的媒体，有事找晚报，晚报一出面，许多事就解决了，这种靠得住的感觉新媒体可给不了。

开启源头活水，才能立于不败之地

从这些雪片般飞来的信件中，除了感动，我们还读到了什么？

我们更多的是读到了读者淳朴的想法和诚恳的建议。

有些读者的来信明白无误地告知了他们的需求。有位读者说，晚报的彩票开奖公告版面经常不固定，他们总得费劲找，建议将此类信息固定到一个版面——他的意见可能代表了广大彩票迷的心声。

面对挑战，报纸如何应对？

客观地说，报纸当前面临的挑战，更多的还是来自战略层面。

读者谢先生来信说，新媒体的一大特点就是互动与分享，目前晚报在长江网上的数字报无法实现与读者互动，晚报要补齐这一短板，就得要有自己的网站和新闻移动客户端（APP），通过这一途径与年轻的“手机党”们并上轨，给他们提供对每篇新闻进行点评与分享的平台。

除了缺乏互动与分享，较之新媒体，报纸还有两个短板：对突发事件报道的滞后性；不是免费午餐。

华中师范大学新闻传播学院副院长喻发胜教授对此提出了应对之策：

——纸媒对于突发事件的报道，要实现由“追求速度为主”向“追求深度与速度兼具”的转型。

——报社是“报道”之社而不是“报纸”之社。报纸在保持纸媒特性的同时，要充分运用新媒介，实现传统媒体与新媒体的深度融合，以实现报道（非只指报纸）的互动性。

武汉晚报
200多人搭自渡长江
82333333
今天，本报为您开了一扇“天窗”
公开征集对《武汉晚报》改版的意见建议
10份3039元
幸运大奖
随机抽出
我的意见建议

《武汉晚报》2014年10月8日

一扇“天窗”引来“亮话”多多
1826份读者建议关注本报改版
本报近期将刷新版面并抽出10个3039元读者大奖
今天，本报为您开了一扇“天窗”

《武汉晚报》2014年11月3日

“天窗”始终向读者敞开

向读者集中征求意见的活动，到10月25日截止了，但我们面对读者的“天窗”始终敞开，开门办报是我们永远的追求。我们有24小时值守的热线电话 027-82333333，wbwb118@ 163. com 邮箱、《武汉晚报》官方微博、微信也随时可以接收您的意见，您还可以写信或直接到晚报来做客当面提出宝贵意见。

（2014 年 11 月 3 日《武汉晚报》）

“深圳国际礼仪长卷”的策划思路

（《深圳晚报》 总编室）

2014年7月，深圳为加强国际化的宣传，开展“深圳国际礼仪宣传月”，其间，深圳主要领导要求市外事办面向全社会开展“国际礼仪”方面的宣传报道，提醒深圳人出国旅游时应该注意哪些礼仪。

为做好这次宣传，市外事办与《深圳晚报》开展多次协商，希望采取不同以往的方式呈现。最后决定采取“长卷”这种传统的载体，来展现现代的国际礼仪。通过这种新旧结合、传统与现代混搭的方式，给人以一种耳目一新的感觉，来更好地宣传国际礼仪方面的知识。

“长卷”采取图文并茂的形式，其中图占版面三分之一，文占三分之二，通过大量使用通俗可爱的卡通形象，来避免文字过多造成的阅读障碍。

为增添“长卷”的影响力，市外事办还邀请深圳国际形象大使郎朗题字，增添了“长卷”的明星味。

“长卷”制作好后，跟随《深圳晚报》发行，每位晚报读者都在当天收获一份意外的礼物——《深圳国际礼仪长卷》，通过这种随报发行的方式，极大地增强了“长卷”的影响力。

为让“长卷”适应更多场合，《深圳晚报》还特地打造了一份精致版的“长卷”。不同于随报发行的长卷，精致版长卷用更加精美的纸张制作，且按照古代长卷的实际尺寸打造，更加突出长卷的原汁原味，也更有利于收藏和赠送。

《深圳国际礼仪长卷》推出后，得到杨洁篪、深圳市领导以及众多专家的赞扬和首肯，也成为“深圳国际礼仪宣传月”的最大亮点。

留学考试的人生百态策划案

（华中科技大学　邱玲玲　王丽）

选题背景：

年末，即将毕业的人群格外忙碌：参加形形色色的招聘会，昏天暗地的考研冲刺，越来越多的人却选择第三条道路：出国留学。教育的国际化，就业的压力增大，国外生活的诱惑，让出国留学已经成为一种流行时尚。留学，工作，还是考研？对于这个问题，可能大部分的学生会表示，只要经济条件允许，会将出国留学作为首选。

校园里，各类国外考试培训宣传海报，出国留学讲座，以及满满当当的国外考试书籍充斥眼帘。校园外，各类外语培训学校大行其道。GRE、TOEFL、BEC、GMAT，雅思……各类出国考试环绕着我们的生活。

报道定位：

服务性为主的专题报道。

策划目的：

让公众了解和关注准备留学的考生这个悄悄壮大的群体，同时提供参考信息给有想法或者正在准备出国留学的人。

策划安排：

1. 记者体验出国外语培训班的生活，采访准备留学考试的各类人的留学准备情况和生活状态，以及他们的心态。

2. 建议选择《楚天都市报》、《武汉晚报》、《武汉晨报》等校园专版为报道载体。

采访对象：

1. 武汉新东方、文都教育培训中心、华盛顿英语培训学校、武汉出国留学服务中心（GRE、TOEFL、雅思班）学员（学员样本建议：①在读本科生；②在读研究生；③已经毕业准备全心全意考出国的人员；④已经工作的人员；⑤已经考过的在申请学校中的人员）。

2. 各培训中心负责人及授课老师。

采访时间：

各培训班上课时段（具体时间待定）。

采访地点：

武汉新东方国外考试培训课堂——武昌区胭脂路武昌区总工会；

文都教育培训中心——武汉市洪山区珞喻路524号湖滨剧院正楼；

华盛顿英语培训学校——武昌两湖大道东林外庐（中南财经政法大学南湖校区东门）；

武汉出国留学服务中心——武汉大学校内。

人员安排：

选派4名年轻记者，分别与武汉新东方、文都教育培训中心、华盛顿英语培训学校、武汉出国留学服务中心联系，获批准进入GRE、TOEFL、雅思班课堂，体验培训班生活，要求有对学员、培训中心工作人员、授课教师的采访，并附有照片。

问题设计：

1. 对学员

生活状态：对培训班学习的强度和效果的看法、学习进度和培训班生活。

申请学校：目前的学业和出国是否有冲突、对学校的期望和理解程度、已申请的学校、对奖学金的要求。

手续：签证、经费准备（即家庭是否承担得起）。

心态：出国压力；是否有工作或在国内读书的准备；是否已经有一个在国外的生活计划。

2. 对培训中心负责人

学员人数变化；学员构成的变化；选择的外语考试的变化。

3. 对老师

上课强度和进度；学员的反应；有效的学习方法。

报道策划：

1. 四篇不同培训中心的采访报道（附照片）；

2. 记者随感——写下对培训班的学习体会；

3. 编者按——简单介绍出国外语考试。

报道拓展：

可将此次策划作为一系列专题报道（建议后续报道策划：坎坷的签证人生；培训班的黑洞）。

第二版后记

时间过得真快，本书自 2008 年 5 月出版至今已经开印了 7 次。应出版社要求，根据形势之变对本书修订再版。本次修订对某些论述作了进一步的完善，补写新的章节，更换陈旧实例，与时俱进。青年教师、博士生杨娟，硕士生宛可欣、张松超等同学参与本书的修订工作，为本书增添了靓色。本书收录了媒体人士提供的策划方案、体会和版面，在此一并致谢。

大数据时代的到来，对媒体的发展带来了挑战也提供了机遇。不论是“内容为王”还是“渠道为王”，策划总是少不了的。正是在这个意义上，我们说“策划是媒体竞争取胜之宝”。但同时也提醒我们，一些不良策划时有发生，它违反了社会发展的规律和新闻报道的规律，需要时时刻刻引起我们的注意。事物都是在运动中发展变化的，本书也愿意接受大家的批评指正，使其更加科学有效。

赵振宇

2015 年 7 月

通信地址：武汉市　华中科技大学新闻学院

邮政编码：430074　电子邮箱：zzybox@ 163. com